王定华 河南上蔡人。教育学博士、教授、博士生导师。北京外国语大学党委书记，国家督学。国家教师教育咨询专家委员会副主任委员、教育部普通高等学校师范类专业认证专家委员会副主任委员，全国高等学校设置评议委员会委员，中国教育学会国际教育分会理事长，中国高等教育学会外语教学研究分会理事长。曾在河南大学、河北大学、美国波特兰州立大学学习。历任河南大学教育系教师，国家教委基础教育司义务教育处副处长、高中教育处副处长，中国驻纽约总领事馆教育领事，教育部基础教育司办公室主任、综合处处长、副巡视员、副司长。2012 年任教育部基础教育一司司长、全国少工委常务副主任，2016 年任教育部教师工作司司长、国家督学。2018 年任现职。长期参与国家教育政策制定，不懈推动教育改革发展，大力提倡学校品质提升，始终坚持理论与实践研究。主要研究领域为当代基础教育、教师专业发展、中美教育比较、一流大学建设。撰有专著“中美教育观察与研究系列”，主编有“教育治理与领导力丛书”、“‘一带一路’国家文化教育大系”，发表学术论文 160 多篇。

K—12 Education in China
Higher Education in China
Teacher Education in China
K—12 Education in the USA
Higher Education in the USA
Teacher Education in the USA

“中美教育观察与研究系列”总目

中国基础教育：观察与研究
中国高等教育：观察与研究
中国教师教育：观察与研究
美国基础教育：观察与研究
美国高等教育：观察与研究
美国教师教育：观察与研究

丛书责编 刘立德　韩华球
本书责编 程　军

TEACHER EDUCATION IN THE USA

美国教师教育：观察与研究

王定华　著

人民教育出版社
·北京·

图书在版编目（CIP）数据

美国教师教育：观察与研究 / 王定华著 .—北京 : 人民教育出版社 , 2021.10
ISBN 978-7-107-36067-1

Ⅰ . ①美… Ⅱ . ①王… Ⅲ . ①师资培养—研究—美国 Ⅳ . ① G571. 25

中国版本图书馆 CIP 数据核字（2021）第 206778 号

美国教师教育：观察与研究

出版发行 人民教育出版社
（北京市海淀区中关村南大街 17 号院 1 号楼　邮编：100081）
网　址 http://www. pep. com. cn
经　销 全国新华书店
印　刷 山东新华印务有限公司
版　次 2021 年 10 月第 1 版
印　次 2021 年 10 月第 1 次印刷
开　本 787 毫米 ×1 092 毫米　1/16
印　张 24
字　数 366 千字
印　数 0001 ~ 3000 册
定　价 60. 00 元

出版说明

本书是王定华教授在人民教育出版社陆续出版的中美教育观察与研究系列专著中的一部。该系列包括《中国基础教育：观察与研究》《中国高等教育：观察与研究》《中国教师教育：观察与研究》《美国基础教育：观察与研究》《美国高等教育：观察与研究》《美国教师教育：观察与研究》。

世界上有198个国家，其教育传统、体制、发展状况各有不同，我们都应该予以了解、全面把握。而美国作为最大的发达国家，其基础教育、高等教育、教师教育的历史、体制、理论、实践、经验、教训，更值得重点关注、深入透视。同时，我们的祖国正在走近世界舞台的中央。作为最大的发展中国家，我国的教育与美国教育相互影响，与世界教育同频共振，必须不断深化改革、加快发展、乐于借鉴、善于弘扬。

王定华教授长期从事中美教育比较研究，曾在教育部工作20多年，参与了一系列重要教育决策，还担任过中国驻纽约总领事馆教育领事，走访调研过中美两国许多地方，因此对两国教育既有总体宏观把握，又有很多生动具体观感，遂以观察与研究的视角切入，编写成系列专著。观察，就要描述客观现实，分享心路历程，避免空泛无物；研究，就须进行理论思考，揭示事物规律，避免浅尝辄止。这两点王定华教授都实现了，并且做到了相得益彰。

中美教育观察与研究系列专著体现了以下几个特点：一是历史与现实相结合，二是国内与国外相结合，三是理论与实践相结合，四是学术性与政策性相结合，五是严谨性与可读性相结合。

《美国教师教育：观察与研究》中，“教师教育”是一个广义的概念，涵盖了各级各类教师的培养、培训、评价等，实际上是整个“教师队伍建设”的同义语。书名之所以采用“教师教育”而非“教师队伍建设”，是为了与中美教育观察与研究系列专著书名的风格相一致。

《美国教师教育：观察与研究》是王定华教授承担的教育部委托课题“中美基础教育教师队伍建设比较研究”（2018 JSSKT 007）、“中美高等教育教师队伍建设比较研究”（2018 JSSKT 008）的部分研究成果。

人民教育出版社

2021 年 7 月 1 日

目录

第一章

美国教师教育发展的历史回顾

与世界文明古国相比，美国的历史不算长，但从 1776 年独立建国至今，美国教育的发展却引人瞩目。美国教育改革发展与其经济、社会、文化、科技的不断进步紧密联系在一起，贯穿于实现“美国梦”的全过程。其中，作为支撑美国教育发展的教师教育，是美国中小学新教师补充的孵化器和在职教师进修提高的策源地，也是促进美国高等教育发展的重要力量。以史为鉴，可明事理；他山之石，可以攻玉。对美国教师教育发展的历程进行系统梳理，既有助于加深我们对美国教师教育过往与现在的了解，也可以帮助我们吸取其教育实践经验，从而在我国教师教育改革中扬长避短，推动我国教师教育发展。

一、美国教师教育发展的历程

美国在殖民地时期，效仿英国的双轨学制。富家子弟一般入拉丁文法学校，普通民众子弟要么无学可入，要么进入初级学校。初级学校主要培养宗教信仰，传授读、写、算等粗浅知识。初级学校的教师由教会的教士、司仪和办事人员充任，还有不少学校以粗通文字的契约奴充当教师。契约奴属于白奴，是来自欧洲的贫苦民众，为了逃命或维持生存而与船主订约，到美后为奴，偿清旅费后可转为自由民。“黑奴种田，白奴教书”，是当时的一种普遍现象。还有一些教师属于社会上识字的三教九流，不算稳定的教职人员。

拉丁文法学校的情况则不同，其教师大多数是由大学毕业生担任，任务是传授知识。拉丁文法学校是作为大学的预备学校而产生的，因为精通拉丁文是大学招生的基本要求。公立和私立的拉丁文法学校都是为满足富裕家庭中的男孩进一步学习的需求而设。在学校中，学生每天学习 8 个小时，每周学习 6 天以上，主要学习拉丁文、希腊文和希伯来文等古典语言，还要学习其他科目，包括自文艺复兴以来培养“有教养的人”所要进行的古典教育科目。一般来说，星期一至星期四上午学习语法，下午学习阅读，星期五温习和考试，星期六写作文，星期日如果不待在家，则可在学校做教义问答和宗教练习。学生的学习任务非常繁重，他们需要大约 7 年时间才能完成一整套课程的学习。1636 年，在波士顿建成的拉丁文法学校，被认为是第一所在英属殖民地正式建立的“公立”中学。随着 1647 年教育法令强制要求建立文法学校的规定的实施，文法学校逐渐在各地建立起来。这种做法直到 18 世纪后期美国建国后，并无大的变化。所以，那时美国的师范教育尚未发端，在职教师进修、教师队伍建设也无从谈起。①

（一）19 世纪的美国教师教育

从 19 世纪 20 年代开始，美国掀起了一场席卷北部和中西部的公立学校运动，倡导普及、平等、免费、不属于任何教派的美国公立学校制度。公立学校运

① 贺国庆. 滕大春教育文集［M］. 南京：江苏教育出版社，2010：95.

动倡导依靠公共税收维持，由公共教育机关管理，提供面向所有公众的、免费的义务教育。当时，美国北部各州的大部分选民认为，创建由州政府规定并由地方管理的免费学校是明智的选择。在这种教育模式盛行后，美国开始出现了有教无类的免费教育制度。1821 年，在波士顿出现了专为 12 岁及 12 岁以上不打算读大学的男孩而设立的英语古典学校，标志着公立中学运动的开端。1824 年，该校改名为英语中学，这是美国建立的第一所公立中学。1826 年，美国建立了第一所女子公立中学。对公立中学运动具有重要意义的是 1827 年制定的《马萨诸塞州法》，这是美国第一部要求建立公立中学的法律。该法依据城镇或区的大小，对教师数量和所授学科进行规定，要求在具有 500 个以上家庭的所有城镇或地区建立一所公立中学。它还要求，当已开办中学的城镇或地区人口达到最低 4 000 人的时候，学校课程中必须开设拉丁语和希腊语。事实上，该法并没有被严格执行，马萨诸塞州的中学数量也增长缓慢。这是因为，当时大多数人都未完成初等教育，大众对中学的需求是非常有限的。

从 19 世纪 30 年代开始，大量来自爱尔兰、德国和南欧的新移民涌入美国的大城市就业，他们大多信奉天主教，一般不说英语。新移民在为工业化提供大量必需劳动力的同时，也产生了越来越多的问题，其中就包括教育问题。新移民中广大工人群众的受教育需求极为迫切。城市化的发展推动了适龄儿童的集中化，工人阶级无法负担起子女受教育所需的足够费用。工人们要求建立一个良好的教育制度，支持创办由税收支持的公立学校。① 公立学校运动以兴办州立学校制度为宗旨，促使州政府加强对教育尤其是财政方面的支持，在一定程度上实现了教科书和教学的标准化，加强了教师的培养和培训。虽然公立学校运动遭到了各方的批评，但是它获得了广大新移民和其他各类基层民众的广泛支持，为美国公立教育制度奠定了坚固的基石。

起初，在公立学校最为常见的是照本宣科的机械教学方式，学生学习的东西主要是书本内容。普遍使用的教科书是系列读本，传授美德与宗教教义，宣扬美国的文化和民主政体。后来，在公立学校里使用种类更加多样的教科书成为当时的趋势，教学方法也需要发生变化，关爱儿童的教育理念需要逐步得以

① 王定华. 美国基础教育：观察与研究（修订版）[M]. 北京：人民教育出版社，2021：8.

体现，于是对专业化教师的诉求变得更加强烈，师范学校（normal school）应运而生。

1823 年，美国建立了第一所培养教师的私立师范学校，1827 年出现了第二所。不过，这两所师范学校都只是在收费的中学里增加了一些教学实践，在课程最后一年开设“教学艺术”讲座。真正体现法国、德国等欧洲国家师范学校模式的实践，还是州立师范学校的创办。

1839 年 7 月，马萨诸塞州在其东北部小镇莱克星顿（Lexington）创立了第一所州立师范学校，最初只有 1 名教师，3 名学生，且皆为女生，第三学年结束之际学生增至 31 人。① 1839 年秋天，马萨诸塞州又在中部的巴雷（Barre）设立了第二所师范学校。1840 年，该州又在布里奇沃特（Bridgewater）设立了第三所师范学校。② 马萨诸塞州师范学校的创建，开创了美国州级当局在公办专门教育机构中培养教师的先河，这种做法迅速在全美得到仿效。

直到美国内战后，各种政治的、社会的、经济的因素汇集起来，这才形成了对公立中学的巨大需求。到了 19 世纪后半叶，随着美国工业化、城市化运动深入发展，中学迅速发展，中学教师的培养成为急需。一些人对当时师范学校专注培养农村教师、小学教师的做法颇有微词，认为有必要更加关注城市学校和中学教育。很多人呼吁通过大学培养教师，不必专门由师范学校培养。于是，以培养小学教师为首要任务的师范学校开始面临发展危机。它们便采取应对措施，力图升格成为高等学校。1893 年，纽约州阿尔巴尼市率先把原有师范学校升格为师范学院，招收中学毕业生，修业 2 年。这一举动，引来其他州相继效仿。

（二）20 世纪的美国教师教育

20 世纪初，现代学校逐渐创办起来，进一步促进了师范学校的升格与教师学院的普遍建立，培养小学教师的师范学校升格为培养中小学教师和教育管理者

① 滕大春. 美国教育史（第 2 版）[M]. 北京：人民教育出版社，2001：219.

② 郭志明. 美国教师教育 200 年 [M]. 北京：中国社会科学出版社，2017：28.

的师范学院，教师培养进入“学院化时代”，教师教育取代原来的师范教育成为教师培养的专门用语。在这个时期，美国对培养师范生的教学技能十分重视。不过，进步主义教育运动对教育学科领域中教师教育的作用有所夸大，认为教师职业就是教育专业。这种认识不断固化，遂形成了封闭模式。① 那时，教师教育较多地注重与社会的联系，而不太重视与相关学科的结合，使教师专业教育处于孤立封闭的状态。在教育目标上，强调教师要关心儿童、尊重儿童、了解儿童，指导儿童具备参与社会生活的能力。在学科设置上，表现为专业课程与学术课程相分离，大量的专业课程得以开设，而学科知识深度却挖掘不够，教师的专业性不强。独立设置的教师学院远离学科教育，教育专业与学科之间的联系未能得到很好的建立。

1957 年，苏联人造卫星发射成功，美国朝野震惊，认为师范学院培养的教师才疏学浅，难以造就高水平的青年一代。于是，封闭的专业主义受到质疑，独立设置的教师学院逐步并入综合大学或文理学院。相应地，封闭的专业教育模式被打破，培养教师的任务由教育和学科院系共同承担。教师教育置身于大学宽广的学术氛围之中，进入了“大学化时代”。②

20 世纪 60 年代末，在新行为主义影响下，教师教育强调基于课程行为控制与学习监督的机器教学、程序教学，侧重培养教师熟练掌握现代教育技术、新型教学技能，重视通过教师教育课程提升教师教学能力。新行为主义把学习过程归结为对行为的控制，忽视教学中教师的主体参与，不重视教师在情感、态度、价值观以及方法上对学生的引导。

20 世纪末，美国基础教育改革更加强调学生的学业质量，教师教育的重要性进一步得到重视。教师教育不断开放，将教育过程与资格审查相结合，使得教师资格的审查，从外部的学历与课时考核，转向对教育过程的审视；从过去的结果审查，转向对教育各个环节的检验。这种做法最大的突破是，以资格证书为导向，将各种不同的课程计划统一起来，为不同教育背景的申请者提供多样化的课程方案，提升教师教育的弹性，从而适应社会发展的多样化要求。③这期间，教

①②③ 郭志明. 美国教师教育 200 年［M］. 北京：中国社会科学出版社，2017：247—249，248，248.

师教育在课程设置上体现了三方面特征：一是普通文化基础课趋于扎实，二是各学科知识课更加专深，三是教育专业课力求精简。

（三）21 世纪的美国教师教育

21 世纪初的 20 年里，美国教师队伍问题日益凸显，例如，教师职业吸引不了优秀人才、教师流动性大、结构性短缺等；美国教师的社会经济地位与经济合作与发展组织（OECD）其他发达国家相比处于较低的位置；美国中小学教师队伍存在的问题一直是美国教育界最棘手的问题。

一是教师职业吸引不了优秀人才。长期以来，美国教师教育机构吸引不了一流的学生，教师职业也吸引不了优秀的人才，这种状况直至 21 世纪初叶仍未见改变。以培养教师数量最多的 3 个州——纽约州、得克萨斯州、加利福尼亚州为例，根据 2013 年美国联邦教育部教师质量报告《全美教师的培养和认证》（Preparing and Credentialing the Nation's Teachers）所提供的数据，2008—2012 年，这 3 个州传统教师教育项目、高等教育机构及非高等教育机构举办的包括选择性（alternative）教师教育项目在内的教师教育项目的招生数量全面下滑。从传统的教师教育机构毕业生数量来看，纽约州全美排名第一，占全美的 11%，得克萨斯州排名第三，占全美的 9%，加利福尼亚州排名第四，占全美的 6%；从高等教育机构所举办的选择性教师教育项目的毕业生数量来看，得克萨斯州排名第一，占全美的 24%，加利福尼亚州排名第二，占全美的 12%，纽约州排名第三，占全美的 9%；从非高等教育机构举办的选择性教师教育项目招生数量来看，得克萨斯州排名第一，占全美的 57%。这些州的教师培养数量均出现不同程度的下滑。①

二是教师队伍流动性大、流失率高。调查显示，执教五年内的新教师离职率最高，教师执教时间越长，离职率越低；对新教师提供指导和帮助的地区新教师流失率是 9%，而没有这类措施的地区是 21%。② 教师队伍不稳定不仅影响教育

① 刘翠航，王定华. 试论新世纪以来美国教师质量保障改革措施——基于对九份联邦教育部长教师质量报告的分析［J］. 教师教育研究，2017（4）：115—121.

② NCES. Teacher Attrition and Mobility：Results from the 2008-09 Teacher Follow-up Survey［EB/OL］. http：//nces.ed.gov/pubs2010/2010353.pdf.

教学，还给各级教育财政带来沉重的负担。联邦政府的统计显示，全美用于招聘和培训新教师的经费在 21 世纪初叶的 15 年中增加了 50%，达到每年 70 亿美元。① 教师离职原因多种多样，主要是不满教师职业的现状。根据 2010 年美国国家教育统计中心所做的教师质量报告，针对 7 000 名已离职教师的问卷调查显示，2008—2009 学年退休教师仅占全部离职教师的 30%；其他离职的教师中，56%是由于对教师职业不满而转换行业；对教师职业不满的辞职者中 38%是对学校管理不满，32%是对工作环境不满，20%是对工资不满，其他因素占 10%。

三是教师队伍结构性短缺。美国在 21 世纪初叶陷入了几十年来最严重的教师短缺危机。2010—2015 年，美国“二战”后随婴儿潮出生的人迎来退休高峰，有 100 万个教学岗位出现空缺，不仅如此，结构性短缺也非常严重。全美长期存在合格教师短缺的现象，因此有的州不得不聘用没有取得教师资格证书的人，并授予其临时教师资格证书或应急教师资格证书。

为更好地解决这些问题，联邦政府、州、教师教育机构以及教师专业机构出台了很多措施来保障教师质量。教育专家与学科专家也逐渐摒弃非此即彼的思路，转而共商改革，形成了从专业性与学科性两方面改进教师教育的思想。比较通行的做法是，让这些非正式教师先在大学相关系科修习英语、数学、物理、生物或艺术等领域的本科，取得文学士学位或理学士学位，接着在教师教育学院修习教育政策、教育统计、教育心理学、学科教学论等课程，还要用 1/3 左右的时间到中小学参加教育实践，获得硕士学位，之后入职中小学校正式任教。有的学区或因待遇较低，或因地处偏远，或因名声不佳，一时招不到完成了教育专业学习的硕士，有时也会降格以求，即先接收学士学位获得者，或者未经过教育专业训练的硕士学位获得者，然后要求他们在入职后三年内补齐必备的教育专业训练，获得必要的证书。

2017 年 10 月，笔者在南卡罗来纳州的卡罗来纳海岸大学考察时注意到，该校教育学院以培养小学教师为主要任务，这个学院的本科生在本学院学习教育

① NCES. Beginning Teacher Longitudinal Study (BTLS) Waves 1-3 Preliminary Restricted-Use Data File and Documentation [EB/OL]. (2011-03). http://nces.ed.gov/pubsearch/.

学、心理学、教学法类课程，还接受由本学院教师或外学院教师进行的学科培养，很多大三、大四学生还到其他相关院系选课。当然，每年还要去小学开展教育实习。据了解，由于该州要求小学教师必须持证执教，因而未接受过教育专业训练的其他院系毕业生是无法做小学教师的。与此同时，也存在这样的情况，即某些中学经过一定程序，可以先接收未曾接受专门教育专业训练、毕业于名牌大学的硕士、博士，从事数学、科学的教学，之后对教育专业再行“补课”。

二、美国教师教育发展的重大事件

（一）《国防教育法》

1957年，苏联第一颗人造卫星上天，使得美国政府顿生强烈的危机感，迫切感到有必要尽快改革教育，培养足够数量的科技英才以满足国家安全的基本需要，美国国会于1958年通过了旨在大力提高教育质量的《国防教育法》(National Defense Education Act)。该法并不是专门加强国防教育的法律，而是致力于提高教育质量的一揽子拨款方案。当时政府认为，教育上去了，美国才有资格与苏联在各方面抗衡，才能保障国防安全。该法共有十章：总则，学生贷款，加强科学、数学和现代外国语的教学，奖学金，教学指导、辅导和测验，发展语言，发展传递媒介，技术员训练，科学情报工作和各州统计工作。主要内容可概括为以下五个方面：

第一，加强数学、自然科学和外语教育，推动这些课程的现代化；

第二，加强英才教育，对大学生和研究生提供奖贷学金，使任何英才不因经济困难而失去享受高等教育的机会；

第三，加强实验室建设和教学手段现代化；

第四，积极发展职业教育，大力培养中层技术人员；

第五，强化师范教育，提高教师水平。

根据该法，联邦政府每年斥资数百亿美元资助各州的教育改革，推动上述目标的实现。1964年，国会延长了该法的有效期限，并补充了新内容，增大了发放奖贷学金的数额。1982 年，国会再次修订该法，以加强科技人才的培养，应对苏、德、日等国在科技、贸易、空间领域及战略武器方面的挑战。在教师教育方面，该法侧重两点：一是加大对数学和科学教师的培养和培训力度；二是促使不合格教师尽快进修提高，具备基本的教学素质。该法通过联邦专项补助金的方式，加强了联邦政府在教育领域中的干预作用，是美国提高教育质量的核心策略，成为美国教育发展中的一座里程碑。后来，外国人到美国短期访问或者长期考察，所接触的人与事，很多都与《国防教育法》有直接或间接的联系。美国教育人士时不时会提到该法，比较该法实施前后的变化，谈及提高教育质量的重要性、现实性。由此可见，该法在美国教师教育发展历史上起到了重要的推进作用。

（二）《国家处在危险之中：教育改革势在必行》

1983 年，美国国家教育优异委员会（National Commission on Excellence in Education）发布《国家处在危险之中：教育改革势在必行》（A Nation at Risk：The Imperative for Educational Reform）的报告，这是美国回归基础思潮和行为的具体表现。当时，美国高中课程呈现出发展失衡的状况，其影响因素主要包括课程及其功能的泛化，教育哲学流派影响的强弱变化，民主平等、社会功效和社会流动三种教育价值观的影响，学科中心、社会中心和学习者中心三种课程观的影响，学校系统对课程改革固有的阻力等。① 报告罗列了美国中小学生在国际比赛中处于劣势以及基础教育的其他种种问题，呼吁开展教育改革，提高教育质量，认为教育成绩下降很大程度上是教育过程存在的缺陷造成的。

就课程来说，中学课程已趋于单一化，内容浅显且分散，学生乐于选修那些容易拿到学分的科目。科学的课程政策制定不仅需要国家、地方及学校的“课程共有”理念，而且需要与课程政策密切相关的各类人士的积极参与。

就学校对学生的要求来看，在整体平均成绩持续下降的同时，高中生的家庭作业量却减少了。其他国家通常从 6 年级就开始开设科学必修课，美国则较晚。

① 程可拉，胡庆芳. 美国高中百年课程发展述评 [J]. 课程·教材·教法，2004（10）：29.

到 1980 年，美国只有 8 个州将外语作为必修课。

就学习时间而言，美国中学生每天在校学习时间是 6 小时，全年在校 180 天；而其他一些发达国家的中学生，通常在校学习 8 小时，全年在校学习 220 天，家庭作业也比较少，甚至不留家庭作业。

就教师情况来看，教师职业吸引力不够，进入教师队伍的往往不是高校最优秀的毕业生。在教师培训时，对教学方法用时较多，而对所教学科的学术提高不够。

《国家处在危险之中：教育改革势在必行》提出了以下建议：一是加强中学新基础课的训练；二是提高教育标准和要求；三是增加教与学的时间；四是改进师资培养工作，使未来的教师适应较高的教育标准；五是联邦、州及地方官员以及各级教育领导人员在教育改革中必须发挥决定性作用，并提高必要的财政资助。

报告特别强调，不改进师资培养工作，教育质量就不可能得到实质性提高，国家就将长期处在“危险之中”。这份报告对助推美国 20 世纪后半叶的教师教育发展发挥了明显作用。

（三）霍姆斯小组系列“明日”报告

成立于 1986 年的霍姆斯小组（Holmes Group）是一个学术研究机构，1996 年后改名为霍姆斯伙伴关系（Holmes Partnership），主要由美国大学教育学院的领导人士代表组成。该机构前后组织出版了《明日之教师》（Tomorrow's Teacher，1986）、《明日之学校》（Tomorrow's Schools，1990）和《明日之教育学院》（Tomorrow's Schools of Education，1995）三份报告。这一系列关于教师教育改革的报告主要由教育界提出，与以往美国教育改革报告多由教育圈外人士发表意见的状况明显不同。霍姆斯小组希望通过教育界的自我检讨和变革，最大限度地争取社会大众对教师职业的信任并赋予其真正的专业形象。该机构认为，美国的教育专业和教师教育长期处于地位不佳的境遇，从而阻碍了教师专业水平的提升。因此，提升教师素养和质量的关键在于教师教育的改善，当教师素养和质量得到实质性提升后，学校教育质量才有可能提高。基于教师的现实地位，该机构注重教师教育质量，促进教师队伍建设，于是相对独立而又相互关联的三份“明日”报告应运而生，引发了各级政府和社会各界对教师教育和教师职业的广泛关注。

1.《明日之教师》

该报告提出要改革教师培训课程，认为教师培训课程的改革必须从师范生的本科文理课程入手，强调文理课程的完整性、连贯性和成熟性，要严格制定教师教育的文理“核心课程”；建议取消大学阶段的教育主修，提供更多学科方面的专业课程，以保证教师教育的内容具备丰富的学科知识、系统的教学知识和真实的实践经验。该报告明确指出，教师教育的发展目标和基本理念是使教师教育在学术上拥有更牢固的基础，因而教师要更好地掌握学科知识和教学技能；要承认不同教师在知识技能和工作态度以及教育经历等方面存有差异，需要区分出不同级别的教师；要制定从事教职的标准（考试和教育要求），而标准在专业上要适切，在学术上要严格，因此应该严格挑选每一位教师，杜绝不合格者从教；要使教育学院与中小学相联系，并充分利用有经验的教师来教育其他教师，因此建立专业发展学校是一种有效途径；要使中小学校成为教师工作和学习的更好场所，因此要给予教师更大的专业自主权和更多的发挥领导作用的机会。

2.《明日之学校》

该报告着重阐明建立专业发展学校以及进行教师教育改革的六项基本原则，分别为：

（1）教师实施的教学是可理解的教与学；

（2）为了使这种可理解的教学顺利开展，教师的一大责任是把学校建成一个学习的社区或团体；

（3）为每个儿童（不论其种族、肤色、性别、家庭出身）提供平等的教育；

（4）学校中的所有人（成年人和儿童）都是学习者，学校是一个人人参与学习、人人都获得提高的团队；

（5）新时期的教师应该能够进行研究，成为研究型或反思型教师；

（6）教师教育改革始终是整个教育改革的组成部分，教师素质的提高必须放在教学这个特殊的环境中来实现。

由于专业发展学校在美国教师教育改革中的重要地位，这些原则也反映了美国在世纪之交对教师教育改革提出的要求，从而引导学校发展和教师教育改革。

3.《明日之教育学院》

该报告列举了20世纪末期美国教育学院存在的种种问题，揭示出教育学院面对教育改革应做出的努力，并提出了教育学院未来的发展方向。报告认为，面向21世纪的教育学院的发展目标应包括以下6个方面：

（1）教育学院为了赢得信赖，应对教学专业和社会公众负责；

（2）教育学院的主要使命是助推中小学和社区中的研究、发展和优质学习；

（3）教育学院应同地方、州和国家的专业人员联系，以了解政府期待，符合更高的标准；

（4）教育学院应组织教师研讨交流，取长补短，加强团队合作，共同理解以学习为中心的教育；

（5）教育学院应成为专业化学习和研究的更好场所，为此，必须培养和选拔领导人才，将教育学院的工作集中在专业知识和技能的传授上，以便培养合格教师，让少年儿童受益；

（6）教育学院应为州和地方教育决策做贡献，通过助力教育的科学决策，让所有学生有机会得到高素质教师的教导。

（四）全美教学与美国未来委员会的系列报告

全美教学与美国未来委员会（NCTAF）由洛克菲勒基金会和卡内基公司资助成立并运作，是一个常设的非营利性机构，其成员主要包括政府官员、企业人士、社区领袖、教育专家等，办事机构设在哥伦比亚大学师范学院。全美教学与美国未来委员会在1996年和1997年相继推出了《什么最重要：为美国未来而教》和《做什么最重要：投资于优质教学》两个报告，是继霍姆斯小组系列报告之后关于教师教育发展政策的另两份重要文献。

1.《什么最重要：为美国未来而教》

该报告旨在向美国社会提供这样一种信息，即招聘、培训、支持和奖励美国所有学校中的卓越教师（excellent teachers）的蓝图，是实现美国教育目标的唯一且最为重要的战略。这个蓝图要确保所有中小学教师都掌握了他们进行教学所需要的知识和技能，这样所有学生才能更好地学习。该报告为此提出了一系列旨在提高教和学的目标：

（1）所有儿童都应由那些有知识和技能并承诺教好学生的教师来教；

（2）所有的教师教育课程计划要符合专业标准，否则应予以取消；

（3）所有教师都应有机会得到高质量的专业发展培训和定期的研修；

（4）中小学教师和校长都应根据各自的专业标准和时间要求进行工作，合格者予以续聘；

（5）教师的薪金应以他们的知识和技能为基础；

（6）学校应加大教学投入力度，绝大多数的教育经费应该用在课堂教学中。

为了实现上述系列目标，报告中提出五个方面的变革建议：一是重新制定以学生和教师为中心的标准；二是重新设计教师教育和专业发展路径；三是革新教师聘用方式，保证每个课堂都有合格教师；四是激励富有知识和技能的教师成长；五是创设以学生和教师为中心的学校。

2.《做什么最重要：投资于优质教学》

该报告在前一份报告的基础上，从“为什么教学重要”和“教学如何才重要”两个方面阐述观点。报告认为，尽管 10 多年来美国教育采取了各种各样的改革措施来提高教育质量，而且确实也发生了一些变化，但事实上学生的学业成绩却鲜有提高和改善，甚至自 1988 年以来高中学生在阅读和写作方面的成绩还略有下降。此外，教师所熟悉的专业知识影响了教学的核心任务。教师对学科内容和学生的了解，影响了他们从教科书和其他学习材料中进行选择的方式，影响了他们如何有效地在课堂中呈现材料的方式。教师评估学生的能力同样依赖于他们对学习的理解程度，依赖于他们如何向学生解释和讨论书面作业。报告还认为，各种研究一再表明，教师的专业知识是决定学生成绩的最重要因素，其次才是小班小校。也就是说，对教和学知之甚多的教师，以及更了解学生情况的教师，才是学生成功学习的关键性要素。

（五）《2000年标准》

全美教师教育认证委员会（National Council for the Accreditation of Teacher Education，NCATE）成立于1954年，是对教师教育机构进行评估、鉴定的组织，其制定的认定标准对教师教育机构及教育课程计划具有一定的约束和引导作用。该委员会于2000年公布了新的教师教育机构认证标准《2000年标准》，于2001年秋季学期开始正式使用，对教师教育的质量提出了进一步的具体化要求。它在对原“初任教师”（beginning teachers）证书标准和“称职教师”（accomplished teachers）证书标准进行修订的基础上，从以下六个方面提出新的标准要求。①

第一，候选人的知识、技能和意向。要求准备在中小学做教师或其他专业人员的候选人，应熟悉并展示那些能够帮助所有学生进行学习的能力，包括学科内容、教育学知识、专业知识、教学技能和意向。评估应表明候选人符合专业标准、州级标准和教育机构的标准。

第二，评估系统和机构评价。要求教育学院拥有一种评估系统，它能收集和分析候选人的资格，候选人和毕业生的成绩，学校运行的数据和资料，以便对教育学院及其课程计划进行评价和改进。

第三，教学实习和实践。要求教育机构及其中小学合作伙伴共同设计、实施和评价教学实习和实践，以便教师候选人和其他学校人员发展，并获得教学所必需的知识和技能。

第四，多样性。要求教育机构设计、实施和评价适用于候选人的课程和实践经验，这些经验既包括教学必需的知识、技能和意向，也包括与不同的高等教育机构和中小学的教师、与不同的候选人以及与K-12学校中不同学生一起工作的经历。

第五，教师的资格、成绩和专业发展。要求教育机构的教师必须是合格的，

① 赵中建. 美国80年代以来教师教育发展政策述评［J］. 全球教育展望，2001（9）：72—78.

并拥有学术、服务和教学方面的专业实践，还应与其他学科及中小学的同事进行合作。教育机构要系统地评价其教师的业绩并促进他们的专业发展。

第六，机构的管理与资源。要求教师教育机构提供领导、权威、预算、人员、设施和资源（包括信息技术资源），以便候选人的培训能符合专业标准、州级标准和教师教育机构的标准。

《2000 年标准》重点强调教师候选人，即在教师教育机构的受教育者所能展示的学科知识及教学能力。在这种体系下，寻求鉴定认可的教师教育机构必须定期评估教师候选人的成绩表现并将评估结果告知鉴定人员，除了查看教师教育机构提供的证据材料以外，委员会还要考虑候选教师参加州级教师资格证书考试的通过率，对他们教学实习所做的评价以及来自雇主的报告等。

（六）中小学校长资格证书制度

美国中小学校长资格证书制度普及于 20 世纪 90 年代。由于美国是分权制国家，校长任用属于聘用制，故各州独立制定自己的校长资格准入制度，各州规定的校长入职资格标准不尽相同。然而，通过观察与研究可以发现，差异虽然存在，却也不乏相同之处。美国的中小学校长资格证书一般分为初级校长执照、专业校长执照和卓越校长证书三个层次，通过校长资格证书的递进，来激发校长的积极性和内在的专业发展要求。也就是说，美国中小学校长在被任命前，都必须符合基本的任职标准和条件，取得初级执照。持初级执照的校长如欲获得专业校长执照，必须到大学研究院修满必要的学分或取得高一级学位，并且达到高一级执照或证书所要求的工作绩效。

1. 初级校长执照

初级校长执照（Initial Principal License）是担任校长的必要前提和“敲门砖”。要拿到初级校长执照，一般应当具备如下 4 个条件：

（1）持有教师资格证书，意即校长也是教师，是教师中的关键少数；

（2）有一定的从事教育工作的经验，一般为 3—5 年；

（3）一般应具有硕士及以上学位；

（4）在大学研究生院修满教育管理方面的学分，通常包含行政实习。

除了上述规定外，多数州规定申请校长执照一定要通过考试。纽约、马萨诸塞、新泽西等州实行自行命题，也有越来越多的州采用美国教育测验中心所开发的校长执照测验。此外，科罗拉多、加利福尼亚等州将执照分为校长执照、行政人员执照，缅因、佛蒙特等州则只核发行政人员执照。纽约、夏威夷等州将中学校长执照、小学校长执照分开，而内华达、新墨西哥等州则没有。

因此，想从事校长或教育行政工作的人员，在取得教师资格证书和具有一定工作经验后，需要到相应的培训机构进修教育行政课程或学校管理课程，完成必修和选修课程并取得相应的学分后，可以向州政府教育厅申请初级校长执照，通过考试取得执照后，方可参加校长的竞聘。① 也就是说，获得执照才有可能被选任为校长。例如，科罗拉多州的校长初级执照有效期限为三年，到期后可换证一次，再延三年。申请者必须具有至少三年的中小学教学经验、在州政府批准的校长培训机构修习一定的教育行政科目及学分，并通过州教育委员会的校长许可证测验（包括基本能力、口语表达、专业知识），该测验根据该州《校长及行政人员专业教育及专业发展课程标准》拟定题目。通过校长执照测验并取得初级校长执照者，可在该州实施州政府批准的《初级校长导入方案》的地方学区申请校长职务。

2. 专业校长执照

专业校长执照（Professional Principal License）是初级校长执照的进阶执照。校长候选人获得初级执照，只是获得了校长准入资格。经过竞聘成为校长后，还要在初任期间获得专业校长执照。美国校长的选拔与任命一般都是由地方学区自主决定，要想获得专业校长执照，还必须参加由学区组织的校长培训和考核。另外值得一提的是，美国很多州的地方学区都设置有初任校长导入制度，安排有经验、有绩效的校长担任初任校长的指导者（mentor）。例如，在科罗拉多州，申请者要获得专业执照，必须具备有效的初级校长执照，具有硕士学位，经历初任校长导入训练，成绩合格，得到设有《初级校长导入方案》的地方学区推荐，通过州教育委员会的校长表现测量，并通过依据该州制定的校长及领导人员准则开发出来的校长工作熟练度测验（包括技能的应用、知识与实务的综合及工

① Noel Epstein. Who's in Charge Here [M]. Brookings Institution Press, 2004: 14-41.

作考核)。专业校长执照有效期限为五年，期满可换证。

3. 卓越校长证书

卓越校长证书（Master Principal Certificate）只向具有多年校长工作经验，并在校长职位上做出突出业绩的校长颁发。例如，科罗拉多州的学校校长要获得卓越校长证书，必须满足以下几个条件：

（1）持有有效的专业校长执照，并真正担任着校长；

（2）在校长专业执照所要求的各项标准方面，均表现卓越；

（3）在各项专业知识方面，均展现深度；

（4）长期致力于追求学生成绩的进步及教育事业的提升；

（5）在学校所在教育社区有重大影响；

（6）向州教育委员会申请卓越校长证书。

该证书供专业校长执照持有者申领。一旦拿到卓越校长证书，则该证书的失效日期与专业校长执照的失效日期就相同，在失效前允许直接换证一次。不具备卓越校长证书者，专业校长执照只可直接换证一次，若欲继续担任校长，则需要接受资格审核。持有卓越校长证书者，可使专业校长执照的有效期自动延长七年。可以看出，科罗拉多州的卓越校长证书本身不是执照，而是证书，该证书与专业校长执照并行，可以使专业校长执照的价值更高，有效期更长。

另外值得一提的是，美国的校长执照或证书基本上不是终身制的，都有一定的有效期，有效期的时间规定各州有所不同，以五年居多，最短的为二年，最长的为十二年，颁发永久性校长资格执照或证书的州越来越少。有效期届满时，校长可通过到大学的研究院选修必要的课程并获得学分，或取得高一级的学位，或参加专业发展活动，并通过工作绩效评价后方可获得新的同等级证书或更高一级的证书。合格的工作绩效、不断进行在职进修和专业发展是调换证书的必要条件，这也是校长绩效考核的一种有效方式。

美国校长执照或证书的停用、失效分为三种情况：一是通过改变或提高证书的要求使其自然失效；二是证书期满失效；三是通过法律程序强制终止，包括持有者有违法行为、被定罪、违反职业伦理等情况。

（七）《不让一个孩子掉队法》

《不让一个孩子掉队法》（No Child Left Behind Act，NCLB）是 2002 年由时任总统小布什签署生效的一项法案，旨在提高教育质量，培养具有爱国主义精神的高素质一代。

该法案对提升中小学教师质量做出了规定。首次提出通过测验提高教师能力，通过明确规定大学毕业应达到的要求以增强未来师资，要求所有核心课程，包括英语、阅读、数学、科学、外语、公民和政府、经济、艺术、历史和地理等课程，都必须于 2005—2006 学年结束时由"高素质教师"（highly qualified teachers）执教；新入职教师则必须在聘用时就具备"高素质"。联邦政府首次参与制定教师的资格要求，虽然教师资格证由州颁发，但是怎样才能算是一个"高素质"的教师则由联邦政府规定，并要求州政府必须执行。对"高素质"教师的规定，引发了各方的讨论和质疑，其直接后果是在许多学区和学校，尤其是薄弱学校，出现了高素质教师紧缺的问题。

笔者注意到，2002 年，美国联邦教育部向国会提交的年度师资报告就取名为《迎接优秀教师的挑战》。为了促进中小学教师专业素质的提升，美国联邦教育部所属的教育研究所开展了 11 个项目的研究，包括 6 个早期阅读教师职业发展研究，2 个数学教师职业发展研究，3 个证书测试有效性的评估研究及教师测试分数对学生学业提高的预测意义研究。从 2004 年起，联邦教育部建立了优秀教师成长项目，为在职教师提供见面交流、分享实践经验、开展科学研究的机会，其主要途径包括以下三个方面。

一是举办教学研讨会。研讨会由在相对薄弱学校成功任教的教师主持，在阅读、数学的教学策略和学校领导能力的实践基础上进行理论研讨。相对艰苦的成长环境能为教师的专业成长提供途径和机会，薄弱学校涌现出来的成功教师案例更具榜样作用。此类教师在实践经验和理论总结的基础上形成自身对教育教学和专业成长的领悟，会直接影响教师专业成长的路径和动力。研讨会为中小学教师提供信息交流、思想碰撞的机会和平台，为优秀教师引领、辐射作用的发挥提供现实可能性。

二是实现资源共享。优质学校和薄弱学校之间存在的差距，主要在于所占有的教育资源的数量和质量，其中包括教师能够获取并加以利用的各种各样的教育资源。通常来讲，薄弱学校中的教师由于教育资源占有量明显不足，因此在科学研究过程中不占优势。鉴于薄弱学校教师成长保障不力、发展路径缺乏明晰度等状况，联邦教育部以课题研究为引领，为中小学教师提供 23 个学习网站，其中包括有关阅读、数学教学的知识以及用收集的数据转化的教学改进信息，中小学教师可以通过网络学习这些课程。中小学教师在课题研究过程中，可以充分利用丰富的资源平台，作为开展有效研究的重要途径。

三是开展示范引领。以评选美国教学之星的方式带动优秀教师的成长。每年 50 个州和华盛顿特区会各评选出一位候选教师，候选教师要有效提升学生成绩、使用创新教学法，并且给学生的生活带来变化。候选教师的提名者可以是任何人，如学生家长、校长、学校官员、现在或以前的学生等。成为美国教学之星的教师，则会成为全国教师学习的榜样和楷模。虽然教学之星的评选本身不是具体的培训方式，但为中小学教师通过参加培训实现专业水平提升提供了动力，因此也可作为发现并培养优秀教师的重要载体。例如，2013 年美国国家年度教师杰夫·沙博诺认为，只要拥有机会、支持和信心，每一个学生都能学好科学。作为一名教师，应把学生放在绝对优先的位置，所教的内容是第二位的。①

（八）“力争上游”计划

2009 年，美国颁布了《复兴与再投资法》（American Recovery and Reinvestment Act of 2009），目的在于刺激经济发展、增加就业机会、投资包括教育在内的支柱领域。为了激发各州改革教育的热情，提高教育改革成效，联邦教育部预留了 43.5 亿美元经费用于“力争上游”（Race to the Top）计划，用来激励各州营造教育改革与创新的良好环境，提升学生的学业成就，包括促进学生考试成绩显著进步，提高高中毕业率，为学生在大学和职场取得成功做好准备。

“力争上游”计划的使用经费由各州向联邦申请。联邦教育部对各州是否能够达到改革的关键标准进行衡量，那些表现卓越的州将获得较多拨款。资金分配

① 高靓. 每一个学生都能学好科学——访 2013 年美国国家年度教师杰夫·沙博诺 [N]. 中国教育报，2013-09-13 (7).

主要依据国际通行的教育标准，着重看各州是否招募和保持了高质量的教师队伍，是否建立了数据体系以评价学生表现，是否告知了教师如何改善教学和改变薄弱学校等。据统计，仅在 2012 年，美国联邦教育部就通过“力争上游”计划资助了 16 个学区大约 3.83 亿美元资金，额度从 1 000 万美元到 4 000 万美元不等。①

三、美国教师教育发展的历史经验

（一）强调教师职业的极端重要性

对教师职业的地位作用，美国的每一届联邦政府、每个州以及每次教育改革，都予以提倡和重视。有时出现在总统竞选演讲中，有时出现在教育法律里，有时体现在各州的发展规划上，更多的时候表现为推进地方学区教育发展、促进教育公平、提高教育质量或为教师办实事。早在建国之初，富兰克林站在美国长治久安的高度指出，教师是最好的“警察”，开办一所学校就等于关闭一所监狱。《国防教育法》把提高教师质量作为提高教育质量的基础和前提。“2061 计划”实施过程中，威斯康星州率先对参与项目的教师进行适应性培训。21 世纪的第二个十年，加利福尼亚州重视提高教师待遇，以稳定教师队伍，调动教师从教积极性。

（二）明确教师应知应会的责任担当

政府和社会要关心支持教师，教师也必须素质合格、履行职责。美国教学专业标准委员会（National Board for Professional Teaching Standards，NBPTS）通过长期调研总结出中小学教师应知应会的五项核心“法则”，在一定程度上代表了美国社会各界对广大中小学教师的期待。这五项核心“法则”是：

（1）教师应当专注于学生和学生的学习。认知学生个体差异，开展因材施

① 朱晓玲. 美国启动 2013 年“力争上游”学区竞赛，支持教室层面的改革 [J]. 比较教育研究，2013（11）：111.

教；了解学生发展和学习的规律；平等对待学生；教师的任务只是让学生获得学业进步。

（2）教师应当掌握所教科目（subjects）并知道怎样把这些科目教给学生。教师应了解所教科目知识的起源、组织及与学科（disciplines）之间的联系；教师应具备传授科目内容的教育学、教学法的专门知识；应引导学生通过多种途径掌握知识。

（3）教师有责任管理和监督学生学习。倡导多种达到教学目标的方法；以多样化的组合或分组支持学生学习；评判学生的专注度；定期评估学生进步；教师间开展必要的协同；让学生全神贯注于学习过程。

（4）教师应当系统地思考自身的实践并善于从中汲取经验教训。面对复杂的局面，运用专业判断，做出正确抉择；用反馈和研究改进实践，对学生的学习发挥正向影响。

（5）教师应当成为学习共同体的成员。与其他专业人士合作，提高学生的学习效率；与学生家长开展有效合作，形成教育的一致性；与当地社会团体合作，寻求多方支持。①

（三）保障教师获得体面的工资收入

工资的高低能够在一定程度上体现劳动者的工作价值和特点。为了促进中小学教育改革、提升基础教育质量，美国联邦政府从 21 世纪初开始对现行中小学教师工资制度进行反思。各级政府和各类学区普遍认为，目前的工资制度缺乏职业发展阶梯和激励机制，未能反映出中小学教育改革对教师队伍发展的需要。由此，部分州和学区尝试对中小学教师工资制度进行改革，其中影响比较深远的主要有以下三种类型。

第一，教学能力工资制。在此类型的工资制度中，增加对中小学教师专业能力的评价。通常中小学教师工资包括教龄工资和学历工资两部分，而在此类型的工资制度中，增加教师教学能力方面的工资。例如，明尼苏达州拉宾德尔学区规

① National Board for professional Teaching Standards. What Teachers Should Know and Be Able to Do [M]. National Board for Professional Teaching Standards, 2016: 12-45.

定，教师工资由基础工资（教龄工资、学历工资）和教学能力工资共同组成。而对于教师教学能力的评价主要考虑以下几方面因素，包括获奖证书、课堂教学评估、教学改革试验、学科知识水平、学生与家长评价等情况。增加教师教学能力的工资，重点加强中小学教师的专业水平，是关注其专业特点和职业价值的重要体现。

第二，教师职务工资制。在此类型的工资制度中，教师职务确定的职责与工资相关。从2003年起，美国纽约州新教师执照分为三种类型：实习执照、初期执照、资深专业执照。根据教师执照的不同类型，教师工资也表现出相应的差异。近年来，纽约州在教师聘用上采用全州通用的标准，对教师资格的要求越来越严格。要取得教师执照，申请者必须拥有所教专业的硕士学位，并修满所教专业的学分，还要通过纽约州的教师考核，考核包括综合知识、专业知识、教育心理学等多种考试以及教学录像的审查。对于师资极其短缺的一些学科，教育行政管理部门也采取应急措施，如优先聘用业务过关的人做临时教师，在授课的同时，让他们去进修所缺课程，参加相关考试，获得必要学分。但只给三年的期限，如临时教师在三年内仍然不能拿到执照，就被取消教师资格。同时，为了不断提高教师的学术水平，各中小学校都设有教师提高日。在这一天，学生可以不上学，但老师必须到校参加学习，实现专业水平的提升。此外，学校还经常组织校内各教研组开会，布置和组织教师开展业务提高活动。同时，市教育局、学区和学校也定期举办教学研讨会，给同行之间提供互相交流、研讨、学习和提高的平台与机会。

第三，教学绩效工资制。教师的教学绩效工资是指通过对教师的工作业绩、工作态度、工作技能等方面的综合考核评估，确立教师的绩效工资增长幅度。此类型的工资制度需要以科学的绩效考核制度作为基础，主要体现出教师的实绩和贡献。通常来讲，政府建立学校绩效测评体系，根据学校教学工作成绩给予经费奖励，学校用所获得的奖励经费给教师加薪。

教师的绩效工资是一个测评教师行为或结果的系统过程。绩效工资改革计划分为个人绩效工资制、学校绩效工资制和混合制三种模式。

个人绩效工资制就是知识和能力的工资制，重在奖励个人的工作绩效，给予差别化的薪酬，从而鼓励教师积极地投入工作。个人绩效工资制可以起到较好的激励作用，有利于学校吸引和留住业绩优秀的教师，聘请表现优秀的教师，并鼓励青年教师脱颖而出。这种工资制可以调动积极性，促进教师之间竞争，提升工作业绩，不过有时会影响教师集体的合作。

学校绩效工资制比较强调合作，包括教师之间的合作，还有教师与学生的合作。学生成绩被认为是全校教师共同努力的结果，因而应该对实现目标的每一位教师提供激励。学校绩效奖励提供给学校所有的成员或教师团队。一般来说，如果学校在核心课程领域的成绩超出预定提高的标准，学校就会获得一定的额外奖金。

混合制模式综合了以上两种类型，认为绩效工资应当是基于对教师业绩评估并与学校战略目标相联系的一种综合制度，目的是支持学校实现教育使命及其核心价值，并在竞争激烈的就业市场中吸引和留住高素质教师，激励教师不断学习新知识、获得新技能。混合制模式更加关注学生成长。

对于教师工作绩效的衡量问题，在美国各地一直是有争论的。有人说，有必要衡量绩效，体现多劳多得，优劳优酬，奖勤罚懒。也有人说，教师的劳动十分复杂，单纯用学生考试成绩来衡量教师绩效并不全面。大家已有的共识是，推行绩效工资制首先要保证充足而稳定的资金，在增量上做文章，尽量不触及教师已获得的利益；其次，要提供可观的基础薪酬，让每位教师都可以获得体面的基本工资和福利，不因绩效部分让有些教师受益，而让另一些教师因不满情绪高涨而消极怠工；最后，要建立完善的评价体系，绩效评价必须基于高信度的、可靠的绩效指标与程序，科学判定教学改进，要体现区分度、公平性和可接受性。①

美国国家教育统计中心（NCES）公布的资料显示，2011—2012 学年，公立中小学全职教师的平均基本工资为 53 100 美元。具体说，小学教师 52 800 美元，初中教师 53 400 美元，高中教师 54 500 美元。美国教师除了基本的工资外，没有什么“外快”。小学、初中、高中教师年薪差别不是太大。但是城市教师、城镇教师和农村教师之间有差别。此外，各州的差别也较大。工资差别主要源自不同学区的房价。在由政府拨款发薪的人员中，教师的工资、待遇仅次于政府官员

① 陈时见，赫栋峰. 美国公立中小学教师绩效工资改革［J］. 比较教育研究，2009（12）：1—5，15.

和警察。考虑到专业化程度、工作环境、劳累程度等多方面因素，教师能够获得的工资和待遇在可接受的范围内。20 世纪 80—90 年代，美国中小学教师工资待遇普遍偏低，严重影响教师来源和师资队伍建设，在很大程度上影响了教育质量的提升以及教育领域的整体发展。幸运的是，基础教育的发展受阻很快引起了社会各界的广泛关注和重视。美国基础教育经历了跨越式改革，在教师工资待遇方面进行了改进。经过努力，至 2015 年，美国中小学教师工资水平有较大幅度增长，平均年收入为 56 000 美元。2021 年，最低的是南达科他州，中小学教师起薪为44 557美元，年平均工资为 50 985 美元；最高的是加利福尼亚州，起薪为58 169美元，年平均工资为 66 530 美元。①

（四）发挥校长对教师的“头雁”作用

校长是教师的领头雁、排头兵。美国很多学区将校长工作看作一项专门事业，需要有专业精神和专业水平，需要全身心地投入。一个有远见、负责任的校长一定要为学校的发展夙兴夜寐，殚精竭虑，全力做好教育思想的领导、教育理念的指引。校长要有清醒的角色意识，要为学校的发展出思路、定规矩、立标杆、抓落实。校长对教师的管理权限是有限的，校长可以提出教师招聘的需求，但不负责教师的招聘。教师由学区统一聘任，如果校长发现教师不称职，首先要做的工作不是“辞退”而是“补救”，所谓的“补救”就是提供一些帮助改进的措施，以促进教师胜任教育教学工作。校长采取的补救措施一定要记录在案。事实上，由于各地教师工会都比较护犊子，校长想解聘教师几乎是不可能的。当然，如果帮扶之后有个别教师仍然不胜任或目无校纪、我行我素，校长就只好考虑将其辞退。美国的中小学校长勤奋辛苦地带领全校师生员工维持日常运转，并按照学校发展的理念和既定目标不断向前。美国的校长没有太多的自由裁量权，很多规定由学区做出，教师的管理受教师工会的制约。校长对教师的管理通常是通过工作评价、发展机会、岗位安排来实现的，或者发挥人格魅力及来施加影响。

① Salarycom. Teacher Salary in the United States [EB/OL]. [2020-02-17]. http://salary.com/research/salary/listing/teaher-salary.

结语

在美国教育发展史上，教师培养有的时期强调教师的专业性，有的时期重视学科性，存在钟摆现象；教师培训有的时期属于教师个人行为，有的时期由政府部门或学区出面组织。而今，美国的小学一般采取主任教师包班制，相当于一定意义上的全科教师。小学教师均接受过一定的教师教育，参加过必要的教育实习，并在职业生涯中不断进修、充电提高。中学阶段有采用包班制的，更多地采用教师分科制上课。中学教师中的许多人都是先获得某个学科的学士，继而在教育学院或教师学院获得教育专业硕士。美国基础教育教师队伍是一个庞大的群体，多数教师学历较高，学识较好，大多能够遵纪守法，爱岗敬业。美国基础教育教师岗位的吸引力一般。在社会各行各业中，教师的待遇属于中等水平。总体而言，基础教育教师队伍并没有吸纳社会中的精英人群，而水平太差的那部分人也无法进入教师队伍中来。维护教师权益的教师工会具有较大的影响力，地方教育当局对此比较敬畏。关于教师奖励，21 世纪以来美国历届联邦政府均鼓励根据学生的进步情况来奖励教师，对不断提高自身教学技能的教师、在教学中持续取得进步的教师、服务于薄弱学校的教师、指导新教师的资深教师等给予奖励，当然，也会对不合格的教师采取一定的惩罚措施。

第二章

美国中小学教师职前培养

美国中小学教师职前培养体系的内容比较丰富，包括办学定位、培养目标、课程设置、资格评估等诸多方面。通过历史梳理发现，美国中小学教师职前培养体系具有阶段性特征，与经济社会以及教育的发展密切相关。当前美国教师职前培养体系也面临一系列挑战，正在影响着美国中小学教育的质量。教师是教育的直接实施者，教师素养的高低对教育质量有着至关重要的作用。随着人们对教育质量的要求不断提高，对教师质量的要求自然也水涨船高，学校也需要逐渐优化自己的教师培养体系。此外，社会各界对教师质量要求的提高也是促进美国教师教育发展的一个重要因素。

一、美国教师职前培养体系的发展阶段及特征

美国的主体民族是由持续几个世纪的外来移民构成的，而作为其近代教育重要组成部分的师范教育，最初也是由移民从欧洲移植过来的。起初，由于受到经济发展水平的限制及传统思想的影响，人们并不重视教师培养，对教师的专业素质要求与资格认证也没有明确的标准。随着社会的进步，教育越来越受到人们的重视，师资培养也逐渐走向标准化与专业化。美国教师职前培养的发展过程是一条曲折而漫长的道路，大致可分为以下四个阶段。

（一）专门化发展时期

19 世纪初，由于缺乏合格的教师，美国初等教育教学情况十分糟糕。于是，不少学者开始重视教师培养的问题，提议设立专门院校培养教师，师范教育体系得以初步确立。

1. 机构设立

1812 年，奥姆斯特德（Denison Olmstead）在耶鲁大学毕业演讲中提到设立“教师讲习所”，让学生在专门的教育机构中学习教学技能。同一时期，金斯利（James T. Kingsley）建议设立一种小学与大学之间的学校，专门训练未来从教的学生。1818 年，英国学者兰喀斯特（Joseph Lancaster）在美国费城建立模范学校（model school），以训练学校教师。同时，本杰明·富兰克林倡设的文实中学也开始增设教师训练部，培养小学教师。

除此之外，一些独立的教师训练机构也陆续出现。1823 年，美国传教士塞缪尔·霍尔（Samuel Hall）创办了私立师资培训班，学制 3 年，目的是训练初等学校教师，还设立了附属学校作为教师实习训练的场地。1827 年，美国教育学者詹姆斯·卡特（James Carte）创立了私立师范学校（normal school）。后来，该校在美国师范学校形成和发展中的重要作用，因此卡特被称为“美国师范学校之父”。

1838 年，贺拉斯·曼（Horace Mann）在马萨诸塞州倡导教师培训计划，

获得了州立法机关的支持。1838 年 4 月 19 日，马萨诸塞州州长爱德华·埃弗雷特（Edward Everett）签署法令，批准建立三所州立师范学校，这一法令开了美国公立教师教育以及全国州立教师教育体系之先河，① 在南北战争后，美国各州兴起了建立州立师范学校的热潮。据统计，到 19 世纪末，全国已有师范学校 345 所，其中公立师范学校 167 所，私立师范学校 178 所。②

最初的师范学校相继建立了学生实习基地，实习学校被称为“模范学校”或“示范学校”。1839 年，莱克星顿师范学校建立，并附设实习学校，该州其他师范学校也纷纷效仿。由于资金短缺、教职人员缺乏，实习学校未能受到重视，马萨诸塞州的早期实习学校并未获得太多成效，最后纷纷关闭。直到其他州的师范学校的经验证明，教学实践在师范教育中是不可或缺的，这些“示范学校”才得以重建。

2. 入学标准

州立师范学校主要为当地中小学培养教师，各州教育部门都为师范学校制定了相应的入学标准，但各州情况不尽相同，校长拥有较大的自主权。

师范学校的早期录取程序是直接从初等学校招收学生，不管他们是否有学业及格证书，都可对其进行正式的或非正式的测验，如证明其能胜任教师工作，则可直接录取。以美国最早的州立师范学校马萨诸塞州立师范学校为例，1839 年，马萨诸塞州教育委员会为第一批师范学校制定了如下的入学标准：学生必须表明自己具有从教的意愿；须年满 16 或 17 岁，身体健康；掌握阅读、书写、计算、地理、语法等科目；具有较好的智力、道德品质及性格。入学考试时间为每学年伊始或校长方便的时间。③ 师范学校的学习期限至少 1 年，每年 3 个学期，学习

① Lucas C J. Teacher Education in America：Reform Agendas for the Twenty-First Century [M]. New York：St. Martin's Press，1997：23.

② 梁忠义，罗正华. 世界教育大系·教师教育 [M]. 长春：吉林教育出版社，2000：25.

③ Mellicent M，Edwards N. A Comparative Study of Entrance to Teacher-Training Institutions [M]. Bureau of Publications，Teacher College，Columbia University，1930：40-47，52.

时间不可间断。①

随着公立学校的普及，师范学校的入学标准也随之提升，从而更加细化。以康涅狄格州第一所州立师范学校为例，其对学生入学标准提出了具体要求，规定学生应具备以下素质：单纯，坚强；身体健康；有礼貌；关心学生；乐于助人，善于合作；具备胜任教学任务的能力；爱护公共设施；有集体精神；具备一定的教学经验。② 此后，其他州相继建立的师范学校，也纷纷效仿其标准。

3. 课程设置及修业年限

师范学校课程周期短，学制在成立初期仅为 1 年，直至 1860 年才发展为两年制，大部分学生在校时间每年只有 11 周。不同州的师范学校在课程设置上有所区别，修业年限也是 2—4 年不等。入学标准较高的师范学校，由于学生的基础较好，修业年限会相应缩短。19 世纪早期，马萨诸塞州师范学校只有教学科学与艺术这门专业课程。19 世纪中期，以康涅狄格州师范学校为代表的州立师范学校除设置教学科学与艺术外，还设置了教育课程、评论等其他专业课程，说明人们对师范专业的认识在逐步加深。

1839—1840 年，马萨诸塞州教育委员会以法律形式规定了第一批师范学校的课程，修业年限为 1 年。大体上，该课程涵盖了 19 世纪早期师范学校设置的基本课程。州教育委员会要求师范学校开设下列课程：拼字法、阅读、作文、语法、修辞、逻辑、书法、绘画、算术、地理、统计、历史、代数、几何、簿记、航海、测量、自然历史、生理学、精神哲学、音乐、自然哲学、天文学、马萨诸塞州的历史和美国的宪法及历史、虔诚和道德原则、教学科学与艺术。

1850 年，亨利·巴纳德为康涅狄格州的第一所州立师范学校制定了明确的课程计划，该课程计划与早期的师范学校的课程计划已有较大区别，其中必修课程包括：教育课程、评论、法律知识、绘画与声乐；为有能力的学生开设高中教育，包括准备小学高年级任教所必备的知识；教学科学与艺术；自然科学指导及

① Hillesheim J W，George D M. Theory and Practice in the History of America Education：A Book of Readings［M］，Washington DC：University press of American，Inc.，1980：308.

② Meader J L. Normal School Education in Connecticut，［M］. New York：Bureau of Publications，Teacher College Press，Columbia University，1928：15-16.

如何使用教学仪器和图表；在示范学校进行教学实习。1853—1859 年，由于入学人数稳步增加，学校声誉提升，获得政府拨款增加，该校开始实施三年制课程，课程种类更加多样化。第一年的课程包括：阅读、拼词法、语言分析、地理与地图绘制、英语语法和作文、算术、口语与写作、美国历史、铅笔绘画和蜡笔绘画、声乐、演讲。第二年的课程包括：修辞阅读、语言分析（包括语法及最优秀英语作家的文体）、语音学与语源学分析、英语语法、作文与演讲、代数、算术复习、生理学和卫生学、植物学、自然科学、天文学、绘画和音乐。第三年的课程包括：修辞学阅读、拼字法、语源学分析、作文与演讲、逻辑思维的哲学和修辞学、宗教及自然神学、几何和三角、化学、物理、地理和气象、修辞分析、绘画和声乐（如果需要，还有法语、德语和拉丁语等语言课程，钢琴课和簧风琴课可免费学习）。此外，学生必须用大约 1/3 的学习时间进行教育实习，教师在实习教室的授课过程则成为实习的重点。①

（二）混合化发展时期

随着义务教育的普及，美国中等教育迅速发展，中学教师数量出现较大缺口，而已有的师范学校难以培养出符合要求的中学教师，逐渐暴露出自身的局限性，低水平的师范学校向高标准的师范学院转型成为新的发展趋势。这一阶段教师培养体系的主要特点是原有师范学校转型，逐步升级为师范学院；部分综合大学参与教师培训，形成师范院校与非师范院校并存的局面。

1. 机构设立

19 世纪末 20 世纪初，大量师范学校在州政府的支持下，逐渐升格为师范学院。1882 年，亚拉巴马州首先创立了利文斯顿州立师范学院。1890 年，纽约州的阿尔巴尼州立师范学院成为美国第一所由师范学校升级为师范学院的学校。自此，美国师范教育开启了“师范学院时代”。1908 年，全美教育协会颁布《师范学校政策声明》，提出放弃传统师范学校（Normal School）名称中的

① Harper C A. A Century of Public Teacher Education [M]. The Hugh Brich-Horace Mann Funf, 1939: 54-55.

“Normal”，将其改为“Teachers College”，推动大规模的师范学校“升级”运动。20 世纪 50 年代，师范学院达到发展巅峰，转型后的学院已不仅仅是培养教师的机构，同时也为其他领域培养人才。

19 世纪末，一些综合院校也设立教育学院来培养教师。1873 年，艾奥瓦大学首先设立了第一个教育学永久教席。1879 年，密歇根大学设立了教育系。1885 年，威斯康星大学设立了教育系。1886 年，印第安纳大学和康奈尔大学也成立了教育系。1888 年，哥伦比亚大学师范学院成立。1917 年斯坦福大学教育学院成立，此后，哈佛大学、康奈尔大学、加州大学、宾夕法尼亚大学等，也纷纷发展或创办了教育学院、教育学部或教育学系。与传统的师范学院不同的是，上述知名大学的教育学院一般不提供本科教育，而主要承担硕士和博士的培养。

2. 入学标准与资格认证

长期以来，师范学校因入学标准较低，生源质量较差。因此，师范学校转型后，所面临的最重要的问题就是提高入学标准与毕业生质量，确保师范学院将来能吸引更多的优质生源，获得更高的社会地位。

在入学标准上，1923 年，全国教师协会（The National Teacher Association，NTA）提出，师范学院入学者必须毕业于四年制的中学或相当于中学的其他学校。到 20 世纪 70 年代末，美国公立师范学院的数量逐年递增。与师范学校不同的是，所有师范学院都要求入学者具有四年制高中的毕业证书。

在资格认定上，师范学校向师范学院转型的一个典型特征就是师范学院获得了学位授予权，因此可自主授予毕业生学士学位。首先获得颁发四年制大学学位资格的是纽约州的阿尔巴尼州立师范学院和密歇根州的伊普西兰蒂州立师范学院。在 1890 年 3 月 13 日召开的董事会上，阿尔巴尼师范学校升格为师范学院，允许为完成教学课程的合格学生授予教育学学士学位，如具备规定的条件，还有权授予教学法硕士及博士学位。① 1918 年，美国联邦教育部在对美国 371 个教师培训机构的调查报告中指出，大批师范学院第一次出现，其中有 46 所师范学

① Harper C A. A Century of Public Teacher Education [M]. The Hugh Brich-Horace Mann Funf，1939：135.

院提供中学以上的四年制课程并授予学士学位，且数量呈不断增加趋势。①

3. 课程设置及修业年限

随着学制的延长，师范学院课程发展中的一个显著特点就是课程范围的拓展，主要表现在：开设四年制课程广泛引进选修课程；以实用主义理念选择和开设新课程。② 以密歇根州立师范学院为例，20 世纪初，该学院出现了五种课程：两年制普通学位课程，两年制专业学位课程，四年制普通学位课程，四年制专业学位课程，一年制研究生课程。

开设这些课程是为了使教师所接受的专业培训能胜任以下几种学校工作的要求：一是不分年级的学校或乡村学校；二是公立或私立幼儿园；三是小学低年级；四是分年级学校的高年级；五是普通年级的工作；六是特殊专业和部门；七是专门科目的指导，例如，音乐、美术等；八是督导和管理。③ 虽然各州师范学院在具体课程设置上存在差异，但总体上分为科学知识学习、专业知识学习和教学实习。在专业课程设置方面，又进一步对课程进行了细化，设置了必修课和选修课。

总体而言，师范学院较之前的师范学校主要发生了如下变化：入学标准提升到高中毕业，课程设置上增加一些新型学术性科目，学制延长为 4 年，且有向 5 年延长的趋势，获得了学士乃至硕士的学位授予权。同时，大学与中学认证联盟对师范学院发展也有较大影响，其提出的中学师资标准成为师范学院的培养目标。

（三）综合化发展时期

第二次世界大战之后，尽管师范学院已将教师培养提升到更高的层次，但随着高等教育的不断发展以及教师学院内部价值观的转化等因素的影响，州立师范学院开始向综合性大学发展。根据 20 世纪 60 年代的统计，当时全国中小学教师

① Jacobs，C L. The Relation of the Teacher's Education to Her Effectiveness [M]. New York：AMS Press，1972：3.

②③ Harper，C A. A Century of Public Teacher Education [M]. The Hugh Brich-Horace Mann Funf，1939：148，111.

只有20%由师范学院培养，32%由私立高等学校培养，48%由公立高等学校培养。① 因此，我们可以说，在20世纪70年代，随着师范学院向州立学院和州立大学的转变基本完成，标志着美国教师教育上一个时代的终结，以综合大学为主的教师教育时代到来。②

1. 机构设立

尽管大规模的师范学院转型出现在第二次世界大战后，但早在20世纪30年代，师范学院就有向州立学院和州立大学转型的趋势，有的是把原来的师范学院扩展为综合性大学，有的师范学院则被合并为综合性大学中的教育学院及多科性（multipurpose college）学院或文理学院中的教育系。

转型的标志之一是名称的变化，具体表现在部分师范学院改名为“州立学院”或“州立大学”。这种变化最早始于中西部及南部各州，最后波及东北部各州。

最早按这种模式发展的师范学院是位于俄亥俄州鲍灵格林和肯特的师范学院。1930年，俄亥俄州的鲍灵格林师范学院率先更名为“州立学院”。1935年，该州的肯特师范学院更名为“州立大学”。华盛顿州的“师范学院”于1937年更名为“教育学院”，1961年更名为“州立学院”。1961年，纽约州的“师范学院”也更名为“州立学院”。③

除改变名称外，师范学院还通过设立其他专业以适应综合性大学的要求。以爱荷华州立大学为例，爱荷华州师范学院于1961年更名为州立学院，1967年又更名为“北爱荷华州立大学”。转型后的爱荷华大学不仅提供本科生和研究生课程，还进行教育研究和函授教育工作，并尽其所能提供其他的公共服务项目，例如，为该州的中小学、学院和大学培养教师和教育管理人员。1949年，圣地亚哥州立学院开始颁发教育学硕士学位，1958年开始颁发人文与科学领域的硕士

① Hodenfield G K. Stinnett T M. The Education of Teachers: Conflict and Consensus [M]. Stinnett Prentice-Hall, inc., 1961: 154.

② Goodlad J. Teachers for Our Nation's Schools [M]. San Francisco: Jossey-Bass Publishers, 1990: 73.

③ Paul W. A Hundred Years of Teachers Education [J], School and Society, 1962: 239.

学位并成立工程学院，1967 年开始颁发博士学位并积极拓展海外服务项目，努力朝综合性大学发展。①

2. 课程设置及修业年限

由于新的教师培养目标的确立，综合性大学的教师教育课程设置，主要朝培养“学者型教师”的方向发展。

1961 年，美国教师教育和专业标准委员会（The National Commission on Teacher Education and Professional Standards，NCTEPS）发表了报告《教学专业的新视野》（New Horizons for the Teaching Profession：A Report of the Task Force on New Horizons in Teacher Education and Professional Standards），明确提出将师范教育课程分为三个类别，即普通教育、专门教育及专业教育。普通教育旨在使师范生获得成为一个优秀的人应该具备的文化常识与素养，课程划分为人文学科、自然学科和社会学科三部分。专门教育旨在使师范生掌握拟任教科目的知识，准备从事中等教育的学生需掌握 1—2 个专业的知识，而准备从事初等教育的学生则需要学习涵盖初等教育学科的所有科目，因为小学实施的是不分科教育。专业教育旨在使师范生掌握教学的知识和技能，主要包括教育理论学习和教育实践两部分，而教育实践又包括课堂见习和实地上课。同时，该报告指出，这三个类别是紧密相关且所有教师职前培训中不可或缺的。

综合性高校教师教育的修业年限一般为 4—5 年，最普遍的教学模式是第一年全部学习普通教育课程，第二年仍以普通教育课程为主，但加入少量任教科目教育及专业教育，第 3—4 年则偏重专业教育而只有少量任教科目教育。也有一种模式是前两年主要是普通教育，涉及少量任教科目的学习，第 3—4 年则偏重任教科目的专业知识学习。

3. 资格认定

随着课程设置和修业年限的变化，综合性大学授予的学位也发生了相应改

① Harcleroad F F. A Study of the Historical Background，Current Status，and Future Plans of the Developing State Colleges and Universities. Final Report [J]. Administrative Organization，1969：151.

变。许多州立学院建立咨询和研究发展中心，扩大研究生学位课程，构成师范教育的不同层次。学生通过不同层次课程的学习，可获得硕士学位或博士学位。同时，新的改革也开始实施，一是在两年制研究生学习的第二年末为学生提供一个学位或证书，二是为六年制大学学习或研究生学习提供一个学位或证书。经过两年研究生学习的学生颁发的学位通常称作“教育专业人士”（educational specialist）。

（四）多元化发展时期

自20世纪80年代起，为解决因教师离职、退休人员增多导致教师短缺、偏远及农村地区多“临时资格教师”的问题，联邦和州政府将目光投到选择性教师资格项目（Alternative Teacher Certification Program）上面。选择性教师资格项目指，区别于通过高校教师教育项目获得教师资格的其他项目，即取消传统教师教育的各种规则和标准，让具有一定资质又有意向从教的人进入教师行业。这一时期教师教育发展的主要特点是选择性教师教育的兴起，传统的高校教师教育体系与非高校教师教育体系并存。

1. 机构设立

选择性教师资格项目设定了两个目标：一是为一些特殊领域（如数学和科学）提供教师以及吸引男性、少数民族等群体进入教师职业；二是录取具备一定能力和热衷于教学的教师。

1982年，弗吉尼亚州政府颁布法令，在全州实施教师资格证的前提下，允许未修读教育专业课程的个人通过修读其他课程进入教师岗位。1983年，新泽西州开发了全美第一个州层面的选择性教师资格项目，随后其他各州也纷纷效仿。到1999年，有40个州和华盛顿哥伦比亚特区设有该项目。2003年，全美教育信息中心（NCEI）组建了国家选择性资格中心（National Center for Alternative Certification），该中心的主要功能是收集国家选择性教师资格项目数据，研究并提供年度报告等。

2007年，美国50个州和华盛顿哥伦比亚特区认定的选择性教师教育项目有600个，每年培养教师约62 000人。在新泽西州有40%的教师、加利福尼亚州有33％的教师、得克萨斯州有近50％的教师是通过选择性教师教育项目进入教师行业的。① 在美国，目前有三大选择性教师资格项目。第一，退伍军人从教计划（Troops to Teachers），是美国联邦教育部联合国防部实行的一项计划，旨在帮助军队退伍军人成为教师。教师候选人只进行为期5周的、在有经验教师指导下的集中教学实践训练。之后，这些候选人将进行为期2年的教学志愿者服务活动。第二，为美国而教（Teach for America）项目，旨在帮助青年志愿者从事教育行业，通常招募国内一流大学的大学生去贫困的郊区或农村任教，为期2年。第三，新教师项目（The new Teacher Project），是一个非营利性项目，旨在为地区人事部门提供咨询服务，并从其他行业招募和培训教师。国家选择性资格中心数据显示，1984—2010年，近50万名教师通过选择性资格项目获得教师资格。在一些州，选择性资格教师占到初任教师总数的30％—40％。②

2. 课程设置及修业年限

选择性教师资格项目修学时限灵活，有的项目只有几个月，有的却要2—3年。且学习时间与地点十分灵活，上课时间有的在晚上，有的在周末或假期，上课地点在学区或社区学院。

根据选择性教师资格项目的实施机构，项目实施模式大致可分为以下三种类型。

（1）以大学为主的选择性教师教育模式。大学设立选择性教师教育项目，由大学与中小学合作培养教师，参与者在中小学进行实习，学习教学的基本技能。较典型的是西北大学教育与政策学院与芝加哥公立学校合作培养教师。该项目修业年限为1年，课程分为3个部分，第一部分课程从夏季开始，持续5周时间，主要内容是入选者在辅导教师的指导下完成教学实践，获得临时教师资格证书；

① Brown C G，Ratcliff J. Non-Traditionally Certified School Leaders' Self-Perceptions of Background Knowledge and Needs [J]. International Journal of Business and Social Science，2011（2）：1.

② Heilig J V，Cole H A，Springel M A. Alternative certification and Teach for America：The Search for High Quality Teachers [J]. Kansas Journal of Law and Public Policy，2011（3）：388-412.

第二部分课程时长 9 个月，入选者在芝加哥公立学校做全职教师，参与夜校学习，并需通过伊利诺伊州教学专业评价考试（the State of Illinois Assessment of Professional Teaching）；第三部分在春季完成，主要对入选者的表现进行综合评价。项目要求学生每个季度要完成 2 门课程，共 8 个学分，上述 3 个阶段的学习全部完成后，就可以获得伊利诺伊州初任教师证书。

（2）以地区为主的选择性教师教育模式。地区根据当地学校的需要招募合格教师候选人的项目，一般由地区与大学合作完成。基本模式是候选人在辅导教师的指导下，经过 1 年的准备达到州政府教师教育资格和大学颁发学位的要求，并获得证书。例如，波士顿驻校教师（the Boston Teacher Residency）项目，入选者需进行为期 1 年的培训，在这 1 年里入选者需参与校本研讨会和校本学习，并完成相关课程要求，合格后获得教学艺术硕士学位。

（3）以私人资助为主的选择性教师教育模式。私人资助模式的选择性教师教育项目的发起者具有私人性质，经费往往来自募捐或者大型基金会的支持，项目与地方学区建立合作关系，参与者在被聘用的学校参加培训，获得教师资格。如温蒂·考普（Wendy Kopp）于 1989 年为减少美国教育的不平等而创建了“为美国而教”项目，对来自顶尖大学的优秀毕业生进行一个夏季学期（5 周）的训练，培训内容主要包括教育学、任教内容以及班级管理等方面，然后候选人赴郊区或农村地区任教 2 年。

3. 质量保障

选择性教师资格项目虽然修业年限不长，但十分关注对入选者实践经验的培养，通常会为学生配备优秀的辅导教师，学生可以在实习过程中向辅导教师学习教学技能与班级管理经验，以便顺利进入教师角色。而且不论是以大学为基础的还是以中小学为基础的选择性教师教育项目，都要求学生得到地方学区的聘用，在工作中完成教师教育课程，达到州或者行业组织的教师教育标准，获得教师资格证书，这也为新教师的培养提供了质量保证。一项休斯敦的研究发现，选择性教师资格项目培养的教师和大学教育学院培养的教师，在 8 个月的教学之后，在 14 项研究指标中仅有 1 项存在显著差异，即后者比前者存在更多的课堂管理问题，而在教师的自信和教学满意度水平等方面没有显著差异，① 说明选择性教师资格项目培训出来的教师质量是有保证的，能胜任基本的教学工作。

二、美国中小学教师职前培养体系的现状与特点

美国中小学教师职前培养体系的现状与特点，可以从师资培养、办学优势、课程设置、资格评估等方面进行分析。

（一）美国中小学教师职前培养体系的现状

从 1823—1882 年广泛建立师范学校，1882 年至第二次世界大战前普遍设立师范学院，二战后至 20 世纪 80 年代兴起培养师资的文理学院和综合大学，美国教师职前培养体系经历了多个历史阶段，如今呈现多样化趋势，已基本形成较为完备的教师职前培养体系，涵盖从本科阶段一直到研究生阶段的教育。美国教师职前培养多元化模式的类型主要包括综合性大学模式、文理学院模式、专业发展学校模式和选择性模式等。

1. 教师职前培养体系概览

从总体来看，当前美国教师职前培养体系主要可以分为两大类：一类是传统型教师教育，另一类是选择性教师教育。根据美国国家教育统计中心 2017 年的数据，传统型教师教育机构有 1 475 所学校，包括 228 所研究型大学（含博士学位）、562 所硕士院校、133 所文理学院和 268 所本科普通院校。加利福尼亚州的圣华金师范学院（Teacher's College of San Joaquin），亚利桑那州的亚利桑那州立大学玛丽·卢·富尔顿师范学院（Arizona State University - Mary Lou Fulton Teachers College），纽约州的哥伦比亚大学师范学院（Teachers College at Columbia University）是少有的以“师范”命名的学校和学院。选择性教师教育覆盖 657 所高校，包括 454 所选择性高校和 203 所选择性非高校教育机构。上述教

① Houston W R, Marshall F, McDavid T. Problems of Traditionally Prepared and Alternatively Certified First-Year Teachers [J]. Education and Urban Society, 1993 (1): 78-89.

师教育机构还为中小学教师提供了 26 589 种丰富多样的教师教育类项目。其中，以高校为依托的传统型教师教育项目约占 70%，以高校为依托的选择性教师教育项目约占 20%，非高校的选择性教师教育项目约占 10%。美国教师教育专业在校生人数为 418 573 人，其中传统型教师教育学院的在校生人数为 357 655 人，高校承担的选择性项目在学人数为 26 112 人，非高校承担的选择性项目在学人数为 34 806 人。

美国一流大学十分重视教师教育院系的开设。根据 2017 年《美国新闻与世界报道》（U. S. News & World Report）发布的大学排行榜进行分析，排名前 50 位的大学中有 32 所（超过 60%）设立了教育学院，面向小学、中学、大学、幼儿园和特殊教育培养各级各类教师。其中，排名前 10 位的大学中已有 5 所设立了教育学院。32 所高校的教育学院在校生总数达到 29 388 人，平均在校生数 918 人。而哥伦比亚大学师范学院以在校生数 5 023 人位居全美教育学院第一，占全校在校生的近 20%。由此可见，多数美国一流高校都注重教师教育，并利用其优质的师资、生源和办学条件，培养了一批又一批优秀的教师。

2. 教师职前培养项目的层次结构

整体而言，美国教师职前培养从层次上看，可以划分为五类：四年制本科项目、五年制整合型项目、研究生层次项目、选择性路径项目和社区学院合作项目。

（1）四年制本科项目。四年制本科项目是目前美国中小学教师职前培养最为普遍的一种模式。在文理学院中，中小学教师的职前培养方式可以分为两种类型：一是“4+0”模式，让新生入学后同步学习教育课程、通识课程和专业课程，并随着年级的提高逐步增加教育类课程的比重；二是“2+2”模式，前两年是通识教育，后两年进行专业教育。①

① Teacher Preparation Structure and Conceptual Alternatives [EB/OL]. [2008-10-18]. http://nertl.msu.edu/httP/iPaPers/html/Pdf/.iP895.pdf.

案例一：文理学院“2+2”模式。

学生在前两年接受普通教育，后两年进行专业教育，准教师修满规定学分即可获得学士学位。教师教育课程分为三部分：一是通识教育课程，包括英语、社会科学、人文科学、自然科学、保健和体育等方面的内容，在全部课程中占40%左右。二是学科科学课程，根据准教师将来从事的教学科目设置。针对初等教育的综合科目教学，准教师将接受多种科目的学习。针对中学时期的分科教学，实行主修与辅修的双修制（major-minor system），规定学生在主修和辅修学科分别获得一定的学分才能毕业。学科科学课程约占全部课程的40%。三是教育科学课程，包括教育基础理论课程（如基础教育、教育史等），教育方法与技能课程（如教育心理学、教材教法等）和教学实践活动。这类课程占全部课程的20%左右。① 其中，教学实习又包括预备实习和正式实习两个部分，前者是正式实习之前的教学实践活动，后者是持续完整的全学期实习。校内课程、教育见习和教育实习三者交叉进行，课程理论学习与教育教学实践互为补充、相互滋养。②

案例二：密歇根大学本科层次小学教师教育方案。

密歇根大学教育学院本科生的培养目标是初级学校教师，具体办法是有志于参加本方案的学生需要在大学三年级通过参加密歇根教师信息交流会获得与教育学院学业指导教师一对一交流的机会，就课程、申请资格等相关问题进行咨询，然后完成在线申请。申请成功后，学生将进行为期两年的精深有序的专业学习。具体的课程设置包括通识课程、学科专业课程和教育专业训练。成功完成密歇根大学教育学院教师教育方案的课程与实践之后，学生会获得一个教育学文学士或教育学理学士学位，并将被推荐给密歇根州进行小学教师认证。③

---

① 李其龙，陈永明. 教师教育课程的国际比较［M］. 北京：教育科学出版社，2002：19.

② 何茜，杨春梅. 美国大学化教师教育的课程设置及其特点［J］. 比较教育研究，2011（11）：6—9.

③ 周小请. 美国密歇根大学本科层次小学教师教育方案研究［J］. 现代教育论丛，2009（1）：63—66.

（2）五年制整合型项目。传统的四年制模式存在一定脱节问题，即通识、学科、专业课程内容不够连贯，实践内容与修习内容也会因缺少联系而导致理论与实践脱节。针对这个弊端，五年制整合型项目通过五年的系统性、连贯性学习从而获得硕士学位，又被称作“第五年修业计划”，进一步提高教师的学历水平。

案例一：弗吉尼亚大学五年一贯制模式。

该模式要求教师培养由文理学院和柯里教育学院在共同目标的指导下联合完成，学生在五年制框架内完成融学士和硕士、教师教育理论与实践、教师专业教育与学科专业教育为一体的课程。毕业时获得由文理学院颁发的学士学位和由柯里教育学院颁发的教学硕士学位，以及相应的教师资格证书。这一模式的具体内容包括：

其一，培养体制连贯整合。学生通过入学考试进入弗吉尼亚大学，申请参加教育学入门课程，被录取到文理学院，若有志于进入五年制项目，则需要在第一学年提交参加教育学入门课程的申请。学生在第三学年正式进入五年制项目。第四学年学生完成从本科向研究生进阶的任务。第五学年所有毕业生完成相应科目的考试。

其二，课程设置高度融合。五年一贯制课程可以划分为五类：通识课程、主修专业、普通教育学、学科教育学以及教学体验。第四学年与第五学年主修专业、教育学课程和教学体验是同步进行的。该项目每一学年都有明确的实习重点，第一学年和第二学年为观察中小学校和学生，第三学年主要是“一对一”的个别指导，第四学年是学科教学，第五学年涉及教师的全部工作，包括学生管理与教学计划、实施和评价等诸多方面。①

案例二：芝加哥大学“城市教师教育计划”。

“城市教师教育计划”（Urban Teacher Education Program）项目的整个培养周期共五年，体现为“2＋3”模式，前两年是职前培养阶段，毕业后将获得由芝

① 张晓莉. 美国弗吉尼亚大学五年一贯制教师教育模式探析［J］. 外国教育研究，2011（8）：70—75.

加哥大学格雷汉姆继续教育学院所授予的教育学硕士学位（MAT），同时获得伊利诺伊州颁发的初级教学证书（Illinois Initial Teaching License）。① 后三年为新教师入职教育。具体来看，其五年可以划分成三个阶段：

首先，教育基础学习阶段。教师候选人入学的第一学年主要完成教育基础学习，掌握任教学科知识和教学方法。而后，学生需进行实地观摩考察。同时，学生还应进行课外辅导实习，教师候选人到中小学进行课业辅导实习。每位教师候选人每周到芝加哥大学特许学校为中小学生提供两次课外辅导，教学结束后与导师和同伴分享经验并接受相应的教学指导。②

其次，驻校实习阶段。初期担任五周的课堂教师助教，教师候选人需要到两所学校分别完成为期约半年的驻校学习，一半时间在芝加哥大学特许学校，另一半时间在附近的公立学校。实习学校将为每位教师候选人提供实习导师，负责对其教学进行考察和评估。在实习期间，实习学校也将举办专业教学研讨会。驻校实习后期，教师候选人将全面接管课堂，独立承担课堂教学和评价工作。

最后，入职教育阶段。该项目在教师候选人就业之后，继续提供三年的教学跟踪指导，开展课堂观摩、校友探讨、领导力培养、社区在线等一系列活动，使之与职前两年的培养有机结合。③

（3）研究生层次项目。为提高美国学校教师教育质量，卡内基基金会和霍姆斯小组承担起了改革的重任，在其发布的《准备就绪的国家：21世纪的教师》（A Nation Prepared：Teachers for the 21st Century）和《明日之教师》两个报告中明确指出取消本科水平的教育主修，代之以硕士水平的教师培养。综合性大学通常在教育研究生院开设为取得教师资格证书的准研究生项目，学制为1—2年，也有的学校向非教育专业毕业的学士学位获得者提供为期一年的教育硕士课

① The University of Chicago Urban Teacher Education Program. Program Overview [EB/OL]. [2013-11-07]. http//utep.uchicago./page/program-overview.

② The University of Chicago Urban Teacher Education Program. Foundations of Education [EB/OL]. [2014-08-19]. http://utep.uchicago.edu/page/year-1-foundations-education.

③ 罗福益，洪明. 后教育学院时代的美国教师培养模式——芝加哥大学“城市教师教育计划”研究 [J]. 外国教育研究，2015（4）：66—75.

程。硕士层次项目最终将授予“教育硕士”（master of education）或“教育学硕士”（master of arts in teaching）学位。① 目前美国综合大学中的学士后教师教育主要有“4＋1”和“4＋2”两种模式，学生在接受普通教育与任教学科教育的基础上，到教育学院或教育研究生院进行为期1—2年的教育专业训练，以积累专业知识，增强教学和管理能力，促进科研成果的转化。

案例一：“4＋2”教师教育模式。

“4＋2”教师教育模式也称为6年制分离型模式，“4”代表在文理学院完成4年的本科阶段的专业学习并获得相应学位，“2”代表获得学士学位后，如果想从事教师职业，可申请进入教育学院接受两年的教育专业教育，并获得教育硕士学位。本科毕业生6月份到达接受培训的大学。夏季学期参与该模式的学生一边学习教育学课程，一边在中小学担任助教。教育文学硕士项目（Master of Arts in Teaching Program）学员一般分为两组：一半学员在附近的中小学参加教学实习，另一半则参加全日制的研究生课程。秋季学期末两组再进行对调。第二年6月份，候选人便获得教育学硕士的学位，而后就可以真正开启职业生涯。②

案例二：斯坦福大学“STEP”项目。

STEP项目旨在培养教师领导者。这些教师需要致力于维护社会正义，理解不同文化背景下学生的优势和需求，并为所有学生享有平等的受教育权和促进其发展做出贡献。这一项目要求未来中小学教师进行为期12个月的学习，在这一年里要进行实习，同时完成45学分的课程，最终获得教育学硕士学位和加利福尼亚初等综合或单科教师资格认证（California preliminary multiple subject or single subject teaching credential）。③

（4）选择性路径项目。自20世纪80年代伊始，教师数量短缺促使选择性教师教育项目的兴起。发展至今，选择性教师教育项目大致有三种类型：一是派遣

① 李其龙，陈永明. 教师教育课程的国际比较［M］. 北京：教育科学出版社，2002：27.

②③ 王佳. 美国学士后教师教育课程研究［D］. 金华：浙江师范大学，2012：55—60.

项目，为年轻人提供培训，鼓励他们在从事其他工作前到贫困学校任教数年。例如，2002 年 10 月，美国联邦政府出资 100 万美元资助“为美国而教”项目。二是私人营利性项目。三是中小学校本项目，由学区培养教师。例如，加州北部的艾尔克格罗夫的（Elk Grove）学区，由于学龄儿童急剧增加，面临着教师短缺的压力，自 1993 年起，在旧金山州立大学的协助下，利用下午和晚上的时间为非教育背景的教师申请者授课，培训时间大约为 11 个月，结业后在本学区内任教。①

（5）社区学院合作项目。除上述几类主要的教师职前培养模式之外，美国目前多样化的教师职前培养体系还包含更为广泛的内容，下面着重介绍一种社区学院和普通大学联合培养小学教师的新模式。衔接协定（articulation agreement）是保证社区学院与四年制大学联合培养小学教师的运行机制。它为学生提供了从社区学院顺利进入合作学院学习的机会。

案例：加利福尼亚教师合作项目。

加利福尼亚教师合作项目教师培训学会（Teacher Training Academy）是加州大学、长滩城市学院（Long Beach City College）、塞里图斯学院（Cerritos College）为培养小学教师而建立的一个组织。该组织特别开发了三校合作项目，其直接目标是让参加该项目的学生在四年内获得文学学士学位和教学证书。如果学生在社区学院的两年学习期满并成功地通过考核，那么该生就转入加州大学进行更为具体的教育课程的学习，并且经过两年的进一步深造而取得教师资格证书。为了保证该项目的顺利进行，除了教学人员之外，还特别设立了项目协调员和顾问。另外，为了帮助学生获得从教资格，该项目还与当地小学联系，让学生实习，以满足获得教师资格证书的实践要求。②

总之，在多方的共同努力下，现阶段的美国教师职前培养呈现出空前繁盛的景象，培养路径日渐多样化，但其总体趋势呈现两大共同点：一是重视师范生专

① 简海燕. 美国职前教师教育项目设计研究［D］. 上海：上海师范大学，2007.

② 杨彦如. 社区学院和大学的合作培养——美国小学教师教育新模式［J］. 中小学教师培训，2003（6）：61—62.

业知识基础的培养（学科专业知识、教育专业基础知识和教育学专业知识）；二是重视教学实践的系统渐进、丰富多样及反思和理论。① 这势必离不开高校的教育学院和非高校的、校外教师教育培训机构与中小学的紧密配合，依托于高校教师教育研究者、中小学一线教师和师范生三方的有效合作，更借助于国家相关政策、资金与技术的支持，只有集各方之力，教师教育才能更加成熟且渐渐完善。

（二）美国中小学教师职前培养体系的特点

1. 教师教育课程融合化，课程内容既全面又专业

教育工作的复杂性对教师的素质与能力提出了很高的要求，这样的要求投射到教师教育课程上，表现为既全面又专业的课程设置。早在 1900 年，哥伦比亚大学师范学院首任院长拉塞尔（James Earl Russell）便对教师教育的核心内容作了明确界定，提出了四项内容：一是通识教育（人文、社会、自然与艺术课程等）；二是学科教育（任教学科及教学）；三是专业教育（教育理论、心理学、教育政策等）；四是教学技能（教学法的研究与实践）。拉塞尔的理论及其在哥伦比亚大学的实践对美国教师教育产生了深刻影响，此四项内容也成为通用的教师教育模式之一。美国教师教育发展的历史与实践已经证明，培养优秀的教师需要进行宽厚的文理教育、突出的学科教育、扎实的专业教育、有效的教学实践。

根据全国教师教育认定委员会（NCATE）认证的标准，美国教师教育职前课程设置主要包含普通教育课程、学科专业课程与教育专业课程。

（1）普通教育课程。普通教育课程是为美国大学生提供的基础性文理知识，尽管各州各大学在普通教育课程的名称与内容方面各有差异，但基本都会开设人文科学、社会科学和自然科学等课程。

（2）学科专业课程。学科专业课程是师范生将来从事教学的学科，一般与中小学开设的学科课程相对应。如果将来做数学教师，就要学习相应的数学专业课程；如果将来从事英语教学，就要学习英语专业课程。对于未来教师来说，掌握学科专业知识是教师教育的基本因素。

① 宋萑，钟秉林. 走向实践和技艺化危险：中美教师教育模式改革研究——中美教师教育比较研究之二［J］. 高等教育研究，2011（9）：64—69.

（3）教育专业课程。与普通教育课程不同，教育专业课程为师范生提供教育教学所需的专业知识，形成专业技能，是师范性的集中体现。教育专业课程的主要内容有：一是教育基本理论课程，涉及教育基础、教育导论、教育哲学、教育史等；二是教育方法与技能课程，包括教育心理学、发展心理学、教育评价与测量、教材教法等：三是教育实践课程，主要包括见习与实习等。以上 3 类课程的学时比重大致为各占 1/3，学分与学时有所不同。①

美国教师教育课程设置受通识教育影响较大，为学生开设较为广泛且实用的课程，中小学教师教育课程注重文理教育、学科教育、专业教育、教学实践，是一流大学教育学院在教师教育培养上的普遍特征。各学校结合学术力量和教育研究上的优势，构建了将综合素质与教育能力相结合的、各具特色的教师教育课程体系。以斯坦福大学为例，其建构的教师教育知识内容包括文理素养、基于教学内容的教学法知识、针对特殊需求学生的教学法知识、实施与发展课程的知识、促进学生合作学习与课堂探究的能力、提升领导力的能力等。在教学实践上，普遍强调将见习与实习、研究与反思相结合，促进学生积累丰富的教学经验，从而统筹理论学习与实践应用，教师教育专业课程设置丰富且多样。

2. 教师培养机构开放化，大学与中小学合作培养

教师教育中的理论与实践关系问题影响教师的专业发展与成长，为了实现真正的教师专业发展，美国在大学与中小学合作培养教师方面取得了较好的效果。美国中小学教师职前培养机构开放化，大学与中小学合作培养教师有着悠久的历史，合作形式多样化。根据合作主体的不同可分为四种类型：（1）教师专业发展学校，是指高校教师、师范生和中小学教师一同建构的学习共同体；（2）咨询合作伙伴，主要是指高校教师为中小学教师提供咨询建议和顾问服务；（3）结对合作研究，主要是指高校教师与中小学教师进行结对，开展校本教学研究，关注课堂学习问题；（4）团队合作伙伴，主要是指通过项目团队的方式进行教师教育研究与实践。② 教师教育是大学教育学院、其他学院及全州公立中小学的共同

① 饶武. 美国教师教育课程演进及其对我国的启示［D］. 南昌：江西师范大学，2006.

② 张晓莉. 美国教师教育中大学与中小学合作的体制与机制研究［D］. 长春：东北师范大学，2013.

责任。

以教师专业发展学校为例，霍姆斯小组在美国进行的教师教育理论和实践的改革中提出了“教学是一种专业”的观点，并于1986年在《明日之教师》报告中首次提出“专业发展学校”（professional development school）概念，并在《明日之学校》与《明日之教育学院》报告中对该概念加以阐释，专业发展学校具有以下特征：大学与中小学双方责任明晰，目标明确，强调大学与中小学校协同育人，以及大学与中小学校合作关系平等化。总之，专业发展学校体现的是大学与中小学高层次的合作，并将现代合作理念融入其中，追求互惠共赢，促进中小学教师教育水平的提升。

美国大学与中小学校合作建立教师专业发展学校的机制，推进教学、研究、教师资源共享，实现学生教育理论学习、教育研究探索与教育实践锻炼的并行开展，培养研究意识突出、理论功底扎实、教学能力过硬的研究型教师。教师培养机构开放化，大学与中小学合作模式多样化，大学教育课程与中小学教育实践密切结合为中小学教师理论与实践的融合提供了前提条件。此外，教师教育院校还为中小学教师提供实习和专业发展的场所，例如，有的大学教育学院把部分课程开设在中小学校，与伙伴学校的教师一起合作开设课程，也有的大学聘请有经验的中小学教师到大学合作讲授部分课程。①

3. 职前教师教育项目多样化，教师培养模式各有所长

为培养不同层次的教师，美国职前教师教育项目的层次非常多样，涉及培养目标、课程设置、培养方式及资源保障等方面。教师职前教育项目类型多样是基于“不同的教师教育理念与目标、多元文化教育背景与多样化学习者需求”②。教师培养模式多样化满足了现实教育中出现的不同需求。

以五年一贯制教师教育模式为例，弗吉尼亚大学是五年一贯制教师教育模式的首创者和成功践行者。该模式是当前美国颇具代表性的整合型教师教育培养模式，得到了高度认可并且取得了良好的效果，其柯里教育学院在全美的教师教育

① 周钧. 当前美国大学教育学院教师教育改革［J］. 教师教育研究，2010（1）：71—75.

② 侯秀云. 美国大学职前教师教育项目研究［D］. 重庆：西南大学，2014.

项目评比中，小学教育、中学教育以及特殊教育均进入前十名，并获颁全美杰出教师教育奖。① 霍姆斯小组在1990年发表的《明日之学校》中强调建立“专业发展学校”，取得了三个显著效果。第一，提升了教师职前培养的质量。根据哥伦比亚大学报告显示，经过专业发展学校培养出的教师在反思自己的实践以评价和改进教学，协同工作，系统探究以丰富自身的教育教学知识，创建以学习者为中心的课堂，具有差异意识以促进教育平等五大方面更具优势。② 第二，改善了师范生的教育实习效果。他们能够对教师职业做好更为充分的准备，以更加积极的心态去迎接新身份的挑战。第三，推进了高校教师的专业发展。专业发展学校为教育理论工作者和教育教学实践者提供了理论与实践衔接的合作平台。

美国教师职前教育项目多样化，不同的教师教育项目培养模式各有所长，但均提高了中小学教师的专业性与学术性，多样化的培养模式为中小学培养了高水平的教师，为美国中小学教育质量的提高提供了师资保障，同时也提升了教育项目的质量。教师职前教育项目加强了综合大学的教育学院或专业发展学校与中小学的合作，使中小学教师的职前理论知识学习与教育实践得以密切结合，中小学教师在教学实践中不断积累与增长经验，并逐渐获得专业成长。综上所述，教师职前教育项目类型多样化，四年制本科项目、五年制整合型项目、研究生层次的项目和选择性路径的项目等均关注教师教学质量与专业水平的提高，最终着眼于教师的可持续专业发展与教育质量的改善。

4. 教师教育大学化，教师教育专业性与学术性并重

1991年7月，欧洲教师教育联合会召开以“大学在教师教育和培训中发挥着越来越基础的作用”为主题的会议，大会首次提出“教师教育大学化”（universitization of teacher education）。美国教师教育大学化的发展主要经历了师范学校、教师学院、综合大学教育学院等发展阶段，教师教育大学化是为了解决当时教师教育过于重视教育实践而学术性不足、忽略对学生进行学术性培养的问

① 张晓莉. 美国弗吉尼亚大学五年一贯制教师教育模式探析［J］. 外国教育研究，2011（8）：70—75.

② Pritchard F，Ancess J. The Effects of Professional Development Schools：A Literature Review［EB/OL］.［1999-06］. http://www.ericsp.org/digests/EffectsofProfDev.htm.

题。教师教育大学化主要集中在“师范性”与“学术性”两个方面，其具备专业教育和研究两个方面的功能，最终实现教师教育专业性与学术性并重。

教师教育大学化把教学视为一种专业，肯定了教师教育的专业性，目的是实现教师和教师教育的专业化，从而提高教师教育的专业地位。师范生首先要接受四年普通文理教育，然后再转到教育学院学习教育学的专业知识和技能，此外还要进行相应的教学实践，教师教育的专业性得以凸显。教师教育大学化包括文理学院、专业学院和研究生学院，文理学院为学生提供通识教育，专业学院为学生提供各种专业知识，研究生学院则为学生的进一步深造和发展提供条件。大学化的教师教育既包含了专业教育的内容，也涵盖了通识教育的内容。教师教育专业性的提高表现为教师教育课程内容的不断丰富，通识教育集中于知识学习，而专业教育则强调把教育性学习发展与实践问题解决直接联系起来。

大学的本质属性是学术性，教师教育作为大学教育的一部分也具有学术性特征，教师教育大学化进一步强化了教师的学术性，把教师教育纳入整个大学场域，在提高教师教育学术性的同时，又强调保持教师教育的特性。从提高教师教育的学术性角度来看，综合大学建立教育学院后，师范专业与非师范专业相互融合，师范生与非师范生共同遵循大学的培养目标，共享大学的学术与文化环境，这不仅增强了教师教育的综合性，而且对师范生提出了更高的学术要求，因为师范生要和其他专业的学生一样共同完成大学的整体教育目标。尤其是教育研究生院的建立将教师教育提高到研究生层次，成为教师教育大学化学术理念的直接体现。改革教师教育制度以提高教师的学术水平，正是为了促使教师教育从学院走向大学的内部。

5. 教师专业招生标准高，将高质量生源素质作为教师教育的质量保障

麦肯锡咨询公司对世界上最优秀的教育系统进行了研究，得出了一条重要定律：教育系统的质量不可能超越教师的质量。研究显示，在影响学生成绩的所有可控因素中最重要的是教师，为保障教师培养质量，教师教育对生源质量提出了严格的要求。麦肯锡公司通过对 50 多个国家的教育体系进行研究后发现，世界上最优秀的教育系统如新加坡、芬兰和韩国等，通常将“top third+”战略作为国家的核心教育战略。“top third”是指这些国家的教师都从成绩名列前1/3的大学毕业生中挑选，“+”代表其他一些重要策略，如新加坡、芬兰和韩国都使用一套严格的程序来选择教师，同时对教师的培训更倾向于采用“临床实践”的培训模式，新加坡还将“top third”与严格的绩效管理体系结合等。①

美国著名教育家、哈佛大学前校长科南特（James B. Conant）在对教师教育工作做了大量调研的基础上，于1963年出版了《美国教师教育》一书，产生了广泛影响，其中关于教师专业招生标准方面，主张提高师范生的入学标准，师范生应该从中学毕业班成绩前1/3的毕业生中招收。麦肯锡公司也建议美国应把“top third+”战略作为教育系统人才战略的一个重要组成部分，从而让更加优秀且学术水平较高的教师担任教学工作，进而提升学生的学业成绩，使得美国学生的成绩达到世界上最优秀的教育系统的水平。“top third+”战略意味着高要求的招生标准，同时也意味着高质量的生源素质保障，最终达到提升教育质量、培养优秀人才的目标。

以芝加哥大学“城市教师教育计划”为例，为保障教师培养质量，该计划对生源质量提出了严格的要求，入学时对申请者进行多方面审核，包括学业水平、教学的经验与能力、价值观、从教意向等。在学业水平方面，不仅要求申请者完成大学通识课程的学习，而且GPA成绩要达到3.0以上，美国大学入学考试（ACT）成绩达到22分以上，或者美国高中毕业生学术能力水平考试（SAT）阅读和写作成绩达到1 030分以上。② 高质量的生源加上高质量的培养方案，最终大幅度提升了教师队伍质量水平。

6. 注重高层次教师培养，以硕士和博士培养为主

教育工作的复杂性对教师素质与能力提出了很高的要求，高质量的教师教育造就高质量的学校和高质量的教师，经济社会发展离不开教育，经济社会越向前发展，对人才的要求就会越高，教育的价值就会越大。出于对教师质量的进一步

① 唐科莉. 吸引并留住名列前三分之一的大学毕业生当教师——麦肯锡为美国教育改革支招［J］. 基础教育参考，2010（23）：17—18.

② 罗福益，洪明. 后教育学院时代的美国教师培养模式——芝加哥大学“城市教师教育计划”研究［J］. 外国教育研究，2015（4）：66—75.

追求，美国自 20 世纪 50 年代便开始大力推动硕士学历层次教师的培养，经过几十年的努力取得了显著成效。1986 年，美国公立学校中具备硕士学历的教师比例超过了 50%，当前已经接近 60%，具有硕士学历的教师在教师队伍中成为主体。

1963 年，科南特在《美国教师教育》中针对当时教师教育的学术教育薄弱、专业训练松散等突出问题，提出了“良师必学者”的著名论断，并在此基础上构建了其教师教育的蓝图，即拓展通识教育、加深学科教育、强化教学实习。其后，美国 43 所综合大学联合中小学校，实施了教师教育突破革新计划，探索按照“4+1”模式培养教师，极大地推动了本科后研究生层次教师教育。霍姆斯小组就教师教育改革问题建议取消本科阶段教师教育，以强化硕士层次教师教育，加强教师学科专业知识与教学知识教育，促进教师反思性实践。上述文本报告注重高层次教师培养，目的是培养高质量的教师。

目前，除少数高校外，美国一流大学教育学院大部分为研究生院，基本不招收本科生，主要培养硕士和博士层次的教师，但多数教育学院会为有兴趣从事教师职业的本科生提供辅修课程。以哥伦比亚大学师范学院为例，其 5 023 名在读学生中，硕士生约占 70%，博士生约占 30%，面向小学和中学各个学科，以及为学前、特教、高校培养各类教师。斯坦福大学教育学院的博士研究生占 50%，教师教育硕士占 25%，其他教育领域的硕士占 25%。哈佛大学教育学院的教师教育专业则集中面向中学培养硕士层次的教师。美国中小学教师学历水平普遍较高，为中小学校提供了高质量的师资保障。

7. 强化教学实习，提升教师资格认证标准

美国教师教育重视实习环节，教育学院有专门负责实习和教师资格证申请工作的办公室（Office of Licensure and Field Placement），负责学生实习的联系、协调、沟通和管理工作。实习作为参与式的专业学习，是职前教师建构和重构其专业身份的重要过程。美国中小学教师职前培养既重视学科知识，也重视教育实践，二者在某种程度上可以相互补充。美国教师的教育实习有着详细且明确的规定与标准，分工明确、责任明晰，大学与中小学校均是职前中小学教师培养的主体，学生在大学中学习理论较强的课程知识，在中小学进行实践，其教育实习与课程学习始终相伴而行。在教育实习过程中，大学与中小学校建立平等的合作关系，实习基地中的中小学指导教师、大学督导与实习生三方责任与角色分明，建立了良好的合作伙伴关系。

以爱达荷大学的教育实习为例，实习时间一般为一个学期，在实习期间实习生全面参与学校的各项活动。首先，实习生一般先观摩课堂教学，辅助教师完成工作；其次，逐渐尝试讲课，指导老师给予指导与示范；最后，独立承担教学责任，指导教师定期给予信息反馈。教育实习非常强调合作关系，并要求实习之前实习生、中小学指导教师、大学督导应该进行深入的沟通，明确各自在实习期间的角色和责任，确保实习顺利进行。教育实习作为专业的教师教育活动，使实习生的理论知识与教学实践得到高度的融合，获得教学实践经验，中小学教师通过教育实习提高职前教学水平，促进教师职业向专业化发展。

美国建立了新教师资格制度以保证教师质量，适应美国社会及教育迅速发展的需要，当前形成了较为完备的新教师资格标准和考试制度，为提高美国教师队伍的质量做出了重要的贡献，其特点主要体现在以下几个方面：首先，新教师资格标准和考试制度相辅相成，在教师质量保证体系中使用定性标准与量化的考试评估以保证教师的教育质量；其次，新教师资格标准与考试制度既具有统一性又具有灵活性，有助于调动国家和地方的积极性和主动性，从而使新教师质量保证工作更加有序地进行；最后，新教师资格标准和考试制度有效地承接了职前教师培养和在职教师专业发展，促进了教师的专业成长。①

三、美国中小学教师职前培养体系面临的挑战

（一）教育研究的低影响力对教育学院发展的挑战

自美国教师教育开始全面走上大学化的道路以后，职前教师培养就成为大学教育学院的主要职能，形成了以教育学院为基础的大学本位的教师教育格局。②

① 缪苗. 美国新教师资格标准和考试制度的初步研究［D］. 福州：福建师范大学，2006.

② 张济洲，苏春景. 美国大学教育学院：教师教育大学化实践困境及改革［J］. 教育学报，2010（6）：110—114.

教师教育大学化的正面结果，是把教师教育从美国高等教育的边缘地带牢牢地放置于综合大学的场域内，提升了教师教育的地位。负面结果则是在大学学术本位文化的笼罩下，教育学院被学术研究所主宰，学术性被视为是首要的，名列前茅的教育学院几乎不培养教师，而是研究教师。由于教育学院重科研轻教学，不仅造成教师培养的质量不佳的问题，而且，教育研究本身的“软知识”属性和极低的影响力导致教育学院遭受猛烈的批判。

美国社会学者大卫·拉伯雷（David Labaree）从知识的角度对美国教育研究进行分析，运用知识社会学中关于知识的社会等级理论来分析教育研究所产生的知识的特征。他指出，学术研究崇尚的是经过科学验证、被公众接受、趋于稳定的硬知识，可是教育学院教授所创造的知识具有极强的软知识属性，如教学和学习、课程和管理、教育组织和教育改革等。这些研究是为了解决一些特定场景中的实践性问题，其追求的不是构建一般性的综合性知识，而是针对特殊问题的实践性知识。研究者不可能对这些软知识建立一种因果关系主张，以表明这些知识是可证实的、确定的、经过积累而获得的。研究者最多只能得出一种试验性的、暂时的因果解释。由于教育研究的知识既不稳定，又难以用语言准确表达出来，并且这种问题又是教育学院本身无法克服的，这使得教育学院被人诟病“学术性不强”。①

美国的教育研究大概从 19 世纪后期开始起步，目前美国从事教育研究的人数众多，学术研究成果数量繁多。尽管美国教育研究在当今全球教育研究领域的地位显赫，但是教育研究在美国一直声望不佳，受到各种各样的批判，极其缺乏社会影响力。教育研究这一学术领域的工作总是被看作一个后娘养的孩子，通常被学术界所鄙视并很少被政策决策者、实际工作者或普通民众所相信。② 有研究者通过对美国综合性和专业性教育期刊的引用情况研究后发现，相比于医学和法学，教育研究成果对教育学者同行缺乏显著影响。另外，调研中的美国学校行政

① 周钧. 历史社会学视角中的美国大学教育学院研究——评《教育学院之困境》[J]. 教育学报，2006（2）：91—96.

② 埃伦·康德利夫·拉格曼. 一门捉摸不定的科学：困扰不断的教育研究的历史 [M]. 花海燕，等，译. 北京：教育科学出版社，2006：6.

管理者几乎不阅读教育学术文章，他们大多通过教育工会、非学术出版物获取信息。① 美国政府的教育决策在很大程度上都是依靠其他学术领域的学者来完成的，而并非教育学者，如哈佛大学科南特主持的教育报告。由于教育研究的影响力低下，在有着众多私人捐赠的美国高等教育界，教育学院所接受的研究资金捐赠却很少。② 一些教育学院因为筹集不到足够的办学和科研经费，不仅使职前教师培养和科学研究的质量受到严重影响，还要面临被迫停办的风险，进而削弱了其社会影响力，从而陷入了恶性循环。1996 年，芝加哥大学停办教育系，其背后的重要原因就是，教育学院筹不到更多的办学和研究经费，于是大学选择关闭教育学院③。

（二）“选择性教师教育项目” 对美国传统教师教育的冲击与挑战

20 世纪 80 年代，由于当时美国传统教师培养的低标准和认证体制的高门槛，教师数量很难满足中小学的实际需要。为了解决日益突出的师资供给不足的矛盾，美国各州相继提出并实施了选择性教师教育项目，为已获得学士学位、志愿从事教师工作，具备但未接受过师范教育的人提供教师教育课程和实习指导，开辟了职前教师培养的新路径。时至今日，美国选择性教师资格项目已成为“美国教师教育的第二条道路”④，与此同时，选择性教师资格项目也成为最具争议的教师教育主题之一。它打破了以大学为基础的传统教师培养模式，带来了新模式新理念。然而，对传统的背离，并不意味着选择性项目能培养出高质量的教师，甚至有可能对教师教育质量产生消极影响。

近年来，选择性教师资格项目已经成为美国造就新教师的主要趋势。此类项目往往培训周期短，形式多样灵活，注重教学的实践层面，而且价格相对低廉，

① 郭玉贵. 美国大学的教育学院能否培养出适应新的变革的教育理论研究者 [J]. 比较教育研究，2009 (2)：8—12.

② 冉亚辉，易连云. 美国教育研究的历史教训及其对中国同行的警示 [J]. 外国教育研究，2010 (9)：27—33.

③ 李伟. 回归实践回到理解——从芝加哥大学教育学院停办看美国教育研究范式的转换 [J]. 比较教育研究，2008 (7)：13—14.

④ 周钧. 美国教师教育的第二条道路：争议中的选择性教师证书项目 [J]. 外国教育研究，2013 (4)：3.

学习期间还可以带薪工作，节约费用。① 从 20 世纪 90 年代末开始，获得选择性资格证书的教师数量急剧增加，培养模式也越来越多样，越来越成熟。威尔森、马丁等人的研究发现，选择性教师资格项目与教育学院传统模式比较，二者培养出来的教师的实际效果相当，教师的教学水平没有显著差异，甚至在教师认证考试中，选择性路径下的教师成绩还要高于教育学院培养的教师，且具有较长时间的满意度和留任率。②

除了选择性培养以外，美国还出现了联邦政府资助下的选择性认证机构。这为美国教师培养冲破传统教师认证系统，冲击传统以大学为基础的培养模式消除了制度障碍。美国联邦教育部原部长罗得·佩奇曾说，能最有效地培养《不让一个孩子掉队法》中所要求的“高质量教师”的项目，不是传统的教育学院，而是以前训练军人或技术工人的机构、在线教师培训包，以及其他以直接课堂责任为主要任务的在职短期培训③。受选择性路径优势的挑战，由教育学院所主导的传统教师培养模式遭到较大冲击。

选择性教师资格项目在冲击传统教师培养模式的同时，却没有真正扭转美国教师教育质量下滑的局面，甚至有的选择性培养项目对教师教育质量产生了消极影响。有教师教育学者指出，教师培养过程应当极为严谨，“教师要养成教学所必需的资格能力，需要经历必要的学习过程，包括完成本科层次的文理教育，具有任教学科的专业知识，修读 8—10 门课程并进行与课程相关的实践，为期 1 年的实习，1—2 年的入职指导，以及持续专业发展”④。然而，选择性教师资格项目形成了多样的模式，各种模式在录取政策、修业时间期限、课程内容、实习过程等方面的要求存在较大差异。虽然有的选择性培养项目注重培养质量而不是数量，但是有的倾向于用快捷、低成本的方式培养教师，回避了高标准的教师教育

---

① 陈颖. 美国选择性教师认证项目的争议分析与前景探究 [J]. 现代大学教育，2016 (3)：52—58.

② 张济洲，苏春景. 美国大学教育学院：教师教育大学化实践困境及改革 [J]. 教育学报，2010 (6)：110—114.

③ 洪明. 教师教育是否会退出大学专业教育行列——美国大学教育学院的“危机”及其警示 [J]. 高等教育研究，2014 (1)：50—56.

④ 周钧. 美国教师教育的第二条道路：争议中的选择性教师证书项目 [J]. 外国教育研究，2013 (4)：3.

过程。据统计，15%的初任教师选择速成的选择性培养项目，仅仅在夏季接受了几周培训，到秋季完成大学或学区培训课程就注册成为教师，这些教师往往缺乏教育理论专业知识，教学不胜任感较强。① 沃尔什（Kate Walsh）等学者曾指出，大部分的选择性培养项目并不严格筛选候选人，几乎是全盘接受每一个申请人，对候选人的后期培训严重不足。② 因此，很难从整体判断选择性项目是否对美国教师质量的提升发挥了效用。

（三）教师职业地位不高对教师教育生源的挑战

教师教育的生源质量直接影响着教育从业者的质量，美国职前教师培养一直非常重视生源的选拔，致力于吸引优秀生源从教。一方面，政府力图通过提高教师教育的录取标准来严格保障生源质量；另一方面，不断做出新的尝试，如通过提高教师工资和改善工作条件的方式来吸引优秀大学生选择教师专业。然而，近年来，美国教师的高离职率不降以及教师职业地位不高，使教师教育的生源数量和质量受到了严峻挑战。根据麦肯锡的调查，对大多数美国大学生来说，教师行业于他们而言缺乏吸引力，美国只有23%的教师来自名列前1/3的大学毕业生，而在极端困难的学校（这些学校吸引并留住有才干的教师尤其困难），这一比例只有14%③。

在美国，教师通过校际流动、在学校中职位的转变以及离职等方式，不再从事教师职业。美国是个教师职业高度市场化自由化的国家，教师流动障碍很小。一般来说，在教育内部适当的教师流动有利于教育资源的优化配置，可是教师离职不仅直接影响教师队伍的稳定，而且间接影响着教师教育的生源数量和质量。联邦政府投入了大量财力提高教师待遇，但是美国依旧面临着教师高离职率问题的困扰。有数据显示，2011—2013年，美国中小学教师中有15.8%的教师转校

① 杨捷. 近20年来美国教师教育项目变革研究［J］. 比较教育研究，2013，35（10）：22—27.

② 陈颖. 美国选择性教师认证项目的争议分析与前景探究［J］. 现代大学教育，2016（3）：52—58.

③ 唐科莉. 吸引并留住名列前三分之一的大学毕业生当教师——麦肯锡为美国教育改革支招［J］. 基础教育参考，2010（23）：17—18.

或离开教师职业。其中 2012—2013 年，美国传统公立学校教师的离职率高达 7.7%，公立特许学校教师的离职率高达 8.8%。① 教师高离职率无形中破坏了从国家到地方的从教气氛和教师职业的吸引力，给教师的培养带来负面影响。尤其对于一些紧缺型学科和偏远地区，为了满足教学需要，职前教师生源的选拔不得不降低标准。另外，教师高离职率带来的还有生源数量的下降，相关数据显示，2018 年学校聘用的教师比实际所需人数少 11 万人，2018 年教师短缺人数是 2015 年教师短缺人数的 2 倍。与此同时，2008—2015 年，美国全国教师培训项目的入学率下降了 38%，有超过 10 万间教室的教师未获得认证。

随着教育事业的快速发展及教师专业素质的提升，美国教师的工资待遇、职业尊严与社会地位有了较大的提高。然而，在美国这样一个讲求功利、注重实用的国家，在“能者做事，庸者教书”这样一种根深蒂固的观念影响下，教师职业被看成一种“庸人的职业”。② 近十年来，美国联邦政府出台了多项政策，致力于提升教师的职业地位，试图把教师变为更重要的和最受人尊敬的职业。例如，2013 年，奥巴马政府出台的《尊重教师政策蓝图》（A Blueprint for RESPECT），旨在重新塑造教师职业在美国的影响力，提升教师在教育决策中的话语权。③ 虽然在一些教育水平高、学校条件好的学区，教师普遍得到了更多的尊敬，但是美国教师的整体社会地位始终没有得到根本改善。综合考虑身体健康、工作环境、薪资收入、心理压力和发展前景等方面因素，中小学教师在众多职业中排名位于中游。薪资水平与保险代理、房地产经理、档案管理员等职业的薪资相近，远低于医生、科学家、律师等职业。一种职业的社会地位直接影响这种职业的生源，由于当下美国的教师没有较高的社会地位，薪资不高，教师职业又不太受人们尊重。因此，教师职业在美国并不受追捧，教师教育的生源数量自然就不会很多，更难吸引极为优秀的学习者。

---

① Goldring R, Taie S, Riddles M. Teacher Attrition and Mobility: Results from the 2012-13 Teacher Follow-Up Survey. First Look. NCES 2014-077 [J]. Education Week, 2014: 63.

② 张蓉，洪明. 美国教师专业发展的困境与出路——首届“国际教师职业峰会”的背景和他国成功经验 [J]. 集美大学学报（教育科学版），2013 (1): 17—22.

③ U. S. Department of Education. Teacher Get R-E-S-P-E-C-T [EB/OL]. [2019-07-24]. http://www.ed.gov/news/speeches/teachers-get-r-e-s-p-e-c-t.

（四）教师教育发展方向不确定的挑战

20 世纪 60 年代之后，教师专业化是世界各国教师教育改革的核心。20 世纪 80 年代，美国专业化的教师教育在卡内基工作小组和霍姆斯小组的推动下达到顶峰。20 世纪 90 年代以来，全美教学和美国未来委员会（NCTAF）发布《什么最重要：为美国未来而教》报告，把教师教育专业化运动推向了高潮。① 与此同时，一种与教师专业化对立的改革声音，即“教师教育解制”（deregulation agenda of teacher education）形成并逐渐壮大。“解制派”对现行的教师教育进行严厉的批评，并提出“选择性路径”以替代传统的教师培养和认证的新方式。近年来，基于“选择性路径”在解决教师短缺问题、提高教师质量、打破教育学院垄断培养等方面取得了一定成效，这使得“解制派”的主张得到了广泛的支持。然而，“解制派”自始至终都受到了专业主义的严厉批评。美国教师教育究竟应当走“专业之路”还是“解制之路”？两种模式孰优孰劣？两派的分歧对于未来美国教师教育发展方向的确立构成了挑战。

20 世纪末的调查显示，专业化路向的教师教育没有使美国中小学生学业成绩得到提高，教育改革面临着教师质量和教师数量双重障碍，在这种背景下，教师教育解制议程应运而生。②“教师教育解制”的意思是“解除传统教师教育或者专业化取向的教师教育对教师培养和生成的各种制度性约束”③。在“解制派”看来，教育界在“何为教学专业的知识基础”等核心问题上尚未取得共识④，相反，有许多研究表明，教师掌握充分的学科知识、具备出众的语言能力对学生学业成绩有着积极的影响。由于当时教育学院培养的教师缺乏学科专业知识，一些州对教师进行资格认证时不但不要求学科专业学位，反而要求申请者必须毕业于

---

① Report of the National Commission on Teaching and America's Future. What Matter Most：Teaching for America's Future [R]. New York：National Commission on Teaching and American's Future，1996.

② 周钧. 解制：当代美国教师教育改革的另一种声音 [J]. 外国教育研究，2004（5）：29—32.

③ 戴伟芬. 美国教师教育课程思想 30 年 [M]. 北京：北京师范大学出版社，2012：114.

④ 洪明. 教师教育是否会退出大学专业教育行列——美国大学教育学院的“危机”及其警示 [J]. 高等教育研究，2014（1）：50—56.

教育学院，这种排他性垄断了教师的来源渠道。① 因此，“解制派”希望突破教育学院垄断培养教师的局面，通过改革教师培养和教师资格制度吸引优者从教。

尽管“解制派”的种种主张在解决教师数量和质量方面取得了一些成效，但是“专业派”对它的批判是十分尖锐的。近年来，“解制派”和“专业派”之间掀起的争论焦点主要集中在教师的受教育情况和良师标准的问题上。从“专业派”的立场来看，短期培训对于一个未来要从事教师职业的人来说是远远不够的，教师需要经过长期、系统和严格的专业化培养来掌握全面的教育知识，包括教育学知识、学科的教学知识、关于学习者的知识，等等。只有经过教师教育专业培养、教学实习、入职考核和专业发展，才能成为教师。专业主义认为解除对教师教育的严格管制只会降低教师职业地位，并不会从根本上解决教师数量和质量问题。看来美国需要大规模的调查数据来证明两种途径在吸引学生、培养学生上孰优孰劣，这关系到未来美国职前教师培养方向的确立。

结语

美国教师职前培养体系经历了由封闭走向开放再走向多元化的发展路径。虽然我国与美国在政治、经济、文化、社会等背景上存在较大差异，但美国教师职前培养的发展仍能为我国教师教育改革提供一些经验。在课程设置上，美国教师教育注重培养未来教师宽广的教育视野和具体的教学能力，实现了学科课程与专业课程、教育理论课程与实践课程的高度融合，② 教育专业课程系统详尽，既包含普通教育学课程，又包括一定的教育实习，整个课程设置系统而有层次。我国教师教育在进行课程设置时，要注重融合，加强学科课程与专业课程之间、教育理论课程与实践课程之间的融合；要注重层次，根据每一个阶段的特点与学生的发展情况，设置理论课程和实习活动。笔者观察到，在政府治理上，美国政府在教师教育发展过程中发挥着不可替代的作用，1992 年《高等教育法修正案》第

① 周钧. 解制：当代美国教师教育改革的另一种声音 [J]. 外国教育研究，2004 (5)：29—32.

② 王美君. 20 世纪 50 年代至 90 年代美国教师教育课程改革——教师教育理念的分析视角 [D]. 天津：天津师范大学，2012.

五款提出改进教师培养质量、1994 年颁布《2000 年目标：美国教育法》、2002 年签署《不让一个孩子掉队法》、2011 年颁布《我们的未来，我们的教师：奥巴马政府教师教育改革与改进计划》、2013 年颁布《尊重教师政策蓝图》，一系列的法规或规划逐步规范和提升了教师培养的质量和选拔层次，在政策引导、法律保障、机构管理、财力支持上都做出了相应的规定。我们要借鉴美国的做法，针对职前教师的权利和义务、教师专业认证及教师教育专业认证的标准和程序等方面的问题，规范教师教育立法程序，完善教师教育制度体系，提升教师教育制度效力。另外，还要借鉴美国国家统一标准和各州设立的标准相结合的做法，在加强中央统一管理的同时，注重地方特色。在教师教育专业认证上，2013 年 7 月 1 日，全美教师教育资格认证委员会与全美教师教育认证委员会正式合并，形成了全国统一的教师教育认证机构“教师培养认证委员会”①。该机构作为第三方评估机构，具有独立性、公正性、专业性及高效性的特点②，旨在评选高质量的教师教育项目，培养高水平的卓越教师。

我国教师教育专业认证机构应由第三方机构进行评估，这样才能够有效保障教师教育发展的独立性和客观性，以其较强的专业性提高教师教育认证的公信力。此外，不断完善专业认证标准，本着“突出培养成效、鼓励特色创新、强调持续改进、注重养成教育”的原则，以实践为导向，逐步细化，加强可指导性。在教师职前培养体系上，美国培养优秀教师的重担落到了一批具备良好的研究力量和学术条件的综合性大学身上，也正是由于综合大学尤其是一流大学的参与，才保证了教师培养质量。为扭转我国师范生生源质量和培养质量双重下降的不利局面，在办好师范院校的同时，要大力吸引和推动一流大学办教师教育，发挥学术优势，整合人文、社会、自然、科学、艺术等学科的学术力量，建立高水平的文理教育与学科教育团队，重点培养教育硕士，大力培养教育博士，造就学科知识扎实、专业能力突出、教育情怀深厚的高素质复合型教师。

---

① 邓涛. 美国教师教育认证改革：机构重建和标准再构 [J]. 教师教育研究，2016 (1)：110—115.

② 严芬. 美国教师教育认证机构研究 [D]. 西安：陕西师范大学，2015.

第三章

美国中小学教师在职培训

新一轮科技革命和产业变革正在兴起，一些重大颠覆性技术创新正在创造新产业新业态，大数据、云计算、5G 技术、物联网等新一代信息技术同人工智能技术相互融合的步伐加快。与此同时，在新冠肺炎疫情强烈冲击、经济社会迅速变革、教育发展不断革新的背景下，教师教育的诉求更加强烈。这不仅深刻改变着人们的思维模式，也对教师教育的内容、形态模式和学习方式方法产生着革命性影响，对教师的知识储备和能力素质提出了新的更高要求。因此，教师在职培训显得尤为重要，它是促进教师从合格走向卓越的有效途径，是教师提升素质能力的重要环节和不断实现专业成长的根本需要。

一、美国中小学教师在职培训的历史沿革

回溯美国中小学教师在职培训的发展历史，在梳理相关文献的基础上，我们可以发现，美国中小学教师在职培训的诞生及发展经过了一个渐进式过程，其背后有着深刻的社会历史原因。在社会历史变迁、机器大工业发展、科学技术的成熟以及教师专业化等多方因素的共同推动下，中小学教师素质必须得到提升，美国中小学教师在职培训应运而生并逐步发展，其历史发展脉络（19 世纪中叶至 20 世纪末）大致可分为三个阶段。

（一）萌芽与形成阶段

萌芽与形成阶段是指 19 世纪中叶至 20 世纪 50 年代。泰勒（Ralph W. Tyler）于 1971 年发表的《教师在职教育的回顾与展望》一文中写道："我们或许可从 120—130 年前这段时间作为起点……特别是在 19 世纪的 50—70 年代，他们开办了一种为期 2—3 天的短期夜校，作为教师的在职训练。"① 这个阶段是美国中小学教师在职培训的开端，随后伴随着社会的发展，在职培训的重要性逐步成为共识。

1. 社会发展需要凸显中小学教师在职培训的重要性

进入 19 世纪中叶，工业革命对科技人才需求迫切，美国亟需适应经济发展的新型劳动力，同时又希望将不同移民融入美国大熔炉中以巩固新生的资产阶级政权，此时建立平等、免费、独立于任何教派的公立学校以普及教育成为政府及社会各界关注的重中之重。由此，从 19 世纪下半叶起，大量的公立师范学校纷纷建立，而当时公立师范学校的培养年限一般为 2 年，并且大部分进入公立师范学校学习的学生只有小学毕业程度，这样就导致美国中小学教师质量不高。为了提高中小学教师的质量，帮助缺乏专业训练的教师提高教育教学水平，美国各地

① 李涵生，马立平．教育学文集·教师［M］．瞿葆奎，主编．北京：人民教育出版社，1991：470—471.

纷纷举办以“夜校”“讲习会所”为主要形式的教师在职进修活动。这种教师在职培训活动虽然只为期2—3天，培训内容也相对简单，但却是美国真正的中小学教师在职培训的开始，也在一定程度上促使当时的政府及社会各界认识到中小学教师在职培训的重要性。

第一次世界大战后，大批欧洲移民涌入美国，这给美国的学校教育和教师质量带来了新的挑战。为了使中小学教师能够适应这种变化，美国部分地区采取开设暑期班的形式对教师进行在职培训。同时，这一时期正值美国进步主义教育运动的兴起，人们希望通过教育质量的提高来改良社会，所以对教师的质量也提出了更高的要求。由此，自1918年起，之后的将近20年，师范院校举办了大量的教师进修暑期班，为大批只有两年制学历的教师提供在职培训，并予以学历提升认证。

1929年，世界经济危机爆发，美国经济遭受沉重打击，失业率激增，只接受过中等教育或中途退学的人再也不能像以前那样容易找到工作。为了接受良好的基础教育以获得高学历并找到工作，大部分人选择重返校园，使得这一时期美国中小学的入学率、升学率备受关注，为此一些州或学区相应地提高了中小学教师的入职门槛，教师在职培训在这一时期也受到了普遍重视。

2. 政府系列举措促进中小学教师在职培训的发展

1862年，《莫雷尔法》的颁布推动了教师在职培训的发展。该法规定，按各州国会议员的人数，以每位议员三万英亩的标准向各州拨赠土地兴办农工学院，对学生进行职业技术教育。这样，大量中下层阶级的子女就有了接受职业技术教育的机会。当新的职业技术类学校出现时，迫切需要大批具有相关知识的新教师上岗，由于教师难以快速培养出来，所以只能将希望寄托于在职教师。在职教师通过在职培训掌握新的知识技能和教学方法，以满足职业技术学校的教学需要。这使得美国教师在职培训受到了前所未有的关注和重视。

同时，到了19世纪60年代，美国各地基本建立了教师资格认证制度。虽然这时的认证标准还比较低，审查人员也缺乏应有的专业性，但由于各州规定必须取得教师证书才能在学校任教，所以那些已经在职却没有取得证书的教师想要继续执教，就必须在教师培训机构接受继续教育，在教育基础知识、学科知识及教学实践等方面达到相关要求，获取教师资格证书。因此教师对获取教师资格证书的要求也推动了教师在职培训的发展。

受经济危机的影响，20 世纪 30 年代，美国教育界开始重新思考中等教育课程的设置以及中学与大学之间的衔接问题。1933 年，美国开始实施“八年研究”项目，即在 30 所学校中展开新的教育计划。该项目不仅强调学生在教学发展中的作用，也强调教师成长在教学发展中的作用。为了促进教师专业成长，有效实施教学课程改革计划，教师在职培训便得到了良好发展，发挥了重要作用。

从以上分析可看出，美国中小学教师在职培训的重要性在此阶段逐渐凸显，而美国社会环境的不断发展变化也推动着教师在职培训逐渐走向正规化。

3. 中小学教师在职培训逐步出现多种形式

（1）夜校。19 世纪中期，美国为了实施小学义务教育，聘用了大量不合格的教师，这些教师的学历水平很低，其中许多人甚至未受过中学教育，① 而且在入职之前也没有受过有关教学的专门训练。为了快速指导这些教师学会基本的读、写、算，为期 2—3 天的短期夜校纷纷出现，专门为中小学教师提供在职培训。

这些夜校的目的，首先在于帮助教师缩小他们的知识及教学能力的实际水平和所需要的水平之间的差距，也就是说，那时的在职教育基本上是补救式的。所以，夜校课程的内容也比较简单，包括“公共学科”的复习、算术、拼写、地理、历史等，评论教材的难点、说明教学的原则、介绍教授读写的方法。② 虽然这一时期的夜校提供的课程水平较低，授课时间也比较短，但其分布范围比较广，为广大中小学教师提供了最需要的指导，作为美国中小学教师在职培训正式开端的标志，“夜校”存在了很长一段时间。

（2）暑期学校。美国中小学教师的在职培训大多是由州立和市立的公立高等院校承担。因为政府用于师范教育的拨款是依据学生注册数的多少，所以各高等院校热衷于开设在职教师进修课程来补充教学任务，以便得到更多的资助。例

①② 李涵生，马立平．教育学文集·教师［M］．瞿葆奎，主编．北京：人民教育出版社，1991：470，471．

如，“纽约市私立学院为注册学习的在职教师提供的课程不少于600种，每学分学时收费40美元，规定每天下午五六点钟上课和做规定的作业”①。

科南特在1963年发表的《美国教师教育》（The Education of American Teacher）中将这些课程分为以下几类：第一，专业教育课程，有点类似于本科生所必修的或推荐的课程，但是水平更高些，例如教育哲学、社会原理、教育心理学；第二，教学法课程，诸如如何教阅读的课程；第三，与课堂特殊教育问题有关的心理学或教育学课程，诸如智力迟缓学生、超常天才或身体残疾儿童的教学；第四，诸如课程规划、指导，行政管理等专门领域中的硕士或博士学位课程；第五，普通文理课程。

除常规的进修课程外，为在职教师提供暑假期间的学习课程是高等院校最普遍的做法。在暑期学校里，进修的在职教师有更多时间用于学习，有更多的时间认真读书，有机会利用学校图书馆和实验室，并可以和同校的或外校的、同一专业的，甚至是不同专业的教师进行讨论，反思自己的教学，取长补短。在职教师可以通过进修暑期课程得到实惠，比如增加薪金，但不能以此获得硕士学位，因为暑期学校开设的课程一般都是大学一、二年级的课程，这些课程在人们看来完全不能与硕士课程相提并论，然而这些课程却是大多数中小学教师所需要的。为了提高在职教师参加培训的积极性，科南特提出了通过参加四期暑期学校使在职教师获得硕士学位并提高薪金的激励手段，还提出需要各地方学校董事会或州财政上的援助，“以便使教师在某一研究生院注册后上暑期学校”，或者为教师提供一个学期的带薪假期，使他们可以安心地在大学里进行全日制的进修学习。

除了上述在职教师的培训模式，还有读书会、研讨会等其他形式。但由于这一时期中小学教师在职培训刚刚起步，虽然吸引了一部分教师的注意，但还没有普及，参与培训的教师所占比例还比较小。总之，这一阶段美国中小学教师在职培训已开始受到人们的重视，培训内容不再是随意的指导，而是具有了一定的系统性。特别是第二次业界大战后，美国中小学教师的在职培训得到了社会各界的重视，培训课程内容更加系统，政府也出台了多部法规以保障教师接受在职培训的权利，这些都有力地促进了中小学教师在职培训的发展。

① 科南特. 科南特教育论著选［M］. 陈友松，主译. 北京：人民教育出版社，2017：333.

（二）发展与完善阶段

发展与完善阶段是指20世纪50—80年代。自20世纪50年代起，随着美国社会政治、经济、文化环境的改变，中小学教师在职培训受到进一步重视，其内容和重点也从帮助教师胜任教学工作逐步转为帮助教师获得专业发展。《国防教育法》以法律的形式规定科学、数学与现代外语的教学，并且要求加强中小学教师的在职培训，美国政府一系列法案出台，以保障中小学教师在职培训的法律地位，这一阶段中小学教师在职培训逐步走向完善。

1. 教育发展的新要求再次将中小学教师在职培训提到重要议事日程

进入20世纪50年代后，美国教师队伍数量短缺问题突出。美国战后第一批婴儿潮出生的孩子普遍到了入学年龄，这使美国中小学入学人数激增，加之初等教育的普及和中等教育的扩充，中小学教师的数量变得严重不足。为了解决这一问题，各中小学普遍降低了教师的入职标准，从而使一批不合格的人进入了教师队伍，导致美国中小学教育教学水平的下降。当时美国教师教育的重点是帮助足够数量的教师获得入职资格以满足教育教学的要求，却忽视了教师的质量。

同时，教育质量备受社会各界争议。1957年，苏联人造地球卫星上天使美国社会各界受到极大震撼，他们把军事技术上的落后归咎于教育质量问题。对教育质量的批评必然导致对教师质量的批评，许多学者提出，要想提高教师质量就必须通过在职培训，而教师在职培训不仅要帮助他们扩充知识，获得教师资格，还要帮助教师获得长足的发展，并且教师在职培训应当是持续的、常态化的。

这一时期，终身教育逐渐成为一种重要的教育思潮和影响世界各国教育发展的运动。1965年，联合国教科文组织成人教育局局长保罗·朗格朗（Paul Lengrand）在《终身教育引论》中提出终身教育的思想。1968年，联合国教科文组织发表了“终身教育宣言”，1972年，联合国教科文组织国际教育发展委员会在《学会生存：教育世界的今天和明天》报告中再一次强调发展终身教育和最终走向学习化社会的道路。而作为传授知识的教师，更要成为终身学习的先行者。随着知识更新的加快，教师只有在职后继续学习新的教学知识，提升自己的教育理论，才能不被时代所淘汰。由此，美国政府将中小学教师在职培训提升至国家战略高度，以改变基础教育领域中出现的中小学师资不足和教学质量不高的困境。

2. 以法律形式确立和加强中小学教师在职培训的政策支持和资金投入

1958 年，美国通过了《国防教育法》，以立法的形式为教师在职培训的发展提供了资金援助，加强自然科学、数学、现代外语和其他重要科目的教学。其中规定，从 1959—1962 年拨款 8 亿多美元，用来培养科技人才，并为这 3 门课提供必需的设备、教材以及优秀的教师，这就需要提高教师的科学与数学的教育水平，这一政策的出台所导致的间接结果是课程改革运动的兴起。所以，这时的在职培训重点是协助科学和数学教师，以“新课程”带动中小学教育的改革，提升教师的教学技能。1964 年，国会通过了《国防教育法修正案》，把历史、地理、公民等学科列为改进科目，由于学科知识的扩展，想要了解这些领域的相关研究就得依靠教师的在职培训。①

1965 年，美国颁布了《初等和中等教育法》，第四款中提到，联邦政府拨款 13 亿美元用于教师超过正常工资标准的报酬以及对教师进行在职培训规划的超额费用，并向教育研究和教师培训机构提供资金支持。② 20 世纪 70 年代以后，联邦政府的拨款数额逐年加大，到 1977 年，联邦政府用于中小学教育的补助性拨款达 20 亿美元。③ 这为中小学教师在职培训提供了资金来源，有效地解决了教师培训费用不足的问题，有力地激发了教师参加在职培训的积极性。

1965 年出台的《高等教育法》明确了师范教育的重要性，其第五款明确提出对教师进行在职培训，联邦政府对教师在职教育进行拨款，每个州都将得到拨款，并确保都能建立教师机构，通过培训提高教师的技能以应对课程改革以及社会的发展。④ 例如，在政策中明确提出对在职教师举办短期研讨班或学期讲习会

① Donald E S. Dircetions for In-Service Education [J]. Peabody Journal of Education, 1965, 42 (5): 275.

② Elementary and Secondary Education Act of 1965. U. S. Congress [EB/OL]. https://www2.ed.gov/documents/essa-act-of-1965.pdf.

③ 贺国庆，何振海. 战后美国教育史. [M]. 上海：上海交通大学出版社，2014：35.

④ U. S. Congress. Higher Education Act of 1965 and Related States Superintendent of Documents [Z]. U. S. Government Printing Office, Washington, D. C. , 1979: 133.

的高校教育机构每年提供500万美元的拨款。① 同时，具体到教师个人来说，凡是参加讲习会的人，都有资格得到每周75美元的定期津贴，并且对于有孩子或者老人需要扶养的教师来说，还可以得到为每个受抚养者提供的每周15美元的附加津贴。②

1972年，《美国教育白皮书》宣布，新任教师可有1/5的进修时间，正式教师每隔7年轮流脱产进修一次。该文件还对教师在职教育的资金分配、举办形式以及培训时间进行了详细的规定，为教师进修权利的享有提供了法律上的保障。

总之，这一时期美国中小学教师在职培训，都是依照全国通行课程的发展需求而对教师进行要求，并制定相关的法律政策，这也促进了教师在职培训的快速发展。

3. 以满足国家需要为本建立“教师中心”

教师在职培训的快速发展同样带来了如下问题：一是仅靠暑期班和研讨班等培训机构已不能满足当前的发展需要；二是教师在职培训受到时间、空间的限制，存在工学矛盾问题；三是教师个人的需要如何在在职培训中得到关注和考虑等。这些问题促使一种全新的培训方式出现，这就是“教师中心”。“教师中心”是指在教育专家的指导下，由学校和教师共同发起与组织，以学校教育教学发展和改革所面临的各种实际问题为中心，充分利用校内外的各种资源，注重教师教、学、研的统一，有效实现教师专业发展的培训活动。③

自20世纪60年代开始，美国效仿英国的做法创立“教师中心”。1972年，美国联邦教育部部长马兰（Sidney Marland）提出一项计划，将在一个试点的基础上创立200个“新场所”，每一个新场所负责10所中小学，大约5 000名学生。马兰认为每个新的场所就像英国教师中心的模型，来自新场所的教师和其他教育人员将能够一起在一个竞争的氛围中讨论问题，收获帮助和建议，提高他们

①② U. S. Congress. Higher Education Act of 1965 and Related States Superintendent of Dcouments [Z]. U. S. Government Printing Office, Washington, D. C. , 1979: 145.

③ 刘红. 英国校本培训研究 [D]. 武汉：华中师范大学，2004：3.

的能力，以及交换经验。① 1974 年，加利福尼亚州、佛罗里达州、得克萨斯州和佛蒙特州通过了教师中心的立法，其中，佛罗里达州是第一个颁布与教师中心有关立法的州。②

随着在一些州设立教师中心，1976 年 10 月 12 日，美国总统福特签署了"全国教师中心计划"，这个计划的重要任务是发展教师的在职教育，促进课程教学的改革，为缺乏教师的学科和教育领域培养专业人员。根据这个计划，由国家拨款在全国各地普遍建立规模大小不同的教师中心，对教师进行在职培训。每个中心，以教师为主，组成教师中心行政委员会，负责管理中心的工作。各州教育局给予技术上的援助，并负责传播与推广教师中心的研究成果。

在这一时期，美国中小学教师在职培训的类型多种多样，教师中心是中小学教师在职培训新的重要形式。相较于之前，教师中心具有以下三个优势。

一是教师自愿参加在职教育活动，教师发挥教育改革者、研究者、开发者和培训者的作用，并且教师中心一般由各科教学专家、课程专家、教育理论家和科技人员组成，解决了教师在职培训由与教师毫无联系的专家来办，学校课程计划由毫无教学经验的专家来定的问题。

二是协助教师解决当前课堂教学中的实际问题，如特聘大学教授、研究人员、工程技术员及有经验的中小学教师到中心进行指导，开专题讨论会等。因此，培训内容包括各个不同的学科以及其他一些薄弱的教育领域，例如特殊儿童教育、早期儿童教育、职业规划教育、公民教育、社区教育、多元文化居民的教育、就业指导等等，这也弥补了过去在职教育计划与教师的迫切需求没有直接联系或毫无联系的缺陷。

三是教师中心设在教师工作地点附近或自己的学校中，以便为更多的教师安排更多的时间和机会参加学习，克服了过去在职教育机构远离教师的工作地点，难于联系学校实际的缺点。教师中心的设立加强了与教师组织、高等教育、特殊教育、职业教育等机构，以及州教育局等方面的密切合作，以便能够得到各州当局有力的支持，特别是技术上的支援以及研究成果的传播和推广。

---

①② Stabler E. Teachers' Centres：A Comparative View [J]. Canadian Journal of Education. 1976 (2)：42，43.

教师中心强调教师自主式学习，促进了美国教师在职进修的规范化，使教师在职进修向前发展了一大步。但是，随着时间的推移，教师中心逐步结构化、制度化，使得教师在职培训变成了一种固定的模式，缺乏了灵活性，但这也是这一时期的现实状况所决定的，国家急需科学技术人才来应对世界的竞争，教师中心并不能兼顾国家与教师个人的需要，只能让教师在职教育服务于社会发展的需要。纵观教师中心的发展，虽然也出现了一些问题，但教师中心在美国可以说整体上是成功的，它大大地促进了教师在职培训的发展。

（三）成熟与变革阶段

成熟与变革阶段是指 20 世纪 80—90 年代末。在这一阶段，美国教育步入大发展、大变革时期，联邦政府适时制定教育政策与法规，引导教育改革运动在全国范围内展开。在这种背景下，中小学教师在职培训在变革中走向更加成熟。

1. 国家需要与个体需要融合，高质量在职培训成为必需

20 世纪进入 80 年代，发达国家逐渐由工业社会向信息化社会转变，这就要求劳动者必须具备丰富的科学文化知识，以更好地应对新技术革命的挑战。就像美国未来学家吉西（Gicy）在《教育的困境：如何适应信息社会》一文中所指出的："随着经济进入信息社会，美国劳动力队伍面临着结构上的重大转变，由于很多重复的、低级的劳动可以由技术制品有效地进行，所以，必须广泛地提高职工的技能。"① 提高教育质量的关键是提高师资质量。1983 年，美国国家教育优异委员会发布了《国家处在危险之中：教育改革势在必行》，该报告指出，美国师资短缺问题突出。该组织的调查结果显示：小学教师大多只是高中毕业生，并且数学和科学的教师短缺情况尤为严重。1981 年调查的 45 个州中，43 个州缺少数学教师，33 个州严重缺少科学教师。另外，新聘用的数学、科学和英语教师

① 卓挺亚，张亿钧，李汪洋. 当代世界教育思潮及教育改革动态［M］. 海口：南海出版公司，2003：110.

中，有一半不能胜任这些科目的教学工作。① 没有合格的教师，就没有高质量的教育，教师不仅关系到美国的未来，也是提高教育质量的关键。② 师资问题的凸显，促使美国通过师范教育培养新的合格教师，并对教师培训计划进行实质性的改进。由此，中小学教师在职培训成为美国各地提高教育质量的关键措施之一。

在各国的教育改革浪潮中，教师专业发展的概念成为热点和潮流。就美国而言，人们越来越认识到，教育改革成败的关键在于教师，只有通过提高教师的专业水平，才能造就高质量的人才，由早期的对教师“量”的需求转向要求“质”的飞跃，因此，教师专业发展日趋成为美国关注的焦点。1980 年 9 月，一篇名为《危急！教师不会教》的文章刊登在《时代周刊》上，指出教师专业方面出现的严重问题，引发了公众的担忧，也因此拉开了以提高教师素质，促进教师专业发展为核心的教育改革的序幕。人们普遍认为，通过教师专业发展来实现教学的专业化，从而满足学校对高水平师资的需求，只有这样才能解决《国家处在危险之中：教育改革势在必行》提到的问题。

2. 系列教育改革报告引领在职培训变革方向

如何通过教师在职培训来提高教师的素质，美国政府以及一些社会团体通过调查发表了一系列报告，指出教师在职培训改革无疑是提高教师素质的一个至关重要的方面，由此，美国中小学教师在职培训在这一时期逐渐得到完善，尤其是在职培训的地位得到了政策的认可和大力支持。

1986 年，卡内基教育和经济论坛“教育作为一种专门职业”工作组发表了《准备就绪的国家：21 世纪的教师》，强调了教育质量对国家经济的重要性，而高质量的教育取决于高质量的师资，并提到一个合格的教师必须至少经历四年的本科教育、毕业实习以及继续教育三个阶段，三个阶段互相衔接，并且教师在职

① 教育发展与政策研究中心. 发达国家教育改革的动向和趋势——美国、苏联、日本、法国、英国 1981—1986 年教育改革文件和报告选编 [M]. 北京：人民教育出版社，1986：24.

② U. S. Department of Education. Promising Practice：A New Ways to Improve Teacher Quality [R]. Washington，DC.：Office of the Secretary，1998.

教育在教师整个生涯中占据大部分时间，其地位有超越职前教育的趋势。① 为了提高教学质量，必须提高录用教师的标准，而对于那些已经在学校中工作的教师，特别是学历不达标的教师，需要为他们提供各种机会进行在职培训，以达到国家的标准。

1988年，美国联邦教育部发布《大有前景的实践：提高教师质量的新方法》，在这份报告的前言中指出："每个孩子都需要并值得拥有优秀的教师，这些教师受到过良好的培训，知道如何高标准地教学，并且能使学生的学习活跃起来。"该报告提出，高质量的教师需要符合四点基本要求：（1）教师要致力于学生和他们自己的学习，他们通过了解学生的能力、技能和背景来调整教学，让所有的学生都能接触到知识；（2）教师知道他们所教的科目，以及如何将这些科目教给学生——他们意识到学生已有的知识，可以创造出多种方式获取新知识；（3）教师负责管理和监督学生学习——他们利用各种教学策略，知道如何让学生参与学习，并且使用多种方法评估学生的成长；（4）教师能系统地思考他们的实践，并从经验中学习——他们评估自己的教学，征求他人的意见，并将研究学习纳入教学实践中。

进入20世纪90年代，特别是继霍姆斯小组三个"明日"报告之后，美国的一系列教育改革报告主要是通过对培训教师的高等教育机构进行约束来保证教师培训的效果。成立于1994年的全美教学与美国未来委员会于1996年发表了《什么最重要：为美国未来而教》的报告，旨在对美国社会提供从招聘、培训到支持和鼓励教师这样相互衔接的蓝图，以此来确保教师的高质量。该委员会提出首先要革新教师聘用方式，以确保每一个聘用的教师必须合格；然后建议打破大学与中小学之间的隔阂，两者携手来发展教师教育，这样确保将要聘用的200万名教师在未来十年中能够得到高质量的培训。②

1999年，时任美国联邦教育部部长雷利（Richard W. Riley）召集来自40个州的65位大学校长召开了"教师质量大学校长高峰会议"（Presidents' Summit

① 教育发展与政策研究中心. 发达国家教育改革的动向和趋势——美国、苏联、日本、法国、英国1981—1986年期间教育改革文件和报告选编［M］. 北京：人民教育出版社，1986：327—332.

② 赵中建. 美国80年代以来教师教育发展政策述评［J］. 全球教育展望，2001（9）：76.

on Teacher Quality)。会议中提到，对于高等教育机构来说，应该把教师培训的地位放到学校所有部门都参与的核心位置上去，并且想要确保教师在职培训的效果，仅靠教育学院是无法独立完成的，必须将大学文理学院、教育学院及地方中小学联系起来。①

这一时期，一系列教育报告的发布使得教师在职教育与职前教育趋于一体化，教师在职培训实现了理论与实践上的结合；为了确保教师在职培训达到预期的效果，从教师的薪酬、教师的招聘、教师培训的课程、教师培训的机构以及鼓励教师等方面进行全面的规定与实施，构成了教师在职教育的一整套体系，使教师在职教育在这一时期得到完善。

3. 教师专业发展学校变得盛行

1986 年，霍姆斯小组在《明日之教师》报告中指出，改革教师教育的目标之一就是“把我们的大学和中小学结合起来”。如果大学教授想成为教师教育工作的专家，就必须更好地利用骨干教师来培训其他教师，来开展对教学的研究。而且，学校也必须成为教师和大学教授共同系统研究和改进教学实践的场所。②这一新的场所就是教师专业发展学校，它以中小学和大学的合作关系为基础，为实习教师、在职教师提供实践学习的实验场所。1990 年，霍姆斯小组发布了《明日之学校》，提出了建立教师专业发展学校的六个原则：（1）为理解而教学；（2）创造一个学习社区；（3）为所有儿童的理解而教学；（4）为教师、教师教育者和管理者提供继续学习机会；（5）长期探索教与学；（6）创造一个新的机构。1995 年，霍姆斯小组又发布了《明日之教育学院》，批评了当时的教育学院没有很好地将他们的教育计划与中小学相联系，强调必须加强大学教育学院与中小学的合作关系，共同促进教师教育的发展，教师专业发展学校就是成功的合作基地。

教师专业发展学校实质上并不是一种新出现的学校，通常是在原有学校的基础上，与大学进行合作。为了培养公立学校所需要的更好的教师，大学就必须将

① 孔翠薇. 美国 20 世纪 80 年代以来教师教育发展对我国中小学教师继续教育改革的启示 [D]. 武汉：华中师范大学，2005：6.

② 范宁，杨之岭. 霍姆斯协会报告：明天的教师（1986）（上）[J]. 外国教育资料，1988（5）：1—9.

模范中小学作为实践的场所；反之，公立学校想成为模范学校，就必须不断地从大学接受新的知识和思想，这样就需要大学与中小学之间建立起共生的合作伙伴关系。这样既为职前教师的培养提供以中小学为基地的实习环境，又为教师在职培训提供机会，打破了中小学与大学之间长期的隔阂，为二者提供了平等对话的平台。

专业发展学校以其注重实践的特点和良好的办学效果引起了社会各界的注意，各州纷纷加入建设专业发展学校的队伍中来。马萨诸塞州出现了历史上第一所实际意义上的教师专业发展学校，之后教师专业发展学校的数量从 1994 年的 100 多所迅速发展到 1997 年的 600 多所，到了 1998 年，全美已经发展到 1 000 多所，几乎遍布各个州，成为这一时期美国中小学教师在职培训的最主要形式，促进了教师职前培养与在职教育的一体化。

美国通过建立专业发展学校来完善教师在职培训取得了一定的成效。在职教师在专业发展学校中通过对实习生的指导，重新审视和反思自己的教育教学，在实践中不断更新和发展自身的理论水平，使理论与实践结合更加紧密。为了培养更多的中小学教师来指导实习生，高校教师在专业发展学校中举办研讨班，培训教师的教学技能以及专业知识。同时，专业发展学校为在职教师提供了更多发展与培训的机会，一些优秀的中小学教师也走进大学校园，提升了在职教师的自主性和自我成就感。

综上可见，美国中小学教师在职培训在这一时期趋于成熟。基于师资问题及教师专业化的发展，美国真正认识到在职培训对教师的重要性，教师的需要才是在职培训发展的基础，在此基础上，教师职前教育与在职教育逐渐趋于一体化，提高了教师在职教育的地位，促进了教师在职教育理论与实践的结合。

纵观美国中小学教师培训的发展可以发现，发展之初为解决教师数量问题其培训特别重视教师的职前培养，却忽视了在职教师的质量与素质的提高。随着社会的发展，人们逐渐认识到中小学教师在职培训的重要性及专业性，逐步采取强有力举措来保障教师在职培训的权利与积极性。尤其是 20 世纪 80 年代以来，美国中小学教师在职培训形成了保障教师权利并激励教师以提高素质或薪资水平为目的参与在职培训的良性循环体系，这使得教师在职教育贯穿整个教师职业生涯，保证了教师的质量，提高了美国教师队伍的整体素质。

二、美国中小学教师在职培训的现状与特点

美国中小学教师的在职培训历经萌芽与形成、发展与完善、成熟与变革等阶段，已经取得了一定的成效。随着终身教育思想的深入人心和教师专业化理论的不断发展，美国越来越重视中小学教师的在职培训。人们意识到，教师要想扩充和改造自己的知识与技能，就需要在教师的整个职业生涯中持续不断地学习和提高。目前，美国已经形成一个独特风格的、较为完善的中小学教师在职培训体系。结合美国中小学教师在职培训的实际情况，下面主要从教师在职培训的支持系统、培训目标、培训内容、培训方式、质量评价等方面描述和分析美国中小学教师在职培训的发展现状及其特点。

（一）在职培训的支持系统

进入 21 世纪以来，美国面对中小学教师师资力量不足、教师质量不能满足社会需求等问题，不断推进教师在职培训的改革与完善，将中小学教师的在职培训纳入国家政策的范围。为了让所有的孩子都能得到合格的教育，美国联邦和各州通过立法和建立规章制度等多种方式保障了中小学教师的在职培训。

1. 系统的中小学教师在职培训政策支持

美国中小学教师在职培训是国家制定政策顾及一项重要内容。如上节所述，从 20 世纪 80 年代起，伴随着教师专业发展的需要，美国政府和一些研究团体发布了一系列重要的研究报告，包括 1986 年卡内基教育与经济论坛发布了《准备就绪的国家：21 世纪的教师》，提出教学是一种专业，对此应进行专业的培训；20 世纪 90 年代，霍姆斯小组发布的《明日之教师》《明日之学校》《明日之教育学院》等报告，又对教师级别、教师培训、教师能力及待遇等方面做出了具体的规定；美国 2000 年教育发展战略的目标之一就是使所有教师都能参加在职教育，促进教师的专业发展，要求所有教师都接受培训以便更好地教育学生。为了促进教育技术在教学中的应用，美国联邦教育部对国家教育技术进行了修订，公布了《数字化学习》报告，提出通过对教师提供各种培训来帮助教师使用信息技术。

除了各种报告以外，自20世纪80年代以来，美国国会还制定了10多个法律，如1988年的《教育改革法》、1994年的《美国教育改革法》、1998年的《师资能力培养法》等，对教师的社会地位、权利、义务、培训、考核和待遇等问题做出规定，从法律上保障了中小学教师的在职培训。2001年国会通过、2002年小布什政府签署的《不让一个孩子掉队法》，把教育置于国家战略的高度予以加强，提出教师培训及教师专业发展的法定要求，在有效的专业发展方面给予各州和学区更大的灵活性，建构高素质的教师队伍。

世界很多国家都存在教师地位不高、教师工资偏低的问题，美国也不例外。为了吸引优秀人才，提高教师队伍的稳定性，美国联邦和各州政府都非常重视提高教师工资。早在1986年，美国卡内基基金会在《准备就绪的国家：21世纪的教师》的报告中就提出，要使教师的薪金和职业前途具有竞争力，吸引有才华的人从事教师职业。同年，霍姆斯小组发布的《明日之教师》报告将教师分为教员、专业教师、终身教师三个不同的级别，按照级别给予不同的工资，并且按照级别和任职的阶段参加相应的在职培训活动。如马里兰州规定，在成为“终身教师”之后，每隔5年需进修6个学分，课程可以自己选定，否则取消“终身教师”资格。这种做法使得教师职业存在竞争力，调动了教师的积极性和主动性。《不让一个孩子掉队法》提出，在培养、招聘和培训高质量教师方面给予各州和各学区更大的灵活性。2002年，美国联邦教育部又颁布了《2002—2007年战略规划》（Strategic Plan 2002—2007），把提高教师质量作为优先发展的战略。2009年，奥巴马总统与联邦教育部部长邓肯联合批准了“力争上游”（Race to the Top）项目，联邦政府拨款43.5亿美元，用于资助各州的教育改革，支持校长和教师在职发展，加强教师培训就是其中的重要一项。① 2010年，奥巴马政府向国会提交了《改革蓝图——初等和中等教育法案的重新授权》，特别关注加强师资力量和学校管理者领导能力的提升，提出要鼓励和奖励表现突出的教师，采取多方面措施促进教师的专业发展。2012年，美国联邦教育部发布《尊重教师政策蓝图》，明确提出要注重教师专业终身发展，制定专业的教师发展计划。

① The White House President Barack Obama. Race to the Top [EB/OL]. [2019-03-15]. https://obamawhitehouse.archives.gov/issues/education/k-12/race-to-the-top.

以上诸多报告和法律、法案表明，美国不但对中小学教师的在职培训工作非常重视，而且以法律的形式，从国家政策制定的层面确保了中小学教师在职培训工作的顺利实施。

2. 新型的中小学教师在职培训制度体系

美国为了加强中小学在职教育，不仅通过法律政策的颁布实施确保教师在职培训的顺利进行，还通过政府和大、中小学及教育机构等联合，建立新型的中小学教师在职培训与考核制度，为中小学教师在职培训提供制度上的支持。

第一，建立新型的教师资格制度。1985 年以后，教师资格证书有效期制开始实行，教师资格证书定期更换。教师资格证书一般分为临时证书、短期证书和长期证书三类。各州的教师资格证书有效期限有所区别，但一般是 5—7 年。临时或短期证书需要在证书期满前进行考核，要求教师除了参加教学工作业绩的考核之外，还要在证书的有效期内参加在职培训，获得相应数量的学分或学时来换取新的资格证书。例如，加利福尼亚州要求更换证书的教师 5 年之内至少完成 150 个小时的业务培训。这就使得教师在证书期满之前必须参加专门的培训，修完特定的课程并通过考核。即使拥有长期教师资格证书的教师，在一定年限内也要考察有无在职培训的记录，否则就会被取消教师资格。这一制度要求教师必须通过在职教育满足更换证书的条件，推动了中小学教师在职培训的发展。

第二，实施优秀教师全国性认证制度。美国中小学所有公、私立学校具有教师资格证书，并有 3 年以上教学经验的拥有学士学位的教师，都可以申请优秀教师资格认证。该证书有效期为 10 年，获得证书的教帅如果想继续成为优秀教师需要在 10 年后重新认证。优秀教师认证的过程需要教师不断反思自己的教学实践，还要与其他教师合作，分享专业技能。这一做法提高了中小学教师的素质，促进了教师的专业成长。美国政府还给全美最好的教师提供报酬奖励，提高了中小学教师从教的积极性，确保了教师的质量。

第三，建立教师职业阶梯制度。例如，田纳西州将中小学教师分为 4 个等级，一般情况下教师 3—5 年可以晋升一级，工资待遇也随之上涨，以此推动教师主动参加培训，进行自我提升以提高自己的等级。教师如果想要晋升一级或者保持现有的等级水平，就必须在一定年限内通过在职培训修满要求的学分或学时。这是考核教师能否进入更高级别或者能否留在当前级别的一个重要条件。因此，教师为了得到晋升，提高自己的工资，就必须选择在职培训来修满相应的学分。教师报酬的提高基于个人的教学能力，而不是教龄的长短。通过这样的制度提高了教师参与培训的积极性和主动性，增强了培训的效果。美国的分级经费资助机制也是提高教师待遇、减轻教师经济压力的有效手段之一。当教师培训的经费得到解决时，更多的教师会选择通过在职培训的形式不断深造，以获得自身的专业发展。

除了推行新的教师资格制度、优秀教师认证制度和教师职业阶梯制度等教师培训与考核制度以外，美国还实施了相应的教师奖励制度。联邦政府多次拨专款以保证教师在职培训的顺利运行，各州议会也相继提出了提高中小学教师工资的议案，使教师工资趋于合理化。2006 年，联邦政府在财政预算中将 29.2 亿美元用于资助各州提高教师质量，其中 5 亿美元用于对教师的激励，并通过立法保障中小学教师的权利，促进在职教育的顺利开展。各州还不同程度地实行“业绩工资”制度，将教师的付出和报酬挂钩。例如，佛罗里达州设立教师奖励基金，奖励优秀教师通过在职培训提高教学水平。这些制度的保障，促进了美国中小学教师在职培训的发展。美国中小学在职教师培训工作主要由各州教育委员会和地方学区委员会负责，因此教师培训的要求各个学区不尽相同。例如，加利福尼亚州立委员会要求教师每 5 年内参加不少于 50 个小时的脱产继续学习与培训活动，教师可自行安排学习的计划、内容和时间。同时，各学区根据中小学教师的培训效果，实行奖励措施，将在职培训和教师晋级加薪联系起来，调动教师参与培训的积极性，确保培训质量。

由此可见，美国为了保障中小学教师在职培训的顺利开展，制定了相应的教师培训、考核与奖励制度，通过法制规定了教师在职培训的强制性和合理性，促进了教师专业水平的不断提高。制度的支持是美国中小学教师在职培训取得成功的基石。美国中小学教师的在职培训得到了美国联邦政府、各州政府及社会的广泛支持，体现了法制化、制度化的特点。首先，联邦政府出台了一系列的报告和法案等，从国家层面上以法律的形式为美国中小学教师培训提供支持，体现了法制化的特点。其次，美国有比较完善的中小学教师在职培训制度体系，包括一系列教师培训制度、考核制度及奖励制度等，体现了制度化的特点。在中小学教师在职培训过程中，联邦政府、各州政府、大中小学及相关的教育培训机构发挥着各自不同的作用，从多个环节确保了教师在职培训制度的实施，为保障教师在职培训质量提供了制度上的支持。

（二）在职培训的目标设定

从美国中小学教师在职培训的现状来看，中小学教师培训的目标多种多样：有为提高教师学历而进行的学历补偿教育，有针对新教师开设的入职培训，有帮助教师总结教学经验、提高教学技能的培训，也有发展中小学教师的兴趣爱好、满足教师个性化发展的一般性培训。通过多层次、多领域的教师培训，美国中小学教师培训目标的设定已经由帮助教师完成教学任务转向提高中小学教师素质，促进教师的专业发展，并呈现出有针对性、前瞻性和可操作性的特点。

1. 提升教师学历层次

"学历培训"或"学位培训"是美国中小学教师在职培训的重要目标之一，通过培训帮助中小学教师取得一定的学历或学位，使教师掌握一定的理论知识，提高教师的整体学历水平。美国中小学教师在成为教师之前一般已具备学士学位。随着社会产生对高质量教师的需求，美国各州纷纷提出提高教师学历的要求。例如，肯塔基州要求所有教师必须在任职 5 年中通过在职进修的方式修满 15 学分，或选择教师继续进修项目，从而获得硕士文凭。目前，美国各州基本要求教师在更换资格证书时具有硕士或硕士以上学位，因此美国相当一部分中小学教师需要参加在职培训以提高自己的学历和学位水平。

2. 开展新教师入职培训

新教师走上教学岗位的第一年是关键期，直接关系到新教师的未来发展。中小学教师在入职前一般会接受一定学时的教育教学实习，但因为缺乏教学经验，新教师在入职时普遍会对课堂教学的复杂性感到困惑，很容易出现紧张、疲倦、难以适应的情况，面临缺乏合适的教学方法和策略、难以正确处理师生关系等问题。教师在职培训的一项重要内容就是针对新入职的教师开展辅导，培训目标一般包括以下几个方面：第一，改善教师的教学行为；第二，提高新教师的留任率；第三，促进新教师的个人和专业适应；第四，满足新教师的指令性要求；第五，使新教师理解学校系统和教学专业的文化。[①] 首先，入职培训能够帮助新教师熟悉和适应教育教学环境，较好地完成由学生向教师的角色转变，掌握教学技巧，尽快胜任教学工作。同时，有相当一部分新教师因为自己的专业理想和教学现实之间的差距而感到失落，从而选择离开教师岗位。调查显示，美国有超过20％的公立学校教师在入职后的前三年选择离职，其中第一年就选择放弃从教的教师占 9.3％。因此，通过新教师培训工作，一方面可以向新教师传递专业知识和教学方法，另一方面还可以帮助新教师尽快完成身份转变，减少新教师的流失率。此外，为了解决教师短缺而实施的选择性教师资格项目为美国补充了大量的急需教师，但这些教师的质量参差不齐，通过入职培训，可以使选择性教师更好地适应工作。因此，美国各州开始鼓励甚至要求各地实施新教师的“入门辅导”项目，对新教师进行系统辅导，指导新教师的课堂教学。如得克萨斯州实行了“教师伙伴计划”、伊利诺伊州马顿地区推行了“初任教师指导计划”，采用校际合作的方式将职前教育和入职培训联系起来，为新教师提供了持续性专业发展的机会。威斯康星州怀特沃特大学实行了初任教师援助计划，为乡村学区的初任教师提供了入职帮助和指导。印第安纳州制定了初任教师指导与评估计划，以教学档案袋的形式，反映初任教师的真实教学活动及专业发展需求，对新入职的教师提供有针对性的指导，提高他们的教学实践反思能力和教学设计与实施的技能。新教师入职指导培训，通常会选择优秀教师为新教师提供指导和关怀，帮助新教师消除初上讲台的无助感，获得教育教学技能与方法方面的支持，使新教师能够平稳地渡过关键期，更好地履行教师责任。

3. 提升教师的教学技能

教师的专业发展是一个终身学习的过程，这也是美国中小学在职培训的重要目标。《准备就绪的国家：21 世纪的教师》及霍姆斯小组的一系列报告提出了教师专业发展理念。为了促进教师的专业发展，教师的在职培训按不同阶段和需求，安排不同的培训内容。例如，有针对普通教师的一般性培训，注重提高教师

① 靳希斌. 教师教育模式研究［M］. 北京：北京师范大学出版社，2009：278—279.

与学生的沟通能力；也有面向骨干教师的培训，学习新的专业知识和教学方法，改进教学实践，发挥引领作用。随着终身教育思想的深入人心，美国推行了一种建立大学与中小学、社区的伙伴关系模式，专业发展学校大量涌现。在专业发展学校中，中小学的实习教师、实习生、高校教师组成专业发展小组，共同制定和实施教学方案，探讨和解决教学实习中出现的问题。中小学教师能够和高校教师密切合作，观察教师和实习生的工作，开展小组讨论、课题研究、反思实践等活动，参加在中小学开办的各种讲座及共享大学的教育资源。这些形式的活动对于提升中小学教师的教学技能，实现教师的专业化发展起到了重要作用。例如，在麻省理工学院波士顿分校和波士顿公立学校组成伙伴关系的波士顿教师实习计划中，当地中小学教师和高校教师共同参与行动研究、案例研讨会、学习答辩会等活动，在指导、监督预备教师实习的同时，还推动了教师自身的专业发展。全美教学专业标准委员会（NBPTS）为教师制定了专业发展的标准，使教师在专业发展上有了可以追求的目标，提高了教师学习教学技能的主动性和自觉性。

4. 满足教师的个性化发展

教师职业不仅仅是教书育人，更要通过工作得到社会的认可，实现自我价值和社会价值。美国中小学教师在职培训机构常常根据教师的个人兴趣开设不同的课程，使每一位教师的才能与特长都得到更大的发展。在职培训为教师提供了对教育教学进行深入探索，总结并反思自己教学实践的机会和平台，帮助中小学教师结合相应的理论，形成自己独特的教育教学方法，以促进教师实现个人的专业发展。

进入 21 世纪以来，随着社会的发展和教育改革的深入，美国中小学教师在职培训的目标已超越了学科知识、教育理论和教学技能的范畴，扩展到全面提高教师的职业素养，帮助教师获得专业发展。尽管各州对中小学教师进行在职培训的要求不同，其基本目标是一致的：达到一定的学历标准；提高教师的专业素养和技能；解决课堂教学中的实际问题；发展教师的个性。

中小学教师的在职培训归根结底是为了提高基础教育质量，其核心任务不是简单地确保学生的学习，而是确保学生的全面发展。美国中小学教师在职培训在目标设定方面体现了很强的综合性，是多种培训目标的有机融合，具有针对性、前瞻性和可操作性的特点。首先，美国中小学教师在职培训针对教师的专业发展，培训目标有多个层次、多个领域：既有提高教师学历和学位水平的培训，又有新教师入职培训；既有提升教师教学技能的培训，还有满足教师个性化发展的培训。美国中小学教师在职培训使大学与中小学紧密联合，将理论研究应用于教师的教育教学实践，具有极强的针对性。其次，美国中小学教师的在职培训从长期发展的角度出发制定培训规划，根据教师专业发展的需要和社会需求制定培训计划，具有一定的前瞻性。最后，美国中小学教师在职培训的目标还充分考虑到可操作性，结合教师的个体差异和教师职业发展的不同阶段，为教师下一阶段的专业发展做好充分准备。为了达到理想的培训效果，美国中小学教师在职培训目标的制定会结合整体规划、具体的教师状况及培训机构的自身情况，制定相应的具体培训计划、实施方案及考核评估方案，并及时听取反馈以便调整培训目标，形成了较为完整的中小学教师在职培训目标体系。

（三）在职培训的内容分布

美国中小学教师在职培训的内容广泛，既有短期培训，又有教育硕士、教育博士等课程；既有通识教育类、教育基础类课程，又有现代技术类及社会问题类等课程；既有理论课程，又有实践课程。在职培训的内容分布和课程设置体现了综合性和实用性的特点，关注的是教师能力的提升。

1. 短期培训和教育硕士、教育博士课程相结合

在美国，中小学教师在职培训实行短期培训和教育硕士、教育博士课程相结合的形式，由各州和地方学区负责实施，在职培训的内容由高等院校的各种培训项目、高等院校的远程教育和函授教育机构、学区教培中心、教育专业团体及教师所在中小学等机构安排，在职教师培训活动包括专家讲座、专题研讨、实地参观或听课等。美国要求中小学教师必须拥有大学本科学位并获得教师资格证书。许多高校提供教育硕士、教育博士课程，教师修完相应的学分，通过一定形式的测试就可以拿到毕业证书。这种课程既包括全日制的学习项目，也包括非全日制的学习项目。全日制的学习项目一般在寒暑假进行，非全日制的学习项目主要在周末或晚间进行，这一举措扩大了可能参加培训的教师范围。此外，教育学院或

相关的培训机构还提供多种短期培训课程，涵盖专业教育课程、教学方法课程、学术课程等。各州规定各学区教师在取得教师资格证书以后，必须在高等院校进修学习学科专业课程或教育专业课程，以不断更新知识。

2. 涵盖通识教育类、教育基础类、现代技术类及社会问题类等课程

由于教师进修目的之多元性，各州的培训内容也不尽相同。总体上来说，各州的培训内容大致包括通识教育类、教育基础类、现代信息技术类及社会问题类等。

通识教育类课程内容丰富、范围广泛，主要包括思想政治类课程，外语、计算机等自然科学、社会科学、人文科学等方面的课程。通识教育类课程的设置有助于提高教师的基本文化素养、伦理道德及分析问题、解决问题的能力，目的是使教师具有广博的知识、开阔的视野，具有较强的综合性。这类课程一般由教育学院开设，目的在于帮助在职中小学教师弥补学历的不足。

教育基础类课程主要是指在进修过程中学习和教学知识相关的内容，主要包括教育专业类内容、学科教学法内容、学科专业类内容等，主要帮助教师掌握教学方法，提高教学水平。教育专业类内容主要包括教育原理、教育研究方法、教育哲学等课程，主要出现在各教育学院的中小学教师在职培训计划中。学科教学法内容主要包括教学的艺术与方法、教学与辅导的质量与提高，以及对实际教学问题的探讨等，主要目的是帮助教师掌握教学规律，更新教学方法。美国非常重视教师的学校及班级管理能力，在各大学开设的教师在职培训课程中，都包含了相关的内容，以帮助教师有效地控制课堂秩序，提高教学的效率。例如，马里兰州的陶森大学（Towson University）为在职教师开设了中学课堂纪律与管理课程，肯尼绍州立大学（Kennesaw State University）为在职教师开设了解决课堂纪律问题的课程。学科专业类内容是与教师任教的学科和希望取得的教师资格证书相关的课程，旨在帮助教师学习和了解相关的学科前沿。学科专业类内容除了包括专门学科知识外，一般还包括相应的学科教学法和研究方法，如中学数学课程研究、中学教师数学教育研讨等。值得一提的是，有些培训还针对特殊学生群体教学进行，使教师能够更好地和这类学生沟通，给予更多的关爱。

在美国中小学教师的在职培训中，教师的现代信息技术能力的提高是一项重要内容。这些课程往往以学校教学为基础，以使用计算机辅助教学为导向，课程内容包括应用软件的了解与分析、网络与学校课程、计算机辅助教学的相关培训等，目标指向学校课程和现代信息技术的整合。现代计算机网络技术本身也是教师培训的一种形式，教师只有熟练掌握现代技术才能有效地参与在职培训，掌握新的计算机网络技术和先进的教育教学手段，提高教师的教学效率。美国中小学教师信息技术培训一般包括两种，即在工作中进行的专业培训和校外培训。校外培训一般是以政府或学校选派教师参加讲习班或研讨会形式展开，常常会得到一些企业的支持和资助。

中小学教师承担着培养社会人的角色。因此，美国中小学教师的在职培训内容还紧密围绕社会热点问题，让教师密切关注社会变化，以便帮助中小学生增强忧患意识，了解社会的发展。这些问题主要包括人口与环境问题、人权与自由问题、道德与情感问题等。

3. 理论课程和实践课程并重

美国中小学教师的在职培训内容注重使教师学会运用教育原理，将理论恰当地运用于教育实践，培训一般采用理论课程和实践课程并重的模式。

美国中小学教师在职培训的课程在关注教师对学生认知发展规律的理解和掌握的基础上，将教育哲学和培养原则融入课程之中，关注学生的身心发展，最终指向学生的全面发展。教师培训通过开设关于教学理论的相关课程，帮助教师了解理论发展，更新教育观念，总结教育规律，改革教学方法，指导教学实践。

除了理论课程以外，美国中小学教师在职培训也会安排一些实践课程，如通过教学观摩、评比等形式检验教师的文化知识水平、学科知识水平、教学技能等，培养教师的教育教学实践能力。这些实践课程常常以问题为导向，从教师的日常工作中发现关于教学与学生的相关问题，开展相应的个案研究。例如，行动研究（action research）或课例研究（lesson study），就是由几名共同工作的教师和一名校外专家组成研究小组，通过查找文献、咨询专家、查阅以往教案、开展小组讨论等形式改进教师的教学方法，以帮助教师更好地开展教学。作为“力争上游”项目的一部分，佛罗里达州自 2010 年起就在全州范围内推行了课例研究，通过课例研讨的方式推动中小学教师的专业发展。由此可见，美国中小学教师在职培训的内容能够紧密贴近教师的日常教学，并融入课堂之中，针对教师的实际教学问题开展培训工作。为了解决培训课程由高校教师决定而产生的理论脱离实际的问题，特意在中小学开设了一些培训课程，这样既可以吸收更多的中小学教师参加培训活动，又能帮助中小学教师根据自己的需要，解决教学中遇到的实际问题，提高教学实践的能力。

美国中小学教师在职培训结合学校的具体情况、社会需求及教师多样化个性发展的需求，安排了丰富多彩的培训内容，体现了综合性、实用性的特点。

美国中小学教师在职培训的综合性体现在教师在职培训不仅包括短期培训，还包括教育硕士、教育博士等课程。教师在培训过程中不仅可以学习到通识教育类内容、教育专业类内容、学科教学法内容、学科专业类内容及现代信息技术类内容，而且可以学到与社会热点问题紧密相连的内容。教师在职培训中既有理论课程的学习，还有实践课程的指导。丰富的培训内容不仅帮助教师拓宽了知识结构，深化了对教育教学的理解，还帮助教师了解到社会文化的最新发展。美国中小学教师培训课程的设置是和社会文化的发展紧密联系在一起的。社会的进步对教师的专业发展提出了更高的要求。教师专业水平的提高也使得教师的知识结构应随之进行调整，单一的知识结构已经无法满足教师职业需求。因此，美国中小学教师在职培训不仅注重教师专业知识水平的提升，还帮助教师了解其他学科知识的内容，使教师的知识结构更全面、更完善。

美国中小学教师在职培训的实用性是由教师的职业特点和角色决定的。教师作为一名专业人员不仅是知识的传授者，同时也是教学活动的管理者。所以教师在在职培训中除需掌握一定的教育教学理论知识外，还需掌握管理类、现代信息技术类等实用性知识，以应对课堂教学中的挑战。美国中小学教师的在职培训内容基于教师的职业特点和角色的多样性进行设置，强调将教师的知识技能植根于教育理论与实践。在职培训紧密联系中小学教师的日常教学，融入实际课堂之中。在设计教师培训内容之前，要做好教师学习需求的调查与分析，了解教师对培训的需求，有针对性地解决教师教学实际中存在的问题。在职培训让美国中小学教师有机会获得更多实用的教学技能，帮助教师成为既有丰富的专业知识，又有丰富教学经验的优秀教师，最终帮助学生实现全面发展。

（四）在职培训的方式选择

为了满足中小学在职教师对培训的不同需求，美国设置了多种在职培训方式，有大学与中小学合作的教师专业发展学校模式、校本培训、校外进修和专业学习共同体等多种形式。同时，随着信息技术的发展，中小学教师在职培训也紧跟现代化的发展趋势，加强信息技术的运用，提供了丰富的网络资源，广泛开展网络培训，取得了良好的成效。

1. 注重大学与中小学合作，实行校本培训、校外进修相结合

美国中小学教师在职培训中，注重大学和中小学的合作，具体体现在教师专业发展学校为主要代表的教师培训模式。同时，注重校本培训课程的开发和校外进修资源的利用，形成了多种培训形式相结合的培训模式。

（1）大学与中小学合作的教师专业发展学校模式。美国的教师专业发展学校是大学与中小学合作的典型形式。美国教师专业发展学校是20世纪80年代以来逐渐兴起的新型教师培训机构，它的建立丰富了中小学教师的在职进修方式。教师专业发展学校是以教师所在的中小学为进修基地，大学院校与一所或多所中小学合作创办的新型办学形式，这种办学形式能有效地促进在职教师的专业发展。这种学校最初出现在马萨诸塞州，经过多年的发展，得到了美国教育界的大力支持，在各个州都得到发展。

教师专业发展学校中的在职教师被称为合作教师或合作导师，他们主要通过与高校教师的合作来促进自身的专业发展。合作教师与高校教师之间的合作内容主要为共同制定与实施教学方案。在这一过程中，合作教师根据自己的教学经验与高校教师展开交流、讨论，从而提高自己的教学研究水平。此外，合作教师在与高校教师进行小组讨论、课题研究、反思实践及共享大学教育资源过程中，提高自身的教学专业水平，促进学校的教育教学改革。例如，加利福尼亚州普莱士中学的教师专业发展学校，对在职教师进修采取了以下措施：教师在职进修的时间为每周五的上午8—10点，而学生要为此推迟上课2小时，这2小时的课程分散到周一到周五的下午进行。为了保证教师都能参加进修，该校规定教师每年需抽出11天的时间参加进修。为了使进修教师了解与获得最新的教育理论，学校经常聘请高校教师给家长和教师开展讲座，同时合作教师还可以充分利用大学图书馆、实验室和网络资源参与进修活动。校长每隔一周会给教师举办教学技巧讲座。进修教师之间每周都在一起讨论如何用最佳的方法进行教学与课程开发等。

从普莱士中学教师专业发展学校的研究实践可以发现，教师专业发展学校的优势包括以下几点：首先，为了使更多的在职教师能够参与到进修中，专业发展学校一般会规划出充足的时间鼓励教师的积极参与。其次，由于中小学与大学之间建立了合作关系，所以中小学进修教师能够接触到丰富的教育资源，从而加强了中小学教师的理论素养和科研水平。最后，由于专业发展学校为高校教师与中小学教师提供了相互交流的平台，所以高校教师更加了解中小学教师的实际需要，能够有效地为中小学教师提供有针对性的帮助。

（2）在职教师的校本培训方式。校本培训方式是指中小学教师在自己所任职学校内参加的各种不脱产的在职进修活动。这类进修方式不属于学历、学位教育，是教师为了提高自身的教育、教学水平而参加的进修活动，主要包括以下两种类型。

第一种是帮助有经验的教师适应新环境。有经验的教师是指具有一定教龄的、在教学岗位工作多年的教师。当一些有经验的教师由于各种原因暂时离开教学岗位又重返教坛时，可能会在开始阶段不适应新的教学环境、教学内容、教学技术等，这时学校就会派专门教师给他们提供帮助以尽快适应环境。此外，美国中小学教师会经常更换年级或任教科目，这些教师就需要有经验的教师帮助他们熟悉新的年级、新的科目。这种校内进修方式不仅能够满足不同教师的进修需求，同时也能帮助培训者提高自身的教学技术、应用能力，以及对本学科的教学与理解能力。

第二种是研习会和专题讲座。研习会和专题讲座一般由各学校内的“教师中心”负责开展。美国大部分学校内部都设有“教师中心”，它是由各科教育专家、教育理论工作者及有丰富教学经验的老教师组成的。“教师中心”通过培训前的调查了解教师在教学中遇到的实际问题，根据这些问题开展有针对性的研习和讲座。研习会和讲座有时也会向教师介绍工作经验及新的科研成果，与会教师能够自由参加讨论，在与教育专家讨论过程中进行知识结构的更新及思维的开拓，获得个人的专业发展。由于这种进修方式在实施前已经通过调研了解到教师的实际需要，所以更容易满足教师的需求，而且研习和讲座多在学生放学后、周末或假期进行，更容易吸引教师参加进修，从而有针对性地提高教师的教育、教学水平。

（3）在职教师的校外进修方式。校外进修方式是指教师在所任职学校以外参加的各种进修活动。从进修形式上看，校外进修方式比校内进修方式更多样，既包括脱产形式，也包括不脱产形式。从进修目的上看，参加校外进修的教师有以提高学历、学位为目的；也有为提高自身专业发展水平为目的。校外进修方式根据举办进修活动主体的不同可以分为由高校举办的教师进修计划、由地方学区举办的教师进修活动及由教育专业团体举办的教师进修活动。美国高校主要通过开展攻读学位计划、学分课程计划、远程教育计划及校外服务计划来支持中小学教师的在职进修。由地方学区举办的进修活动主要包括师资培训日、暑期学校、讲习班和研讨班等。教师专业团体主要通过开办研讨班和开展培训的形式，为教师提供在职进修机会，以帮助在职教师学会如何为不同文化背景的学生服务及如何提高教育教学水平。

2. 建立专业学习共同体，加强合作学习

专业学习共同体的合作学习也是目前美国中小学在职教师专业发展的重要形式。教师专业学习共同体的主要目标是通过教师之间的合作与交流提高教师的教育教学水平及解决实际教育问题的能力，促进教师的专业发展，从而提高学生的学业成就。根据所教年级和学科，主要有以下三类教师专业学习共同体：同年级同学科的教师专业学习共同体、同年级不同学科的教师专业学习共同体和学校全体教师组成的教师专业学习共同体。这些专业学习共同体开展活动的形式有课堂观摩、共同备课、团体反思、团体探究问题等。所有活动都围绕个人进修的目的，以促进个人的专业发展并提高学生的学业成就。以下对这几种活动形式进行具体介绍。

第一，课堂观摩。教师在课堂观摩过程中通过观察同伴教师的课堂教学行为、学生的课堂表现来反思自己的教学，并通过分析、讨论搜集的课堂资料进行思想碰撞、相互交流，共同提高教师的教学水平，美国中小学教师普遍认识到课堂观摩学习能有效地促进个人的专业发展。典型的课堂观摩学习主要分为三个步骤：观摩前的讨论、具体地观摩、观摩后的再讨论。一般来说，除了现场的交流，参加观摩的教师还需要以报告的形式对整个教学观摩过程进行总结。

第二，共同备课。在共同备课活动中，专业学习共同体的成员针对课堂上遇到的或者可能遇到的实际教育问题相互交流与讨论，通过共同探讨制定详细的教学计划，帮助教师应对教育教学问题，改进教学方法，提高教学效率，促进教师的专业发展。

第三，团体反思。团体反思是合作活动的重要因素，小组会议、委员会会议、观察前后会议、学习小组、年级会议、档案袋发展和许多其他共同体会议都涉及对专业实践的团体反思。在有组织的活动中进行团体反思，教师可以得到同事的支持和反馈，尝试新的教学方法。建立信任是反思的重要方面，反思中的争论可以加深相互理解。

第四，团体探究问题。团体探究问题主要指教师们在学习共同体中，针对教学实践中出现的问题，进行集体探讨，提出解决问题的办法，并将解决方法应用于课堂实际，以提高教师的教学水平。团体探究问题的开展需要遵循特定的步骤。共同体的教师事先需要对已经提出的诸多问题进行投票，以选择将要被讨论的焦点问题；确定问题后，教师们对问题进行讨论并得出解决问题的方法；在确定新方法后，教师需要将新方法应用到教学实践中，以检验他们的探究结果是否会取得理想效果。当新方法应用一段时间后，共同体需要搜集学生们的数据，进行效果评价，如果评价显示新的教学方法效果好，就对该方法进行推广；如果新的教学方法效果不理想，就重新探究并寻找新的解决办法。正是在这个过程中，教师提高了教学水平和能力，更新了教学思想。

教师专业学习共同体的进修活动除了以上几种方式外，还包括教师间的相互交谈、课例研究、读书计划及邀请学生家长参与等方式。这种进修方式能够建立合作的环境，促进教师间的相互学习，激发教师进修的积极性，特别是给合作能力强、本身具有合作意愿的教师提供了重要的发展机会。

3. 提供丰富的网络资源，开展网络培训

虽然有教师专业发展学校和学习共同体等多种形式的培训，但总体上说中小学教师由于工作时间比较长，工作相对独立，针对中小学教师的专业学术组织比较少，教师实际参与机会也不多。中小学教师的培训存在时间和空间上的限制，而有效克服这些缺点的方法就是利用基于信息技术的互联网。随着信息技术的快速发展，互联网对我们生活的影响越来越广泛。互联网不但能够提供丰富的网络资源，使教师能够方便快捷地获取，还能使教师通过社交工具，如在线即时通信技术和讨论组等，与他人建立联系。因此，美国的在职教师培训也越来越重视对互联网的应用。

首先，提供丰富的网络资源。网上提供了大量的教学策略、新的教学理论、教育教学前沿知识。美国有许多专门提供教学资源的网站或者项目，比如，网络探寻计划（The Internet Scout Project）主要关注那些提供更好的探寻、选择、发布在线信息和资料的研究和发展计划；教育门（EdGate）提供一系列基于网络学习的解决方案，这些解决方案通过高质量的教学内容、测试资料分析、评估资源和在家长、教师、学生之间广泛应用的交流工具帮助学区提高教学成绩，通过在线资料分析、在线评估、共同体和相互服务等为教师提供帮助。

其次，重视网络课程的开发。自克林顿总统于1993年提出“信息高速公路”计划以来，美国的历任总统都认同“要运用信息技术促进教育改革和发展”的战略方针，在其教师培训过程中也广泛应用信息技术，开展了种类繁多的在线网络培训课程，有效地促进了在职教师的专业发展。美国西部管理者大学建立了网络师范学院，目的是利用它的无线电通信系统优化职前和职后教师培训的课程。美国的PBS教师在线（PBS Teacher Line）提供的网络课程十分丰富，这些课程包括技术整合、基于网络的研究、课程绘图、数学、阅读语言艺术和科学等，修习这些课程可以获得相应的学分和证书。PBS教师在线的课程内容丰富多彩，有本地提供的也有全国性的，本地提供的课程由本地区的教育者组成的教育群体任教，全国提供的课程其教育者来自全国，教师可以选择适合自己的课程进行学习。

需要指出的是，美国中小学教师在职培训最初的模式比较单调，多是以定期的研讨会、讲习班、暑期班为主，时间短且没有连贯性，很难调动教师参与培训的积极性。20世纪80年代以来，随着教育改革浪潮的推进，出现了更加多元的培训模式，比如教师专业发展学校模式、专业学习共同体及其他的校本和校外进修方法。以上这些培训模式突出了教师在培训中的核心地位，更加强调教学实践的重要性，有力地提高了教师参加培训的积极性。特别是随着网络的快速发展，在线培训模式日益受到教师的青睐，突破了传统在职培训在时间与空间上的局限性，满足了不同类型教师的培训需求，从整体上提高了教师的素质。

（五）在职培训的质量评价

通过有效的评价既能够判断教师的在职进修是否达到了预期效果，又能够帮助教师检测并改正进修中出现的问题，促进教师的专业发展。美国各州的学校都制定了详细的教师专业标准，评价委员会可以根据标准对进修教师实施评价。目前美国的中小学教师在职培训主要有两种评价方式：一是形成性评价，通过个人教学档案袋评价方式进行；二是终结性评价，主要通过教学评估中心进行评价，以下对两种形式进行具体分析。

1. 形成性评价：个人教学档案袋评价

档案袋评价作为一种有效的形成性评价手段，其立足点在于学习者的学习过程，而不是学习结果；着眼点在于记录学习者的“学习轨迹”，以判断学习者是否获得了某种实质性发展，而不是只关注某种具体知识的习得。教师个人教学档案袋评价指通过系统地搜集被评价对象的作品或其他实践记录，以展现被评价对象在一段时间、一定领域内的发展情况。教师个人教学档案袋被认为是教师专业发展的详细记录。美国进修教师的档案袋中有教学录像、编制的教学材料与教具、对教学实践的分析、所教学生的作业样本、所教学生的标准化测试成绩、参加进修活动的记录、与同事及家长合作的记录等，这些都可以作为教师专业成长的材料，在正式评估时使用。① 学区及学校通过翻阅教师档案袋的记录对教师进修前后的变化进行对比，以判断其是否取得了进步。档案袋评价不仅可以反映出教师的变化，而且能反映出学生学习情况的变化，所以这种评价方式在美国得到了广泛推广。各领域不同的档案袋，主要用来说明申请者的教学实践和理念，评价标准和具体要求因不同的学科或者学生年龄阶段而不同。

对教师档案袋的评价包括教师本人在内的多元参与、多种形式相结合的评价

① 丹尼尔森，麦格里. 教师评价——提高教师专业实践能力［M］. 陆如萍，唐悦，译. 北京：中国轻工业出版社，2005：11.

方法，以便客观真实地反映教师教育理念、专业水平、知识技能等的发展状况，促进教师有效反思，不断进步。在美国，对档案袋的评价方式主要包括自我评价和他人评价。

（1）自我评价。教师在创建档案袋的过程中就已经对自己所创建的档案袋各要素进行了检验、反思和修正。因此，档案袋创建的过程就是教师通过不断反思评价本人教学的过程。从这个意义上讲，自我评价实质上就是教师本人对自己教学过程、行为表现和专业能力的反思和再认识。在自我评价的过程中，教师是评价的主体，是自己作品质量和价值的仲裁者。最有代表性的自我评价法是书面评价法（Written Evaluation）。① 这种方法是以承认个体具有反思能力为前提的，它要求教师本人分析、概括档案袋内容，鼓励教师以自主独特的视角认识自己的情况，鼓励教师自我反思，充分体现了教师的主体性。

（2）他人评价。他人评价主要包括同行教师的评价、领导和教师的评价。同行教师评价主要采用面谈法（Interview）。这种方法主要是档案袋制作者与其他同行教师以个人或小组为单位进行面谈，共同研究、分析档案袋内容。在交谈期间，制作者需要提供能够说明档案袋主要要素的证据和所依据的标准实现的过程。交谈一般都是围绕有关制作者开发档案袋的过程、目标的实现，在档案袋开发过程中取得的成就、需要改进之处及未来的发展目标等问题展开的。

领导和教师评价方式有讨论会法、叙述法和评价量规法。讨论会指学校以协作会议的形式，召集学校教师和领导来共同研讨档案袋内容。在会议前，学校领导先阅读档案袋内容，然后可以利用评价量规、核对表、轶事记录本等作为评定工具进行评价，最后决定是否通过。档案袋的框架和类型将决定讨论会内容。在讨论会上，学校领导和其他教师会对档案袋存在的优点和不足及教学应提高的领域等予以反馈。反馈的价值在于帮助教师明确自己未来的发展方向。评价量规法（Rubrics）是利用评价量规来评定被评价者的教学是否达到标准和行为表现是否合格的方法。利用评价量规法可以方便地为各个教学档案袋评分，进而评价教师的各个方面。例如，教师的教学是否达到了目标，是否运用了合适的教学策略、

① 马海涛. 美国教师教学档案袋评价的研究［D］. 上海：华东师范大学，2003.

评价策略，等等。①

以上评价方法往往综合运用，并且以自我评价为主，他人评价为辅，二者结合更有利于对教师做出客观、科学、合理的评价，激发教师的工作热情和兴趣，促进教师专业发展和教学水平的提高。

2. 终结性评价：教学评估中心的评价

在档案袋评价的基础之上，为了确保教师所交材料的真实性，教师还要参加教学评估中心的评价。档案袋评价主要体现的是过程性评价理念，这些评价结果能如实反映教师的专业成长情况，也成为其他评价方式的重要依据；而教学评估中心的评价为终结性评价，主要评价教师经过培训所达成的结果。在实际操作中，两种评价方式相互结合、互为补充。例如，全美教学专业标准委员会的评估主要采取档案袋评价和评估中心的测试相结合的方式，接受认证的中小学教师不仅要在该组织所设立的评估中心接受教育学知识和学科知识的评价，还要提交一个能够证明个人现有教学能力和教学实绩的档案袋。

教学评估中心的评价依照教师培训评价标准进行，这些标准包括：教师能够使用不同的教学方法达到课程目标；教师能够准确地反思一节课的有效性及课程目标的达成度；教师能够与其他教师分享进修的成果。此外，参加进修的教师所在学区及所教学生的变化也被认为是教师进修效果的重要评价指标。根据这些标准，评估中心可以对教师进修的结果做出判断，并根据呈现的状况及时做出反应。

除此之外，评估中心还要对教师的实践能力做出评价。美国的每个学区都会建立一个评估中心作为教师的实践性评价场所。教师需在教学中心进行教学模拟演练，并回答有关教学知识与学科知识的问题。评估中心有时还会要求教师在规定的时间内写出教案或者分析性论文，以检验教师在进修中发生的变化。这种评价方式除了能够反映教师的专业发展水平外，还可以帮助教师展示出档案中无法反映的内容。

---

① 殷思华，傅淳. 美国教师教学档案袋评价对我国幼儿园教师评价的启示 [J]. 学前教育研究，2008（9）：50—53.

除上述两种主要的评价方式外，美国的教师进修评价机构还可以通过观察、访谈、问卷等形式了解进修教师的前后变化，以评估进修效果。

总的来说，经过各方面积极的探索，美国中小学教师在职培训在支持系统、培训目标、培训内容、培训方式和质量评价等方面都得到长足发展，形成了良好的经验，为美国建设高素质的中小学教师队伍提供了保障。

三、美国中小学教师在职培训面临的挑战与发展趋势

（一）美国中小学教师在职培训面临的挑战

理想的中小学教师在职培训是能够具有良好的制度保障，灵活多样的形式，能够使大学和中小学相互合作，能够进行准确而有效的评价等。而从现实的情况来看，依托教师专业发展学校开展大学和中小学合作的模式仍然存在问题，在职教师的评价也存在发展和效率之间的矛盾，这些方面都需要进一步完善。

1. 大学和中小学的合作不够顺畅

教师专业发展学校（Professional Development School，PDS）的继续教育模式作为一种新型的办学模式，促进了大学和中小学的联系，为中小学教师的继续教育提供了重要的机会，同时也必然推动着各类学校的体制改革。体制改革必然会遭遇种种问题与障碍，主要表现在文化冲突、制度障碍等方面。在文化冲突方面，主要有两种：一是大学和中小学两种文化的冲突，二是来自大学内部两种文化的冲突。大学和中小学两种不同文化、制度之间的层级差异和长期隔离，为教师专业发展学校模式中相关人员的角色转变制造了困难。在大学内部，许多教师一味追求“高品位”的学术研究，由于他们的学术水平较高，研究成果较多，且享有崇高的地位，使得这些搞“纯”学术研究的教授中很多人对教师专业发展学校模式兴趣索然，很少参与教师专业发展学校模式及对该模式本身的研究，认为这与他们的专业研究没有多大关系。在制度障碍方面，由于大学奖励机制偏重研究，使得高校教师对教师专业发展学校模式研究的积极性不高。教师专业发展学校模式的主要参与者为研究能力和训练能力相对不足的教授，因而要培养出反

思型或学者型的教师也相对困难。在中小学方面，教师专业发展学校模式主要是在现有的中小学中实行的，在实际操作过程中会受到学校制度现状的制约，如来自课程安排、教师工作量甚至是场地的限制。

2. 教师评价中发展与效率的不易兼顾

美国中小学在职教师培训的质量评价中，教师档案袋评价起着非常重要的作用，具有很多优点，如教师档案袋评价具有发展性、多元性、多样性和全面性；教师档案袋评价有助于培养教师的反思意识和反思能力。与此同时，这种评价方式本身也存在一系列内部挑战，主要体现在以下几个方面。

(1) 从内部因素来看，教师档案袋的标准化程度较低。档案袋的最大优点是灵活性，这同时也是其最大的缺陷。灵活性使得档案袋的内容多种多样，五花八门，缺乏一致性，标准化程度较低，带来评价信度和效度难以保证。如果在实施档案袋评价过程中，过分强调标准化，就会使档案袋评价失去表现个性的意义，使评价回归到千篇一律、千人一面的状态。二者之间的矛盾难以解决。

(2) 从实践上看，教师档案袋开发费时费力，加重了教师的负担。教师档案袋评价强调过程性，关注教师的发展，要求教师尽可能搜集全面的材料；档案袋评价的灵活性，使其具体构成和内容可因不同使用目的、提交对象及学习者的具体情况而不同；档案袋内容的复杂性，也注定了评价材料的选择、整理与分析更加复杂，也导致档案袋制作过程较为复杂，庞大的工作量会给教师带来很大的工作压力。由此可能导致有些教师只顾档案袋的开发，而忽视教学本身，这样就违背了使用教师档案袋评价改进教学并促进教师专业发展的初衷。

(3) 教师档案袋创建条件高，成本较大。创建一个档案袋需要一定的硬件设施和多种技术的支撑。例如，教学录像、图片、照片等实物的获取需要一定的设备和技术，需要学校给予教师相关的技术培训和提供设备，这对于偏远、经济条件差、没有相关条件和设备的学校比较困难。所以，采用档案袋评价方式要结合学校条件因地制宜，量力而行，创造出适合自己的档案袋制作方式，不能盲目跟风。

(4) 教师档案袋评价难度高。承认教师的差异，尊重教师的个性也就意味着评价的难度将会提升。我们可以对教师档案袋的外在形式做统一规定，但对其内容不能用一把尺子来衡量，评价标准难以确定；如何认定创建者符合标准等都需要考察。一旦评价有失公平，将会挫伤教师的积极性，使其对教师档案袋评价方式产生不信任感。

（二）美国中小学教师在职培训的发展趋势

纵观美国中小学教师在职培训的整个发展历程，可以发现教师在职培训一直处于不断地优化和发展之中。推动发展的因素，既有已有的培训模式中存在的问题，也有时代发展导致的教育需求的变化。现在美国社会处在一个快速发展时期，美国中小学在职培训也相应地处在不断发展之中。

1. 促进大学和中小学在教师培训中的合作

为了进一步促进大学和中小学在教师培训方面的合作，目前主要的方向是完善教师专业发展学校（PDS）模式，加强大学和中小学的文化融合和强化制度保障。PDS 模式赖以存在和发展的重要条件是建立和维持中小学与大学的合作性关系，但是中小学和大学的文化乃至大学内部的文化均存在相当的差异，如何克服文化上的冲突需要模式参与者之间的齐心协力、协作共处。要使 PDS 模式成功地运营，首先，要建立起各个参与者之间的信任和相互尊重的关系，这种信任和尊重通过组织之间的认同与责任体现出来。其次，要在 PDS 模式内部建立起一种学习和研究性文化，让参与成员在这种学习和研究性文化中相互砥砺、相互帮助、相互学习、相互尊重，以此强化双方的合作关系。最后，模式的成功更需要制度保障，基于 PDS 模式中成员的角色及模式与政府、社区的角色关系等一系列的调整和转换，教育行政部门应对这种新的角色定位和职能转换予以制度上的安排，在组织结构、领导分工、时间安排、资源利用、行动协调、评价标准、考核制度等方面均应得到制度层面的规定和保障。

2. 进一步发展网络在线培训

美国一直重视将发达的信息技术和教育相结合，形成了非常发达的网络在线教育。在中小学教师在职培训领域，不但网络为教师在职教育提供了新的方式，形成了丰富的网络资源，还有大量的在线课程和互动平台。最近新流行的教师在线专业学习社区就是利用网络在线培训的重要方式。在线社区为教师提供了一个协作论坛，使教师可以与校外的其他教师和专家讨论教学中的变化，并收集证据，主要是课堂中发生的真实案例，证明一个教室里的变化是如何成功发生的。然后，参与者可以根据聊天室和其他在线媒体的讨论，决定是否尝试建议的策略或方法。由于在线社区不受时间和空间的限制，从而允许成员在较长的时间内从事活动。在线社区的动态性保持了传统的学习方法难以实现的新鲜感和多样性。在线学习社区是一个积极的学习环境，学习者通过聊天室，利用电子邮件和发帖参与对话和讨论，真实地建立联系，同时也提供同伴协作和指导的机会。

随着信息技术的日益发展，特别是人工智能技术的日趋成熟，基于网络的中小学教师在职培训的资源和课程正在不断地发展，还会创造出更有效地促进教师专业能力成长的形式。

结语

从 19 世纪中叶开始到 21 世纪第三个十年，美国中小学教师在职培训不断发展，经历了萌芽与形成、发展与完善、成熟与变革三个典型的历史阶段。为了适应时代的需要，各个阶段的教师培训具有各自的特点。聚焦美国中小学教师在职培训的现状，可以发现，美国中小学教师在职培训呈现五个典型的特征，即教师在职培训具有法制化、制度化的支持系统；在职教师培训的目标设定具有针对性、前瞻性和可操作性的特点；教师在职培训的内容分布上体现综合性、实用性；教师在职培训方式选择出现多样化、现代化趋势；教师在职培训采用形成性评价与终结性评价相结合的质量评价。通过对当前美国中小学教师在职培训体系的全面分析，也可以发现教师专业发展学校模式和教师培训的质量评价仍然面临挑战。为此，美国中小学教师在职培训需针对存在的问题，应用不断发展的信息技术和教师专业发展理论，进行方式和方法上的创新，设计出更优的培训项目，创新出更完善的培训模式，发展出更健全的评价监管体系，进一步改善教师在职培训效果。

第四章

美国中小学教师资格制度

美国教师资格制度从无到有，直至成为世界上较完善的中小学教师资格制度之一，其发展过程是曲折而又循序渐进的。根据美国教师资格制度在不同历史时期的发展特征，可以将其发展历程划分为以下几个阶段：教师资格制度的萌芽期、教师资格制度的建立和发展期、教师资格制度的发展和完善期。美国是个教育分权制国家，各州教师资格制度的发展有先有后，不同地区情况存在差异。

一、美国中小学教师资格制度的发展历程

（一）教师资格制度的萌芽

从殖民地早期到建国之初，是美国教师资格制度的萌芽期。这个阶段基本上处于农业社会，生产落后、交通不便，来自各国的移民散居在美国东部、中部和南部，同一个民族或具有相同信仰的人聚集形成了一些村镇和城市。根据实际需要，当地的教会、慈善团体或学生家长在市镇或社区开办了一些学校。这些学校仅面向本地社区或特殊人群招收学生，阶级性、教派性明显，彼此缺乏联系，更没有统一、严格的管理制度，水平较低。这些学校由开办者自行聘用教师。各地区、各学校没有统一的教师任职标准和要求，而且只有个别地方或学校发放教师执照或证书。我们把这一时期看作美国教师资格制度的萌芽期。下面从殖民地早期、晚期和建国初期三个阶段分别介绍当时的教师任职情况。

1. 殖民地早期

殖民地早期是移民的拓荒时期。人民生活艰苦，无暇顾及教育。除了印第安人的教育外，还有殖民者从各自宗主国带来的处于萌芽状态的现代学校教育。随着移民在美洲大陆扎下根基，他们逐渐开始考虑发展教育。17 世纪 40 年代，北美殖民地建立了各种初等学校，如主妇学校、贫儿学校、慈善学校、读写学校。不过那时学校教师的状况非常恶劣，特别是初等学校的教师甚至不具备最起码的文化知识，“充当中小学教师者均是些酗酒、无赖之徒”，他们被聘为教师是因为“价廉”，而“他们之所以当教师是由于没有其他行业任用他们”，课堂里充斥着“骗子”和“酒鬼”。①

在这些学校中，宗教知识是其主要的教学内容。如果说当时教师有任职要求的话，那么宗教信仰是首要的要求。由于各类学校的组织者宗教信仰不同，因此当时连这个教师任职最基本的要求——宗教信仰的要求，各地各校也有很大的差

① 滕大春. 美国教育史［M］. 北京：人民教育出版社，1994：228.

异。教师资格证书或执照非常少见。①

当时素质较高的教师应该算是那些在中等学校即拉丁文法学校中任教的教师。由于这些学校是专为富家子弟开设的，教师的聘用相当谨慎。不仅教师的宗教信仰和道德品质受到了重视，还特别强调他们的学识造诣。一些地方要求教师必须持有教学执照才能任教。例如，1683 年，弗吉尼亚州州长经英皇查理二世谕令，该州的教师必须经过伦敦主教或州长核发许可证②。

2. 殖民地中晚期

殖民地中晚期，随着经济的发展和社会生活条件的改善，各地逐渐建立起了较为正规的初等学校，对教师的管理也逐渐规范起来。有些地方开始要求地方管理者开展教师资格认证工作，有些地方还发放了教师资格证书或执照。教师资格认证没有严格的程序，只是由当时威信较高的政府官员、城镇或学校的领导人或地方公务员决定教师的选择和任用；教师资格也没有严格的标准，只是粗略地在宗教、政治信仰和文化知识方面提出了一些要求。③ 总体上看，一直到美国独立，各地的教师资格认证仍然是“分散、乱糟糟”④ 的，无法保证学校教师的质量。

3. 建国初期

建国初期，兴办公立教育的呼声日益高涨。个别先进州的议会制定了教育法律，把基础教育列为了政府的职责。但是由于政治巨变带来的动荡、战火和财力匮乏，政府办学有心无力，因此学校和教师状况并没有大的改善。在 19 世纪初期，甚至贝尔—兰卡斯特制（小先生制）还盛行了一段时间，可见当时教师状况之恶劣。在贝尔—兰卡斯特制的影响下，一些地方原有的教师执照也停止发放，建立教师资格认证制度更是无从谈起。这种状况一直持续到 19 世纪 30 年代。

---

①② 滕大春. 美国教育史［M］. 北京：人民教育出版社，1994：46，64.

③ 傅建明. 美国中小学的教师许可证制度［J］. 外国教育研究，1990（2）：43.

④ 陈振华. 美国教师资格证书制度透视［J］. 高等师范教育研究，1996（2）：75.

（二）县级教师资格制度的建立

1. 教师资格管理制度的发展

随着公立学校和师范教育的发展，公立学校教师的供应和选拔显得越来越迫切。人们逐渐认识到“原来殖民地的许多考官不具备考核教师的能力，考核结果难以令人满意……有必要选择有能力的考官，并在更广泛的区域里选择教师”。因此，对进入公立学校当教师的人进行统一考核、统一发放教师资格证书，以确保他们掌握基本的教育教学知识技能已是大势所趋。在客观形势的要求下，1825年，俄亥俄州立法部门颁布教师证书法令，建立了美国最早的教师资格制度。法令规定，俄亥俄州中等民事法庭被授权在各县任命3个普通学校教师考试官员，这3个官员的职责是考核教师并发放证书。① 随后各州分别效仿俄亥俄州的做法，1845年，佛蒙特州在各县任命了一个县督学（county superintendent），其主要职责包括两个方面：第一，考核教师待聘者；第二，在各县发放有效期为一年的教师资格证书。到南北战争时，美国许多州有了官方颁发的统一的教师资格证书，这标志着教师资格制度在美国逐渐建立起来。

但总体来看，这一时期人们仍保有传统的社区生活的思维方式，普遍认为当地的行政机构比州的行政机构更能有效地保护本社区的利益。因此各地的公民更愿意由当地的政府而不是由州政府来管理教育事务，教师资格的管理当然也不例外。这一时期各地广泛建立了县一级的教师资格管理制度。当时的教师资格认证多通过考试来进行，因此县一级政府建立的专门管理教师资格的机构通常称为“县考试委员会”。到1870年，几乎各州各县都建立了这样的机构。考试委员会的成员多是一些有经验的教师或教育管理者。他们除了负责设计和组织教师资格考试，发放教师资格证书外，还负责很多原来由地方市镇当局所承担的教育职责。

南北战争前后，人口流动加快，更多的州建立了州一级的教育管理机构——州教育委员会或州教育厅。同时，由于教师们强烈要求消除教师在州内自由流动的障碍，教师资格认证开始向州一级教育机构转移。纽约州最早出现了这样的趋

① 陈振华. 美国教师资格证书制度透视［J］. 高等师范教育研究，1996（2）：76，76.

势，1843 年，首次由州组织教师考试，同时开始颁发全州有效的教师资格证书。印第安纳州在 1852 年、宾夕法尼亚州在 1854 年也开始由州考核教师并颁发教师资格证书。① 但从整体上看，更多的州由县级管理向州级管理的转型是从 19 世纪末开始的。

转型时期，很多州由州、县两级的政府机构共同管理教师资格：当时参与管理的州一级教育机构有州教育厅、州考试委员会、州师范教育委员会、大学评议会等；参与管理的县一级机构有县教育局、县考试委员会等。这两级政府的具体管理内容一般如下：州考试委员会在其他几个机构的辅助下编定考试试卷，并定期委托县教育局或县考试委员会组织考试；考完的试卷由县考试委员会评阅或仍上交给州考试委员会等机构评阅，将结果下达县；由县教育局代表州发放教师资格证书。19 世纪晚期已经有几个州，如纽约州、罗得岛州、亚利桑那州完全摆脱了县一级机构的参与，由州来认证教师并颁发教师资格证书。20 世纪初，完全实现州级管理的州发展到了 15 个，州集权的教师资格制度开始在美国建立起来。

2. 教师资格考试和教师资格要求

19 世纪，获得教师资格认证的主要方法是教师资格考试。特别是在师范教育尚不发达的情况下，是否能通过教师资格考试就成为认证教师最主要的评价方式。早期的考试是学区教育管理者用口头提问的方式来进行的，提问未来的教师是否知道他们所要教的内容。有少数学区的教育官员用笔试来考核教师资格证书申请人。随着县级教师资格管理制度的发展，教师资格认证考试逐渐规范起来。各县的考试委员会开始统一编定试题、组织考试、评阅试卷、划定分数线，直至最后颁发教师资格证书。从 19 世纪中期起，越来越多的州开始组织教师资格考试。例如，1856 年，纽约州教育厅的权力得到加强，被授权制定管理县一级教师考试的规章制度；1888 年，州教育厅的权力进一步扩大，被授权为考试出题；

① Angus D L. ofessionalism and the Public Good：A Brief History of Teacher Certification [M]. Thomas B. Fordham Foundation，2001：3.

1894 年，出题、评分、划定分数线已完全掌握在州教育厅的手中了①。19 世纪末，随着越来越多的人接受师范教育，是否接受过师范教育成为小学教师资格的要求；是否接受过大学或学院教育，成为中学教师资格的要求。

起初，教师资格要求主要是通过教师资格考试体现出来。逐渐地，教师资格考试的内容丰富起来，对教师的资格要求也逐渐提高，不仅要求教师掌握通识知识，还要求掌握教育教学领域的知识，并开始尝试分科考试。宾夕法尼亚州是第一个对教师进行分科考试的州，1834 年，该州要求教师证书申请人分别展示阅读、写作和算术方面的能力；纽约州在 1840 年之前只要求“考核未来教师的文化素质”，从 1841 年开始，要求教师资格考试要包括“拼写、英语语法、数学、地理、历史”等科目；1847 年，华盛顿哥伦比亚特区和俄亥俄州的教师资格考试试卷中涉及了教育理论方面的知识；②1867 年，宾夕法尼亚州考试的科目不仅扩大到正确拼写、英语语法、美国地理、历史等，并融入“专业知识”。19 世纪后半期，分科的教师资格考试逐渐普及开来，但当时专业知识对一个教师来说并不比文化知识更重要，教育教学能力在教师资格考试中并没有取得应有位置。③

（三）州级教师资格制度的建立

在第二次科技革命的推动下，20 世纪初美国工业进入了迅猛发展的新时期。美国社会也相应地发生了激变，城市化进程全面铺开。“人们逐渐感觉到外界社会对他们生活的影响已经超出了他们的控制，他们想让更有力的政权，即州政府甚至联邦政府来管理和平衡这些外界力量”④。同时，随着科学技术对经济推动作用的显现，整个社会对科学和学术权威的依赖加强。这一时期，美国教育取得了巨大的进展，第二次世界大战前已基本普及中小学教育。美国的师范教育也发生了较大变化，中等师范教育日渐衰落，师范学院和综合大学的教育学院或教育系逐渐占据了主导地位。随之，美国教师资格制度也逐渐完善。

---

①②③ Cook K M. State Laws and Regulations Governing Teachers' Certificates [M]. //U. S. Bureau of Education, Bulletin, 1921, no. 22, Washington, DC: Government Printing Office, 1921: 6-13, 9, 8.

④ Burnham W D. The Changing Shape of The American Political Universe [J]. American Political Science Review, 1965 (59): 23-25.

1. 州级教师资格管理体系确立

19 世纪中后期出现的州一级的教师资格管理趋势，在 20 世纪前半期，有了长足发展。1938 年，美国教育办公室把教师资格管理模式划分成五种类型，并对各种类型的数量按年份进行了统计（见表 4-1）。此表反映出，州教师资格管理制度并不是一蹴而就的，而是经历了一个渐进的过程。在这个过程中，州的权力不断加大。截至 1953 年，除马萨诸塞州、伊利诺伊州外，所有的州都确立了州级教师资格认证管理制度。①

表 4-1　1898—1937 年州级教师资格认证的类型和数量

	1898 年	1911 年	1921 年	1926 年	1937 年
州系统 （州颁发所有的教师资格证书）	3	15	26	36	41
准州系统 （州制定规章制度、组织考试，县控制一部分教师资格证书）	1	2	7	4	3
州指导系统 （州制定规章制度、县组织考试、颁发教师资格证书）	17	18	10	5	1
州—县系统 （共同颁发教师证书，县控制一部分教师资格证书）	18	7	3	2	2
县—当地系统 （由地方委员会全部控制）	2	2	2	2	1

资料来源：Benjamin W F，Development of state programs for the certification of teachers，U. S. Office of Education，bulletin，1938，no. 12，Washington，DC：Government Printing Office，1938.

州集权的教师资格管理制度的建立，解决了教师在学区间自由流动的问题，

① Earl W. Armstrong and T. M. Stinnett. A Manual on Certification requirements for school personnel in the United States [M]. Washington，DC：The National Education Association，1953：88.

但州与州之间教师的自由流动障碍依然存在。因此各州之间开始确立互认协议。早在 1890 年，纽约州就制定了一个教师资格证书交换计划（exchange of certification）。到 1921 年，全美有 38 个州加入了这一计划。各州在确立协议的时候，主要是互相认可对方的认证标准或教师资格证书。教师在达成协议的州之间流动，不需要重新认证两州都互相认可的标准，只要达到所去州不同于原任教州的标准即可。还有一些州的做法更便捷，认证标准较高的州的教师只需更换资格证书就可以到认证标准较低的州任教。1987 年，全美教学专业标准委员会成立，建立了全国性的优秀教师资格标准，为州一级的教师资格认证树立了榜样，因此持有该委员会教师资格证书的教师可以在全美自由流动。

2. 教师资格标准不断提升

20 世纪初，通过州或县组织的教师资格考试、接受过师范教育或高等教育就可以获得教师资格证书。1921 年，美国有 20 个州的教师资格认证标准对最低学历提出了要求，到 1930 年提出此要求的州增加到 38 个。另据美国教育办公室的报告，1937 年就已经有 5 个州要求教师接受过 4 年的大学教育；8 个州要求教师接受过 3 年大学或者高等师范教育；11 个州要求教师接受过 2 年大学或高等师范教育；8 个州要求教师接受过 1 年大学教育；还有 2 个州要求教师高中毕业并做过一些基本的教师职业准备；剩下的 14 个州，其中有 6 个要求教师高中毕业，另外 8 个州虽然对学历没有做出任何限定，实际上也都达到了以上 6 个州的水平。①

除学历外，对申请人所学专业提出要求的州也越来越多。1930 年就有 16 个州的教师资格标准对申请人的主修科目和副修科目提出了要求，甚至还规定了所修科目的时间。另外一些州则强调，教师必须在他们主修的科目领域任教。不过当时大多数州在这方面做得不好。1933—1934 年，对堪萨斯州教师所做的研究显示，只有 29.74%的中学教师在他们所学的专业任教，在一些规模较小的学

① Frazier B W. Development of State Programs for The Certification of Teachers [M]. U. S. Office of Education, Bulletin, 1938, no. 12, Washington, DC: Government Printing Office, 1938: 62.

校，此比例只有 6%。①

很多州还相继对教师修习教育专业课程和教学实习做出了规定，不过这方面的规定要稍晚于以上两个方面。据统计，1938 年，半数以上州的教师资格认证标准中都有此项规定。从总体情况来看，这个时期要求小学教师必修的教育专业课程包括：小学教学法、教育史、教育心理学、课堂组织管理或小学管理、教育原理和小学课程论；要求中学教师必修的教育专业课程包括：教育心理学、教学法、教学原理、教育史和课堂组织管理。②各州认证标准对教育专业课程和教学实习的规定极大地促进了教师专业知识、技能的提高。

受二战后第三次科技革命及美苏争霸的影响，美国政府要求提高中小学课程难度和教育质量，教师资格标准也随之水涨船高。有的州开始要求大学加师范教育时间延长至 5 年。有 14 个州要求小学教师也必须接受过 4 年的大学教育。1946—1953 年，11 个州提高了中学教师资格的学历要求，其中有 5 个州要求，中学教师要接受过 5 年的高等教育方可获得教师资格证书，其中包括 1 年师范教育。③ 1958 年，随着《国防教育法》的颁布，教师资格的认证标准再次提高。小学教师基本达到了本科学历，甚至一些州开始要求中学教师具有硕士学位。

20 世纪 80 年代，有些州要求小学教师必须接受过 5 年的高等教育或获得硕士学位才能获得教师资格证书。20 世纪末几乎所有州都要求教师在被认可的教师教育机构获得平均 30 个本科学分或研究生学分，具有 12—15 周教育实习经验，掌握一门学科，在教师资格考试中取得合格的成绩。④

3. 教师资格考试的衰落与恢复

直到 19 世纪末，教师资格考试仍以评价知识文化素养为主，因此一些州开始规定，大学毕业生不管是否接受过师范教育，只要申请就可以获得教师资格证

①② Frazier B W. Development of State Programs for The Certification of Teachers [M]. U. S. Office of Education, Bulletin, 1938, no. 12, Washington, DC: Government Printing Office, 1938: 62, 65.

③ Armstrong E W, Stinnett T M. A Manual on Certification Requirements for School Personnel in the United States [M]. Washington, DC: The National Education Association, 1953.

④ Darling-Hammond L, Wise A E, Stephen P K. A License to Teach: Raising Standards for Teaching [M]. Jossey-Bass, 1999.

书。1897 年，已经有 28 个州出现了基于师范教育或高等教育，而不需要再进行任何考试来认证教师的情况。① 20 世纪前半期，师范学校迅速向师范学院转变。师范学院不仅提供一定水平的高等教育，更重要的是它提供了正规的教师专业培训，因此是否接受过师范教育特别是高等师范教育开始成为审核教师资格的必要条件，教师资格考试迅速衰落。1919 年，佛蒙特州成为第一个完全放弃教师资格考试的州。1937 年，又有 28 个州取消了教师资格考试，其余 20 个继续实施教师资格考试的州，大多是高等教育和师范教育不发达的、有大量农村地区的州。② 到 20 世纪 50 年代，除了马萨诸塞州，其他州都取消了本州或本地组织的教师资格考试。

1940 年，在美国教育委员会和卡内基基金会资助下，开发了全国教师考试（National Teacher Examinations）。1947 年，全国教师考试由教育考试服务中心（Education Test Service）负责管理实施。开始时，采用这一考试的州较少。到 1961 年，有 18 个州要求教师资格申请者在完成大学课程学习的基础上，必须通过全国教师考试才能获得教师资格证书。

1983 年，《国家处在危险之中：教育改革势在必行》报告发布后，人们认为师范教育机构的入学标准低，培养标准也偏低，同时还偏重教育学课程，轻视学科专业课程，只靠师范教育来保障教师资格是不够的，应重新启用教师资格考试。到 1988 年，有 31 个州或地区要求未来的教师参加全国教师考试（National Teacher Examination，NTE）相关测试才能取得相应的资格证书。人们还要求用教师资格考试成绩为师范教育质量把关。1984 年，田纳西州通过了一项法案，其中规定，凡是有 30%的毕业生未通过教师资格考试的师范教育的院系将受到黄牌警告，如果连续两年有 30%的学生未通过教师资格考试，将取缔他们从事师范教育的资格。③ 很多州还以师范教育机构的毕业生通过教师资格考试的比

① Cook K M. State Laws and Regulations Governing Teachers' Certificates [M], U. S. Bureau of Education, Bulletin, 1921, no. 22, Washington, DC: Government Printing Office, 1921: 12.

② Darling-Hammond L, Arthur Wise A E, Klein S P. A License to Teach: Raising Standards for Teaching [EB/OL]. [2018-12-24].

③ U. S. Department of Education. What's Happening in Teacher Testing? An Analysis of State Teacher Testing Practices [R]. Washington, DC: Government Printing Office, 1987.

率，来为师范教育机构排名。到 1988 年，已有 46 个州通过了有关教师资格考试的法案。①

随后，教师资格考试也暴露出以下一些问题。

（1）考试的效度不高。由于多地教师资格考试采用标准化试题，因此无法深入考察与教学有关的诸多素质和能力。

（2）考试的信度不高。考试通过率太高，没有发挥出筛选功能。以得克萨斯州为例，1986 年的考试结果表明，96.7%的人都能一次性通过考试，通不过考试的还可以参加第二次考试，参加第二次考试的人 99%都能通过。②

（3）教师资格考试还在一定程度上限制了少数族裔从事教师职业。1988 年对 19 个州的调查表明，黑人在教师资格考试中的合格率仅为 15%—30%，西班牙裔的合格率只有 39%—65%，而白人的合格率则为 71%—96%。这对少数种族学生的教育和多元文化教育产生了非常不利的影响。③

鉴于上述情况，1992 年，教育考试服务中心研发了一套新的教师考试，即教师实践素养考试（Praxis Series）替代了全国教师考试。Praxis Ⅰ 为学业能力评价（academic skill assessment），Praxis Ⅱ为学科专业评价（subject assessments），Praxis Ⅲ为课堂表现评价（class performance assessments）。直到现在共有 47 个州采用或部分采用普瑞克西斯系列考试对教师资格申请人进行考核。以加利福尼亚为代表的一些州，同时使用教育考试服务中心考试和自主测试。由此可见，虽然各州在制度上独立开展教师素质评价，但多数州使用同一个机构提供的考试与评估机制，这使得各州教师资格证虽保持分权管理，但其要求已变得非常相似。

①③ U. S. Department of Education，National Center for Educational Statistics. The Condition of Education，1999 [R]. Washington，DC：Government Printing Office，1999：72，29.

② Shepard L A. A Case Study of the Texas Teacher Test：Technical Report [R/OL]. https://files.eric.ed.gov/fulltext/ED338695.pdf.

二、美国中小学教师资格制度的构成

（一）教师资格管理机构

1. 州议会及其下属教育委员会的职责

美国的教师资格管理由各州负责。州议会是一个州的立法部门，其主要职责是制定、审议和通过有关的法律法规。一般情况下，相关法律由州议会授权相关的立法委员会具体实施。以得克萨斯州为例，州议会授权州教育立法委员会制定教师资格的法律法规，其中包括教师资格标准，这些法律法规通过议会审议后被纳入得克萨斯州管理法（Texas Administrative Code），得克萨斯州管理法是整个州法中的第 228 章。而这部分州法每四年更新一次，教育立法委员会在四年中根据实际情况提出修改建议，州议会按照程序审核通过并实施，也可以驳回，重新调查修改，直至成熟时再次提交州议会审核通过。

各州的教师资格委员会多附属于州教育委员会，成员大多是兼职，由州教育厅的官员、某些学科的专家及各级各类学校的教育工作者组成。以肯塔基州为例，该州设立了一个由州教育委员会推荐并任命、由州议会认可的州教育标准委员会，这个委员会由 24 名教育专业人士和公民组成，专门负责起草教师职业规范、教师专业标准等。总体来看，州教育委员会主要对教师资格认证事务进行决策。加利福尼亚州的教师资格委员会共有 15 名成员，其中 6 名教师、4 名公众代表、3 名教育官员、1 名校长，还有 1 名大学中的教育研究人员。其宗旨是通过保持教育者的高素质标准，来促进教师事业的发展。其职责包括：提出有关教师资格认证立法的建议；提出有关教师资格认证政策和标准的建议；评价、监控教师资格考试和教师资格认证；给政策制定者、教师资格申请人及教师教育机构提供及时的、准确的教师资格认证方面的信息服务。

多数州有关教师资格的法律法规按照上述程序制定实施，因此州有关教师资格的法律法规相当详细。以佛罗里达州为例，根据州法第 231 章第 36 节第 2 条的规定，如果遇到教师有以下情况：（1）由于没有尽到抚养孩子的义务而被告上法庭并被判决；（2）违反了由州教育委员会规章所规定的教育职业行为准则；

（3）以前受到过被吊销教师资格证书的处罚；（4）违反了任何教育委员会的规定；（5）通过欺骗的途径获得教师资格证书；（6）证明不具备教学或承担公立学校某项职责的能力；（7）道德品质不好或有道德问题；（8）在其他州被剥夺了教师资格证书；（9）有违犯法律法规的情况，违反交通规则除外；（10）个人的行为严重地妨碍了学校管理者的工作，则州教育委员会就必须根据本州法律第 231 章第 262 节第 6 条的规定做出以下决定：（1）拒绝此人申请教师证书或学校管理证书或学生指导证书；（2）撤回或吊销证书；（3）处以罚款，每次罚款不得超过 2 000 美元。① 采用这种立法模式的州，有关教师资格的法律法规连篇累牍，由于法律规定过于详细，因此必须根据实际情况修订，优点是教师资格依法认证，公正公平。

2. 州教育厅的职责

州教育厅主要负责教师资格认证的具体实施。现在几乎所有州的教育厅下面都设有专门实施教师资格认证的部门，有的称教师资格认证处（Bureau of Certification）、有的称教师资格证书办公室（Teacher Certification office）。以俄克拉荷马州教育厅教师资格办公室为例，其主要职责是确保教师申请资格证书的过程流畅，为学区、教师和师范机构的管理者提供技术支持。一些州教育厅下属的教师资格认证处或证书办公室下面还设有一些分支部门，由它们分别负责各项具体的事务。如犹他州的教育者认证处下面又设有教育证书、教育标准、教师聘用和专业发展三个分办公室，分别负责颁发、更新和升级证书；建立教育职业标准；调查持有教师证书者的专业行为并按规定处罚那些行为不良的持证教师；为持证教师提供在职培训。

很多州的教育厅都建有教师认证系统，教师可以通过注册该系统，并在系统信息的指导下，一步一步提交相关材料，证明自身的教师素质，缴纳 50 美元手续费，最终获得教师资格证书。以俄克拉荷马州的教师认证系统为例，该系统分为 4 个入口，分别是：传统认证路径，即面向接受过被认可的师范教育专业的申

① The 2018 Florida Statutes [EB/OL]. [2018-12-24]. http://www.leg.state.fl.us/Statutes/index.cfm? App_mode=Display_Statute&Search_String=&URL=1000-1099/1012/Sections/1012.56.html.

请人；应急证书路径，即面向学校校长等管理者，如果需要特殊类型的教师，由学校管理者提供相关材料；选择性路径，即面向没有接受过师范教育但接受过其他专业高等教育的申请人；其他非传统路径，即面向那些具有全美通用的教师资格证书或其他教师资格证书的申请人。教师资格办公室还为立法机构、教师、地方学校管理者、家长等提供咨询。

在州教师资格办公室的监管下，有的州成立教师资格认证委员会或教师资格认证专家委员会，按照教师资格认证的政策法规和标准，审核教师递交的材料，包括教学录像、教学案例，乃至进行实地调查，同时也为教育厅、州教育委员会、州教师资格立法委员会等提供有关教师资格认证的情报和信息等。

州教育厅在实施教师资格认证的时候，还需要其他有关机构予以配合。这些机构包括师范教育机构、专业考试机构、学区教育部门及学校等。在许多州，很多具体工作是由专业人员来做的。如一些州的教师资格考试授权给教育考试中心来实施，教师的实际教学能力授权给州教育厅聘请的优秀教师、校长、学区教育局长及师范教育机构的专家来评定。

（二）教师资格证书类型

1. 按学科和年级划分的教师资格证书

（1）普通科目。美国各州公立学校的教师都应有相应年级和学科的教师资格证书，下面从低年级到高年级依次梳埋各类教师资格证书。

各州从总的学段上一般划分为学前教育教师资格证书、小学教师资格证书和中学教师资格证书。有的州把学前与小学的低年级划分为一个阶段，有些州则把中学教师资格证书再细分为 7—9 年级教师资格证书和 10—12 年级教师资格证书。现阶段获得哪个年级阶段的证书并不是根据教师的学历层次来定的，因为多数州要求中小学教师接受过 4 年的大学教育和至少 1 年的师范教育，因而是根据教师在师范教育中所学习的课程来定的。如果教师所学的是有关小学的课程，那么他获得的自然是小学教师资格证书。不同年级的教师资格证书不存在等级高低之分，工资待遇也基本相同，此举有利于各年级教师安于职守。

各州按年级划分教师资格证书的根据一般是各州的学制，不过也考虑到不同学段教育之间的相似性。如一些州没有区分学前阶段和小学阶段的教师证书，有的州则将学前阶段和小学低年级合并为一类教师资格证书，因为他们认为学前和小学阶段的教育应该有一定的连贯性，因此教师的能力素质也应该有连贯性。

各州按学科划分的教师资格证书主要有以下几类：全科、语言、数学、科学、社会、艺术、体育等。全科指小学阶段的合科教学，语言包括英语和外语，科学包括物理、化学、生物等，社会包括历史、地理、政府、经济、社会学等。这些科目的任课教师都有相应的教师资格证书。不过有些州的教师资格证书科目划分得没有这么细，而是按学科领域来划分的。如科学教学证书，持有者可以从事数学、物理、化学或科学综合课程的教学。相当多的州还允许一个教师资格证书承载多个科目，如一个教师持有数学教师资格证书，他还想在物理学科任教，那么他只需满足物理教师不同于数学教师的认证标准即可，无须再认证其他标准，就可以在其持有的证书上添加物理学科的任教资格了。各州还通常把教师所教的年级和所教的科目结合起来区分教师资格证书。数学、英语等主要科目的证书，一般年级跨度较小。外语、艺术、体育等专业性较强的科目证书，一般年级跨度较大。

按年级划分的教师资格证书是因为不同年龄段学生的身心状况不同，应该适用不同的教育教学方法，因此教师所具备的知识和技能也应该不同。但近期有些研究者认为，各学科知识有各学科知识的年龄敏感期，把不同学科的教师资格证书进行统一的年级阶段划分显然是不妥当的，应该直接根据学生的年龄段和学科为教师资格证书分类。以佛罗里达州为例，图 4-1 详细展示了年级和科目结合划分教师资格证书的情况。

（2）职业技术教育科目。美国中小学除了为学生升入大学做好准备外，还要为那些不能升入大学的学生做好就业的准备，因此 6—12 年级的公立中学普遍开设职业技术教育科目。职业技术教育科目包括两类：一类是为了普及职业技术知识、培养学生基本技能而开设的职业科目；另一类是为就业而开设的职业技术教育科目，这类科目选修的较多。前一类科目包括农业、商业、市场、家庭经济、消费、工业技术、社会调查、会计学、秘书、办公室技术、资料处理、安全驾驶等；后一类科目范围更广，涉及各个行业、各个领域，这里就不再一一列举。这些科目的任课教师也都须有相应的教师资格证书，因此教师资格证书的类型也非常丰富。

- 初等教育水平：初等教育证书（1—6 年级）
  - 初等教育证书（幼儿园至 3 年级）
  - 幼儿园初等教育证书（3 岁至 3 年级）
  - 幼儿教育证书（出生至 4 岁）
  - 初等体育教育证书（幼儿园至 8 年级）
- 中间教育水平（5—9 年级）中等年级各学科证书
  - 中等年级英语教育证书（5—9 年级）
  - 中等年级普通科学教育证书（5—9 年级）
  - 中等年级综合课程教育证书（5—9 年级）
  - 中等年级数学教育证书（5—9 年级）
  - 中等年级社会科证书（5—9 年级）
- 中等教育水平（6—12 年级）中等教育各学科证书
  - 一般学科（戏剧、英语、新闻、数学、体育等）
  - 科学领域（生物、化学、地球和环境、物理等）
  - 社会科学领域（社会学、经济、历史、政治等）
- 贯穿初等和中等水平（K-12 年级）证书
  - 一般学科（艺术、运动训练、计算机科学、舞蹈、母语不是英语的英语教学、健康、音乐、阅读）
  - 外语领域（汉语、法语、德语、拉丁语等）
  - 特殊学生教育领域（精神障碍、语言障碍、身体障碍、听觉障碍、视觉障碍、特殊学习障碍、其他异常）
  - 学校服务领域（教育技术人员、指导和咨询、学校配餐服务、学校心理学专家、学校社会工作者）

图 4-1　佛罗里达州普通教育教师资格证书类型

（3）特殊教育证书。特殊教育证书也包括两类：一类是从事身体或智力异常儿童教育的教师所持有的证书；另一类是从事特殊背景儿童教育的教师所持有的证书。前一类包括：天才儿童教育，以及语言障碍、听觉障碍、视觉障碍、智力障碍、身体残障、特殊学习障碍、发展性障碍和其他异常儿童的专门教育证书，如综合的特殊教育证书、口语矫正教师资格证书、美国手语教师资格证书等。后一类包括：母语是非英语学生的英语教学、针对智力正常但有阅读障碍的矫正阅读等教育证书。有些州不仅根据儿童的异常类型设定教师资格证书，而且还根据异常程度设定教师资格证书，如密苏里州设有轻微残疾儿童教育证书和中度残疾儿童教育证书、严重残疾儿童教育证书。

（4）学校服务证书。学校中除了任课教师外，还有一部分从事教学服务和学生服务的教师，他们也必须持有资格证书方能任职。其中主要包括：教育技术人员、图书馆员、心理咨询和指导教师、职业咨询和指导教师、校医及护士、学校营养师和学校社工等。他们都有各自的任职资格证书。

（5）学校管理证书。学校管理证书指负责指导、运作、监督和管理学校日常教育活动的管理者所持有的资格证书。按管理的对象可分为：当地学校教育管理者证书或学区教育管理者证书，初等学校、中等学校及特殊学校教育管理者证书；按职责可分为：校长证书和教务长证书等；按照级别又有一般管理者证书和高级管理者证书之分。一般情况下，持有管理证书的人都有丰富的学校工作经验，同时还接受过专门的教育管理培训。还有一类是学校顾问证书，这种证书主要是颁发给那些有丰富教育管理经验的官员（包括已经退休或离任的官员）或教育专家，他们的职责是对学校教育提出合理的建议。

2. 按等级划分的教师资格证书

20 世纪 80 年代，美国开始为教师资格证书划分等级，标志是《准备就绪的国家：21 世纪的教师》和《明日之教师》这两个著名报告。第一个报告提出颁发两种证书：一种是教师资格证书，为普通教师颁发这种资格证书；另一种是高级教育资格证书，为优秀教师颁发，证明教师达到了较高的认证标准，具有较高的素质。第二个报告提出应该区分新教师、专业教师和高水平教师，并将其命名为初任教师（instructor）、专业教师（professional teacher）和终身教师（career professional）。

1987 年成立的全美教学专业标准委员会（NBPTS）建立了一个评估、认证学校中优秀教师的系统，包括基础教育 4 个阶段（儿童前期 3—8 岁、儿童中期 7—12 岁、青少年期 11—15 岁、青年前期 14—18 岁）、36 个学科领域、全科和专科两类国家委员会资格证书（National Board Certificate，NBC）。迄今，有 49 个州认可全美教学专业标准委员会的全美优秀教师资格证书。

上述报告和全美教学专业标准委员会的全美优秀教师资格证书对各州教师证书等级制度的建立产生了很大的影响，许多州根据这两个报告的建议设计了本州的教师资格等级制度。以密苏里州为例，1988 年以前，密苏里州颁发的教师资格证书是终身有效的，当前密苏里州教育委员会废除了教师资格证书终身制，开始实行根据教师学术准备和教学成绩而制定的三级证书体系（见图 4-2）。

第三级 继续职业类别（Continuous Professional Classification，CPC）

此类型证书有效期是10年，教师要具备以下条件才能获得：
* 有教育或专业领域的硕士学位
* 满足职业类别2（PCⅡ）的所有要求
* 参与以成绩为基础的教师评价
* 有至少10年被认可的教学经验
* 继续执行职业发展计划
继续职业证书CPC也不限制更新次数

第二级 职业类别2（Professional Classification，PCⅡ）

更新证书，要求教师：
* 继续执行职业发展计划
* 参与以成绩为基础的教师评估
* 获得过30个小时的在职培训
* 取得过12个学期学时的学术课程学分（有教育或其他学科领域硕士学位的教师不作要求）
* 有7年的被认可的教学经验

此类证书有效期是7年，颁发给持有职业类别1证书并满足晋升此类证书条件的教师。
持有职业类别2（PCⅡ）证书的教师在证书有效期满之前，满足左边要求就可以更新证书，证书不更新将失效，职业类别2证书不限制更新次数。

最低一级 职业类别1（Professional Classification Ⅰ，PCⅠ）

在此类证书的有效期内，要想晋升到第二级，要求教师：
* 参加从业第一年的指导教师计划
* 建立并实施职业发展计划
* 完成30个小时的在职培训
* 参加以成绩为基础的教师评价
* 参加初任教师辅助计划
* 有3年的另人满意的教学经验

此类证书的有效期是3年，颁发给满足最基本教师资格认证标准，教学经验少于3年的人。

图 4-2 密苏里州三级教师资格体系及要求

资料来源：Missouri Department of Elementary and Secondary Education. Educator Certification［EB/OL］.［2019-03-18］. http://www.dese.state.mo.us/divteachqual/teachcert.

多数州普遍把教师资格证书分为 2—3 级。最低级一般称为初任或新任教师资格证书（Initial Certificate），颁发给刚刚进入教师职业的新教师。设置此证书的目的是想进一步判断这些刚刚从师范教育机构毕业的教师是否真正具备实际教学能力。这个证书的有效期较短，一般为 1—3 年。第二级教师资格证书有的州称为继续教师资格证书（Continuous Certificate），有的州称为二级教师资格证书（Secondary Certificate）。这类证书颁发给胜任教育教学工作的正式教师，有效期较长，各州为 5—10 年不等，期满时需更新，更新的次数不受限制。在两级证书制的州，此证书是最高一级证书。在三级证书制的州，此证书期满时教师还可以申请第三级教师资格证书，也就是最后一级教师资格证书，一般被称作高级教师资格证书（Advanced Certificate）。高级教师资格证书的有效期比第二级教师资格证书的有效期还要长，有些州的这类证书是终身有效的，因此被称为终身教师资格证书（Permanence Certificate）。但越来越多的州的终身教师资格正在被取消。各州普遍把证书等级同教师待遇联系起来，鼓励教师通过改进工作、参加职后进修获得更高一级的教师资格证书。有些州不仅教师资格证书实行了等级制，其他证书如学校管理证书和学校服务证书也划分了等级，并根据等级设定有效期。

3. 按时效划分的教师资格证书

按时效划分的教师资格证书包括正式教师资格证书和临时教师资格证书。临时教师资格证书指学校在某些学科暂时无法招聘到具有教师资格证书的教师的情况下，招聘一些暂时不具备教师资格的人从教，从而给这些教师申请的临时资格证书。从第二次世界大战开始，教师就大量离职从事与战争相关的高薪工作。1940—1941 年，州政府紧急颁发的教师资格证书由 2 305 个激增至 69 423 个。20 世纪 60—70 年代，受婴儿潮的影响，学生数量激增，从 2 600 万人增加到 4 600 万人，合格教师供不应求。20 世纪 80—90 年代，教育改革又呼吁招募优秀人才进入教师队伍，不管其是否接受过师范教育，都具有教师资格证书。① 在上述潮流的影响下产生了以下类型的临时教师资格证书。

（1）应急教师资格证书（Emergency Teacher Certificate）。由于美国教师的社会地位和工资待遇不高，所以在一些地区，如都市贫民区、多种族聚居区、边远地区、母语为非英语地区及在职薪水较高的专业，如数学、科学、外语领域经常出现合格教师短缺现象。各州为了弥补教师空缺，设置了应急教师资格证书。将应急教师资格证书颁发给那些没有达到教师资格标准，但被学校聘用的教师。

个人一般不能直接申请应急教师资格证书。当学校无法招聘到合格教师时，必须由学校连同申请人一起向上级主管机构提出申请，只有两者都满足颁发应急

① Kerri T. Control of Teacher Certification in the United States [J]. Peabody Journal of Education, 2012 (87) 4: 485-499.

教师资格证书的条件时，才给申请人颁发此类证书。应急教师资格申请通常也要求申请人具有一定的学历。对学校的要求通常包括有关教师空缺的报告，以及学校或学区为持有应急教师资格证书的教师提供短期培训和支持等。这类证书的有效期较短，一般是 1—2 年。

20 世纪 80 年代，美国有 46 个州使用应急教师资格证书，其中 20 个州甚至允许把应急教师资格证书发给那些还没有获得学士学位的人。1990 年，美国有 38 个州在发放应急教师资格证书。① 联邦政府虽然在 2005 年第四份部长报告就建议各州取消临时或应急教师资格证书，但迄今为止仍有很多州在使用，具体情况见表 4-2。

表 4-2 2002—2011 年全美应急教师资格证书数量和特征

资格证书	年份									
	2002	2003	2004	2005	2006	2007	2008	2009	2010	2011
数量	124	127	122	121	132	128	126	124	275	225
平均有效期（年）	1.4	1.4	1.4	1.4	1.5	1.5	1.5	1.4	2.2	2.1
平均更新次数	1.5	1.3	1.3	1.2	1.1	1.2	1.1	1.1	1.0	N
能无限更新的数量	22	15	15	12	9	10	10	10	72	14
不能更新的数量	36	51	49	51	59	50	49	48	114	116

注："N" 表示无数据。

资料来源：U. S. Department of Education，Office of Postsecondary Education. Preparing and Credentialing the Nation's Teachers：The Secretary's Eighth Report on Teacher Quality Based on Data Provided for 2008，2009，2010. Preparing and Credentialing the Nation's Teachers：The Secretary's Ninth Report on Teacher Quality [DB/OL]. [2016-06-24]. https://www.ed.gov/about/reports/annual/teachprep/index.html.

（2）选择性教师资格证书（Alternative Teacher Certificate）。选择性教师资

① Neumann R A. Neumann. Reconsidering Emergency Teaching Certificates and Alternative Certification Programs as Responses to Teacher Shortages [J]. Urban Education，1994 (29) 4：89-108.

格证书颁发给那些没有接受过师范教育，但想做教师并具有一定文化素质的人（一般为接受过高等教育的人）。随着教育改革浪潮及受到教师问题社会大讨论的影响，1986 年，时任美国教育部长威廉·班尼特提出“吸引优秀人才加入教师行业，不管他是不是专业教育者”。很多研究者也表示教育者只需要学科知识、良好的品质及和年轻人沟通的能力即可任教。这样的观点引起了选择性教师资格证运动。1980 年，南部地区教育委员会（Southern Regional Education Board）鼓励改变教师培训时间来应对数学和科学领域的师资短缺局面，促进了选择性教师资格证书政策的实施。1982 年，弗吉尼亚州第一个选择性教师资格证项目建立，受南方地区教育局管辖的其他 12 个州也随之效仿，其主要目的在于彻底清除应急资格证。1990 年成立的“为美国而执教”（Teach for America）组织和 1997 年成立的“新教师计划”（the New Teacher Project），为有潜力的教师候选人提供短期的职前培训和课程。2003 年，美国联邦教育部设立补助金建立了全国选择性教师资格证中心，收集和分析有关选择性教师资格证项目的信息，为各州提供技术援助和服务。联邦政府还通过立法拨款给各州、各学区、各非营利组织以帮助成千上万优秀的教师候选人，通过选择性教师资格过渡到传统教师资格的方式成为教师，其中包括“军转教计划”（Troops to Teacher）。① 自 1989 年以来，全美已经有 70%的州采用了选择性教师资格证书，约有 20 万名教师通过各种不同途径获得了选择性教师资格。

选择性教师资格证书与应急教师资格证书的不同之处在于，它要求不满足教师资格认证条件的人必须先接受短期职前培训，然后才能任职，而应急教师资格证书没有此项要求。职前培训的内容包括师范教育机构或学区举办的一些有关教育教学理论的短期课程。一些州甚至还要求申请此证书的人进行短期的教学实习，并配备合格教师做指导员，学完之后通过考试方可获得证书。

尽管选择性教师资格证书与应急教师资格证书相比有了一些改进，但从总体来看，打着吸引优秀人才的名义而招聘的持选择性教师资格证书的教师，在教育教学效果上是否优于正规教师资格证书的教师并没有实证性的结论。

---

① Kerri T. Control of Teacher Certification in the United States [J]. Peabody Journal of Education，2012 (87) 4：485-499.

(3) 临时教师资格证书。当申请或更新教师资格证书的人，在规定的日期内满足了大部分关键的认证条件，并有希望在短期内满足所有认证条件时，教师资格认证机构为其颁发一种临时教师资格证书。这类证书的有效期非常短，发放证书的目的是留住那些基本满足教师资格认证条件的人。有的州还把这类证书称为暂时证书（Temporary Certificate)、代用证书（Substitute Certificate）或试用证书（Probationary Certificate)，多数州称之为临时证书。教师持有临时证书期间，若达到所有的认证标准就可以获得普通教师资格证书。各州普遍规定，临时教师资格证书不得更新，并对欠缺的条件和弥补的时间做出了限制。以阿拉斯加州为例，该州是一个多元文化并存的州，在这个州获得各类教师资格证书都必须受过 3 个学期的多文化或跨文化教育，如果满足其他所有要求而没满足这个条件，就只能得到一个临时教师资格证书。

(4) 有限教师资格证书（Limited Certificate)。一些州的中小学所开设的个别科目在师范教育机构中没有相应的专业，因此学校必须从社会上招聘此学科领域的专业人士来任教，为这类教师颁发的证书称为有限教师资格证书。这些证书大多是些专业性较强的科目，如军事、消防等科目的证书。持有这类证书的教师只允许在某一专门领域或学科任教。要想获得有限教师资格证书，也必须连同学校一起提出申请。

（三）教师资格标准

教师资格标准是指审核教师资格并颁发教师资格证书的依据。截至 2014 年，美国 50 个州、华盛顿哥伦比亚特区、波多黎各、美属萨摩亚、关岛、马绍尔群岛、密克罗尼西亚、北马里亚纳群岛和美属维尔京群岛都制定了教师资格标准。全美各个学段和学科领域建立教师资格标准的州的情况见表 4-3。

表 4-3　2014 年全美教师资格标准设置州的数量

领域	所有学段	早期儿童	K—3	4—6	初中年级	中学年级
所有领域	50	43	40	40	44	46
艺术	42	20	27	27	27	27
双语 ESL	41	19	26	26	28	27

续表

领域	所有学段	早期儿童	K—3	4—6	初中年级	中学年级
公民和政府	11	8	14	17	26	31
经济	10	4	11	15	25	32
英语或语言艺术	28	25	32	32	40	43
外语	36	15	27	27	28	31
地理	14	10	20	21	27	31
历史	16	11	21	21	31	35
数学	26	26	32	32	41	44
科学	24	24	30	32	41	43
社会	22	21	29	31	40	43
特殊教育	49	35	33	33	33	34
教育技术	36	21	25	24	30	31
职业技术教育	11	6	8	13	31	41

资料来源：U. S. Department of Education Office of Postsecondary Education. Preparing and Credentialing the Nation's Teachers. The Secretary's 10th Report on Teacher Quality [EB/OL]. [2016-08]. https://title2.ed.gov/Public/TitleIIReport16.pdf.

美国的教师资格标准既有多样性，又有统一性。多样性表现在：各州有各州的教师资格标准，教育专业组织有专业组织的教师资格标准；不同类型的教师资格证书有不同的标准；不同级别的教师资格证书有不同的标准；初次认证有初次认证的标准，证书更新有证书更新的标准；等等。统一性表现在各州教师资格标准在基本要求上具有较高的一致性，比如学历、教师资格考试、教学实习等方面的要求。

从总体上看，美国教师资格认证标准有个人基本条件、学历、教师资格考试分数、教学实习、专业发展、工作表现、职业道德等方面。个人基本条件指年龄、健康状况、无违法犯罪记录、忠于州和联邦政府等从事教师职业最基本的要求。其他各项标准主要是规定教师的专业素质。基本标准一般人就能达到。而各州专业性的标准如下。

1. 学历

（1）学历程度及类型。在教师资格认证标准中，学历是最重要的标准之一。所有州都对教师的学历做出了严格的规定。现在，美国“50个州、华盛顿哥伦比亚特区、波多黎各、美属萨摩亚、关岛、马绍尔群岛、密克罗尼西亚、北马里亚纳群岛和美属维尔京群岛58个行政区域，均要求中小学教师具有学士学位”。① 一些州要求教师具有硕士学位。据统计，到2000年时，42%的中学教师拥有了硕士学位，甚至4%的中学教师拥有了博士学位。②

进入21世纪后，美国各州不仅对教师的学历程度，还对教师的学历类型做出要求，即要求教师获得某一非师范学科专业的学士学位，其目的是加强教师的学术水平，解决传统具有师范专业学士学位的教师学术能力差的问题。截至2014年，14个州和北马里亚纳群岛要求小学教师具有某一学科专业的学士学位；20个州、关岛、北马里亚纳和美属维尔京群岛要求初中教师具有某一学科专业的学士学位；28个州、关岛、马绍尔群岛、北马里亚纳、波多黎各和美属维尔京群岛要求高中教师具有某一学科专业的学士学位。

（2）课程、学时和学分。各州的教师资格认证标准除了对教师所具有的学历做出了严格的规定外，还对教师申请人接受师范教育或高等教育的机构的师资培养资格给予认可。而这些师范教育机构或高等教育机构要想通过州师资培养资格的认可，必须在学生所学习的课程及其最低学时、学分及毕业成绩上达到相关规定。

各州在认可各类高等教育机构的教师教育项目时，一般规定，申请教师资格证书的人要学习3个领域的课程：通识课程、学科课程和教育专业课程。通识课程包括：人文学科（音乐、艺术、外语、东西方文化、哲学、文学和戏剧等），交流技能（写作和口头表达），社会学科（历史、政治、地理、经济、社会学、人类学等），科学（物理、地球科学、生物科学等）；学科课程是指未来任教学科

① U. S. Department of Education，Office of Postsecondary Education. Preparing and Credentialing the Nation's Teachers The Secretary's 10th Report on Teacher Quality [EB/OL]. [2016-8]. https://title2. ed.gov/Public/TitleIIReport16.pdf.

② 宁虹，刘秀江. 教师成为研究者：教师专业化发展的一个重要趋势 [J]. 教育研究，2000（7）：39—41.

的课程，如数学、物理等；教育类专业课程包括教育政策、教学法、学校组织和管理、课堂管理、教学评价、教育技术等。

多数州的教师资格认证标准还详细规定了以上 3 个领域课程的最低学时数。而且对不同年级、不同任教学科教师的要求也不同。由于各州对这 3 个领域重要性的认识不同，因此所要求的学时数差异较大。例如，内布拉斯加州要求小学教师在教育专业课程上最低要修满 8 个学时，而密西西比州要求最低修满 36 个学时。①

有些州没有规定学时数，而是规定了学分。例如，要获得俄亥俄州 7—12 年级的中学教师资格证书，必须在通识课程上修满至少 30 个学分；教育专业课程和教育实习不少于 24 个学分；学科课程则根据不同专业设定了不同学分的要求；综合科要求的学分较多，科学综合科和社会综合科均要求至少 60 个学分；单一学科要求的学分较少，如生物、化学等要求 20 个学分，历史、外语则要求 30 个学分。②

一般情况下，教师证书申请人只要是在被州认可的教师教育项目中接受了教育和培训，一般都能拿到符合教师资格标准的学位、修过所规定的课程，取得足够的学分，甚至这些被认可的教师教育项目还保障所培养的学生能够通过教师资格考试。一些州还运用教师申请人在教师资格考试中各个科目获得的成绩，追踪其所接受的教育和培训质量是否达标。

（3）成绩。有的州在教师资格标准中、有的州在教师教育机构或项目认证标准中，对教师申请人在该项目中的学业成绩做出了规定。各州一般要求各科成绩的平均分不得低于 2.5 分（4 分计分法）。因为多数州都承认全美教师教育认证委员会（NCATE）对高等教育机构教师教育项目的认可。该认证委员会规定，教育专业课程中不得有低于 C 的成绩，平均成绩也不得低于 2.5 分，否则该学生不得从被认可的教师教育机构中毕业。一些州把提高学生所修课程的成绩作为提高教师质量的一项重要措施，如宾夕法尼亚州提高了成绩标准，要求证书申请

① 奥恩斯坦. 美国教育学基础 [M]. 刘付忱，姜文闵，等译. 北京：人民教育出版社，1984：233.

② 杨之岭，林冰. 建设教师队伍的一项重要的措施——评介美国俄亥俄州关于颁发教师证书的若干规定 [J]. 外国教育动态，1984（3）：9—13.

人的通识课程平均分必须达到B。

(4) 推荐书。在申请教师资格证书的时候，各州一般还要求申请人出示他所毕业的教师教育机构所开具的推荐书，证明此人在就读教师教育项目时表现良好，并推荐其申请教师资格证书。

2. 考试

通过教师资格考试或是在其他能证明教师申请人素质的考试中获得合格的成绩，是初次获得美国各州教师资格的另一个硬性标准。截至2012—2013学年，49个州、华盛顿哥伦比亚特区、波多黎各、美属萨摩亚、关岛、北马里亚纳群岛和美属维尔京群岛要求教师要参加教师资格考试方能获得初任教师资格证书，只有蒙大拿州、马绍尔群岛、密克罗尼西亚、帕劳没有这一要求。

当前美国共有47个州利用美国教育考试服务中心的全国教师考试或教师实践素养考试（Praxis Series），对教师资格申请人进行考核。全国教师考试包括普通综合知识测试、学科知识测试和教学技能测试。教师实践素养考试包括PraxisⅠ、PraxisⅡ和PraxisⅢ三个部分。在对教师资格证书考试的内容要求方面，有44个州要求考学业能力，42个州要求考学科专业知识，21个州要求考教育教学能力，即课堂表现。在44个要求考学业能力的州中，有23个州采用PraxisⅠ，占42%；在42个考学科知识的州中，有31个州要求考PraxisⅡ，占56%；在21个考教育教学技能的州中，有15个州要求考PraxisⅡ中的“学习与教学原理”，占27%。① 可见，Praxis Series目前已成为美国最为流行、通用的中小学教师资格考试。

也有的州不使用美国教育考试服务中心的教师资格考试试题，而是自己来编制试题；有些州与培生（Pearson）公司合作，根据本州的教师资格标准来编制试题；还有的州采用美国教育考试服务中心的试题和培生公司的试题。如密苏里州的“学院基础学术科目考试”（CBASE），是密苏里州高等教育委员会组织的考试，它授权密苏里哥伦比亚大学评价中心编定试题。与培生等公司合作编制教

① 黄建辉，洪明. 美国全国教师资格考试制度探析——以NTE和Praxis Series为例 [J]. 福建师范大学学报（哲学社会科学版），2014 (3)：167—172.

育知识技能考试试题的有马萨诸塞州的“马萨诸塞州教育者证书考试”（Massachusetts Educator Certification Tests）、亚利桑那州的“亚利桑那教师效能考试”（Arizona Teacher Proficiency Exam）、加利福尼亚州的“加州基础教育技能考试”（California Basic Education Skill Test）等。

虽然大部分州使用全美通用的考试，不过各州的分数线由本州决定。从当前的情况看，各州的考试分数线都偏低，2009—2010 年各州的平均分数线只有 56.5 分，而全美所有考生的平均得分为 71.3 分（百分制），全部考生的通过率高于 96%。① 这说明通过教师资格考试筛选优秀教师候选人的效率不高。

3. 教学实习

所有的州都要求教师资格申请人参加过教学实习，只有个别州在申请临时教师资格证书时除外。各州除了在教师资格标准中就教学实习做了规定外，在认证教师教育项目时也对教学实习做出规定。教学实习包括两个步骤：一是课堂观察和参与，也称为临床督导经历（supervised clinical experience），包括做助教参与小组活动、开展微教学（microteaching），以及与教师和学生开展多种形式的互动；二是实施正式的课堂教学实习。各州所要求的课堂观察和参与的平均时长是 100 个小时，所要求的教学实习（student teaching）的平均时长是 600 小时。②

4. 专业发展

随着各州取消教师资格终身制，教师所持有的不同类型的证书都有了有效期，证书到期之后，无论是更新证书还是申请更高一级的教师资格证书，都必须具有专业发展的经历。各州更新或升级教师资格都对此提出了要求。

教师的专业发展主要包括教师离职进修、在职学习、专业会议、校本研修等。各州教师资格认证标准对教师专业发展的要求主要包括教师离职进修或在职学习的内容、学时和学分。不同证书的更新或升级对教师专业发展的要求不同。如俄亥俄州规定，更新初任教师资格证书需要进修 16 个学分，升级为专业教师

①② U. S. Department of Education，Office of Postsecondary Education. Preparing and Credentialing the Nation's Teachers：The Secretary's Ninth Report on Teacher Quality [EB/OL]. [2013-04]. https://title2. ed. gov/TitleIIReport13.pdf.

资格证书需要 18 个学分，更新专业教师资格证书需要同样的学分，而升级为高级证书则需要 30 个学分。威斯康星州规定，教师在更新资格证书的时候，必须在过去未曾学过的并与自己的专业相关的课程上修满 6 个学分。

教师离职进修或在职学习的机构有高等院校、教师中心、教师专业发展学校和中小学等。有些州的教师资格认证标准对机构类型也做出了规定，如密歇根州和明尼苏达州的教师资格证书委员会要求所有初任教师都必须参加教师专业发展学校的培训。① 华盛顿哥伦比亚特区则在学期中设有专门的教师专业发展日，学生不到校，教师到校开展校本研修。教师资格认证标准中对专业发展的规定，为教师的发展与提高提供了制度保障。

5. 工作表现

教师在更新或升级教师资格证书的时候，除了要满足教师专业发展的要求外，还必须有令学校满意的工作表现。这一点通常通过学校对教师所做的评价体现出来。各州一般规定，如果教师没有得到令人满意的评价，就不能更新教师资格证书。但是教师要想升级教师资格证书，就必须在学校的常规评价中得到良好或优秀的评价。学校对教师的常规评价通常由三方面组成，即校长评价、教师互评、教师所教学生成绩评价（绩效评价），以此综合判断教师的工作表现。

有些州为教师设计了详细的评价表，其中包括校长综合评价表、校长听课评价表、教师同行评价表、学生家长调查表等，并按照一定的权重形成最终的 5 等级或 4 等级的评价结果。如南卡罗来纳州教师评价表中，在要求学校对教师的思想品德进行评价时，还设计了该教师是否积极参与除教学外的学校活动等类似的评价项目。

越来越多的州建有包括学生信息、教师信息、学生成绩信息等在内的教育信息系统，通过统计分析追踪每个教师对学生成绩的贡献，并运用这些信息对教师开展增值评价，其评价结果用于教师的资格更新或升级。

---

① 屈书杰. 美国教师职业发展学校 [J]. 比较教育研究，2000（4）：54.

（四）教师资格认证过程

1. 申请人提交材料

各州一般都建有教师资格认证信息系统，在各州教育厅官网上留有链接。申请教师资格证书者要在该信息系统上注册、登录、选择要认证的资格证书类型、填写相关表格、将所要求的证明材料上传系统。教师个人基本情况材料一般包括：申请人的姓名、地址、电话号码和身份证件，完整的就学经历，过去所持有的其他证书和执照，健康情况等。学历材料包括：师范教育机构的推荐书（师范教育机构的推荐书开给所有完成师范教育专业的人），申请人的学业档案（包括所修课程的名称、年级和所获得的学分、教学实习的年级和科目领域以及评价与学历、学位证书等），全国或地区教师考试机构所提供的成绩单（有些州为避免申请人作弊直接从考试机构提调成绩单）等。工作经历和职后学习的材料包括：以前和现在受聘机构所提供的从业证明和鉴定材料（如果申请人以前是教师的话，那么证明要包括受聘的学区、学校、服务的时间、全职还是兼职、岗位、年级、科目及其资格等）；教师专业发展、在职进修的材料（包括进修机构的评价、所获得的学分，如果是校本研修，要有校长或学区的证明材料等）；如果申请人是更新或升级教师资格证书，则不需要再次审核学历材料，但需要教师任教期间所在学区或校长的评价结果和证明材料以及地方学区所开具的推荐书。

教师资格认证系统一般已经将州认可的高等教育机构、传统师范教育机构及选择性教师教育项目的名录设置好，申请人只需要在菜单中进行选择即可。如果资格申请人已经持有其他州的初任教师资格证书或者全美教学专业标准委员会颁发的全美教师资格证书，只需要提交本州所要求的而外州或全美教师资格证书没有要求的材料即可。如果教师资格申请人完成了外州而不是本州所认可的师范教育机构或教师教育项目，或者不符合认证系统所设置的一切情况，则要在其他类型的选项中将证明材料上传系统，以备后续审查。

2. 主管机构开展认证

教师资格认证材料通常由州教育厅统一审核。审核材料需要注意两个事项：一是材料是否属实。这需要高等教育机构、教师教育机构、考试机构及地方学区和学校等在需要的时候提供支持和辅助。如果在审核过程中发现材料不属实则立即停止认证，如果查明是申请人有意弄虚作假，有些州甚至备案永不续用此人。二是申请人的材料是否满足他所申请证书的认证标准。如果在审核过程中发现申请人不符合所申请证书的认证标准，则退回或通知补充相关材料。

在一些不太好把握的标准上，有的州成立教师资格认证专家委员会，负责教学录像考察或实地考察，考察教师的课堂组织能力、语言表达能力、教学技巧和艺术等教学活动的组织能力，有的也通过检查教师的教学计划、教案和批改的作业等考察教师的其他工作表现。最后由考察小组做出考察评定，并根据相应规定做出认证决定。类似的委员会多从学区或学校聘请学校管理者和优秀教师组成考察组，主要考察申请人的教育教学实践能力。

在教师专业发展的认证上，需要地方学区的辅助。例如：伊利诺伊州的教师更新或升级教师资格需要学区帮助审核教师所参与的专业发展活动。因为伊利诺伊州的教师专业发展是由州指导、学区具体管理的。学区首先要求教师按照相关政策要求自主制定专业发展计划，并报学区认可，被学区认可后，教师参加专业发展活动才能被承认，并在资格更新或升级的时候由学区向州教师资格认证机构出具推荐信。下面以图 4-3、图 4-4 伊利诺伊州的情况为例加以说明。

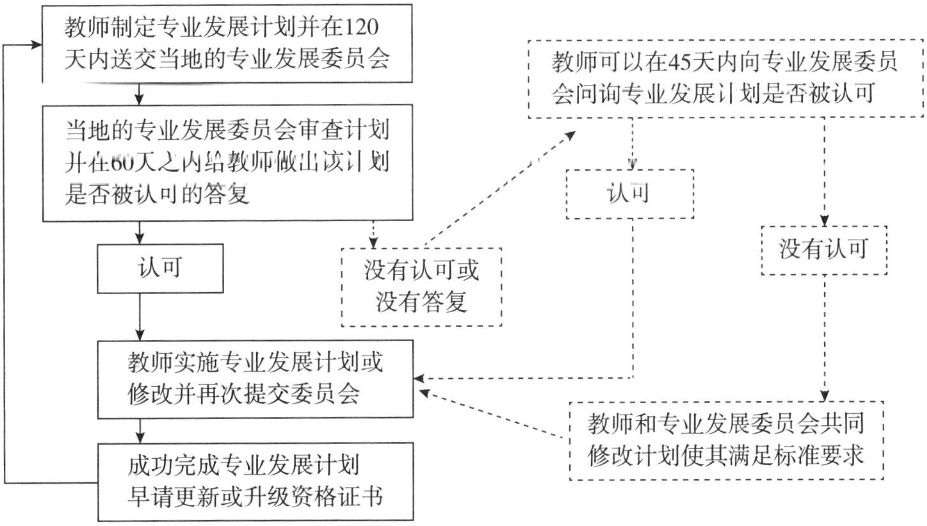

图 4-3 伊利诺伊州更新或升级证书的第一步（制定专业发展计划并获得认可）

注：不同类型证书的更新和升级，学区对教师专业发展计划的要求不一样。

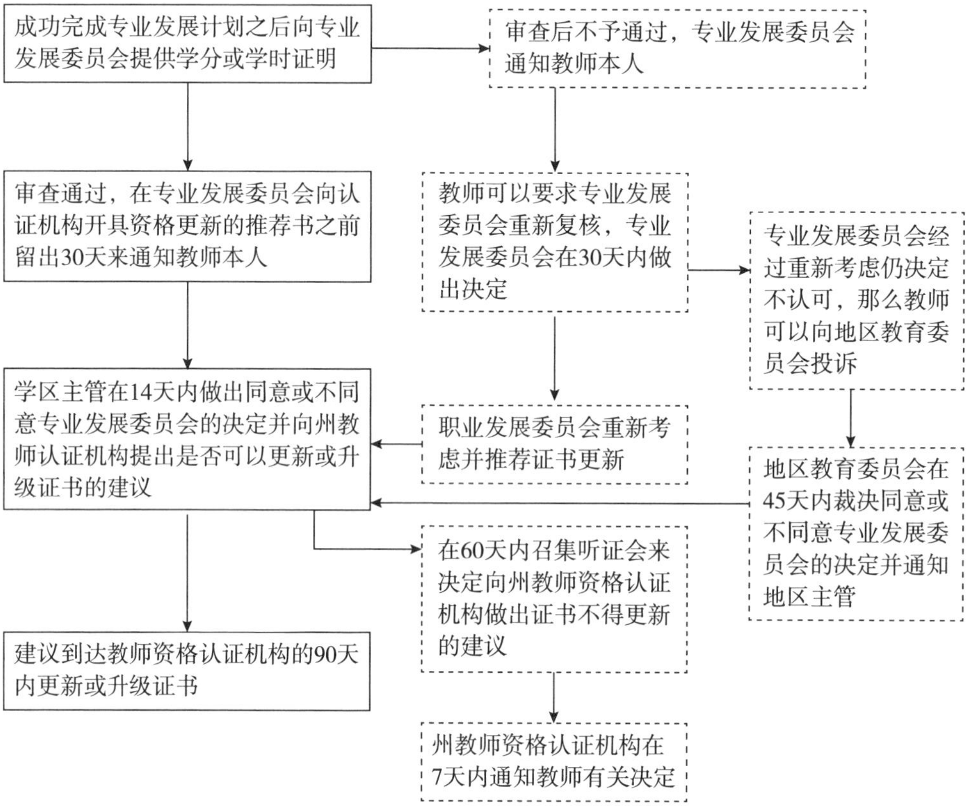

图 4-4　伊利诺伊州更新或升级证书的第二步（学区提供推荐书）

3. 颁发证书阶段

各州教师资格认证机构的认证决定有：不认可（拒绝颁发、更新或升级教师资格证书）；准认可（暂时不予颁发教师资格证书，而颁发临时教师资格证书，待完全满足认证标准再颁发正式教师资格证书）；认可（颁发、更新或升级教师资格证书）。

各州的认证工作常年进行，不过为使全州教师证书期限保持一致，颁发教师资格证书一般固定在某一个月或几个月。一般情况下，初任教师资格证书申请者的材料在通过审核后，就基本通过了认证，可以获得证书了。如果申请更新或升级教师资格证书，认证的环节和时间较长，通常需要半年或更长的时间。

三、美国中小学教师资格制度影响因素分析

（一）教师职业状况

教师职业状况经常影响教师资格制度。影响美国教师资格制度发展的教师职业状况主要有教师供求变化、教师薪资待遇、教师社会地位等。

首先，教师的供求变化直接影响教师资格制度。20 世纪 30 年代，美国经济大萧条，为了应对师资过剩，很多州开始提高教师资格认证标准。从这一时期开始，教师资格由州政府管理。第二次世界大战期间由于教师离职从事与战争相关的高薪工作，及战后的婴儿潮的来袭，美国出现师资短缺的情况。从这一时期开始，各州开始颁发大量的应急教师资格证书。20 世纪 80—90 年代，学生人数不断减少，导致师资过剩。这一时期，各州的教师资格认证标准大幅提高。21 世纪前 20 年，婴儿潮出生的教师迎来退休高峰。据美国联邦教育部统计，有 100 万个教学岗位空出来需要补充新教师。随着教师队伍再次供不应求，结构性短缺更加凸显（数学、科学、外语教师短缺尤甚），从联邦到州大力实施选择性教师资格证书制度。

其次，教师的薪资待遇和社会地位影响教师供求，从而对教师资格制度产生影响。在经合组织（OECD）开展的国际比较研究中，美国教师职业的地位在同经合组织其他成员国的比较中，多年来一直处于中等偏下的位置。特别是《不让一个孩子掉队法》实施以来，教师问责制开始执行，使教师工作压力增加，职业要求提高，但教师的待遇却没有明显改善，教师职业吸引力持续下降。过去相当长的时期，美国教师的工资一直低于同等教育水平的其他职业，还对一些关键学科，如数学、科学学科教师供求的影响尤其巨大。美国联邦教育部下属的国家教育统计中心（NCES）的年度报告也将此问题单列，用数据说明该问题的严重性（见图 4-5），并向政府发出预警，建议采取措施挽救危机。

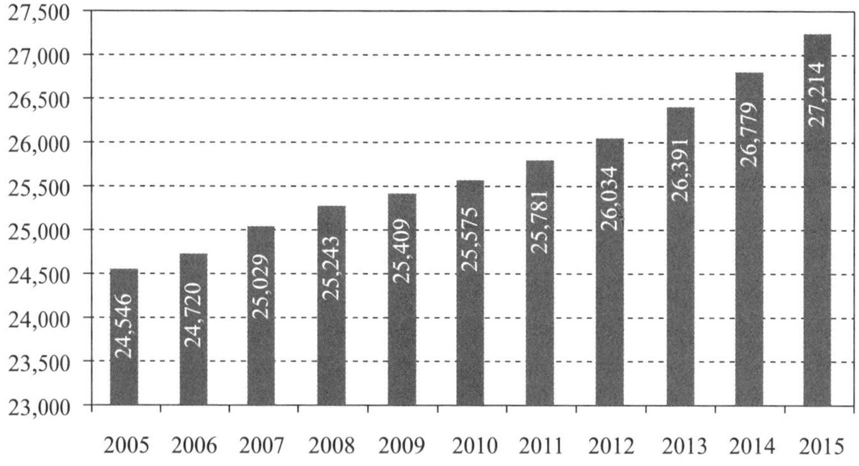

图 4-5　2005—2015 年数学和科学教师数量短缺走势表

资料来源：George A R，Martha Y. Stemming the Teacher Shortage Tide［EB/OL］. National Association for Alternative Certification，2009.

实际上，美国的教师状况和教师资格制度在相当长的时期内处于恶性循环之中。由于受社会、历史、文化诸因素的影响，美国教师的薪资和社会地位一直不高，因此就算提高教师资格标准，也不能保障教师质量的提高，反而出现了应急教师资格证书、临时教师资格证书等非正规教师资格久禁不绝的现象。这又给教师的职业声望造成负面影响。虽然联邦和各州政府设置了选择性教师资格证书制度，并不断完善培养和认证渠道，希望吸引更多的优秀人才进入教师队伍，但教师薪资和社会地位最终使优秀的高中毕业生及高水平大学的毕业生对从事教师职业望而却步。提高教师资格认证标准，却不提高教师薪资待遇和社会地位不可避免地使教师职业最后陷入了难以摆脱的恶性循环。

（二）专业化力量及其机构

法国思想家托克维尔指出，美国是世界上最便于组党结社和把这一强大手段用于多种多样目的的国家。种类繁琐的教育组织对公立教育的方方面面都发挥着不可忽视的作用。下面以几个最有影响力的组织和机构为例，来说明其对教师资格制度所发挥的作用。

1. 全美教师资格认证机构

（1）全美教学专业标准委员会。20 世纪 80 年代美国兴起教育标准化运动，在《国家处在危险之中：教育改革势在必行》《准备就绪的国家：21 世纪的教师》《明日之教师》颁布后，在全美呼吁为教师职业建立高标准的形势下，全美教学专业标准委员会得以成立。其目的是建立一个评估、认证学校中优秀教师的体系，并授予优秀教师“国家委员会资格证书”（NBC），为各州的教师资格体系做了示范。

全美教学专业标准委员会优秀教师资格标准有以下五点核心内容：

第一，教师应该对学生及学生的学习负责；

第二，教师应该熟悉他们所教学科，并知道如何教授这些学科；

第三，教师负有管理、监督和指导学生学习的责任；

第四，教师应该系统地思考其教学实践并从经验中学习；

第五，教师是学习共同体的成员。

全美教学专业标准委员会还建立了“表现本位”教师资格认证方法和程序。NBC 实行自愿申请原则。申请人在获得学士学位和拥有州授权的教师资格证书，并至少有三年的教学经验的前提下才能申请认证。该评估方法主要有三种：档案袋评价、现场评价、考试评价。

全美教学专业标准委员会的优秀教师资格证书迄今已经被各州所认可。很多州不仅报销教师申请认证的部分或全部费用，还在薪酬待遇上对持有 NBC 证书的教师有所倾斜。如威斯康星州为获得证书的教师设立了专门奖励制度。

不仅全美各州在制定本州教师资格标准的时候参考全美教学专业标准委员会的标准，联邦政府还资助一定数量的教师申请全美教学专业标准委员会的优秀教师资格证书。此外，全美 1 200 多家教师培养培训机构中，500 家都在某种程度上参照全美教学专业标准委员会的认证标准来设计课程。全美教师教育认证委员会（NCATE）也积极鼓励教师教育机构检查课程是否与全美教学专业标准委员会的标准一致，全美教学专业标准委员会也积极开展与全美教师教育认证委员会的合作，以帮助教师教育机构设计与其主张相一致的教育硕士课程。全美教学专业标准委员会迄今已成为很多国家制定教师专业标准的重要参照系和研究对象。

（2）州际新教师评价和支持协会。1987 年，美国各州教育主管委员会

（CCSSO）发起了州际新教师评价和标准协会（InTASC），目的是试图建立全美通用的新教师资格体系，跟全美教学专业标准委员会的优秀教师资格证书一起，共同形成一套完整的供各州参照的高水平的教师资格标准体系。

1992 年，州际新教师评价和标准协会发布了新教师必备素养及绩效十大核心标准，逐步得到各州的认同和采纳。该标准一反新教师资格标准罗列教师必修课程的做法，从学科知识、学生发展、学习方法、教学策略、学习环境、交流技巧、教学计划、评价策略、教学反思和专业责任十个方面规定新教师应该具有什么样的能力和表现。此后，州际新教师评价和标准协会不断修订其标准，2013 年发布了《州际新教师评价和标准协会示范核心教学标准和教师学习进阶 1.0》，更加关注教师对学生学习效能的贡献、教师对个性化学习的支持、教师对学生知识和能力应用的促进、教师评价的策略、教师对专业合作文化的贡献、教师的领导力。

州际新教师评价和标准协会的标准满足了近期教育改革的需求，如配合了"州共同核心标准"（Common Core State Standards）提高全美基础教育质量，配合全美教学专业标准委员会所修订的教学核心标准，配合全美教师教育认证委员会学习导向的专业学习标准等，已经被美国多数州采纳，成为全美新教师资格制度中的重要组成部分。

2. 全美其他专业组织和机构

影响美国教师资格制度的组织和机构还有很多，有的是直接产生影响，有的是间接产生影响。其中包括 1857 年成立的全美教育协会（National Education Association，NEA）、1946 年全美教师教育和专业标准委员会（TEPS）。全美教师教育和专业标准委员会成立的目的在于"为社会淘汰没有竞争力的教师"①，并保护教师无须同未经过专业培训的人竞争。1987 年，全美教育协会还促成了全美教学专业标准委员会，以及 2000 年全美教师质量委员会（National Council on Teacher Quality，NCTQ）的成立，后两者从教师培养、教师资格认证、教师

① Angus，David L. Professionalism and the Public Good：A Brief History of Teacher Certification［EB/OL］.［2001-06］. https：//eric.ed.gov/？ id=ED449149.

评价等方面追踪全美各州的情况。

对教师资格制度影响较大的还有教师教育团体。1948 年，美国教师教育学院联合会（The American Association of Colleges for Teacher Education）建立。该组织在合并了全美几个有影响力的师范教育联合会的基础上成立，成为美国师范学院在向大学教育学院转型过程中专业组织的代表。同时，该组织开展对美国教师培养机构的专业评估和认证，这项职能后转交给美国教师教育学院联合会。该联合会对美国的教师培养有着巨大的影响，其成员机构每年为美国培养的新教师超过了全美新教师的 2/3。在其推动下，美国建成了职前、入职和在职一体化的教师质量保障体系。

在美国教师教育学院联合会、全美教育协会等专业组织的推动下，1954 年又成立了全美教师教育认证委员会（NCATE），随后全美教师教育和专业标准委员会与其合并，其主要目的是：制定全国统一的教师教育认可标准；促进对教师教育机构培养计划的评价，提高教师教学专业化水平；方便教师资格证书在全国的通用和换用，促进教师在各州间的流通；激励教师教育机构之间的竞争；有助于学生、雇主及各州证书机构鉴别并选择达到质量要求的教师教育机构。它曾是美国唯一有权对教师教育机构的办学水平进行全国性认证的评估机构，也是美国教师培养的专业认证团体。与此同时，很多培养教师的非常规项目无法获得美国教师教育学院联合会的认证。因此，1997 年全美教师教育认证委员会（TEAC）应运而生，为师资来源多样化创造了条件。2010 年，美国教师教育学院联合会和全美教师教育认证委员会合并建立美国师资培养认证委员会（CAEP）。这些机构在教学专业化方面所做的努力从未间断过。这种努力既包括理论研究，也包括实践探索，对教师资格认证制度产生了深远的影响。

（三）联邦教育改革

美国历次基础教育改革无一例外都引发了教师资格制度的改革。1958 年颁布的《国防教育法》虽然并没有直接有关教师质量的内容，但加强了中小学的教育质量，特别是将提高学生的数学、科学成绩列为教育改革的重点。教师资格认证标准由 4 年本科水平的师范教育提升为 4 年学科高等教育加 1 年教师教育的硕士水平。

1965年，《中小学教育法》颁布，要求通过国家教育进展评估对全美中小学生的学业成绩进行监控。此后，提高中小学学业标准、提高中小学教育质量成为教育改革的主流。这间接地促进了全美教师教育标准的统一。1983年，《国家处在危险之中：教育改革势在必行》第一次提出学生的学业水平受教师素质的直接影响，特别提出需要教师具有较高的学术水平，而不只是接受过教学法的训练。此后，出现了全美新教师资格标准（InTASC的标准）、优秀教师资格标准（NBPTS的标准），2001年，又出现了“知识本位”的认证机构——美国卓越教师认证委员会（ABCTE），颁发美国另外一种优秀教师资格证书，选择性教师资格证书逐渐风行一时。

2002年，时任总统小布什签署《不让一个孩子掉队法》，更加明确地提出让教师对学生的学业质量负责。在这一趋势下，教师教育机构的认证更加关注未来的师资在中学阶段及在SAT或ACT考试中的成绩，保障一开始进入教师教育项目的就是优秀的人才；初任教师资格认证为那些学术水平高，但没有进入过教师教育机构的人提供更多的机会和更加灵活的标准；教师资格证书的更新或升级更加注重教师在任职期间对学生学业成绩的贡献。

2015年12月10日，时任总统奥巴马签署《让每个学生成功法》（Every Student Succeeds Act）。该法规定，利用考查学生学习情况和课堂观察在内的方法对教师的工作做出评价，这样的年度评价结果将用于教师资格的更新和升级。同时，为了帮助初任教师能够顺利通过认证获得正式的教师资格证书，地方学区、州、教师教育机构、高等教育机构、教师发展中心及其他机构要合作创办创新性项目支持教师的专业发展。

结语

通过对美国教师资格制度历史、现状及影响因素的观察和研究，可以发现美国教师资格制度是世界上建立最早也较为完善的教师资格制度之一，同时也是最具有美国特色但是也非常复杂的教师资格制度之一。其复杂性的根本原因在于，该制度是自下而上在各个利益团体之间不断博弈而最终形成并不断变化的。该制度反映了代表国家利益的政府的要求，代表民众呼声的民选州教育委员会及学区委员会的要求，代表教师群体利益的教师工会的要求，代表教学专业的教师教育机构的要求，代表知识精英的高等教育机构的要求，力求达到各方面的诉求的平衡。教师资格体系经历了从开放到封闭再到开放的过程；认证的标准经历了从学时到学历，从能力到表现再到效果的转变；认证的方法经历了从自由问答到标准化考试，从课堂观察、档案袋评价再到持续性表现及教学效果（学生成绩）评价；认证的过程前面延伸到职前培养，后面延伸到教师工作评价等。美国教师资格制度又有其鲜明的特色，表现在每一次教师资格制度的变革都反映了美国根深蒂固的实用主义路线。当然，美国教师资格制度的问题也非常突出，如果不从教师薪资、社会地位、工作环境及社会意识和结构上进行深层次的变革，单靠教师资格制度很难实现美国教师队伍质量的大幅度的、实质性的提升。

第五章

美国中小学教师考核评价

进入 21 世纪后，美国非常重视对中小学教师的考核评价，但从联邦到州均大力推广基于学生成绩的评价，教师的专业素养评价被异化为评价学生的成绩表现。很多研究者对此提出批评，要求教师评价回归教学本身，即促进学生全面发展的过程，而不只是教学效果，由此形成了批判性教师评价思想。一些研究者重新关注评价促进教师发展的功能，并提出评价不仅能促进教师个体的发展，民主式专业化评价还有利于形成学习型教师群体，消除学校科层式管理的弊端，促进整个学校的发展，即基于学校改进的教师评价思想。在上述思想的影响下，从联邦到地方开始对问责式评价进行适度调整，形成了传统的校长实施的评价、增值评价和同行评价等多种评价综合运用的态势。教师评价与教师人事管理、与教师专业发展之间的系统化设计更加突出。教师同行评价也与其他教师评价措施及整个教师政策有机地融合在一起。

一、美国中小学教师考核评价的发展与演变

自公立中小学体系建立以来，就出现了美国中小学教师的考核评价。经过约200年的发展，美国中小学教师考核评价体系成为世界上发展时间最长、最复杂的体系之一。回顾其发展历程，可以将其划分为四个时期：第一个时期是19世纪，是中小学教师考核评价的萌芽期。这个时期各地公立学校情况复杂，对教师的考核评价没有普遍的、明确的规定，相关制度尚未形成。第二个时期是20世纪初到20世纪60年代，是中小学教师考核评价正规化时期，这一时期学区普遍实施了正式的教师考核评价。第三个时期是20世纪中后期，越来越多的州颁布了州一级的教师考核评价政策，形成了州级教师评价制度。第四个时期是21世纪初至今，联邦政府通过法案和一系列的拨款计划要求各州加强对教师的考核评价，各州教师的考核评价得以快速发展。

（一）中小学教师考核评价的萌芽期

1. 道德约束阶段

早在殖民地时期，美国就有地区制定了法律，要求居民达到50户的社区建立学校，聘请教师。对教师的要求不外乎是宗教信仰和读写能力。随着美国建国后平民学校的发展，以及19世纪30年代“公立学校运动”的兴起，公立学校的数量和范围得到了极大的扩张，公立学校的教师也开始受到关注。不同于英格兰，美国学校从一开始就是公立的，受到社区、纳税人及政府的资助，因此教师工作也掌控在市政委员会的手里。但公立学校一开始对教师的考核评价也主要是看教师是否有违反伦理道德准则的行为。这是由当时的公立学校及教师的状况所决定的。

到1860年，马萨诸塞州已经建立了4 000多所公立学校，新英格兰地区超过1/2的儿童接受了初等教育，但是全美的情况很不平衡，西部地区只有1/6的儿童接受了初等教育，中部地区只有1/7的儿童接受了初等教育。① 但是，这些

① Edwards N, Richey H G. The School in The American Social Order [M]. Boston: Houghton Mifflin Company, 1963: 291-292.

建立在平民学校基础上的公立学校状况不容乐观，常常建立在社区的空闲场所，建筑简陋，多数社区只有一所公立学校，一个学校只有一个班，容纳 8—14 岁的儿童，课程和教材五花八门，主要关注读写的基本技能，最好的地区一年也只能保证 5 个月的教学时间。在这样的学校任教的教师，其素质也非常低下，大部分教师只有小学文化程度，当然教师的薪水也非常少，通常还要利用其他时间从事工业或手工业劳动才能养家糊口。一些州建立了学区制的学校管理制度，由社区委员会管理学校和教师的日常工作。大部分社区委员会没有确立教师质量标准，所以地方官员对教师的考核评价比较随意。

以 1857 年宾夕法尼亚州联合县的一所学校为例，这所公立学校有 45 名学生，学生不分年级。学校的教师年龄为 19 岁，曾接受过中学教育（Academy），已经到校工作 3 年。他与本州其他教师相比，算是好教师，因为本州半数教师只上过小学，2/3 的教师年龄低于 25 岁，2/3 的教师是临时教师，正式教师中又有 2/5 任教不超过 3 年。① 该校教师所教的科目包括：阅读、写作、拼字法、拼写、笔算和口算、英文语法、地理、音乐和簿记。教师使用学区指定的教科书。教师的教学工作每天分四段：第一个课间休息在上午 10：30，休息时间为 20 分钟；第二个课间休息在中午，休息时间为 1 小时；第三个课间休息在下午2：30，休息时间为 20 分钟。学期末有考试、学生作业和作品展览。教师还经常阅读教育专业书籍和刊物，学区的官员定期到学校视察教师的教学状况，家长每个学期也会到校 1—2 次了解情况。② 这说明即便在公立教育发展较快的地区，教师考核评价在学区一级也还没有普遍地正式实施，只是包含在对学校情况的一般调查和报告中。

独立战争后，随着工业化和城市化的发展，传统的农业和手工业社区解体，流动人口增加，贫富差距加大，妇女进入工厂做工，大量儿童流落街头，社会和道德问题凸显。公立学校成为解决社会问题、提供合格工人的一个最好的选择，公立学校进入了快速发展期。在马萨诸塞州的示范带动下，到 1870 年左右，大

① Wesley E B. NEA：The First Hundred Year：The Building of the Teaching Profession [M]. New York：Harper & Brothers Publishers，1957：82.

② 韦恩·厄本，杰宁斯·瓦格纳. 美国教育：一部历史档案 [M]. 周晟，谢爱磊，译. 北京：中国人民大学出版社，2009：241.

多数州都建立了州教育委员会。在州教育管理机构的推动下，一些州相继出台了义务教育法，教师逐渐成为公职人员，有关教师的规定逐渐细化。这一时期女教师开始涌入公立学校，由于女教师的工资只有男教师的60%，因此市镇委员会（the town council）更愿意聘用女教师。不过，这一时期对教师的考核评价仍局限于伦理道德行为上。例如，男教师不能在公众场合刮胡须理发，每周只能与配偶团聚一天，如果该名教师有做礼拜的习惯，则每周需要去教堂2次；女教师不能结婚，不能参与公众娱乐活动。直到20世纪初，62%的学区还要求女教师如果要结婚，必须先辞职。这从师范学校一度采用的颇具道德规范意味的名字（Normal School）可得以一定的印证。①

2. 行为规范阶段

19世纪末，地方教育管理制度日趋完善，城市的公立学校开始按照年龄分年级教学。公立学校的经费来源、学校管理、课程设置、教师质量、运用考试来检查教学效果等核心制度逐步建立起来。教师的工作变得越来越结构化，教师的职责也越来越明确，教师的很多行为也开始能准确界定，对教师工作的考核评价成为可能。多数地方建立了学区委员会（school board）、教育局局长（superintendent）、校长的三级管理体制，开始主要由教育局局长负责教师评价，校长开始承担管理学校的任务，但直到20世纪20年代，校长还不具有评价教师的权力。② 教师评价主要是应地方学区教师人事管理之需，定期或不定期开展，并逐步由学区委员会转移至教育局局长。教师评价对于新教师来说，是通过某种形式的考核来确定其是否适合任教。③ 对在职教师来说，是监督其是否完成了工作职责。还有个别学区要求教师每年参加考试。④

① Teachers in America［EB/OL］.［2019-01-21］. http://historyeducationinfo.com/edu2.htm.

② 托马斯·J. 瑟吉奥万尼，等. 教育管理学［M］. 北京：中国人民大学出版社，2014：147.

③ Blumenfeld S L. NEA：Trojan Horse in American Education［M］. Boise Idaho，The Paradigm Company，1984：98.

④ Elsbree S W. The American Teacher［M］. New York：American Book Company，1939：71.

1875年，美国最早出版的有关教育管理的专著就对教师工作的考核评价问题进行了说明，认为必须让教师对课堂教学工作“负责”。① 学校开始提倡和褒奖守时、规范、服从的行为，对于相反的行为则予以惩罚。一些大城市学区开始尝试按照一定的规则和程序开展教师评价，并固定由学区的教育局局长实施。他们负责监管学校也负责评价教师，包括教师是否完成了交办的工作、是否使用了学区规定的教学大纲和材料、是否执行学区的工作安排等。② 那些比较尽责的教育局局长有时甚至要用一整年的时间来视察课堂。为了评价教师是否完成上述指定的任务，大城市学区甚至开始尝试设计简单的教师工作等级评价表。③但总体来看，这一时期教师的考核评价还普遍没有制度性安排，是非正式的，主要附属于对学校工作的整体评估。

（二）学区一级中小学教师考核评价建立期

20世纪初，美国的工业化和城市化进程继续加速，社会、政治、经济变革以及大量移民的涌入，使得公立教育从初等教育发展到中等教育，学校规模和数量都在扩大。美国社会在力争变成一个与现代工业社会需求相协调的高效运作的社会，效率开始成为公立学校追求的目标。标准化的流程能使学校的效率大大提高，因此学校也开始用一套工业化的管理模式来对课程和教师的教学活动进行安排。学区开始制定有关教育教学流程的规章制度，教师的考核评价逐渐转向教师的工作表现。

教师的规范化考核评价首先从大城市学区开始。随着入学人数的增加，班级容量大增，为实现学校运转效率最大化，大城市学区致力于设计学校的教学流程，使教师的工作像工厂的工人一样无缝衔接。教育教学形式的变化需要学校建立像工厂或公司一样的科层体制，教师与校长、教育局局长或其他类似的教育管理官员之间形成了上下级关系，等级制度加强了职责监督与管理，教师的考核评价逐步由教育局局长和校长共同来实施，并被称为教师督导（teacher's supervi-

① 苏珊·沙利文，杰佛里·格兰士. 美国教学质量监管与督导［M］. 哈尔滨：黑龙江出版社，2016：10.

②③ 雷蒙德·E. 卡拉汉. 教育与效率崇拜——公立学校管理的社会影响因素研究［M］. 北京：教育科学出版社，2011：58，99.

sion)。

20 世纪初叶，一位教育局局长这样描述他的教师评价工作：“（1）悄悄地进入教室；（2）观察教师及教室中的学生；（3）有时候我会指出教师在教学中存在的问题；（4）如果要向教师提出意见或建议，我一般私下告知，或要求教师放学后打电话；（5）我将这些情况记录在表格中，无论是有关教师的还是有关学校的，并指出应该怎样改进工作。”①

当时的教育局局长实施的教师评价有固定的内容，往往持有规范的量表，其中包括：（1）一般印象；（2）教师的知识水平；（3）教室秩序；（4）处理课堂问题的能力；（5）教学能力；（6）声音是否悦耳；（7）是否总是责骂和抱怨；（8）教室是否整洁。根据评价表格中的每项内容的表现，教师获得最终的评价等级。有些地区教育局还开展学科督导，演示学科应该怎样教授、听课，给教师推荐改进教学的方法。原先由外行组成的市镇委员会或教育委员会对学校和教师开展的视察，如今彻底变成了由专门人员开展的专门性的评价和督导。1925 年，全美教育协会（NEA）的一份报告显示，在全美范围内的大城市中约 75%的学校已经对教师实施了各种各样的教师评价。②

20 世纪 30 年代以后，随着美国公立中等教育快速普及，教育局局长很难应付整个学区的教师评价与督导，校长也逐渐成为不教课的专业管理者，担负起评价教师的责任。同时，随着师范教育升级扩张，教师的基本素养得到提高，教师评价开始关注更加专业化和科学化的问题。一些研究人员对好教师的特征、全美一些代表性学区的教师评价实践进行了广泛的研究，初步形成了教师评价理论。

首先，教师评价的目的应该多样化，对教师的督导不应该只是为聘用和绩效薪酬提供参考，也应该促进教师改进工作。

其次，教师评价的内容应该多样化，教师提供教育这种公共服务，因此评价

① Glanz J. Ahistoricism and School Supervision：Notes Towards a History［J］. Educational Leadership，1977（2）：148-154.

② National Education Association. Standards for Educational and Psychological Tests［M］. Washington，DC：Author，1925.

时应该看学生的成绩（以政府的诉求为代表）；教师提供合格的教育公共服务，因此需要具备一定的素养和能力（以学术诉求为代表）；教师的素养和能力应该在工作现场有所表现，因此应该评价教师的教学过程（以专业诉求为代表）。

最后，教师评价的方法应该多样化，应该让学生指出他们心目中的好教师的标准，实施学生问卷；校长作为学校管理者最了解教师的工作情况，应该由校长开展课堂观察和日常工作评价。

总体来看，这一时期尽管教师评价的内容和标准更加科学化，但课堂观察法和等级评定逐渐成为各地的通用做法。尽管课堂观察包括一些非常具体的指标，但是这些指标以及根据这些指标评出的等级很难预测教师所教学生的发展状况。① 很多情况下，教师评价沦为校长的总体印象。但这一时期也是教师评价理论蓬勃发展时期。例如，富兰克林·博比特（Franklin Bobbitt）主张确定学生学业标准，用学生的学业成绩来评价教师是否合格。亚瑟·克里夫顿·博伊斯（Arthur Clifton Boyce）搜集了 350 个人口在万人以上的城市学区的教师评价资料，分析了其评价目的、各种评价方法及其优缺点、各种评价标准及其相对重要性，发布了《教师工作效率的测量方法》（Methods For Measuring Teacher's Efficiency）报告。报告认为要提高教师的工作效率，需要将教师评价、人事管理和专业发展结合起来。埃尔伍德·克伯莱（Ellwood Cubberley）1929 年出版了最早的教育管理学著作《公立学校管理》，主张运用各种数据分析和测量教师的工作效率。20 世纪 30—40 年代，阿维拉·巴尔（Arvil S. Barr）和大卫·瑞恩（David G. Ryan）研究教师效能问题，设计了教师观察类别系统（Observational Category Systems）等。

（三）州级中小学教师评价制度的形成期

20 世纪中期以后，随着“冷战”的升级和苏联人造地球卫星上天的冲击，美国公众对学生学业水平越来越关注，认为应该让教育系统、学校及教师承担教育责任。1965 年，国会通过了《中小学教育法》之后，联邦和州所支付的教育

① Popham W J. California's Precedent-Setting Teacher Evaluation Law [J]. Educational Researcher, 1972 (7): 13-15.

经费比例进一步扩大，人们憧憬着公立学校“在一种体制或框架下，有连续不断的革新”。① 随着学区教师考核评价实践日益成熟，州开始关注教师评价对保障和提高教师质量乃至整体教育质量的重要性。到 1967 年，已经有 13 个州出台了教育责任法，要求对教育工作者进行评价。② 1970—1971 年，第一次全美教育进步评估就学生的阅读能力进行调查，州在新形势的促动下，不断加强教师质量管理措施。加利福尼亚州在 1971 年率先通过了州强制教师评价法——《斯托尔法》(Stull Bill)，为其他各州做出表率。《斯托尔法》要求各学区必须建立教师评价制度，对持有教师资格证书的教师和管理者每两年评价一次，以示对公立教育负责；还要求通过评价给教师设置一些外部激励，并指出奖励和惩罚都能使教师调整自身的行为；通过教师评价促进教师的专业发展也没有被忽视。《斯托尔法》指出：“将教师对自身职责完成情况的评价作为调整日常工作的依据。”③ 该法还强调利用评价来促进教师学习，如教师评价应“建立确定的程序以对教师进行适当的控制，并形成一定的学习氛围”④。

到 20 世纪 80 年代，各州逐渐形成了双轨的教师考核评价制度，即针对新教师的考核评价，主要与初任教师资格证书的换发、新教师导入项目、教师师徒项目联系在一起；针对正式教师或者终身教师的考核评价主要与教师资格证书更新、升级以及教师的绩效奖励和续聘联系在一起。据统计，1984 年，有 8 个州出台了新教师评价政策；到 1988 年，12 个州要求对新教师进行某种形式的支持和评价；⑤ 20 世纪 90 年代初，又有 18 个州实施了新教师评价项目；1992 年，已经有 45 个州和华盛顿哥伦比亚特区实施了新教师评价项目或出台了相关要求。

实施新教师评价项目的州大约可以分为四类：一是没有州级新教师评价政策的州；二是州要求学区实施新教师评价；三是有的州制定了总体的新教师评价框

---

① Bailey S K. Political Coalitions for Public Education [J]. Daedalus, 1981: 32.

② Lang T H. Teacher Tenure as a Management Problem [J]. The Phi Delta Kappan, 1975 (56) 7: 459-462.

③④ The Stull Bill, AB 293. Article 5.5 of the Education Code [DB/OL]. http://www.nusd.k12.ca.us/boardmeetings/2014.02.18.tee.pdf.

⑤ Mastain R K. NASDTEC manual. Support Systems for Beginning Teachers [R]. Sacramento. CA: National Association of State Directors of Teacher Education and Certification, 1988.

架，要求学区根据州的总体设计建立评价项目；四是有些州则统一建立了州一级的新教师评价项目，制定评价标准或采用州教师资格认证标准，并就评价方法、程序等做出具体规定，要求学区统一实施。（见图 5-1）

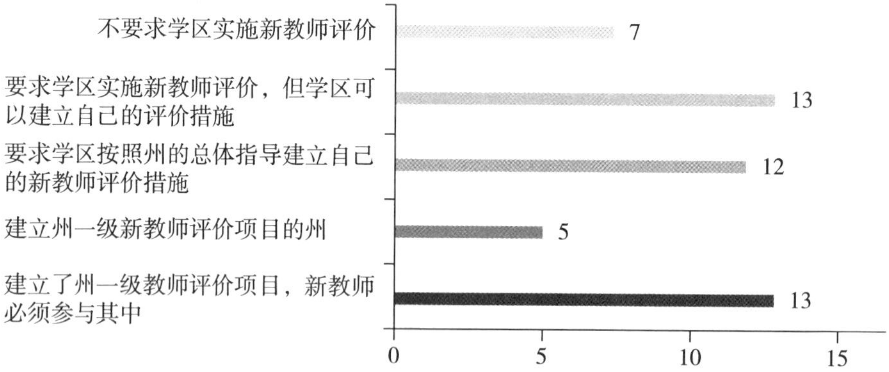

马里兰州、罗得岛州、内布拉斯加州、密歇根州、蒙大拿州、佛蒙特州、怀俄明州

阿拉斯加州、爱达荷州、伊利诺伊州、艾奥瓦州、密西西比州、新罕布什尔州、内华达州、纽约州、俄勒冈州、俄亥俄州、南达科他州、威斯康星州、西弗吉尼亚州

亚利桑那州、科罗拉多州、堪萨斯州、缅因州、马萨诸塞州、明尼苏达州、密苏里州、新墨西哥州、新泽西州、宾夕法尼亚州、犹他州、华盛顿州

加利福尼亚州、哥伦比亚特区、印第安纳州、路易斯安那州、弗吉尼亚州

阿拉巴马州、阿肯色州、康涅狄格州、特拉华州、佛罗里达州、佐治亚州、夏威夷州、肯塔基州、俄克拉何马州、北卡罗来纳州、南卡罗来纳州、田纳西州、得克萨斯州

图 5-1　各州新教师评价项目类型分布

资料来源：Darling-Hammond L，Sclan E M. Beginning Teacher Performance Evaluation：An Overview of State Policies [R]. Office of Educational Research and Improvement，Washington，DC.，1992：11.

在教育问责思想的影响下，20 世纪 80 年代，各州相继出台了相关法律和政策，开始考虑取消教师终身任职，将正式教师的评价结果与续聘或资格更新联系在一起。实施这一政策的州还加紧制定多层级的教师专业标准和教师评价工具。据统计，1983—1992 年，38 个州出台了 67 项法律法规涉及终身教师评价及人事问题。截至 20 世纪 90 年代初，实施终身教师评价项目的州可分为以下五种情况：一是没有终身教师评价要求的州；二是州没有统一政策，但建议学区实施终身教师评价的州；三是州要求地方学区必须实施终身教师评价，但对细节没有要求的州；四是州要求地方学区按照州的指导框架实施教师评价；五是有全州统一

的教师评价政策、标准、程序及工具。(见图 5-2)①

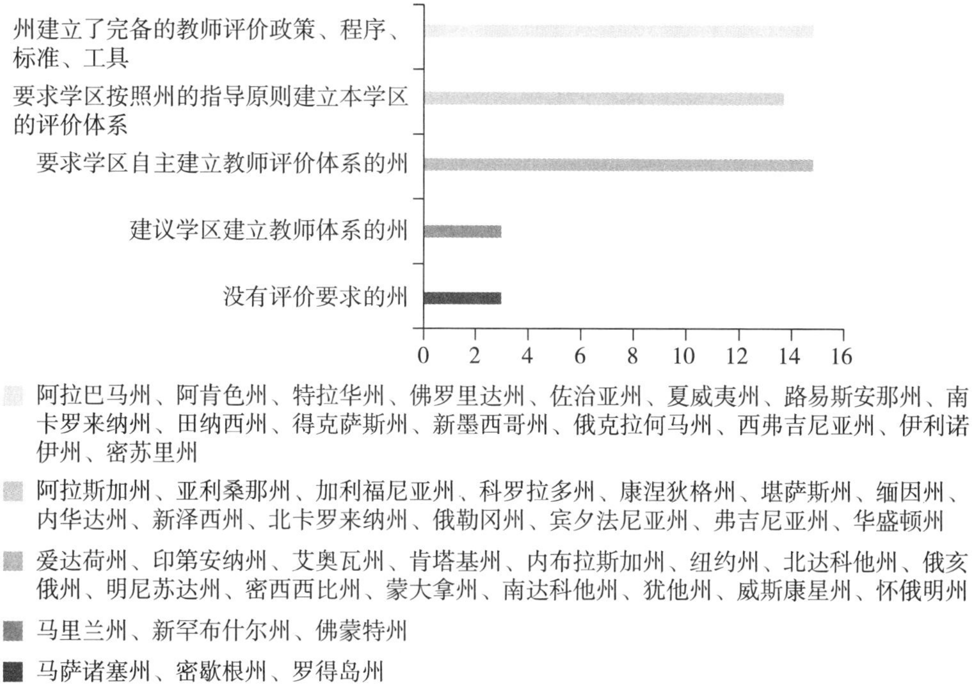

图 5-2 各州终身教师评价政策类型分布

资料来源：Sclan E M. Performance Evaluation for Experienced Teachers：An Overview of State Policies [R]. Office of Educational Research and Improvement，Washington，DC.，1994：7.

（四）联邦政府引领中小学教师考核评价的发展

进入 21 世纪以来，中小学教师考核评价受到了联邦政府的关注。小布什政府时期的《不让一个孩子掉队法》在教师评价上设置了五个目标：(1) 要求州制定相关政策，使学校每年都开展教师评价；(2) 评价教师的有效性，要求州将教学有效性作为教师评价的首要任务；(3) 运用增值法，要求州应该创造使用增值评价的条件，使学校了解教师的有效性；(4) 薪酬改革，要求州实施或鼓励而不

① Sclan E M. Performance Evaluation for Experienced Teachers：An Overview of State Policies [R]. Office of Educational Research and Improvement，Washington，DC.，1994：7.

是阻止学区开展依据评价的薪酬改革；(5) 任期，要求州制定政策至少在教师任教 5 年后，依据评价结果来考量是否给予教师终身任期。这些政策进一步推动州建立更加严格的教师评价政策，同时加强了教师评价政策与教师薪资及任期政策的一体化。

奥巴马政府时期，坚持责任制的改革方向，但对改革目标进行了调整，强调不只是向教师提要求，还要求州和学区给教师提供更多的支持，发展教师的领导力。联邦还要求州在教师政策上实施更加综合化的改革，使教师评价促进教师专业发展、改善教学效果、促进学生学习，也为招聘、安置、奖励、留住教师及教师晋升提供可靠依据。① 2012 年，联邦政府发布的教师职业蓝皮书——《尊重教师政策蓝图》，提出了以下教师政策改革建议：(1) 建设共享责任和领导力的制度。教师要参与有关教师选拔、任命、评价、开除以及职业晋升的决策。(2) 教师评价系统应该能为被评价者提供来自同行、督导人员的有意义的、准确的、及时的、行动导向的反馈。(3) 教师评价过程应该是公正、准确、透明、证据充分的，这样的评价必须基于学生学业水平的证据、好课堂和学校实践的证据，并反映教师对专业群体、学校和学区的贡献。(4) 支持教师专业组织，为教师提供有竞争力的待遇，使每个教育工作者表现出他们的专业性、有效性和工作成果，同时得到与其他相似职业同样的社会地位和认同。②

从中小学教师考核评价的实践来看，全美各州的情况根据联邦政府的要求不断做出调整。2000 年成立的全美教师质量委员会按照联邦政府的目标，从 2007 年开始每年报告各州教师评价政策和实践的达成度。从 2007 年和 2017 年的情况可以看出，各州及学区教师评价整体取得了很大的进展，主要表现为对教师进行评价的频率提高，评价标准更加客观，评价方式更加科学，评价者更加多元，评价信息发挥更大的效用。2009—2015 年每年评价教师的州的数量变化情况如图 5-3 所示。

① 蔡敏，冯新凤. 美国密歇根州中小学教师评价探析 [J]. 世界教育信息，2016 (7)：54-62.

② Department of Education. Built for Teachers: How the Blueprint for Reform Empowers [EB/OL]. [2011-07-13]. http://www2.ed.gov/policy/elsec/leg/blueprint/teachers/publication.pdf.

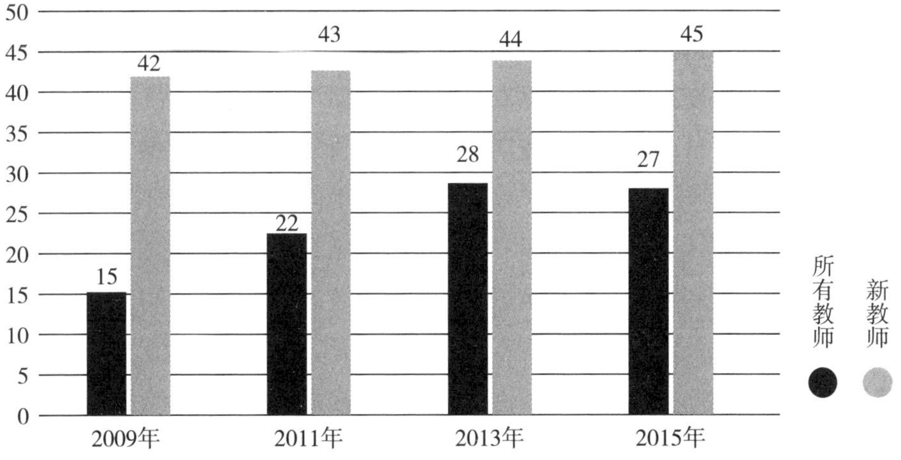

图 5-3 2009—2015 年要求每年评价教师的州的数量

资料来源：National Council on Teacher Quality. 2017 State Teacher Policy Yearbook：National summary [DB/OL]. http://www.nctq.org/dmsView/2017.

二、美国中小学教师考核评价的类型

美国教师评价主要分为三种类型：(1) 校长实施的传统的主要依据课堂观察所做的评价；(2) 教师同行实施的支持性的评价；(3) 按照教育统计专家设计的系统，依据中小学生成绩及其提升幅度所做的增值评价。

美国中小学教师考核评价的传统是校长实施的基于课堂观察所做的等级性评价，这是一种总结性评价，其目的是判断教师的绩效或与人事政策挂钩，直到现在仍是普遍被采用的教师评价类型。但有关教师评价一直有另一种平衡力量，即希望通过教师的考核评价促进教师工作的改进和教师专业发展。在 20 世纪初期，进步主义主张这一观点。20 世纪 40 年代，受管理理论中人际关系理论对人的主观能动性的影响，使这一观点更加普遍。随着 20 世纪 60 年代民主主义浪潮的兴起，教师终身制的实施，更加强调对教师实施支持性的评价。20 世纪 80 年代，区分式评价要求针对不同职业发展阶段的教师有针对性地开展评价，其目的是促进各类教师的专业发展。进入 21 世纪以来，对教育问责制的批判要求重新重视合作发展的评价实践。不过世纪之交推进教育问责成为教育改革的主流，采用增值评价措施的州也越来越多。总体来看，关注绩效和问责的评价强调外部施压，关注教师发展的评价强调内部自发；前者强调总结性评价，后者强调过程性反馈；前者靠管理制度扩张，后者靠专业力量推进。

各州的教师评价政策中综合使用三种类型评价的州占绝大多数，但不同的州各具特色：（1）仍坚守传统的校长评价，既不接受同行评价，也不接受依据学生成绩评价教师的州，如亚拉巴马州。（2）坚持实施专业发展优先的教师评价政策的州有几个，如加利福尼亚州，虽近十年来联邦政府不断施压，但政策基本没有大的转变。（3）采取综合化措施变革教师评价的州，既接受依据学生成绩来评价教师，也尝试实施同行评价的州。例如，科罗拉多州法律规定所有的新教师都要接受指导和评价，终身教师的评价要参考同行的意见①，同时又要求学生成绩必须占教师评价总分比例的50%。（4）片面强调责任制改革，主要依据增值法来评价教师的州，其中包括佛罗里达州、田纳西州、华盛顿哥伦比亚特区等。以华盛顿哥伦比亚特区为例，直到现在都没有为新教师设立任何支持性的政策或项目，却要求学生成绩占教师评价总分比例的50%。

（一）校长实施的课堂观察评价

1. 评价模式

近一个世纪以来，校长依据课堂观察实施的等级性评价是美国教师评价的主要类型。评价的工具一般是学区给定的量表。每个学期开展1—2次课堂观察，每个学年形成一个总结性评价，给教师本年度工作表现评定等级。过程是在课堂观察中，在设计好的量表上给出等级。开展课堂观察的有时候是校长，有时候是负责教学的副校长。除了以课堂教学为主进行评价外，校长还要综合教师在学校其他工作上的表现，最后给教师做出总结性的评价意见。教师所获得的评价等级以及评价报告将决定教师在当前持有的教师资格证书到期后是否能够得到更新，有的学区教师在一定阶段所获得的评价等级将决定其是否能够被续聘。例如，全美有半数以上的州根据新教师在3年内得到的评价等级来确定其是否可持有正式

① Colorado Revised Statues [EB/OL]. [2016-11-28]. http://www.cde.state.co.us/educatoreffectiveness/statemodelevaluationsystem.

的教师资格证书，① 全美有半数以上的州根据教师在聘用期内的评价等级决定是否续聘。下面以几个样例来具体说明主要依据课堂观察给教师做出的等级性评价结果。

某学区教师课堂观察总结性评价报告

姓名： 学校： 日期：

年级或学科： 教师证书：

9—12 月□；1—3 月□；4—12 月□；

课堂观察数量和日期：

3 月和 12 月共同报告	3 月单独报告	合同状态
□优异 □满意 □不满意 □只有书面报告 □非常规聘期 □建议继续参加本项目	□首次建议年聘 □第二次建议年聘 □首次建议四年聘期 □第三次建议年聘 □建议不聘	□第一年聘期 □第二年聘期 □四年聘期 □一年聘期 □持续聘期 □长期选择性聘期（60 天以上）
优异：表现出很高的专业素质，很快实现了专业发展； 满意：表现出所期望的专业素质，实现所期望的专业发展； 不满意：教学表现尚有严重不足和缺陷。 * 不满意或优异要提供书面支持性材料。		

	优异	满意	不满意
1. 教学过程			
A. 课程教学计划能力			
B. 评价能力			
C. 设计作业的能力			
D. 培养学习研究习惯的能力			
E. 搜集使用教材材料的能力			

① National Council on Teacher Quality. 2015 State teacher policy yearbook: National Summary [R/OL]. [2016-12-01]. http://www.nctq.org/dmsView/2015_State_Teacher_Policy_Yearbook_National_Summary_NCTQ_Report.

续表

F. 激发动机的技巧和能力			
G. 提问技巧和能力			
H. 识别个性差异、因材施教的能力			
I. 口头和书面沟通的能力			
J. 语言、表达和声音控制			
2. 课堂管理			
A. 能有效地控制课堂及其进度			
B. 能与学生进行有效的互动			
C. 课堂教学进度流畅			
3. 学科知识——学术准备			
4. 个性特征和专业责任			
A. 展现出对教学真诚的兴趣			
B. 个人面貌			
C. 适应变化的能力			
D. 坚持执行托莱多公立学校的政策和规章			
E. 坚守课堂内外的责任			
F. 与家长和学校同事保持合作			
G. 遵守上下班制度			

评价者签名：　　　　　　　　　　评价者职位：

教师签名：　　　　　　　　　　校长签名：

日期：

某学区校长填写的教师工作评价表

教师：　　　　　　　　学校：　　　　　　　　校长：

表格提交截止日期：　　　　　　　　提交日期：

与咨询教师协商的日期：　　　　　　　　年级或学科：

课堂观察：9—12 月□；1—3 月□；4—6 月□；其他：

满意：教学表现达到所期望的专业素质、实现所设定的专业发展目标（参加具体标准）
不满意：教学表现尚有严重不足和缺陷（另附书面报告）

续表

Ⅰ. 缺席：生病：　　专业发展：　　人事派遣：　　迟到： a. 到校工作天数		
	满意	不满意
Ⅱ. 遵守		
a. 学区的政策		
b. 本校政策		
c. 学区纪律		
Ⅲ. 按时报告		
Ⅳ. 与家长合作		
Ⅴ. 与其他学校人员合作		

请将具体补充信息或其他需要记录在案的信息登记如下：

校长签名：　　　　教师签名：　　　　咨询教师签名：

日期：

某学区校长给教师做出的总结性评语①

评价案例1：新教师评价

朗星格老师是新任教师。她知识渊博、富有创造性、有条理、有爱心、目标坚定。她对能成为一名教师非常兴奋。朗星格老师教给学生终身受用的技能。她能给学生提供机会发现自我，并与其他同学分享自我的成长经历。她运用教学指南做指导。郎星格老师还能为学生组织好的写作活动及很多随机活动。郎星格老师对教学准备充分。

朗星格老师在班级中张贴班级规则和学习流程。她能对学生做出清晰而准确的指导。教学过渡和衔接也非常顺畅有效。她与学生关系融洽和谐。

建议：续聘

① Toledo Public School, Toledo Federation of Teachers. The Toledo Plan: Practical Advice For Beginners [DB/OL]. [2016-04-05]. http://aftma.net/wp-content/uploads/2010/11/Toledo-Plan.pdf.

赞成票：8　　否决票：0

评价案例 2：教师评价

西蒙兹老师具有教师资格，但还不完全称职。他进步很多，但是还需提高。

西蒙兹老师缺乏设计课程的能力，表现为无法组织适当的课程内容和有效的教学程序。他的课没能使学生达到所设定的学习目标。他对学生如何开展有效的学习缺乏透彻的理解。教学中长期目标和短期的表现性目标是不连贯的。方向有时也不甚清楚和准确。课上教师和学生的互动不够平衡。

虽制定了班级纪律守则，但并没有得到一贯的执行。西蒙兹老师有时看不到课堂内学生的一些不适当的行为。

建议：参加教师专业发展项目

赞成票：8　　否决票：0

2. 特点与问题

依据课堂观察实施的总结性教师评价存在以下问题。第一，由于校长等评价者并不完全了解每一个学科的教学，所以校长的课堂观察有时候沦为总体印象。第二，由于这种评价的课堂采样有限，等级式的评定方式无法反映教学过程中的真实问题，信度和效度受到局限，甚至有研究者发现“教师可观察的特征和学生学习效果之间的相关性很小”。① 第三，在具体实施的过程中，校长或其他学校管理人员很少接受有关教师评价的专门培训。第四，教师通常都能顺利通过评价。因此，近期这种类型的评价被许多研究者认为评价意义不大。例如，有调查组对全美进行了广泛的采样，报告采用这种评价方式的地区，99%以上的教师都得到了满意的评价。不管各学区的评价标准中总共有多少个评价等级，却有94%的教师被评为最高两个等级。因此呼吁改革这种评价，改变严重影响教师教

① Jacob B, Lefgren L. Can Principals Identify Effective Teachers? Evidence On Subjective Performance Evaluation In Education [DB/OL]. [2010-10-26]. http://econ.byu.edu/faculty/Lefgren/Assets/papers/principals.pdf.

学效率提升的教师评价模式。①

为了避免出现这种状况，定量、系统、结构化的课堂观察方法不断涌现。不断有研究者和研究机构为校长、地方学区甚至州提供课堂观察工具，例如，分析取向的系列观察量表，希望能够对教师的课堂观察形成系统观察。这类观察工具最早有哥伦比亚大学师范学院发明的速记报告（stenographic reports），曾被一些地方采用，通过逐字记录真实课堂，来促进教师教学工作的改进。后来，有弗兰德互动分析系统（Flanders Interaction Analysis System），近期有标准化课堂观察体系（Standardized Classroom Observation）等。这些课堂观察工具都注重对教师的特定语言和行为进行观察，揭示师生或学生之间的互动交流情况，以及课堂教学过程变量和学生成绩的关系。日益复杂的系统观察法虽然能较为准确地反映教师在课堂上的一些行为，却很难确定在复杂的情况下教师的这些行为是否有效。因此，越来越多的地方则将课堂观察到的教师行为与学生数据、学生学业成绩等证据联系在一起进行综合评价。

3. 改革与发展

进入21世纪以来，联邦政府对校长实施的以课堂观察为主的等级性评价也提出新的要求。《不让一个孩子掉队法》要求校长加强对教师的支持、指导和评价。不仅要求校长在做出总结性评价前对教师开展多次课堂观察，还要求其做好记录，归入教师的档案。校长要根据评价状况参与制定教师的专业发展计划。学区要根据校长的意见来确定教师的绩效薪酬。研究表明，虽然校长对处于中间部分的60%—80%的教师的工作难以甄别，但是对处于好坏两端的10%—20%的教师的评价准确率却很高。② 因此，相当多的州仍然重视校长所实施的评价。

① NEA. Teacher Assessment and Evaluation：The National Education Association's Framework for Transforming Education Systems to Support Effective Teaching and Improve Student Learning [DB/OL]. [2015-10-09]. http://www.nea.org/assets/docs/HE/TeachrAssmntWhtPaperTransform102.pdf.

② Jacob B，Lefgren L. When Principles Rate Teachers [M]. The Board of Trustees of Leland Stanford Junior University，2006：86.

（二）教师同行实施的评价

1. 缘起

教师同行评价顾名思义，即主要由教师同行实施的评价。这是一种以支持和改进教师工作为主要目的之评价，是一种促进校本教师专业发展的评价。教师同行评价主要面向所有的新教师和在常规评价中不合格的正式教师开展过程性评价，在评价的过程中为被评价教师提供专业支持和指导。

教师同行评价作为一个专门的项目，即教师支持与评价（Peer Assistance and Review，PAR）最早于1981年出现在俄亥俄州，是教师师徒制项目和教师评价项目结合产生的项目。这一评价措施也是当地教师工会为教师争取到的权益。由于这种模式能够很好地解决新教师的校本专业发展和困难教师的校本提升或解聘等问题，1998年，两大教师组织共同编写了《同行支持与同行评价：AFT/NEA手册》，并向全美推广这一模式。很多州或多或少地采用了类似的评价措施。近年来，各州实施教师同行评价的具体情况见图5-4。

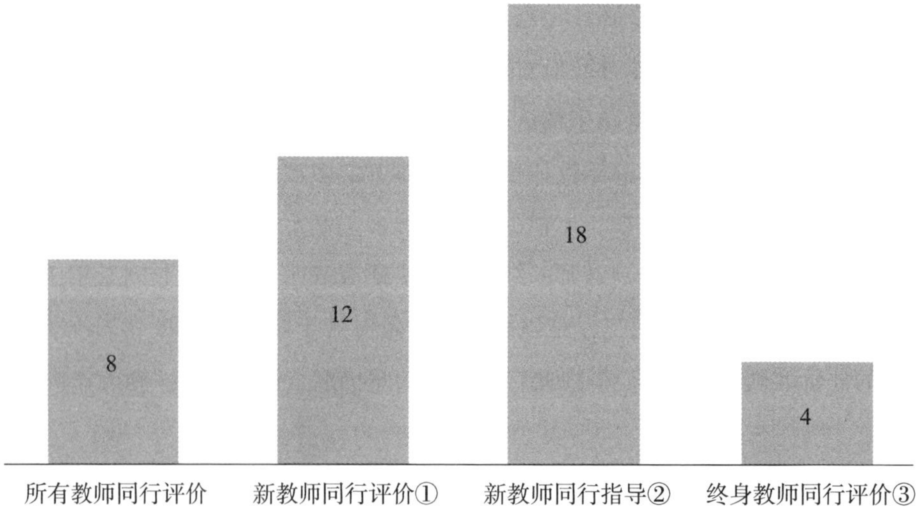

图5-4　2015年全美各州采纳教师同行评价的情况

注：①只有新教师采用教师同行评价，而终身教师不采用同行评价的州；②新教师只接受同行指导，而不被同行评价的州；③只有终身教师接受同行评价的州。

2. 评价机构和评价者

在实施教师同行评价时，一般由教师工会与地方教育行政部门共同组成评价委员会（PAR Panel）。评价委员会最主要的职责是：确定被评价教师；负责挑选优秀教师作为评价和指导教师，也被称作咨询教师（consulting teachers）；负责审议教师的评价和指导方案；基于咨询教师所搜集的评价证据，就是否继续聘用该教师做出决定。一旦评价委员会做出解聘教师的决定，教师工会就放弃对该教师权益的保护。

教师同行评价中咨询教师是整个项目的核心和关键。咨询教师必须是优秀教师，善于为其他教师提供帮助又具备丰富的专业资源，一般至少有 5 年工作经验，有 1 名校长和 4 名教师的推荐。在确定咨询教师人选上，教师工会和教育当局有平等的决策权。一般来说，双方一起面试并开展课堂观察。咨询教师的主要职责是帮助新教师或者工作陷入困境中的终身教师达到学区所要求的专业标准，但其关键职责是对教师接下来的聘用提供建议。咨询教师一般任期 3—5 年，有专职的也有兼职的，如果是专职的，要指导和评价 10—15 个教师。①

一般咨询教师要为新教师提供教学、课堂管理、学科知识和专业责任等几个方面的支持和指导。② 咨询教师每周要给每个被指导教师至少半天的时间用于工作研讨。每学期平均 5 次对每名被指导的教师做正式的课堂观察评价。③一般咨询教师指导相同学科或年级段的教师。如果实现不了，则会聘请学科专家予以辅助。在开展工作前或在指导评价的过程中要同被指导教师所在学校的校长保持沟通，实现评价信息的共享。从指导工作的类型来看，咨询教师的主要职责包括：（1）基于教师的专业优势和不足在协商的基础上制定教师专业发展目标；（2）听课，并在课后的交流中为教师提供反馈意见；（3）合作备课；（4）示范教学；（5）提供教学资源和材料；（6）为教师安排专业发展活动。

① Project on the Next Generation of Teachers，Harvard Graduate School of Education. A User's Guide to Peer Assistance and Review [EB/OL]. [2016-04-06] http://www.gse.harvard.edu/～ngt/par/design/ct_role.html.

②③ Toledo Public School，Toledo Federation of Teachers. The Toledo Plan：Practical Advice For Beginners [DB/OL]. [2016-04-05]. http://aftma. net/wp-content/uploads/2010/11/Toledo-Plan.pdf.

在这个过程中，咨询教师要做好记录，体现教师在达到教学标准过程中的进展。咨询教师要分别为其指导的每一位教师撰写评价报告，提交给教师评价委员会，其中包括对教师聘用的建议。一般学区要求咨询教师在结束评价工作后返回自己的教学岗位，以此来确保咨询教师在做出人事建议时，持“同行”的立场，而不是基于未来的转成管理岗位的考虑做决策。①

3. 评价标准和过程

教师同行评价一般采用现有的教学评价标准。就算有现成的教师评价标准，一般评价委员会也会召集咨询教师通过例行的工作会议或专门的工作坊，对如何在评价中解释和使用评价标准进行讨论，并达成一致意见，甚至形成书面的文件以指导实践。实际上，这种在实践中达成共识的过程就是书面的标准、规章性的标准或学术性的标准转化为专业化、情景化标准的过程。

对教师进行评价的过程也是对其进行指导的过程。咨询教师在评价新教师的过程中要大量记录对新教师教学活动的诊断，比传统标注等级的评价包含更多有利于改进教师教学的信息。在做出最终总结性评语之前，咨询教师会不断将上述记录反馈给新教师，帮助新教师反思，或者给出改进的对策，甚至在必要的情况下给予示范。如果新教师的同行评价合格，以后则由校长为其做出常规评价。

同行评价中最敏感的部分是确定公立学校中工作不合格的教师，通过同行的支持为其改善工作提供机会，否则将被辞退。这种疑似不合格的教师要接受专业内外的双重评价。首先根据学区的评价制度，由校长做出等级评价。如果被评价为“不合格”，将委派咨询教师再次进行评价。这种安排是为了教师和教育管理层相互制约，避免评价权独揽所造成的偏见。在对这些疑似不合格的教师进行同行评价前，一般要发送特殊评价的通知（notice of special evaluation）。通知中会注明在常规评价中，哪些方面的工作不能令人满意。这里所指的常规评价即校长在课堂观察之后做出的评价。校长和学校教师代表还要就通知中所注明的情况亲自向教师加以说明，此外还要向教师介绍项目的、咨询教师的情况、所能提供的

---

① Project on the Next Generation of Teachers. A User's Guide to Peer Assistance and Review [DB/OL]. [2016-05-07]. http://www.gse.harvard.edu/~ngt/par.

帮助、项目的时长等。有些教师在接到相关通知后，会直接辞职。终身教师一旦参加该项目，整个参与过程都会受到评价委员会的监督。

对接受同行评价的终身教师，咨询教师更多情况下是针对其某一个方面比较突出的问题，在初步诊断的基础上，与教师一起协商改进的目标，并采取多种措施给予支持。表 5-1 是基于标准框架的终身教师的目标性评价在“教学过程”和“学生评价”两项上的样例。

表 5-1　某学区教师改进目标与咨询教师支持样例

给教师的专门的改进目标	咨询教师所提供的支持性活动
教学过程	
课程教学计划能力 （1）课程教学计划能使学生开展有序学习； （2）课程教学计划以改变学生行为的专门目标为指导； （3）所制定的书面课程和教学计划能被提供支持的教师或相关人员所理解； （4）准备好上课所使用的教辅和教具； （5）多种课堂活动类型能保持平衡； （6）能执行教育委员会有关课程和教学计划的相关政策； （7）在执行课程标准的时候，能兼顾学区的政策和学校的办学理念来制定课程和教学计划； （8）教师能顺利实施每天的教学计划。 其他：	A. 课程教学计划能力 （1）提供课程计划单； （2）提供支持性的材料，比如教师指导手册； （3）安排专家在制定课程教学计划的细节上为教师提供帮助； （4）与教师一起讨论课程教学计划； （5）提供好的课程教学计划样例； （6）对教师的课程教学计划进行阶段性的评价； （7）为改进课程教学计划提供方法和技巧上的建议； （8）安排教师参与有关制定课程教学计划的集体讨论。 其他：
学生评价能力 （1）按照指定的范围和频次来准备及实施正式的考试或测验； （2）基于学生的需要来给予其非正式的评价； （3）能关注到学生的非语言反馈； （4）适时巩固和复习； （5）能准确地书面记录学生的成绩。 其他：	B. 学生评价能力 （1）提供例卷、样题或建议； （2）提供评分的样例； （3）提供评价不同水平学业的指导用书。 其他：

资料来源：Toledo Public School，Toledo Federation of Teachers. The Toledo Plan：Practical Advice For Beginners [DB/OL]. [2016-04-05]. http://aftma.net/wp-content/uploads/2010/11/Toledo-Plan.pdf.

由于咨询教师为新教师或工作困难教师提供的现场指导非常有效，教师同行评价受到广大教师的欢迎。有关调查也显示，新教师更愿意由一个优秀的、了解他们的教师对其做出评价。① 有些州为满足教师主动参加教师同行评价的愿望，还设置了选择性同行评价（optional peer evaluation），即在常规评价中合格的教师也可以申请被同行指导和评价。学区认可该评价与常规校长评价具有同等效力。某学区的教师同行评价流程如图 5-5 所示。

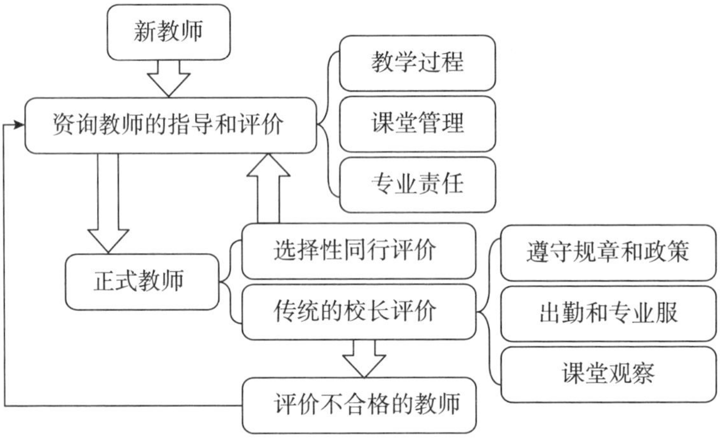

图 5-5　某学区教师同行评价流程

4. 特点

教师同行评价主要有以下三个特点：一是通过优秀教师同新教师、工作困难教师分享教学知识和技能，促进教师专业发展；二是通过集体承担教师聘用及辞退的责任，重建共同决策的学校管理机制；三是共享制定和维护教师专业高标准的责任，改革教学专业的外部等级制为内部的协商制。同行评价促进教师专业的作用在指导和评价过程中得到了充分的体现，下面就后两个特点进行分析。

首先，公立学校迄今没有完全摆脱工厂式管理的做法。教师，尤其是优秀教师或有着更大的自我实现预期的教师，常常在“被管理”的情境中受到挫折，从而萌生放弃教学职位的想法。赋予教师更多的专业责任是除提高教师经济待遇之

① Jones D R. Bringing Teacher Assistance and Evaluation up to PAR: First-Year Teachers' Response to Supervision in Peer Assistance and Review [D]. University of Maryland, College Park, 2004: 162.

外，提升教师队伍吸引力的重要方法。而更多教师积极参与到有关同事、学校和学区的决策中，对专业和组织负责，可以获得更多的来自职业内部的激励。

其次，教师同行评价是地方教师工会和教育管理当局双方协商的产物，实现了决策共享。从教师工会来看，该项目可以使教师群体承担更大的专业责任、享有更大的专业权力。从学区来看，由于迄今在一些地区，教师终身制仍受到法律的保护、教师集体谈判对学区优化教师队伍形成阻碍，也没有找到其他有效的策略来辞退不合格教师。因此，只有通过教师同行评价让教师工会参与其中，让工会成员参与评价，共同决策（shared decision making），激发教师群体的自我完善，才能实现提升教师队伍质量的目标。

最后，与医生或律师等专业相比，美国教师对教学专业标准、教学工作质量尚不具有发言权。教师的入职标准掌握在师范教育界的手中，教学工作质量则由校长来判断。但实际上，除开展教学工作的教师之外，没有人能真正地把握并实施专业标准。包括校长在内的传统的教学评价者更多地将教学专业标准看作固定的、描述性的文件和表格，无法像长期从事教学工作的优秀教师一样将教学标准转化为具体教学情境中的合理设计和恰当行为。要实现教师专业自治，首先要改变专业标准的管理模式。教师同行评价通过赋予优秀教师实施教学专业标准、解释专业标准、控制专业发展、监督教学质量的责任，开创了教学实践专家、学校管理层及教育学术专家共同掌控专业权力的模式。

（三）统计专家实施的增值评价

1. 评价模式

增值（value-added）评价是以学生的相对发展来衡量教师效能高低的评价方法，即以学生成绩的增值来评价教师。① 增值评价主要用统计的方法来实施，需要一个较复杂的成绩统计模型，尽可能考虑到学生个体、学校背景变量的影响，准确地呈现出教师教学前后学生成绩的变化。评价过程包括前测、后测、统计、判断四个步骤。但是学生个人及家庭背景变量是非常复杂的，有时难以控

① Sanders W. Value-Added Assessment from Student Achievement Data: Opportunities and Hurdles [J]. Journal of Personnel Evaluation in Education, 2000 (14): 29-39.

制。学生个人背景变量一般包括性别、年龄、是否转学、是否有特殊教育需求、家庭经济条件等；家庭背景变量包括父母的文化程度、家庭对学生学习的支持。学校背景变量则包括生源特征、贫困学生的比例、低学业成就学生的比例、教育投入、学校管理等。实施增值评价要求建立教育大数据系统，因为数据量越大，统计的准确性就越高。

实施增值评价主要依赖数据模型和统计专家的指导。评价过程中，学生首先要参加州及学区举办的标准化学业成就测验，再将学生的学习结果交由统计专家设计统计模型，州、学区、学校负责判断和使用统计结果。教师通过系统查询获得自己教学有效性的数据及与其他教师的比较数据。学校作为教师情况的主要掌控者，在实施过程中有着充分的发言权，可以参与评价模型的设计和选择，选择适当阶段和学科的教师进行评价。这种结果性评价还要提交给州和学区，作为师资配置和教师人事的决策参考。

大部分实施增值评价的州或学区为了政治或政策考量，对数据的使用非常谨慎，以免引起不良的社会反应。例如，田纳西州不仅以 3—5 年的成绩数据作为评价教师的基础，还规定评价结果只能通报给教师、有关行政人员、学校委员会成员，不得向社会公布，州只向公众公布学校及学区的数据，而不能通报教师个体的数据。①

2. 推广情况

20 世纪 90 年代，田纳西州和北卡罗来纳州首先运用增值评价工具开展教师评价。1992 年，田纳西州的增值评价体系（Tennessee Value-added Assessment System）成为全美教师增值评价的代表。联邦政府在 2001 年以后大力推广增值教师评价，要求州、学区、学校、教师本人层层对教学质量负责。

2005 年，美国优秀教师认证委员会（American Board for Certification of Teacher Excellence）将增值评价作为该机构评价教师对学生学业成绩影响的主要方式加以推广。此后越来越多的州在政府和各类组织的推动下，采用增值评价

① Kupermintz H. Teacher Effects and Teacher Effectiveness：A Validity Investigation of the Tennessee Value Added Assessment System [J]. Educational Evaluation and Policy Analysis，2003 (25)：287-298.

或类似依据学生学习成绩来评价教师的措施。2007 年，35 个州的教师评价政策中，对学生学习状况的客观数据没做要求；而到了 2015 年，32 个州已经明确要求将学生成绩纳入教师评价。图 5-6 是 2015 年各州实施基于学生成绩的评价情况。

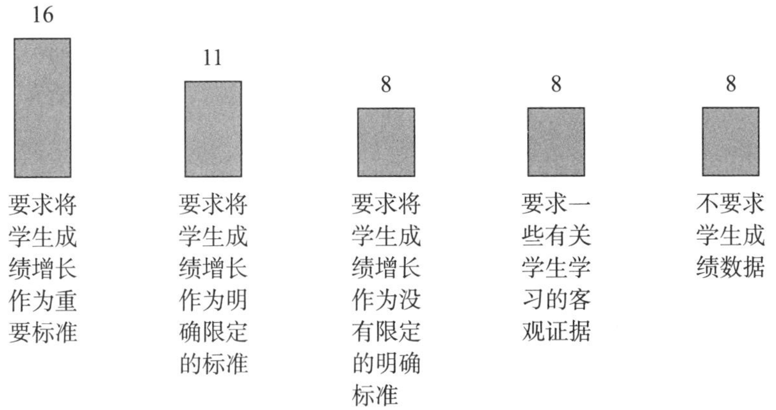

图 5-6　2015 年以学生学习成绩评价教师的州的情况

资料来源：National Council on Teacher Quality. 2015 State Teacher Policy Yearbook [DB/OL]. http://www.nctq.org/dmsStage/2015_State_Teacher_Policy_Yearbook_National_Summary_NCTQ_Report.

在增值评价的基础上，为了更准确地反映学生在一定时期内的发展，而不受学生学习基础的影响，同时使教师的教学效果可以进行跨年级、跨学科比较，又有人发明了学生进步百分数法（student growth percentile）。① 对于任教领域不参加标准化考试的教师，则发明了学习目标达成法（student learning objectives）② 等量化方法来对其进行评价。

3. 问题与争议

联邦政府大力推广教师增值评价受到广泛而激烈的批评。批评者认为，教育

① Betebenner D W. Toward A Normative Understanding of Student Growth. //RYAN K E, SHEPARD L A. The Future of Test-Based Educational Accountability [M]. New York: Taylor & Francis, 2008: 155-170.

② Goe L, Holdheide L. Measuring Teachers' Contributions to Student Learning Growth for Nontested Grades and Subjects [R]. Princeton, NJ: National Comprehensive Center for Teacher Quality, 2011.

的目的是多方面的，学生对知识和技能的掌握只是教育的目的之一，将教师评价与学生分数挂钩，极大地窄化了教师的工作内涵。① 政府按照企业经营的方式运营美国公立学校系统。“校长变成了学校的经理，教师变成了学校的工人。”② 教师评价被绩效、问责、标准化所控制。在这样的政策导向下，任何知识和技能，只要无法被测量，就会被视作可有可无，任何教师只要不能使学生通过客观的标准化评价，就会被判定为不称职。③ 教师失去了专业自主权，社会不再考虑教育的道德和伦理价值，教育和教师最终被工具化。此外，教师之间的增值评价数据缺乏横向可比性，因为教育教学是一种智力劳动（intellectual labor），不能只以纯粹工具性的或技术性的方法来评价教师的工作，教师作为反思性实践者，必须由他们自己阐述他们要教什么，他们准备如何去教，并基于发展社会的民主秩序来对自己的工作进行反思。④

有的批评者指出，增值评价在方法上也存在很多问题，因为影响学生学习成绩的变量多且复杂，包括家庭、学校、学生个人不同时期的不同情况。以增值方法评价教师存在效度和信度的偏差，因为教师的教学虽然对学生的学习成绩有影响，但很多情况下不是决定性影响，很多时候是学生的同伴、教师共同发挥的影响，增值评价不应该将重点放在个别教师的有效性上。因为已经有大量的研究发现，学生的成绩受到班级规模、课程材料、教学实践、学习资源、家庭和社区的支持环境、同伴文化、学生个体的能力特征甚至测验类型的影响。⑤ 例如，纽约州在统计学生成绩及其增长时，将学生的家庭经济背景、是否母语非英语、是否有学习障碍等因素考虑在内，研究者仍然发现在增值评价方式下，教师获得的评

---

① Ballou D; Springer M G. Using Student Test Scores to Measure Teacher Performance: Some Problems in the Design and Implementation of Evaluation Systems [J]. Educational Researcher, 2015 (44): 77-86.

② O'Hara K E. Teacher Evaluation: The Charge and the Challenges [M]. New York: Peter Lang Publishing, Inc., 2015: 60.

③ 亨利·吉鲁. 教育与公共价值的危机——驳斥新自由主义对教师、学生和公立教育的攻击 [M]. 吴万伟，译. 北京：中国人民大学出版社，2016：5—9.

④ Guarino C M, Reckase M D, Wooldridge J M. Can Value-Added Measures of Teacher Performance Be Trusted? [J]. Education Finance and Policy, 2015 (10) 1: 117-156.

⑤ Amrein-Beardsley A, Pivovarova M, Geiger T J. Value-Added Models: What the Experts Say [J]. Phi Delta Kappan, 2016 (98) 2: 35-40.

价等级（高效、有效、尚需发展、无效）与其所教的学生的种族、家庭收入、语言背景和父母教育等有明显的相关性。① 还有研究者甚至就增值评价的稳定性进行了研究，发现同样的学区运用不同类型的考试中学生获得的成绩计算出的教师有效性差别很大。②

三、美国中小学教师考核评价的特色

美国中小学教师评价具有以下几个显著的特征。一是形成了校长评价、教师同行评价、增值评价为主要组成部分的综合式的教师评价模式。二是依据教师评价来诊断教师的教育教学状况，为教师专业发展制定有针对性的计划，成为教师评价不可或缺的功能之一。三是加强教师评价对教师人事决策的影响力。

（一）教师评价综合化

从全美的情况来看，多数州都不同程度地采用了校长评价、同行评价、增值评价三种类型的教师评价，并将其综合成一套教师评价制度。2007 年，全美教师质量委员会的报告显示：35 个州的教师评价标准不包括描述学生学习状况的客观数据，只有 4 个州要求评价教师的有效性；15 个州开始为实施增值评价做准备，其中包括建立学生成绩的数据库、学生背景信息库、教师教学信息库等；多数州采用课堂观察的方式来评价教师，但仍有 22 个州的教师评价甚至不要求进行课堂观察。③ 2017 年，全美教师质量委员会的报告显示：在依据学生成绩评价教师上，43 个州要求将学生的成绩作为教师评价的依据，其中 16 个州将学生学习成绩或成绩的增长作为教师评价的首要标准；在课堂观察评价上，11 个州要求在教师评价中对所有教师进行多次课堂观察，27 个州要求对部分教师进

① Darling-Hammond L，Amrein-Beardsley A. Evaluating Teacher Evaluation [J]. Phi Delta Kappan Magazine，2012（93）6：8-15.

② Papay J P. Different Tests，Different Answers：The Stability of Teacher Value-Added EstimatesAcross Outcome Measures [J]. American Educational Research Journal，2011（48）1：163-193.

③ National Council on Teacher Quality. 2007 State Teacher Policy Yearbook：Progress On Teacher Quality [DB/OL]. http://www.nctq.org/dmsView/2007.

行多次课堂观察；对于教师评价者，4 个州要求由多元评价者对教师进行评价，43 个州要求培训教师评价者，以便在评价后给教师适当的反馈，支持教师的专业发展。①

以美国教育较发达的纽约州为例。纽约州的教师评价制度叫作“年度专业表现评价”（APPR），其具体规定如下②：（1）学生的州统一标准化考试成绩或成绩的增长占 20%；（2）学区学生学业考试成绩占 20%；（3）其他占 60%，包括校长实施的表现性评价占 31%，专家教师或同行评价者占 29%。教师同行评价项目叫作“教师的表现性评价”。

由于美国教育高度自治，因此有的地方在州的政策框架下，学区对教师评价又有具体的规定。截至 2017 年，9 个州建立了全州的教师评价系统并要求学区统一采用；12 个州建立了州教师评价系统，但学区可以自己决定是否采用；30 个州的教师评价仍由学区做主。因此，无论州采用什么样的评价政策，综合性的教师评价实践在学区中也非常常见。例如，虽然加利福尼亚州拒绝联邦政府要求其将学生成绩看做教师评价的重要依据，但该州的希尔斯伯勒县（Hillsborough County）学区，在与教师联合会协商的基础上，建立了由三个部分组成的教师评价体系：其中学生的学习收获占 40%，校长的等级性评价占 30%，同行教师评价占 30%。③ 同时按照州的要求，将教师评价与专业发展相衔接，为教师提供个性化的支持与帮助。

（二）基于评价的教师专业发展

一个多世纪以来，美国对教师评价应该遵循文化模式还是契约模式进行了循环实践，前半个多世纪，基于约束和奖惩的教师评价实践没有最终塑造出高质量

① National Council on Teacher Quality. 2015 State Teacher Policy Yearbook: National Summary [DB/OL]. http://www.nctq.org/dmsView/2015.

② New York State Education Department. Guidance on New York State's Annual Professional Performance Review Law and Regulations [DE/OL]. [2016-12-08]. http://files.eric.ed.gov/fulltext/ED524871.pdf.

③ Hillsborough County Public Schools. Hillsborough County Public Schools Teacher Evaluation Handbook [DB/OL]. http://www.hillsboroughcta. org/documents/pdf/SDHC_Teacher-EvaluationHandbook_2011-2012.pdf, [2016-11-28].

的教育队伍，随后半个多世纪开始尝试从教师的立场出发，在教师评价上对教师群体赋权增能，“使教师感到被信任，激发教师的内在力量、形成群体改进的文化”①，近期又兴起了通过分布式领导，激发教师的专业领导力和专业群体发展的活力和创造力的发展趋势。② 这些尝试标志着教师评价从注重技术和工具理性时代步入注重组织文化和专业领导力的时代。当然在这个过程中不断出现反复、修正与融合。但诊断和促进教师专业发展作为教师评价的重要目的之一已经不容变更。即便在外界来看，以问责式教育改革为标志的小布什政府和奥巴马政府也希望教师评价对促进教师专业发展发挥更大的作用。两届政府为此设置的目标包括：（1）州的评价政策要包括为教师提供专业反馈的要求；（2）州的政策要求为所有在评价中得到低等级的教师制定专业发展的计划；（3）州要指导学区将教师评价与教师专业发展活动挂钩。

随着联邦政府大力推动基于评价的专业发展，这一政策越来越体现在州的政策和实践中。2007 年，各州的新教师政策中几乎都包含了基于教师评价所提供的数据和诊断来制定教师专业发展计划或支持计划的规定。全美教师质量委员会 2018 年的报告显示，依据教师评价来推进教师专业发展的情况又得到了较大的改善。38 个州要求在评价后为所有教师提供反馈，31 个州要求参考教师评价的结果为所有教师制定专业发展计划，6 个州要求为得到差评的教师制定改进计划。

根据全美教师质量委员会的报告，2017 年与教师专业发展连接最有效的是路易斯安那州、纽约州、北卡罗来纳州的教师评价政策。在路易斯安那州，要求所有教师都要与评价者就课堂观察情况开会沟通，学区要为教师就评价情况提供多次反馈。纽约州要求教师参加如何运用评价数据改进教学的培训。北卡罗来纳州不仅要求评价者对教师的每次课堂观察都给出反馈，还要求对教师的总结性评价给予反馈。这些州都要求根据评价的情况给教师制定专业发展计划。

以明尼苏达州的“教师发展、评价和同伴支持模式”政策为例。该政策要求对每一位教师实施三年一个周期的评价，其中包括同行评价和总结性评价以及个

---

① Wallace J D. Teacher Evaluation：A Conversation among Education [J]. Phi Delta Kappan，2012（94）3：44-46.

② Lieberman A. Teacher Leadership [M]. Jossey-Bass，2004：12-14.

人成长与发展计划。到2014—2015学年，该州已经有65％的学区采用这一评价制度。教师评价与教师专业发展具体的结合模型如图5-7所示。

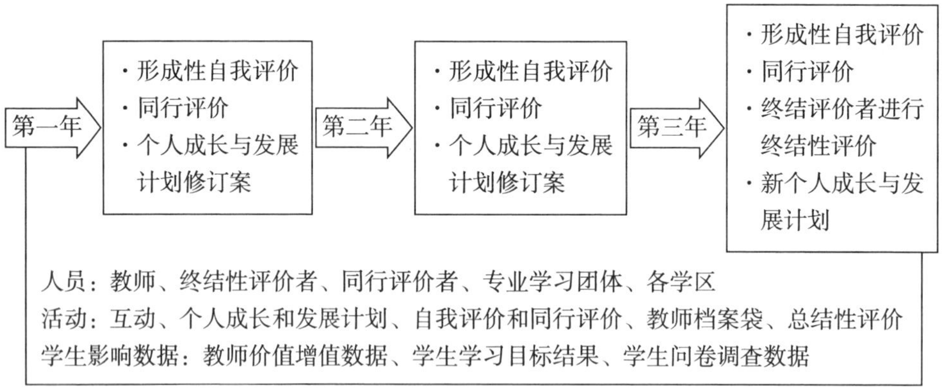

图5-7　明尼苏达州教师评价与专业发展的三年周期结合模型

资料来源：黄冠. 美国明尼苏达州教师评价新模式及其启示［J］. 教育测量与评价，2016（10）：33-39.

（三）基于评价的教师人事决策

1. 与教师续聘和辞退相结合

小布什政府和奥巴马政府设定了教师评价和教师人事管理政策一体化的目标，要求将教师评价与教师任期联系起来。政策目标主要体现在三个方面：一是根据评价结果让一部分新教师（临时教师）续聘或转为正式教师；二是根据评价结果辞退不合格的教师；三是使评价结果与教师薪酬奖励相结合。

小布什政府和奥巴马政府的问责式教育改革，在教师评价与教师续聘和辞退上的具体要求为：（1）要求州将新教师的试用期延长至5年；（2）试用期结束时评价合格的教师才能转为长聘；（3）在裁员的时候，先裁退得到差评教师，而不是根据资历“晚来先走”；（4）制定政策要求学区辞退五年内连续两次评价不合格的教师，不管其是否为终身教师；（5）由于评价不合格而被辞退的教师不得申诉；（6）为辞退教师制定明确的流程，并明确限制由于违反师德、评价不合格等原因被辞退的教师的权益。

在联邦政府的要求下，上述几个方面都有了很大改观。2007年，只有2个州——印第安纳州和密苏里州为新教师设定的试用期是 5 年，其他多数州是 3 年，11 个州的预备期是 2 年甚至低于 2 年。一般情况下，预备期后新教师自动转为终身教师。2009—2015 年，依据教师评价结果确定教师是否能转为终身任期的州越来越多。（见图 5-8 和表 5-2）

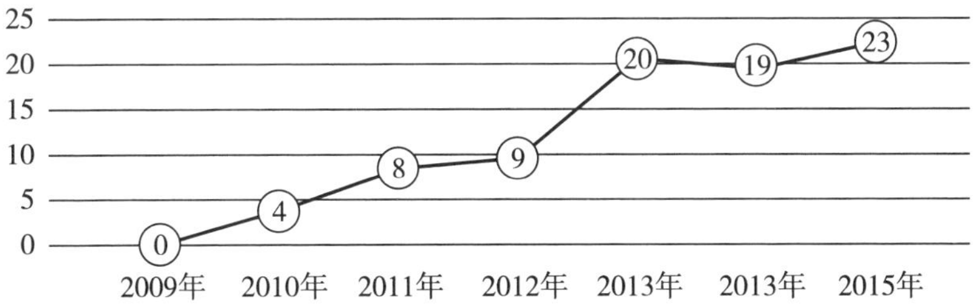

图 5-8　2009—2015 年教师评价与教师转正挂钩的州的数量

资料来源：National Council on Teacher Quality. 2017 State Teacher Policy Yearbook：National Summary [R/OL]. http://www.nctq.org/dmsView/2017_State_Teacher_Policy_Yearbook_National_Summary_NCTQ_Report.

表 5-2　2007 年、2015 年达到联邦政府“依据教师评价结果转为正式教师”目标的州

年份	表现最好的州	达到要求的州
2007	印第安纳、密苏里	无
2015	科罗拉多、康涅狄格、特拉华、佛罗里达、夏威夷、路易斯安那、纽约、俄克拉何马、田纳西	阿拉斯加、亚利桑那、艾奥瓦、伊利诺伊、印第安纳、马萨诸塞、密歇根、内华达、新泽西、北卡罗来纳、南卡罗来纳、弗吉尼亚、华盛顿、怀俄明

资料来源：(1) National Council on Teacher Quality. 2007 State Teacher Policy Yearbook Quality [DB/OL]. http://www.nctq.org/dmsView/2007；2017 State Teacher Policy Yearbook：National summary[R/OL]. http://www.nctq.org/dmsView/2017.

在依据评价结果辞退终身教师方面，2007 年，全美只有 7 个学区规定辞退连续 2 次评价不合格的教师。到 2015 年，28 个州规定可以辞退无效教师，但只有 9 个州采取了切实的措施；19 个州规定教师队伍裁员的时候先裁退得到差评的教师，22 个州规定教师队伍裁员的时候不得将任教年限作为裁退的标准，而忽视教师的工作绩效。图 5-9 是 2009—2015 年教师评价与教师解聘挂钩州的数量变化情况。

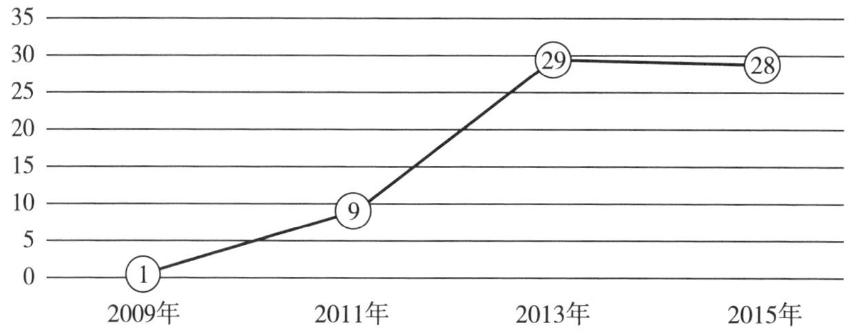

图 5-9　2009—2015 年教师评价与教师解聘挂钩州的数量

资料来源：National Council on Teacher Quality. 2017 State Teacher Policy Yearbook：National Summary [R/OL]. http://www.nctq.org/dmsView/2017.

有的地方为了避免解聘教师所带来的麻烦，通常还会通过教师同行支持和评价的方式对评价不合格的教师予以帮助，无论是新教师还是正式教师。例如，伊利诺伊州要求咨询教师对新教师做出评价报告，不仅确保给新教师以反馈，还要求将评价报告材料纳入所有其他有关新教师的总结性评价。新教师必须在 4 年试用期的最后一年连续 4 次获得“合格”等级的评价或者在试用期的第二年和第三年连续获得“合格”等级的评价，才能续聘为终身教师。① 又如，一些州规定如果终身教师被评价为“不合格”，则必须为其制定专业发展计划，如果完成专业发展活动，仍被评价为“不合格”则启动解聘程序。

如果公立学校鉴于财政问题或招生问题需要裁员，那些评价结果欠佳的教师将被优先辞退。例如，路易斯安那州学校人事评价政策第 3 章第 315 条和第 317 条分别规定，为评价不合格的教师提供高强度的支持和指导，解聘接受支持后仍不合格的教师。“如果教师被评价为不合格，就需要在评价结果确定后的 30 天内为其制定高强度的支持和指导计划，并在 1 年内完成该计划并再次接受评价，如果仍然没有获得满意的评价，地方学区就应启动终止任期的程序”，“教师可以就不合格的评价结果在 15 天内提出申诉，评价者和被评价者召开正式会议协调商讨，协调失败进入解聘听证程序”，“咨询教师作为辅助评价者”对教师的解聘承

① Illinois School Code, Article 21A [EB/OL]. [2016-11-30]. http://www.ilga.gov/legislation/ilcs/ilcs4. asp? DocName = 010500050HArt. + 21A&ActID = 1005&ChapterID = 0&SeqStart=143900000&SeqEnd=144700000.

担责任。①

2. 基于评价的绩效薪酬

教师评价与教师绩效薪酬一开始也具有密不可分的关系，但是随着教师工会的建立和教师维权斗争的发展，第二次世界大战后美国教师形成了单一薪资制，教师的薪资与学历及资格等级直接挂钩，很少有学区设立依据教师评价发放的绩效薪酬。直到教育问责制改革，才在全美推动了教师评价与聘用、薪资等人事决策的重新挂钩。综合来看，这两届政府为教师薪酬改革所设定的目标包括以下 4 个方面：（1）取消根据教师学历、资历、资格确定工资等级的制度；（2）支持绩效付酬、奖励高效教师；（3）鼓励学区参考学生学习的客观证据建立灵活的薪资和奖励制度；（4）使所有教师都有机会享受绩效付酬，而不只包括有标准化测验科目的教师。

结语

美国中小学教师考核评价尝试了外部管理人员评价和内部同行评价，尝试运用了学生学业成绩标准和专业实践标准评价，尝试了等级法、描述法、统计法等不同的评价方法，尝试了总结性评价与过程性评价，尝试了与人事决策挂钩，也尝试了与人事决策脱钩，每种评价的目的、标准、方法、过程都在特定的时期和特定的政策背景下发挥了各自的作用。正如美国著名教育学者哈蒙德（Linda Darling-Hammond）指出的那样：如果将教学看作一种劳动（labour），就要评价教师的工作任务及流程，如校长所实施的职责评价；如果将教学看作手艺（craft），就要评价教师的知识和技巧，如教师资格考试中常见的能力评价；如果将教学看作专业（profession），则不仅需要评价教师的知识和技巧，还要评价教师的判断及行动，如教师的表现性评价；如果将教学看作艺术（art），教师的技

① Louisiana Board of Elementary and Secondary Education. Regulations for the Evaluation and Assessment of School Personnel [DB/OL]. [2016-11-29]. http://www.doa.louisiana.gov/osr/lac/28v147/28v147.doc.

巧和行动则是不可预测的，需要进行个性化的评价。① 美国中小学教师考核评价正是给我们展现了这样一个复杂的面貌，只有把握其最终目的，即通过促进教师的专业发展提升整体教育质量，才能在不同的境况下确定最适合的策略。

① Darling-Hammond L, Wise A E, Pease S R. Teacher Evaluation in the Organizational Context: A Review of the Literature [J]. Review of Educational Research, 1983 (53) 3: 285-328.

第六章

美国中小学教师薪酬绩效

工资的高低能够在一定程度上体现出劳动者的价值和特点。为了促进中小学教师改革，提升基础教育质量，美国联邦政府自 21 世纪初开始对现行中小学教师工资制度进行反思。总体上看，美国中小学教师工资处于社会中等收入水平，对优秀人才的吸引力并不强，不能适应基础教育改革发展对高素质教师的期盼。由此，部分州和学区着手对中小学教师工资制度尝试进行改革，对各类中小学教师工资制度，如教学能力工资制、教师职务工资制、教学绩效工资制分别进行调整。

一、美国中小学教师薪酬绩效的变迁

（一）19 世纪的教师薪酬状况

美国公立学校刚刚出现的时候，以农村学校为主，只有单个班级的农村学校占多数。当时，无论是农村地区的学校，还是城市地区的学校，校历都是根据人们的劳动状况来制定的。大多数地区的公立学校一年的开学时间在 5 个月以下。男教师在冬季农闲的时候做教师，补充收入；而女教师则在结婚之前做教师。对教师的要求是具备读写算的能力和正派的品行，大部分教师缺乏专门的培训。教师的主要工作是监管学生的行为，教师主要由当地的教育委员会聘用。有的学校甚至没有固定的校舍，教师不得不在学生家里轮流教学。最初的教师薪酬就是当地教育委员会给教师提供的教学点和教学用具费用的一部分。

19 世纪中期，美国公立学校运动渐渐发展起来，但中小学制度还不完善，有关教师的薪酬制度也不健全，常常是根据地方财政的情况，随机给予学校资助，教师的薪酬则占其中很大的比例。例如，1856 年，宾夕法尼亚州男教师每月的薪酬是 24 美元，女教师则是 16.6 美元；1867 年，波士顿城区教师的日薪只有 2.5 美元，而厨师的日薪是 3.1 美元，农民的日薪是 2 美元。① 可见，当时公立学校教师的薪酬甚至难以保障基本的生活要求，大量教师还要从事农业或工业劳动才能养家糊口。

美国教师组织是影响美国教师薪酬制度的重要力量。成立于 1857 年的全美教育协会（NEA）在 1863 年年会上第一次提及有关教师薪酬的议题。1884 年，全美教育协会成立了薪酬委员会（Committee on Salaries）。这一时期协会的主要成员是大学教授、地方教育官员，关注点在于普及公立教育，而包括教师薪酬在内的教师福利没有引起重视。

总体来看，这一时期美国公立学校教师薪酬处于相当低的水平，教育教学也

① Wesley E B. NEA：The First Hundred Year：The Building of the Teaching Profession [M]. New York：Harper & Brothers Publishers，1957：82.

没有固定的标准，还没有形成正式的薪酬制度。

（二）20 世纪初的差别化薪资

随着城市化和工业化的发展，美国只有一个班级的学校逐渐减少，按照学生年龄和能力开展的分年级、分班级教学的学校数量逐渐增加，学校的课程也越来越规范化。随着学校规模的扩大，学校除了教师还设置了校长，社区设立专门的机构聘请督学管理学校。地方逐渐出台了法律法规，要求教师必须通过考试或参加相关的培训才能获得教师资格。一开始为了获得教师资格所需的花费甚至相当于教师 1 个月的工资。教师微薄的薪水只能吸引女性加入教师队伍，男教师越来越少，学校逐渐形成由男校长或学监管理女教师的科层管理体制。

20 世纪初，城市学校开始建立教师薪酬制度，这一制度，被称为“差别化薪资计划”（differentiated salary schedules），男教师、女教师、白人教师、黑人教师的薪资各不一样，此外还普遍根据教师专业水平和所教年级支付不同的薪资。例如，1876 年，波士顿文法学校男教师的薪资是每年 1 700—3 200 美元，而女教师的薪资是每年 600—1 200 美元；高中教师的薪资高，男教师是每年 1 700—4 000 美元，女教师是每年 1 000—2 000 美元。在一定的范围内则根据教师的教学经验及管理者对教师的评价核定具体薪资。① 这种教师薪资体系使得一个城市的各类教师获得了相对一致的薪资，也确定了根据专业水平的高低来确定薪资的标准，但性别主义和种族主义特征凸显了其不公正性。

1905 年，全美教育协会发布了第一份有关教师薪酬的报告，该报告调查了 23 个州 400 多个城市的 8 000 多名教师的薪酬待遇。调查显示，城市小学教师的平均薪资是每年 661 美元，城市高中教师的平均薪资是每年 1 046 美元，而乡村教师的薪资则比城市教师低很多。从 1922 年开始，全美教育协会总部成立了研究机构，此后持续 35 年发布全美教师薪酬数据。随着这些研究报告的发布，以及 1916 年美国教师联盟（American Federation of Teachers，AFT）这一教师工会组织的成立，加之全美教育协会的转型，从 20 世纪 20 年代开始，美国教师开

① Tyack D B，Myra H. Strober. Women and Men in the Schools：A History of the Sexual Structuring of Educational Employment [M]. Washington，D. C.：National Institute of Education. 1981：12.

始团结起来为自己的福利而斗争。

总体来看，20 世纪初美国教师的薪酬状况具有以下三个特征。(1) 城市和农村教师的薪酬存在很大的差别，一般来说，城市的较高，农村的较低。(2) 越来越多的地区实施差别化的薪资，教师的薪资按照所教年级的高低支付，年级越高，教师的薪资越高；教师的薪资具有明显的性别主义和种族主义特征。(3) 越来越多的州开始制定最低薪资标准以防止教师流失，教师队伍逐渐稳定下来。

（三）20 世纪中期的单一薪资制

随着差别化薪资引起不满，以及全美教育协会、美国教师联盟对教师薪酬、任期制、退休待遇、学术自由等福利制度的呼吁，美国首先爆发了女性教师要求同工同酬的运动。1911 年，纽约女教师的抗议首先奏效，纽约市规定教师同工同酬。随后，美国教师联盟在各地相继成立了分支机构，在总部的支持下各分支机构开始组织教师罢工。在教师组织的抗争下，通过与地方教育委员会的协商，有关教师薪酬等教师福利待遇的规定逐渐以立法的形式出现。

20 世纪 20 年代以后，教师的权益还得到了全美工会的支持。例如，美国教师联合会（ATA）在美国劳工联盟（American Federation of Labor）的支持下，将后者争取到的劳工薪资制度用于教师权益保障。1921 年，丹佛和得梅因成为全美首先实现教师单一薪资制（single salary schedule）的城市。① 单一薪资制是指所有教师不论性别、种族、所教年级或家庭状态都按照一个标准来支付薪资，即根据教师的学历和教龄来规定薪资标准。到 1925 年，全美 80%大城市中的女教师获得了同工同酬的待遇。② 从 20 世纪 30 年代开始，随着罗斯福新政的实施，联邦更是以法律形式赋予了劳工组织谈判的权利。③

大萧条后期，社会保障法令的出台也没能使教师的状况得到有效的改善，教师们又开始抱怨工资和退休福利过低。经过一些地方的教师组织与教育当局的长

① Sharpes D K. Incentive Pay and the Promotion of Teaching Proficiencies [M]. The Clearing House，1987：406.

② David B. Tyack. The One Best System：A History of American Urban Education [M]. Cambridg，MA：Harvard University Press，1974：259-267.

③ 王学璐. 美国教师集体谈判发展研究 [D]. 保定：河北大学，2015：13.

期斗争，到1944年，一些教师组织首次与地方学区签署了有关教师薪酬福利的协议。① 1944年，全美教育协会的教师薪酬报告指出，所有按照非单一薪资制来支付教师的工资的措施都缺乏合理性。各地教师组织开始争取与教育当局开展集体谈判的权力，并将大力推广单一薪资制作为集体谈判的主要内容，同时要求教师薪酬要同社会其他行业薪资保持同样的增长比例。

第二次世界大战后，由于政府要偿还战争贷款，教师工资仍保持战时较低的水平，但却遭遇通货膨胀的威胁。同时，退伍军人大量进入教师队伍，使教师处境更为不利。1948年，美国教育联合会正式宣布将集体谈判纳入行动策略。②随后，学区通过与教师集体谈判达成协议而出台教师薪酬福利政策的情况变得越来越普遍，围绕教师终身聘用、薪酬、试用期、解聘、退休、请假，以及工作职责和评价等各项教师制度逐渐形成了与教师组织集体谈判的惯例。到1950年，单一薪资制已经覆盖全美97%的教师。美国教师薪酬状况出现了较大改观，从1907年到1957年，美国中小学教师的薪酬增长了6倍，从每年平均700美元以下增长到每年平均4 000美元以上。20世纪60年代，在民主运动的推动下，教师待遇和福利进一步完善。1962年，纽约州教师通过罢工使纽约州政府妥协，签署了一项集体谈判协议，再次提高了教师工资。

（四）20世纪后期的薪酬改革

1971—1972年，在全美兴起了一场从公共部门到私人企业的反终身制的运动。这场运动虽然没能将教师终身制的条款从法律中剔除，但很多州的相关法律都做了调整。例如，纽约州取消了校长终身制；③ 纽约州要求教师的试用期从3年延长到5年。④ 教育管理当局反对教师终身制的态度越来越坚定。20世纪70

① 乔尔·斯普林. 美国教育［M］. 张弛，张斌贤，译. 合肥：安徽教育出版社，2010：291.

② U. S. Department of Health, Education, and Welfare. Collective Action by Public School Teachers Vol. Ⅰ: Teacher Organization and Collective Actions［R］. Washington D. C., 1968: 35.

③ Theodore H L. Teacher Tenure as a Management Problem［J］. The Phi Delta Kappan, 1975 (56) 7: 459-462.

④ Lanzarone M R. Teacher Tenure: Some Proposals for Change［J］. Fordham Law Review, 1974 (42) 3: 526-561.

年代，盖洛普调查（Gallup Poll）等公立学校舆论风向标显示，民众特别是学生家长对各州所实施的教师终身制的批评主要是，教师旱涝保收、薪酬基本上靠论资排辈。① 以下两项教师人事改革成为舆论讨论的热点：（1）教师职业阶梯（career ladder）与教师绩效工资制（merit pay，performance pay，incentive pay）；（2）打破教师终身制，制定教师辞退政策。

20世纪80年代，卡内基基金会、霍姆斯小组先后建议设立3—4个教师职业层级，各州开始实施职业阶梯项目，建立从新手教师到专业教师，再到专家教师的教师职业生涯发展体系。各州的教师职业阶梯项目都强调基于合理的教师评价，判断每个教师的职业生涯阶段或专业发展阶段，赋予这个阶段的教师应承担的专业角色和职责，并享有这个阶段的报酬。② 各个等级的薪资等级见图6-1。例如，田纳西州、得克萨斯州、犹他州建立了全州范围的教师职业阶梯制度；密苏里州出台了指导性教师职业阶梯意见；佛罗里达州、加利福尼亚州都尝试修改法律，实施与教师职业阶梯匹配的多层级薪酬改革。

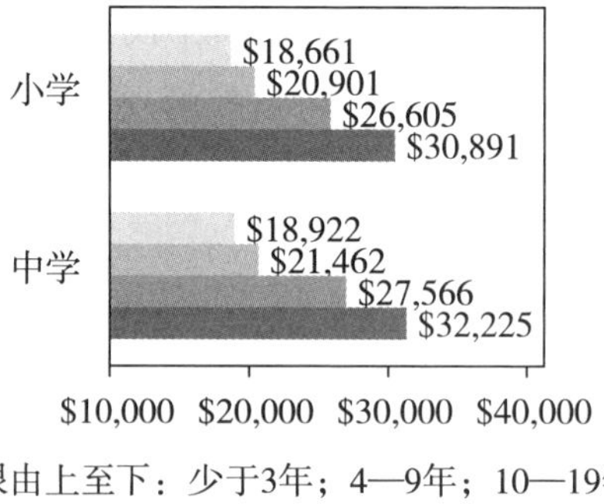

图6-1 1987—1988学年公立学校薪资等级

资料来源：U. S. Department of Education. 1987-1988 Schools and Staffing Survey: Teacher Questionnaire. http://nces.ed.gov/pubs93/93025.pdf.

与此同时，教师对当时的薪酬制度也不满意，一方面因为教师工资一直低于从事其他职业同等学力者的平均工资，另一方面教师薪酬存在“大锅饭”的弊

① Brown E L. The Teacher Tenure Battle: Incompetence Versus Job Security [J]. The Clearing House, 1982 (56) 2: 53-55.

② Bacharach S B, Conley S, Shedd J. Beyond Career Ladders: Structuring Teacher Career Development Systems [J]. Teachers College Record, 1986 (87) 4: 563-574.

病。据调查，20 世纪 80 年代，公立学校对工资水平满意的教师只占 8%，43% 的教师有学校之外的收入来源。① 在教师工资结构中，来自专业贡献或工作绩效，如指导其他教师或在评价中获得优异等级等极少在教师的薪酬中得到体现。可实际上，教师宁愿在学校和专业队伍的建设上贡献更多力量，也不愿意在学校工作之外另寻补贴，因此对实施绩效薪酬的意愿也非常强（见表 6-1）。

表 6-1 公立学校教师绩效薪酬的比例及有此意愿的比例

	作为指导教师的补助	在短缺教师的学科任教	在短缺教师的地区任教	个人表现优异的奖励	学区办学优异的奖励
总体实际比例	9.2	1.3	1.3	2.5	2.7
小学	8.9	0.9	1.3	2.4	2.7
初中	9.6	1.6	1.2	2.5	2.8
总体意愿比例	58.7	23.7	40.5	27	33.5
小学	58.8	21.1	40	24.9	32.2
中学	58.5	26.4	41	29.1	34.7

资料来源：U.S. Department of Education. 1987-1988 Schools and Staffing Survey: Teacher Questionnaire [DB/OL]. http://nces.ed.gov/pubs93/93025.pdf.

在社会及教师的共同期待下，实施绩效薪资逐渐提上日程。早在 20 世纪 50 年代末 60 年代初，纽约、特拉华、堪萨斯等州就尝试实施绩效薪酬改革，但是由于计划不成熟未能实施。据统计，1963 年，在全美最大的 2 500 个学区中只有 5%的学区在个别项目上有绩效薪酬。② 20 世纪 70 年代末，全美州长联合会（NGA）召开专题会议，研究实施专家教师计划（master teacher plan）、教师职业阶梯（career ladders）、绩效工资（merit pay）等。③

1983 年，《国家处在危险之中：教育改革势在必行》报告建议："教师的薪

① U. S. Department of Education, National Center for Education Statistics. 1987-88 Schools and Staffing Survey: Teacher Questionnaire [DB/OL]. http://nces. ed. gov/pubs93/93025. pdf.

② Templeton I. Merit Pay [J]. Educational Management Review Series, 1972 (10): 2.

③ Pophp C. Merit Pay / Master Teacher Plans Attract Attention in the States [J]. The Phi Delta Kappan, 1983 (65) 3: 165-166.

酬应该具有竞争性，应该是市场导向的，基于教师的专业表现的。”① 要建立绩效薪酬制，就要将教师的薪酬与教师所承担的工作的多少、教师的教学能力和教学表现，以及教师的工作成绩联系在一起，而不只是衡量教师的经验和教育背景。而教师的教学能力、教学表现以及教学效果则主要由校长、教育局局长以及同行教师来评价。

笔者曾亲往弗吉尼亚州的法尔法克斯县学区（Fairfax county public schools）开展过教育考察。以该学区所采用的绩效薪酬计划为例，该学区每年拿出相当于教师总工资 9%的比例来奖励教学表现优异的教师。该计划于 1989—1990 学年面向全体教师实施，但是由于预算削减，1992 年被迫中断。当地的教师组织对该项计划提出反对意见，认为该计划在公立学校营造了一种竞争性的工作环境，且消耗过大。但由于公众的支持，1994 年该计划得以恢复，只是规模有所缩小。从全美的情况来看，20 世纪 80 年代，在各地试行的绩效薪酬计划很多得以成功实施，但也有相当多的计划未能持续下去，主要是因为受到管理、人事、教师组织、预算短缺等因素的阻碍。②

由于单一薪资制的总体框架一时难以撼动，从 20 世纪 80 年代开始，很多州不仅开始考虑将单一薪资制与职业等级相结合，还开始考虑在现有的薪酬框架下增加教育投入，实施激励性薪酬改革，对承担额外的专业工作职责，如指导新教师、学校课程建设、年级组长等进行补贴。例如，科罗拉多州樱桃溪（Cherry Creek）学区为优秀教师所提供的专业分享课程和在职培训项目等专业服务多支付 2 个月的工资。俄亥俄州的托莱多（Toledo）学区实施了教师同行支持与评价项目，该项目征集学区的优秀教师为新教师和教学表现不佳的教师提供指导和帮助，这些优秀教师获得比普通教师更高的薪酬。全美还有许多地方实施类似的项目。此外，加利福尼亚州立法建立“教师短缺贷款任职计划”，为那些承诺将来在特定学科任教的大学生偿还 8 000 美元的助学贷款。

---

① National Commission on Excellence in Education. A Nation at Risk：The Imperative for Educational Reform [M]. Washington：U. S. Department of Education，1983：30.

② Fenwick L E. History and Critical Issues Of Educational Compensation Systems [M]. In Teacher Compensation and Motivation [M]. Lancaster，PA：Technomic Publishing Co.，1992：3-25.

（五）21 世纪的绩效薪酬

21 世纪，美国教育改革的一个显著特征是问责导向。教师的薪酬改革也沿着这一方向前进。《不让一个孩子掉队法》要求，州运用增值法来评价教师的教学效果，并根据包括教学效果在内的教师评价的结果实行绩效薪酬。具体政策主要有两点：（1）教师评价改革。联邦法律要求州制定相关政策，使学校每年都开展教师评价；要求州将教学有效性作为教师评价的首要任务；要求州应该创造使用增值评价法评价教师对学生学习成绩的贡献。（2）薪酬改革。联邦法律要求州实施或鼓励而不是阻止学区开展依据评价结果确定教师薪酬的改革。

奥巴马政府时期，在《尊重教师政策蓝图》和《让每个学生成功法》的框架下，也鼓励州采用包括学生成绩在内的多种评价标准评价教师，并依据评价的结果实施综合化的教师绩效薪酬及人事改革。但奥巴马政府对改革目标进行了调整，强调不只是向教师问责，还要利用薪酬改革激励教师的发展，要求州在教师政策上实施更加综合化的改革，为招聘、安置、奖励、留住教师及教师晋升提供可靠依据。《尊重教师政策蓝图》提出："为教师提供有竞争力的待遇，使每个教育工作者表现出他们的专业性、有效性和工作成果，同时得到与其他相似职业同样的社会地位和认同应成为各州教师政策改革的目标。"①

2000 年成立的全美教师质量委员会按照联邦政府的目标，从 2007 年开始每年报告各州教师政策和实践的达成度，其中包括教师的薪酬改革。2007 年的报告显示，31 个州的教师薪资由学区自主实施。28 个州支持差别化的薪酬，即针对不同学区和学校、不同学科对教师实施差别化的工资。例如，提高那些在低收入社区学校或学生成绩差的学校工作的教师的薪酬，提高那些 STEM 学科教师的薪酬待遇，因为这些专业的人员在劳动力市场上的价格也更高。

基于教师评价的绩效薪酬改革也被越来越多的州接受。有 12 个州开始尝试拨款奖励高效教师或优秀教师。② 佛罗里达州在上述方面走在前列，立法要求学

① Department of Education, Blueprint for RESPECT [DB/OL]. [2013-10-23]. www2.ed.gov/documents/respect/blueprint-for-respect.pdf.

② National Council on Teacher Quality. 2007 State Teacher Policy Yearbook: Progress on Teacher Quality [DB/OL]. http://www.nctq.org/dmsView/2007.

区实施差别化的薪酬制度。

根据全美教师质量委员会的报告，2015 年，已经有 16 个州实施绩效薪酬，不过只有 7 个州直接将教师的评价结果与教师绩效薪酬挂钩，其他的州还主要是实施高需求学校和学科的差别化薪酬（见图 6-2）；15 个州仍要求学区为持有更高学位的教师付更高的工资；全美只有 2 个州禁止为持有更高学位的教师付更高的薪水，只有 3 个州在薪酬制度中规定，绩效要作为比学位更优先的条件加以考虑。尽管如此，与 2007 年相比，教师评价对教师薪酬的影响已大大加强。例如，2012 年，佐治亚州实施的新教师评价政策“教师关键有效性制度”（Teacher Keys Effectiveness System）规定，取得 4 个评价等级中最低一级“无效”或连续 2 年获得 4 个等级中的第 3 个等级——“有待提高”评价等级的教师，将不能得到当年的绩效工资。① 根据联邦政府设置的薪酬改革目标，2015 年全美的情况已经比 2007 年有了很大的改观。（见表 6-2）

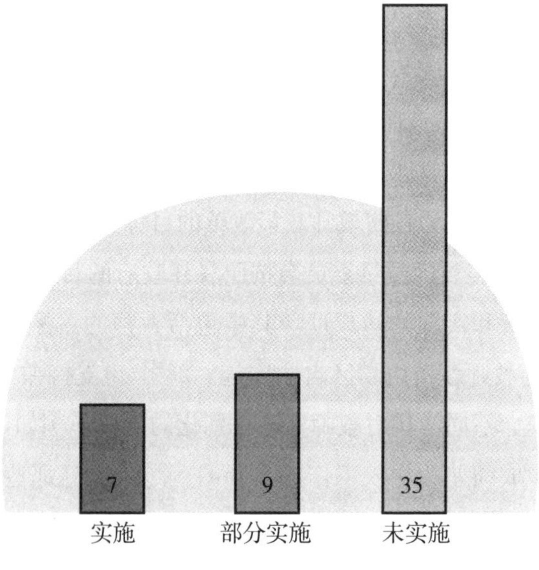

图 6-2　2015 年实施绩效付酬的州的数量

资料来源：National Council on Teacher Quality. 2015 State Teacher Policy Yearbook: National Summary [R/OL]. http://www.nctq.org/dmsView/2015.

① Georgian Association of Education. HB 244 Annual Performance Evaluations [EB/OL]. [2015-8-2]. http://pv.gae2.org/content.asp? ContentId=3627.

表 6-2　2007 年、2015 年达到联邦薪资改革目标的州

年份	表现较好的州	达到目标的州
2007	佛罗里达	艾奥瓦
2015	佛罗里达、夏威夷、印第安纳、犹他、密歇根、路易斯安那、内华达	阿肯色、特拉华、佐治亚、明尼苏达、密西西比、俄亥俄、俄克拉何马、南卡罗来纳、田纳西

资料来源：National Council on Teacher Quality. 2007 State Teacher Policy Yearbook Quality [DB/OL]. http://www.nctq.org/dmsView/2007. 2015 State teacher policy yearbook: National summary[R/OL]. http://www.nctq.org/dmsView/2015.

由此可见，美国 21 世纪教师薪酬改革的重点仍然是实施绩效薪酬和差别化薪酬，即打破按照教师教龄和学历背景为主要标准的薪酬框架，实施基于评价和需求的绩效薪酬，而教师评价中占较大权重的是基于学生学业成绩或成绩的增长所做的增值性教师评价，以及校长与同行教师做出的评价。

二、美国中小学教师薪酬绩效体系构成

美国中小学教师的薪酬制度有的由学区制定，有的在州的统一框架下由学区根据实际情况进行调整。允许学区自己制定薪酬制度的州有加利福尼亚州、康涅狄格州、华盛顿哥伦比亚特区、佛罗里达州、印第安纳州、马里兰州、密歇根州等 36 个州。14 个州设定了基本的薪酬框架和教师最低薪酬标准，其他的由学区来定夺。迄今为止，美国多数州的多数学区的薪酬体系仍然是建立在单一薪资制基础上的，但在此基础上的各种补助和奖励措施越来越多。

进入 21 世纪以来，在联邦的呼吁下，一些州或学区出台了一系列的措施改革教师薪酬体系，确保优秀的教师在薪酬上得到优待，同时给那些难以招到教师的地区、学校、学科以更大的薪酬支持力度。截至 2018 年，22 个州要求学区实施绩效薪酬；9 个州要求学区根据教师的教学成绩和表现来改革教师薪酬政策；8 个州直接将教师的薪酬与教师的评价结果联系在一起；35 个州要求学区在一些特殊学校和学科上给予教师激励性的补助。例如，少数族裔学生较

多的学校，成绩较差的学校，科学、外语等教师短缺的学科。① 不过，36 个州和华盛顿哥伦比亚特区都是在与教师组织进行集体协商的基础上改革教师薪酬制度的。

（一）单一薪资制

单一薪资即根据教师学历和教龄来设定工资等级框架的制度。全美有 14 个州制定了州教师薪资结构参照等级，学区可以在此基础上根据本学区的财政情况适当调整。但无论是州的工资等级框架还是学区的工资等级框架，只要工资的提升主要依据教师学历和教龄，这个框架就被称做单一薪资制。具体见犹他州盐湖城的教师薪酬框架。（见表 6-3）迄今为止，只有北卡罗来纳州禁止学区将教师学历的提升与薪酬提升联系在一起。

表 6-3　2018—2019 学年盐湖城学区持有教师资格证书的教师工资（单位：美元）

等级	学士	学士＋20	学士＋40	硕士	硕士＋20	硕士＋40	博士
13					75 461	77 791	79 905
12				70 764	72 106	74 323	
11			67 541	67 541	69 713	71 888	
10		63 026	64 478	65 310	67 425	69 540	
9	59 518	60 073	62 308	63 174	65 244	67 310	
8	56 538	57 966	60 233	61 093	63 106	65 116	
7	54 457	55 945	58 181	59 076	61 053	63 033	
6	52 407	54 019	56 275	57 147	59 066	60 977	
5	50 443	52 145	54 375	55 295	57 162	59 017	
4	48 573	50 359	52 593	53 485	55 321	57 149	
3	46 766	48 661	50 871	51 759	53 544	55 334	
2	45 001	46 974	49 173	50 064	51 795		
1	45 001	46 974	49 173	50 064	51 795		

注：(1) 教师工资等级的提升基本按年限和学区的财政经费而定；(2) 教师任教满 26

① National Council on Teacher Quality. Databurst Strategic Teacher Compensation [DE/OL]. [2019-02-27]. https://www.nctq.org/publications/Strategic-Teacher-Compensation-Databurst.

年将每年另外得到年薪 2％的补贴。

资料来源：Salt Lake City School District. Salary Schedules [EB/OL]. [2018-06-19]. https://www.slcschools.org.

学区负责依据学历和教龄制定本学区教师工资等级。教师在入职时，初次定薪涉及的因素较多，包括是否从事过相关职业。通常情况下，如果曾在其他学区任教，则参考其原有的薪资等级定级。如果曾有教育行业相关经历，则酌情定级。还有个别州和学区不承认持有本州教师资格证书之前的任教经历。与学历水平相对应的薪酬等级有学士学位、硕士学位、博士学位，还有介于两个学位之间的、为接受继续教育的学分所设定的标准等级，如学士学位加 20 学时、学士学位加 40 学时、硕士学位加 20 学时、硕士学位加 40 学时（见表 6-3）。与教龄对应的垂直等级有十几个。一般每年或每 2 年就会调整与教龄对应的教师的薪资等级。从各州各学区的平均情况来看，教师要用 24 年才能达到最高等级的薪酬。如果教师已经达到最高等级的薪酬但还在继续任教，有的学区会为这些教师额外加薪。例如，上表所列的盐湖城学区就会在教师任教 26 年后，每年另外给教师发放年薪 2％的补助。

教师薪资等级提升的速度与教师最终获得的薪水直接相关。有的州或学区教师的起薪和最高等级的工资都很高，但需要很长时间才能拿到最高等级工资，有的起薪和最高等级工资都不高，但是需要较短时间就可以拿到最高等级工资，后一种教师获得的薪酬总额有时还要高于前一种。例如，俄亥俄州虽然起薪和最高工资都不算最高，但是教师薪酬提升的速度较快，因此教师实际得到的薪酬总量较多，教师对薪酬的满意度也较高。而西弗吉尼亚州教师的工资增长速度较慢，特别是在教师职业生涯前半段，因此教师获得的薪酬总额较少，教师的满意度较低，流失率较高。

除了学历和教龄外，美国很多州都规定教师可以享有一种称为通货膨胀调节或生活消费水平调整（cost of living adjustment）的待遇，教师每年的薪酬都要进行部分调升，确保每年增长的幅度不低于通货膨胀的幅度。有这一政策的学区在做教师薪酬预算时，都要将其考虑在内。以华盛顿州为例，2015—2016 学年依据通货膨胀率为教师工资设定了 3％的生活消费水平调整幅度，2016—2017 学年依据通货膨胀率为教师工资设定了 1.8％的生活消费水平调整幅度。有些州规定退休教师也享受这一待遇。生活消费水平调整通常以州为单位，但在一个州内不同的地区消费水平差距是很大的。在城市地区住房和交通的费用就远远高于州的平均水平，而生活消费水平调整比例又是由州来统一确定的，因此造成一个州不同地区教师的薪酬在消费能力上有差别。

（二）基于教师教学成绩和表现的绩效工资

这里的绩效工资是指根据教师教学成绩及表现，来决定教师的工资等级是否可以提升以及提升速度和规模的制度。当前，美国联邦政府的政策是要求州支持学区依据教师课堂教学的有效性实施绩效薪酬，允许学区灵活制定绩效薪酬政策，相关政策应该反映教师对学生发展的贡献。

从已经开始绩效薪酬改革的学区来看，基于教师教学成绩和表现的改革措施主要有：(1) 依据教师评价的等级来决定教师薪水提升的程度和速度；(2) 对于评价等级较低的教师不予提升薪水，无论其教龄或学历是否提升。例如，佛罗里达州立法要求，所有 2011 年以后聘用的教师都要按照绩效薪酬制付酬，每年只给被评价为“有效”和“高效”的教师提升薪酬等级，其中“高效”教师提升到其学历等级最高的薪酬数额。有的学区根据教师评价的等级给教师积分，积分达到一定数额就提升一级工资。例如，马里兰州的巴尔的摩县学区（Baltimore county public schools）要求教师积够 12 分就可以提升一级工资，获得最高的“高效”等级的评价可以一次性积 12 分，而“有效”等级的评价可以积 9 分，6 年内积分最高的教师工资最高增长的额度为 1 500 美元。当然，教师也可以通过参加专业发展活动获得积分，但每个学分获得的积分较少。无论通过什么方式，只要积够一定的分数就可以提升工资等级。

从全美的整体情况来看，虽然已经有 9 个州给出实施薪酬绩效的指导性政策，但真正实施的学区数量较少，实施得比较彻底的学区则更少。以全美改革先锋佛罗里达州为例，该州 2011 年就颁布相关的法律，要求学区实施绩效薪酬。各学区都实施了依据教师评价调薪的政策，但是多数学区依据评价结果调薪的幅度还远远低于学历提升调薪的幅度，只有希尔斯伯勒县学区（Hillsborough county public schools）、杜瓦尔县学区（Duval county public schools）实施得较为彻底。希尔斯伯勒县学区完全依据教师评价结果调薪，停止依据学历调薪的政

策；杜瓦尔县学区依据教师评价结果调薪的幅度大于学历提升调薪的幅度。（见表 6-4）

表 6-4　2016—2017 学年佛罗里达州部分实施绩效薪酬学区的情况（单位：美元）

学区	教师表现评级		教师学历提升
	高效	有效	硕士
布雷瓦德县（Brevard）	445	333	2 868
布劳沃德县（Broward）	2 642	1 554	3 447
克雷尔县（Collier）	1 767	1 325	2 711
杜瓦尔县（Duval）	2 084	1 042	1 042
埃斯坎比亚县（Escambia）	214	214	2 674
希尔斯伯勒县（Hillsborough）	1 216	1 216	0
湖县（Lake）	2 078	1 547	2 940
李县（Lee）	1 052	526	2 629
马里恩县（Marion）	552	275	2 753
迈阿密戴德县（Miami Dade）	1 901	1 426	2 927
奥卡鲁沙县（Okaloosa）	1 633	1 220	2 350
桔县（Orange）	1 380	1 022	2 843
棕榈滩县（Palm Beach）	1 275	944	2 833
皮内拉斯县（Pinellas）	1 649	1 237	2 178
萨拉索塔县（Sarasota）	1 523	1 523	5 066
圣约翰县（St John's）	1 349	1 000	2 604
圣鲁西县（St Lucie）	167	125	3 132
卢西亚县（Volusia）	887	665	3 417

资料来源：Kate W，Samuel L. Elizabeth Ross. Backing the Wrong Horse：The Story of One State's Ambitious But Disheartening Foray Into Performance Pay [DE/OL]. [2019-03-04]. https://www. nctq. org/publications/Backing-the-Wrong-Horse:-The-Story-of-One-States-Ambitious-But-Disheartening-Foray-Into-Performance-Pay.

（三）基于教师教学成绩和表现的绩效奖金

基于教师教学成绩和表现的绩效奖金（performance bonus）是指，在工资以外设立一定数额的绩效奖金，奖给优秀教师。教师的评价等级并不影响教师的薪资等级，只是根据教师的评价结果确定教师是否能够得到绩效奖金。通常这类奖金奖励给被评为“高效”的教师。有的学区还规定了奖金获得周期。例如，威斯康星州的密尔沃基学区规定，教师以 3 年为一个周期，要综合教师 3 年的评价结果，第 3 年发放绩效奖金。有的学区还对奖金设定了不同的等级及限定条件。例如，华盛顿州西雅图学区规定，在成绩差的学校任教的教师获得“高效”的评价等级可以获得 2 000 美元的奖金，但在成绩好的学校任教的教师即便获得了“高效”的评价也没有这一奖励。① 再如，华盛顿哥伦比亚特区学区不仅给所有被评为“高效”的教师发放每年 2 000 美元绩效奖金，对那些在差校任教的教师还会提高绩效奖金的额度，使其每年获得 3 000 美元的奖金。

再以犹他州为例，从 2009 年开始实施基于教师教学成绩和表现的绩效奖金，同时也实施基于教师教学成绩和表现的绩效薪酬。要求学区根据教师每年的评价结果来发放绩效奖金；教师的工资等级的提升也要将评价作为基础数据加以参考。如果一个教师在最近几年的评价中获得过最低等级的评价结果，则不得提高其工资等级。对教师所做的评价要基于多种证据，包括教师的自评，学生和家长的反馈，同行、校长及督学的课堂观察，学生的成绩及教师所参与的专业发展活动。教师最多可以通过评价每年获得 2 000 美元的奖励，其中 40％要看教师对学生成绩所做的贡献，40％要根据课堂观察评价教师的教学质量，20％来自家长对教师的满意度。上述奖励是在工资外获得的，教师获得的绩效奖金并不影响教师工资的正常调升以及获得其他类别的奖金。

（四）特殊补助

学区给教师的薪酬中还有一部分是特殊补助，这些补助是在教师的工资之外

① Hannah Jarmolowski. Performance Pay: How Teacher Evaluations Impact Compensation [DB/OL]. [2019-02-27]. https://www.nctq.org/blog/Performance-Pay:-How-Teacher-Evaluations-Impact-Compensation.

给予的补助，补助的类别包括：在师资短缺的学科任教、在高贫穷率的学校任教、在成绩差的学校任教、在少数族裔比例较高的学校任教等。美国联邦政府为了保障教师队伍的质量，在教师薪酬制度上设置了两个目标与上述特殊补助有关：（1）要求州在师资短缺的任教领域为“有效”教师提供比普通教师高的薪酬补助；（2）要求州为高需求学区和学校的“有效”教师提供比普通教师高的薪酬补助。截至 2017 年，有 23 个州为高需求学校的教师提供额外补助；15 个州为师资短缺的学科教师提供额外补助。在这些方面做得最好的是佛罗里达州、新墨西哥州和犹他州。

有的州虽然没有实施上述政策，但对上述两类教师或准备做教师的大学生提供了其他形式的补助，例如助学贷款减免、房屋贷款补助、学费减免和进修的机会。其中有 6 个州为在高需求学校任教的教师提供助学贷款减免（美国半数以上的大学生申请助学贷款，一般在就业后 10 年内还清）；9 个州为在师资短缺学科任教的老师提供助学贷款减免。没有实施上述任何一种政策的州有 21 个。①

再以全美教师质量较差的华盛顿哥伦比亚特区为例，如果教师在师资短缺的学科任教，每年可以获得 3 000 美元补助；如果教师在学生高贫穷率学校任教，可以获得每年 10 000 美元补助；如果教师在高贫穷率学校任教师资短缺的学科，则可以获得每年 15 000 美元的补助；如果教师所任教的这个学校是成绩最差的 40%的学校，也可以获得 10 000 美元的补助；如果上述这几个条件都符合，最高每年可以获得 25 000 美元的补助。又如新墨西哥州，为在 STEM 学科、差校、困难岗位任教的合格教师、良好教师和优秀教师每年分别提供 5 000 美元、7 500 美元和 10 000 美元的补助。②

（五）退休金

美国各州的教师退休金政策各不相同，大体上分为两种：一种称为“固定收益退休金制度”（Defined Benefit Pension System），另一种称为“固定养老保险缴纳制度”（Defined Contribution System）。

---

①② National Council on Teacher Quality. 2017 State Teacher Policy Yearbook: National Summary [DB/OL]. [2019-03-01]. http://www.nctq.org/dmsView/2017-State-Teacher-Policy-Yearbook-National-Summary-NCTQ-Report.

固定收益退休金是根据教师的工资等级来确定其退休金数额，一般的算法是教师退休前所获得的最高等级工资乘以教龄再乘一个系数，这个系数各州不同，一般是教龄越长系数越高。因此在实施这种制度的州，教师的工资等级和教龄是最关键的。退休前工资等级越高，教龄越长，退休金越多。有的州还规定只有教龄达到一定标准才能退休，如果提前退休则退休金打折扣。例如，阿肯色州规定，教师教龄达到 28 年就可以立刻拿到退休金，退休金的额度是最高等级工资的 60%，如果教龄达不到 28 年只能等到 11 年后才能拿到退休金，并且只能拿到最高等级工资的 54%。有的州根据教龄和年龄，或单独根据年龄来判定是否达到合法退休条件。

固定养老保险缴纳制度是教师和学区按照一定的比例每年缴纳养老保险，离职或退休时领取。一般情况下，由州统一制定公职人员的养老保险政策。通常情况下，教师从 20 多岁参加工作，个人和学区要为其缴纳年工资总额的 10%—15%作为养老保险金，这样才能保证达到退休年龄时能拿到相当于工资 80%的退休金，个人和学区分别承担一半。不同的州对离职教师的养老保险有不同的规定。有的州规定，如果教师离职则完全拿不到学区匹配的养老保险，如新罕布什尔州。有的州则按照教师在本学区的任教年限有不同的规定。例如，南达科他州的教师如果在从业 3 年内离职，可以提取个人所缴的养老保险及其利息，以及学区匹配的养老保险金的一半；教师从业超过 3 年离职的，可以提取个人所缴的养老保险及其利息，以及学区匹配的养老保险金的 85%。州收取的包括教师在内的公职人员的养老保险还用于投资，大部分的州按照固定的收益率返还教师利息。41 个州的收益率高于 7.5%，这比银行的存款利率要高出很多。因此，在经济形势不好或股市大跌的情况下，州的养老金就会入不敷出。例如，2015 年，伊利诺伊州包括教师在内的公职人员的养老保险债务累计达到了历史最高的 1 110亿美元。

总体来看，美国教师的退休金较高。例如，2016 年，伊利诺伊州教师的平均退休金为每年 73 300 美元，平均退休年龄为 59 岁，教师领取退休金的年限略长于教师的教龄。而且多数州教师的退休金也适用通货膨胀调节或生活消费水平调整政策，全美只有 7 个州的教师退休金不适用这一政策。①

三、美国中小学教师薪酬体系的特征

（一）全美教师薪酬地域差距大

美国教师薪酬是美国公共部门最大的开支之一。随着美国近些年来经济实力的下滑，教师薪酬的状况也不容乐观。根据全美教育协会的调查，2016—2017 学年美国教师的平均工资是 59 660 美元，相比 2008—2009 学年的平均 54 368 美元，增长了 11.2%，如果算上这些年的通货膨胀，近十年来还减少了 4%。

由于全美各地经济发展水平、财政状况的不同，各州教师薪酬的差距较大。2016—2017 学年工资最高的纽约州，教师年薪平均 81 902 美元，加利福尼亚州平均年薪 79 128 美元，马萨诸塞州平均年薪 78 100 美元，工资最低的密西西比州，平均年薪 42 925 美元，俄克拉何马州平均年薪 45 292 美元，西弗吉尼亚州平均年薪 45 555 美元。② 后面 3 个州也是经常爆发教师罢工的州。

由于有的州没有教师薪酬指导框架，即便有的州有教师薪酬指导框架，各学区又在此框架上有自己的薪酬政策，因此就算在一个州，不同学区教师的薪酬差距也比较大。例如，肯塔基州贝尔县的教师 2016 年的起薪是 32 429 美元，而杰斐逊县的教师起薪是 42 701 美元，起薪差距达到 1 万美元。③ 肯塔基州全州的情况见图 6-3。

---

① Sandi Jacobs，Kathryn Doherty，Martin Lueken. Lifting the Pension Fog：What teachers and taxpayers need to know about the teacher pension crisis [DB/OL]. [2019-03-14] https://www. nctq. org/publications/Lifting-the-Pension-Fog:-What-teachers-and-taxpayers-need-to-know-about-the-teacher-pension-crisis.

② NEA. Rankings of the States 2017 and Estimates of School Statistics 2018 [DB/OL]. [2019-03-05]. http://www. nea. org/assets/docs/180413-Rankings_And_Estimates_Report_2018.pdf.

③ Kency N，Nicole G. States，Strikes，and Teacher Salaries [DB/OL]. [2019-03-05] https://www.nctq.org/publications/States,-Strikes,-and-Teacher-Salaries.

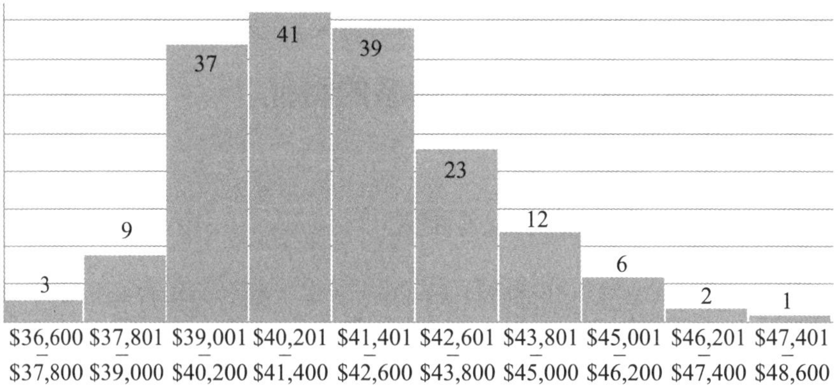

图 6-3　肯塔基州教师各段起薪学区的数量

资料来源：Kency N，Nicole G. States，Strikes，and Teacher Salaries [DB/OL]. [2019-03-05]. https://www.nctq.org/publications/States-Strikes-and-Teacher-Salaries.

在 14 个设定了州教师基本薪酬框架的州中，每个学区在实施州的基本教师薪酬框架上有很大差别，一些州的具体情况见表 6-5。以俄克拉何马州为例，全州 63%的学区使用州基本的教师薪酬框架，但是剩余的学区在州的基本薪酬框架上给各类教师的薪酬进行不同幅度的调升。俄克拉何马城的弯橡树学区给第一年的新教师调升的幅度就达到每年 6 400 美元，马斯克吉学区新教师年薪调升 1 101美元，资深教师或高学历教师年薪调整 3 493 美元，教师最高的薪酬调升达到每年 18 000 美元。西弗吉尼亚州则通过州立法要求各学区教师薪酬之间的差距不得超过 10%的比例。

表 6-5　在州的基本薪酬框架下学区各类教师的调升额度（单位：美元）

州	学区没有薪酬调升的比例	为第一年的新教师平均调升	为处于职业生涯中期的教师平均调升	为资深教师和高学历教师平均调升
阿肯色州	10%	2 939	3 270	9 172
肯塔基州	0%	7 473	6 323	16 012
北卡罗来纳州	3%		2 631	
俄亥俄州	0%	14 517	25 725	35 058
俄克拉何马州	63%	1 101	1 498	3 493

续表

州	学区没有薪酬调升的比例	为第一年的新教师平均调升	为处于职业生涯中期的教师平均调升	为资深教师和高学历教师平均调升
南卡罗来纳州	3%	3 035	3 662	7 777
西弗吉尼亚州	27%	2 132	2 376	2 993

资料来源：Kency N，Nicole G. States，Strikes，and Teacher Salaries [DB/OL]. [2019-03-05] https://www.nctq.org/publications/States-Strikes-and-Teacher-Salaries.

从不同州的不同学区来看，全美最低教师薪酬出现在俄克拉何马州的俄克拉何马城学区，2014—2015 学年最低年薪为 32 325 美元，全美最高教师薪酬出现在华盛顿哥伦比亚特区，同一年的年薪最高为 106 540 美元。后者由于少数族裔聚集、学业成绩全美排名倒数第一、学生贫穷率较高导致本学区收到大量联邦政府教育公平拨款，使得该学区公立学校的生均经费比全美平均水平高 50%左右，其中大部分用于教师薪酬。但是，如果将购买力考虑在内就会出现新的变化，教师薪酬购买力最低的学区是新泽西州的纽瓦克学区。由于其处于纽约都市圈，物价较高，教师最低工资的购买力仅相当于 38 462 美元，教师工资购买力最高的学区是宾夕法尼亚州的匹兹堡学区，最高购买力相当于 106 440 美元。①

（二）教师薪酬与同等学历人员相比较低

美国教师队伍长期无法吸引优秀的人才还有一个重要的原因，即美国教师薪酬与同等学历人员相比没有优势。瓦克（Varkey）环球教育集团基金会 2013 年发布名为《全球教师地位指数》（Global Teacher Status Index）的研究报告，报告显示，在多国比较中，美国教师地位处于中等偏下位置。② 主要原因就是美国教师的薪酬没有吸引力，特别是对于数学、科学等专业领域的人员。学习这些专业领域往往在就业市场上竞争力更强，更不愿意申请教师这样薪酬较低的职业。美国著名智库布鲁金斯学会（The Brookings Institution）的汉密尔顿项目

① Nancy W，Nithya J. Smart money：What Teachers Make，How Long It Takes And What It Buys Them [DB/OL]. [2014-12-05]. https://www.nctq.org.

② Dolton P，Marcenaro-Gutierrez O，Pota V. Global Teacher Status Index. Varkey GEMS Foundation [DB/OL]，[2013-10]. https://www.varkeygemsfoundation.org.

（Hamilton Project）2011 年发布的数据也显示，在控制了经验、性别等变量的前提下，1970—2010 年的 40 年间美国教师工资一直低于同等教育水平其他职业。（见图 6-4）

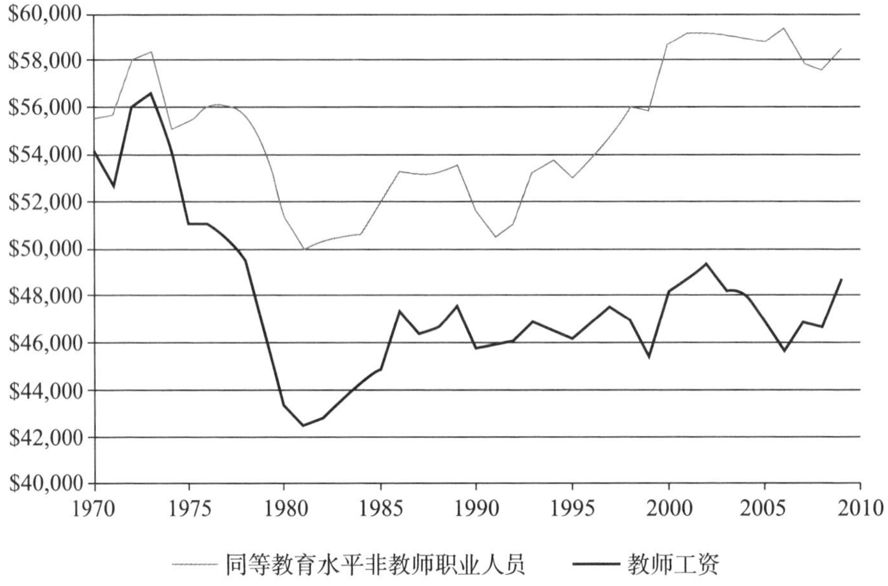

图 6-4　1970—2010 年教师和同等教育水平非教师职业人员工资比较

资料来源：The Brookings Institution. Hamilton Project [DB/OL]. [2011-11-04]. http://www.hamiltonproject.org/multimedia/charts/annual_earnings_of_teachers_and non-teachers.

美国中小学教师作为专业人士与医生和律师行业相比，薪酬差距较大。但这并不是因为教师的起薪或最高薪酬与上述两个职业有较大差距，而是因为教师薪酬奉行平均主义。这不仅表现在公立学校教师之间的薪酬差距不大，还表现在教师整个职业生涯薪酬提升缓慢。这种平均主义导致教师整个职业生涯的薪酬总额远远低于医生和律师职业（见图 6-5）。教师在职业生涯的前半段薪酬提升缓慢使教师队伍流失了大量的人才，而教师在职业生涯后半段薪酬得到快速提升，也并没有大大促进其提升教学质量，反而招致民众对老教师不思进取、旱涝保收的指责。

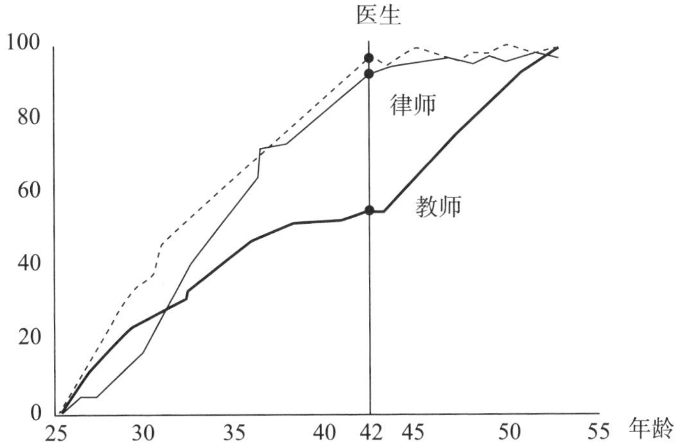

图 6-5 医生、律师、教师职业生涯薪酬走势

资料来源：Nancy W，Nithya J. Smart Money：What Teachers Make，How Long it Takes And What it Buys Them［DB/OL］.［2019-03-06］. https：//www. nctq. org/publications/Smart-money：-What-teachers-make，-how-long-it-takes-and-what-it-buys-them.

（三）教育经费不足影响教师的薪资

从全美来看，各州的教育经费一般由三个部分组成：不到 10%来自联邦财政投入；40%以上来自州财政投入；另外 40%以上来自学区的财政投入。教师的薪酬待遇占教育经费 70%以上，因此州或学区的财政状况极大地影响教师的薪酬水平。例如，在 2008 年金融危机开始后，全美很多州的财政陷入困境，包括教师薪酬在内的教育经费大幅削减，很多州停止教师涨薪。以加利福尼亚州为例，2009—2010 学年教育经费削减 25%左右，不仅教师的薪酬大受影响，甚至还出现了加大班容量，停开外语、艺术、体育等相关学科活动，以及大量解聘教师的现象。

即便在经济状况较好的时期，各州的教育经费也面临优先投入教育事业发展还是提高教师薪酬的问题。以华盛顿州为例，2000 年投票通过为教师实施生活消费水平薪资调整，直到 2008 年还没能实施，原因就是在优先保障教师收入，还是优先实施小班化教学，抑或优先实现全天的 5 岁幼儿教育或者校车全覆盖上犹豫不决。因此，影响教师薪资最根本的因素还是教育投入不足。

（四）绩效薪酬阻力重重

从全美来看，尽管联邦政府以及社会舆论提倡或督促地方学区实施教师绩效薪酬达三四十年之久，但是各州各学区绩效薪酬实施的范围和力度都十分有限。例如，在实施绩效薪酬改革方面走在最前面的佛罗里达州，要求为评价为“高效”的教师提升薪酬，但总体上看，各学区为评价为“高效”的教师所提高的薪酬跟获得更高学历提升的薪酬相比仍然微不足道。以布雷瓦德县学区为例，2016—2017学年如果一个学士学位的教师获得“高效”等级的评价，其年薪会提升445美元，而该名教师如果获得了硕士学位，其薪水将提升2 868美元，因此该教师与其努力工作还不如去提升学历。①

绩效薪酬推行的阻力与全美各学区广泛实施的集体协商制有关，即有关教师福利的相关政策必须在与教师组织（主要是全美教育协会和美国教师联盟）协商的基础上才能达成。从二战前后开始，教师组织经过长期的斗争才获得单一薪资制这种普遍意义的同工同酬的待遇，实施至今有着深厚的传统。很多地方的教师组织或工会认为，绩效评价损害教师的权益，因为教师的工作不仅是知识性的工作，更是道德性的工作，要设计出学校管理方和教师方都认可的合理的评价体系以实施差别化薪酬很困难，甚至还会出现片面的评价损害教师专业自主权的现象。② 因此，各学区在推行绩效薪酬的过程中都或多或少地受到了教师组织或教师工会的阻碍。

教师评价制度的不完善造成绩效薪酬缺乏可靠的依据。例如，当前改革教师评价的新做法“增值评价”（见第五章相关内容）还存在一定的问题。教师失去了专业自主权，教学不再考虑教育的道德和伦理价值，教师最终被工具化了。也有批评者认为，教师有效性评价指标窄化为学生标准化考试的成绩，成绩好或者成绩得到提高就是有效教师，否则就是无效教师，这种评价方式的效度和信度存

---

① Kency N，Nicole G. States，Strikes，and Teacher Salaries [DB/OL]. (2018-05) [2019-03-05] https://www.nctq.org/publications/States，-Strikes，-and-Teacher-Salaries.

② Lanzarone M R. Teacher Tenure：Some Proposals for Change [J]. Fordham Law Review，1974（42）3：560-561.

在偏差。因为教师的教学虽然对学生的学习成绩有影响，但大多情况下不是决定性的影响，很多时候是学生家庭教育、学生同伴、教师集体所发挥的影响远远大于教师个体对学生成绩的作用。因此，用增值法评价个体教师，谬之千里。① 此外，大量的研究发现，学生的成绩还受到班级规模、课程材料、教学实践、学习资源、社区的支持环境、学生个体的能力特征，甚至测验类型的影响。② 同时，其他评价方法也存在信度和效度的问题。例如，校长评价和教师同行评价都难以排除非专业的因素。上述各种原因使得绩效薪酬的实施阻力重重。

结语

美国教师薪酬制度从无到有，从差别化薪酬到单一薪资制，再到绩效薪酬，走过了100多年的历程。从数字上看，美国教师的薪酬居世界前列，但是从国内的人力资源市场来看，教师的薪酬仍偏低，特别是与律师、医生等专业人员相比，教师的薪酬待遇还有待提高。教师的权益虽然受到教师组织的保护，但教师的工作职责和薪酬待遇基本上是依据合同履行，旱涝保收却难以体现奖优罚劣。

从美国教师薪酬体系的改革经验教训来看，应该依据多种因素来确定教师的薪酬，包括教师的学位及经验、工作表现、教育教学效果。教师的工作表现和教育教学效果必须采用多样化的评价模式。可以将学生的考试成绩作为评价教师的标准之一，但绝不能是唯一的标准；可以在教育科层管理制中由教育局局长、校长判断教师的工作状况，但不能将校长判定的评价等级作为最终的唯一依据，应大力提倡同行教师所开展的专业性评价。此外，教师薪酬制还应该体现教师对教学这个专业所做的贡献，教师所承担的专业责任等因素。总之，应该实施框架性的、奖励性的、补助性的、综合化的薪酬政策。

① O'Hara K E. Teacher Evaluation：The Charge and the Challenges [M]. New York，NY：Peter Lang Publishing，Inc.，2015：61.

② Amrein-Beardsley A，Pivovarova M，Geiger T J. Value-Added Models：What the Experts Say [J]. Phi Delta Kappan，2016（98）2：35-40.

第七章

美国中小学教师公平配置

通常而言，公平配置的前提是存在不公平现象，体现在教师的数量和质量在不同地区、学区和学校之间的差别。换言之，如何实现教师资源向高需求学校（high-need school）流动是公平配置的核心要义。这主要包括两方面：一是补充教师数量，二是提升教师质量。教师资源公平主要体现在数量和质量的公平上。一般情况下，教师数量相对充裕、质量较高的地方，由于拥有较多的财政与教育资源，教育生态环境较为良好。所以，教师公平配置的落脚点就在如何促使教师资源向高需求地区学校流动，如何让教师进得去、留下来、教得好。

一、美国中小学教师公平配置的有关政策

由于国家政治经济制度的不同，资源配置一般可分为政府配置方式和市场配置方式。美国属于市场经济社会，奉行“小政府、大社会”的治理模式，这不仅体现在联邦教育部的管辖权力和范围有限，而且在诸多教育政策的制定和实施层面，联邦教育部权力也不大。提及中小学教师公平配置，有两个核心要义：一是公平的指向，二是配置的方式。

美国鲜有专门针对高需求学校和乡村地区教师队伍建设的政策，而是散见于各种教育法律、法规和其他综合性法律文件中，如《中小学教育法》《高等教育法》《不让一个孩子掉队法》《让每个学生成功法》均有提及。但是，为了确保教育改革的成功，为了让每个学生都享有优质的教育，联邦政府曾做出了“让每间教室都配有一位伟大的教师，每所学校都拥有一位伟大的校长”的承诺，实施了很多支持高需求地区、高需求学区和高需求学校招聘、挽留和奖励优秀教师的项目，包括“农村教育成就计划”“教师和领导者创新基金”“转行教学”项目、“教师质量伙伴关系”项目、“学校领导基金”项目、“为美国而教”项目等。美国的高需求学校主要是指城市中办学条件较差的学校、乡村学校和偏远地区学校。具体而言，高需求学校是指学校中至少有 30%的学生来自低收入家庭；或者学校所在的地区非专业教师的比例非常高；或者位于教师职务空缺比例在全州前 25%的地区，或者位于教师转行流失率非常高的地区；或者位于未通过资格认证的教师比例非常高的地区。高需求的地方教育机构是指教育机构中至少有 20%或 1 万名孩子来自处于贫困线之下的低收入家庭，或者该机构的非专业教师和未通过资格认证的教师比例非常高。

“转行教学”项目旨在帮助高需求学校和地方教育机构，通过鼓励选择性教师资格认证的发展，来招聘和雇用拥有合格教师资格证或通过教师资格认证的教师。该项目提供为期 5 年的资助来招聘优秀个人进入教师职业，并对其进行培训和认证，而且在他们工作的第一年提供支持。该项目特别支持非传统的两类教师候选群体进入教师队伍：其他行业中的专业人士（特别是高素质的辅导人员）和大学毕业生，以满足高需求学校对教师的需求。

“教师质量伙伴关系”项目是《高等教育法》下面的一个项目，旨在提高教师的准备、为教师提供专业发展活动、培养合格教师、招聘优秀的个人，吸引包括少数族裔和其他行业的优秀个人进入教师队伍，以便提高任职于高需求学校和早期教育的教师的质量。该项目的基金还可用于创建“教师实习计划”，培养准备充分的新教师到急需的中小学去，以解决最为关键的教学人员需求。

“为美国而教”是《高等教育法修正案》下面的一个项目，联邦政府为“为美国而教”组织提供经费支持。该组织招募愿意在美国相对落后地区教学两年的杰出大学毕业生。该项目的为农村社区和城市的高需求地方教育机构提供高质量的教师；为招募、筛选、培训和支持新教师提供经费；为一定数量和比例的欠发达地区学生提供服务。为了达到这些要求，经费只能用于以下活动：通过“为美国而教”的全国性的招聘和筛选教师；培训机构对这些教师进行暑期培训，包括理论学习和经验传授；在高需求学校或高需求地方教育机构，为这些教师安排教学岗位；在两年的服务期间，为这些教师提供促进专业发展的活动，包括日常的课堂观察和反馈、持续的培训和支持。该机构还必须向联邦教育部提交年度报告，包括招募和筛选教师的背景、对教师的培训情况、对教师岗位的安排以及教师所接受的专业发展培训等。

“教师和领导者创新基金”项目，是原“教师激励基金”项目，更名后，基金申请人由普通教师扩展为教学团队领导和校长。该项目自 2006 年创立以来，通过绩效评价措施补偿和奖励优秀的教育工作者，同时通过招聘优秀教师、资助教师职业发展活动、设置偏远地区专项补贴等手段，提升偏远及落后地区的学校办学质量。该项目旨在增加为低收入家庭学生、少数族裔学生和处境不利学生提供教学的优质教师数量；该项目鼓励学区和州开发和实施创新战略，为全国高需求学校能够提高学生成绩、缩小学生学业成绩差距的教师和校长提供刺激和奖励基金；该项目鼓励各州和地方教育机构对高需求地区公立学校进行基于绩效的教师薪酬制度改革。

《不让一个孩子掉队法》提出高素质教师是保证不让孩子掉队的重要因素，尤其是对于乡村地区和薄弱学区学校的学生而言，高质量教师对于教育公平至关重要。该法对于高质量教师进行了基本界定，主要包括三个方面：一是教师必须取得所教科目的学士学位；二是必须通过州级层面的教师认证或者考试，其中包括经过竞争取得的证书；三是必须提供所教科目具备的最高能力证明。学科知识在高质量教师认定上具有核心价值，但实际上，如果用高素质教师来衡量，乡村学校通常会处于劣势。因为乡村学校很多教师身兼数科教学任务，但他不大可能在每门学科上都接受过系统的专业训练。事实上，学界和教育实践者对于何为高素质教师也存在争议，认定内涵和标准不同。某种程度上，这一政策的出台加剧了美国师资紧缺学校的窘迫境况，因为教师招聘只有提高门槛，才能达到政策中"高素质教师"的要求，这导致教师补充机制受限。《不让一个孩子掉队法》中关于学校问责的手段包括，学校如果达不到相应要求，给予学校的资助就会减少甚至取消，这加剧了薄弱学校的办学危机，也成为导致薄弱学校教师流失的一个潜在因素。这里应当指出，乡村地区与薄弱学区并不是同义语。在美国很多地方，也常常有乡村学校建筑精良、教师素质全面，而都市部分城区学校设施陈旧、教师滥竽充数的现象。

《让每个学生成功法》是奥巴马总统于 2015 年 12 月 10 日签署生效的，是对 1965 年《中小学教育法》的修订，也是对《不让一个孩子掉队法》的延续和进一步拓展，旨在为所有学生提供公平的教育机会。《让每个学生成功法》的主要内容包括：特别关照美国的弱势学生群体和高需求学生；确保所有学生能接受高质量高学术标准的教育，为他们进入高等教育做好准备；测评学生学业成绩进步并在州层面发布年度信息，供教师、家长、学生和社会知悉；通过问责举措改进薄弱校，提升学生毕业率，帮助学生进步等。① 该法第二部分是关于"培养、培训和招聘高质量教师、校长和其他学校领导者"，2016—2020 年联邦政府共拨付各州和地方教育部门 42 亿美元用于达成上述目标。该法还特别关注美国中小学 STEM 教师的短缺和补充问题，提出每一财年的教师队伍建设资金，应专门划拨 2%用于高质量的 STEM 教师培养。联邦教育部还支持设立"教师和学校领导者激励基金"（Teacher and School Leader Incentive Fund），支持州和地方教育部门以及非营利组织设计、改进和实施绩效薪酬体系，尤其是对于薄弱地区和学校中的教师和校长及学校管理者，根据学生的成绩进步情况实施绩效薪酬，鼓励

① U. S. Department of Education. Every Student Succeeds Act (ESSA)[EB/OL]. [2018-09-13]. https://www.ed.gov/essa? src=ed-search.

并支持教师和学校管理者提高教学质量，缩小差生与优生学业差距，改进薄弱学校质量。① 针对《让每个学生成功法》第二部分的实施，联邦教育部于2016年9月发布的非强制性指导意见中提到，州教育厅应指导督促地方教育行政部门用好第二条款下拨的资金，为高需求学校教师提供差别化薪酬，加强新手教师培训，改善工作环境，使更多低收入和少数族裔学生有机会享有高质量教师资源，促进教育公平。②

二、美国中小学教师公平配置的现状与实践

（一）教师短缺的主要表现

教师短缺是指一个地区或学校以及学科领域所需求的教师数量与愿意且有资格从事的教师数不匹配。导致教师短缺的原因很多，包括新教师培养不够、教师流动、教育专业的变化、教师行业的吸引力、学校地理位置等。美国教师资源的不平衡表现在学科、州际、族裔、学校类型、城乡等方面。

第一，美国中小学的教师短缺在某些学科表现明显，如数学、科学、特殊教育、双语教育等方面。很多州不得不招聘未经过培训的教师直接上岗，这在某种程度上造成了教育教学质量下降。美国联邦教育部称，在2017—2018学年，相当多的州都反映，在数学、特殊教育、科学、世界语言、职业生涯与技术教育等学科和领域，教师短缺明显。③

第二，从州的层面来看，教师的短缺受诸多因素影响，包括资金分配、工资水平、教学条件、教师资格政策、教师培养机构的数量、教师队伍结构、人口密度、地理位置等。教师短缺可能会导致大班额现象，该有的课程无法开设，教师

---

① U. S. Gov. Every Student Succeeds Act [EB/OL]. [2019-03-25]. https://www.govinfo.gov/content/pkg/BILLS-114s1177enr/pdf/BILLS-114s1177enr.pdf.

② Department of Education. Non-Regulatory Guidance for Title II, Part A: Building Systems of Support for Excellent Teaching and Leading [EB/OL]. [2019-03-26]. https://www2.ed.gov/policy/elsec/leg/essa/essatitleiipartaguidance.pdf.

③ U. S. Department of Education. Teacher Shortage Areas [EB/OL]. [2018-09-23]. https://www2.ed.gov/about/offices/list/ope/pol/tsa.html#list.

承担非本专业的授课任务等，在工资待遇和工作条件方面较差的州，教师短缺情况会更为严重。例如，马萨诸塞州因为有充足的教师培养院校，教育资源丰富，是美国教师数量和质量都排名靠前的州，而亚利桑那州教师短缺现象明显，在2013—2014 学年的前三个月，仍有 62％的学区没能招满合格的教师。

第三，教师中少数族裔（非白人）比例较小，相对数量不足，无法满足持续上涨的少数族裔学生的需求。如从 1987—2012 年，少数族裔学生从 28％上升至49％，增长了 75％，但相应的少数族裔教师只从 12％上升至 18％。

第四，教师的短缺还体现在学区之间与学校之间。通常情况下，财力薄弱和少数族裔学生占比多的学校，教师会相对短缺，这些学校的很多教师是没有经过系统培养培训、缺乏资历或是专业不对口。这些学校面临着招聘教师难、教师流动性大等困境，财力薄弱导致教师工资低、工作环境差，招聘教师困难，没有良好的高质量教师资源，其发展和声誉持续低迷，难以争取资金，从而陷入窘境并形成恶性循环。

第五，美国教师的短缺在城乡之间也很凸显。相比城市，美国乡村学校在招募、留任和给予教师配套支持方面总体上处于劣势。乡村教师通常比较短缺，主要是指缺少有志到乡村学校任教的教师、缺少高质量教师、缺少少数族裔的教师。造成这一现象的原因很多，包括薪酬低、当地资源匮乏、没有良好的住房保障、学生生源质量较差、当地社区环境配套不全等。根据密西西比州教育厅2015 年统计，全州约有 1/3 的中小学处于教师紧缺状态，这些学校的很多教师不得不充当“全科教师”，兼教自己不擅长或未取得资格证的科目。有的学校长期雇用未取得教师资格的代课人员。研究发现，教师的专业发展和社会关系是影响乡村教师工作满意度的重要因素，而乡村教师的乡村成长背景和对乡村根深蒂固的热爱是关系他们去留的重要个体因素。①

根据 2015—2016 年全美教师和校长调查结果分析报告《美国公立中小学教师特征》显示，公立中小学教师人数为 3 827 100，乡村教师为 718 100，女教师占比 76.6％，30—49 岁教师占比 55.9％，教师平均年龄为 42.4 岁，城镇和乡

① Stelmach B L. A Synthesis Of International Rural Education Issues And Responses [J]. The Rural Educator，2011，32(2)：32-42.

村差别不大。拥有本科学位的教师占 40.5%，拥有硕士学位的教师占 47.3%，拥有硕士以上学位的教师占 9.7%，随着学段增高，教师高学历占比呈上升态势。在拥有硕士及以上学位的教师占比上，乡村地区低于城镇。从薪资水平看，乡村教师低于城镇教师，全美公立中小学教师平均年薪为 55 000 美元，城郊地区学校教师基础年薪为59 800美元，城镇教师为 48 000 美元，乡村教师为47 800美元。除基础薪资外，教师收入还包括绩效工资、其他补助和校外收益。基于学生成绩表现的绩效工资，城镇地区平均为 1 300 美元，乡村教师为 1 000 美元。与之相反，有些教师会从事一些校外其他工作，乡村教师收入稍高于城镇教师，乡村教师为年平均5 100美元，城镇为 5 000 美元，城郊为 4 900 美元。①

乡村教师是指在乡村学校从事教育教学的教师。美国国家教育统计中心（NCES）根据学校的地理位置（主要是距离城市区域的远近）将学校划分为四类：城市学校、城郊学校、城镇学校和乡村学校。公立中小学中，大约 31%的学校是乡村学校。根据距离中心城区的距离远近，乡村学校又分为近乡村学校（fringe rural）、远乡村学校（distant rural）和偏远乡村学校（remote rural）。其中，近乡村学校是指距离城区小于等于 5 英里的学校或者距离城市集群（urban cluster）小于等于 2.5 英里的地区学校；远乡村学校是指距离城区 5—25 英里的学校或是距离城市集群 2.5—10 英里的学校；偏远乡村学校是指距离城区 25 英里以上或是距离城市集群 10 英里以上的学校。②

（二）教师短缺的影响因素

影响教师短缺和不平衡的因素主要体现在教师供给、工资待遇、工作环境和流失与流动等方面。

1. 教师供给

从教师需求数量来看，一方面受学生入学数量趋势影响，另一方面受到一些

① National Center for Education Statistics. Characteristics of Public Elementary and Secondary School Teachers in the United States: Results From the 2015-16 National Teacher and Principal Survey [EB/OL]. https://nces.ed.gov/pubs2017/2017072rev.pdf.

② Lindahl R A. The State of Education in Alabamas K-12 Rural Public Schools [J]. The Rural Educator, 2011, 32(2):1-12.

教育政策因素影响。第一，学生入学数量直接影响教师的需求数，美国近些年学生数持续平稳上升，意味着教师的需求也会有所增加。第二，不同的州和当地政策对班额大小的规定不同，影响生师比的要求也不同，进而对教师的需求也不同。2014—2015 学年，美国公立学校的生师比平均值为 16：1，州之间会有不同程度的差距，如加州为 24：1，而位置偏远的佛蒙特州为 11：1。第三，教师的减员需要补充新教师。教师减员主要是两类：一是正常退休带来的减员现象，二是因不同因素导致的流失。根据 2012—2013 年教师跟踪调查研究（Teacher Follow-up Survey），全美公立学校的教师减员率为 7.68％。

从教师供应数量来看，2009—2014 年，教师教育（此处专指将来从事教师的专业）的本科生和研究生入学人数下降了 35％，这意味着未来从事教师职业的人数减少了 24 万。与此同时，参加教师教育项目并获得合格证书的人数减少了 23％。这期间的下降趋势和经济萧条有关，也和教师工资减少、教学条件恶化等对教师从教信心和意愿的消极影响有关。从州的层面来看，得克萨斯州、加利福尼亚州和纽约州拥有的教师教育项目数位居全美前三，培养了全美将近 27％的教师（2013—2014 年新教师占比）。尽管市场空缺很多教师岗位，包括某些学科的教师和高需求地区的教师，但有很多预备教师依然不愿意选择到这些地区从教，原因是工作环境、工资待遇等条件较差。对于各个州而言，有的州基本可以满足本州的教师需求，如新泽西州和纽约州在教师资源方面较为充沛。这一般而言会有两方面影响：一是教师更愿意在长期熟悉的地区工作就业，本州毕业的留在当地工作可以增强教师的稳定性。二是由于教师的资格证书具有地域性，不同州之间的证书认证转换会带来一定的成本。对于那些教育资源匮乏、发展相对滞后的州（如怀俄明州、阿拉斯加州、北达科他州）来说，教师短缺会更加明显。

2. 工资待遇

从美国 21 世纪第二个十年情况来看，在 2010—2012 年，教师是供大于求的，这与经济不景气带来的就业困难有关。2013 年经济开始复苏，教师需求急速增长，教师供应依然处于一个较低水平，直至现在仍处于教师短缺状态。教师短缺与不同州经济发展水平带来的工资水平有关，根据美国教育协会的统计数据，2013 年中小学教师的平均起薪为 36 141 美元，但其中的差异是非常大的。如平均起薪最高的华盛顿哥伦比亚特区可达 51 539 美元，而最低的蒙大拿州为 27 274 美元。除了州之间的对比，在同一区域，教师的薪酬竞争力也是影响教师从教意愿的重要因素。根据巴克（Baker）等的一项研究（2016），薪酬竞争力指数可以通过同一州内 25—45 岁年龄段拥有硕士学位的中小学教师薪资除以其他行业的平均薪资来计算。按此计算，2012 年怀俄明州的指数为 94%，阿拉斯加州和艾奥瓦州为 85%，相反，亚利桑那州和弗吉尼亚州为 62%和 63%。这意味着总体而言，同等条件下教师行业的薪资较低；在经济社会发展相对落后的地区，区域内教师相对工资差别不大；随着经济社会发展指数升高，同一地域内教师与其他行业的薪资差距会更大。①

3. 工作环境

工作环境是影响教师去留的重要因素之一。美国中小学教师在考虑工作环境时通常在乎所带的学生数量，即班容量。通常认为，班容量越大，教师负担越重。此外，学校的领导风格、学校的测试与问责、教师在课堂上的自主权等，也非常重要。自《不让一个孩子掉队法》颁布后，美国基础教育就十分重视学校绩效考核，将学校绩效、教师绩效工资与学生成绩表现和进步直接挂钩，这给教师带来很大工作压力。尤其是在一些少数族裔学生居多的学校、绩效较差的学校、偏远地区学校，教师数量少带来了大班额问题。同时，这些学校学生家庭社会经济地位较低，很多学生面临社区环境和家庭环境不好的状况，例如，家庭成员或社区家庭中出现离婚、酗酒、吸毒等现象较为常见，这种原生环境对处于其中的学校造成一定影响，教师工作不仅要教学生学习，还需面对这种环境对学生心理造成的影响，工作负担更重，职业倦怠感更强。

4. 教师流失

根据 2015 年的调查，亚利桑那州、内华达州、华盛顿哥伦比亚特区的教师

① Espinoza D, Saunders R., Kini T, Darling-Hammond L. Taking The Long View: States Efforts To Solve Teacher Shortages By Strengthening The Profession [EB/OL]. [2018-10-12]. https://learningpolicyinstitute.org/sites/default/files/product-files/Long_View_REPORT.pdf.

表现出更强的流失意愿，而伊利诺伊州、南达科他州的教师则较少报告要离开教师行业。近几年来，教师流失率持续上升，这也成为导致教师短缺的重要因素。教师流失绝大部分是因为退休，此外，家庭因素（包括怀孕）、学校缺乏管理上的支持、低工资和工作环境不好也是教师流失的原因。新公共管理兴起后，美国加强了对学校的问责，学校也通过学生测试成绩来问责教师，成为教师"苦不堪言"想离开教师行业的重要原因。除教师流失外，教师的流动也是造成局部教师短缺的因素之一。过度的教师流动会对学生的学业成绩造成消极影响，影响教师合作和共生发展，导致学校招聘与教师发展成本上升。观察发现，数学与科学学科的教师流失率要高于人文学科。特殊教育教师和教学生学英语的教师，流失率和流动性更高。在地域上，美国南部教师的流动率要高于东北部、中部和西部。在西部地区，乡镇和农村的教师流动率要高于城市和郊区。但对于大部分地区而言，城市教师的流动性要高于其他地区。

（三）各州主要项目与实践

与新加坡、芬兰、加拿大这些教师事业系统化的国家相比，美国在教师招聘、培养培训、留任和调配方面，长期缺乏系统性规划。美国主要通过提高工资待遇、拓展教师补充渠道、重视教师专业发展等来加强教师队伍的稳定性，创造有利于教师流动的政策环境与制度。①

提高教师待遇是提高教师行业吸引力、提升教师留教率的重要举措，也是各州发展教师事业的共识和努力方向。一是各州基本的做法是为教师涨工资，有的会将工资与教师从教年限、学生学业成绩挂钩。如艾奥瓦州规定，高级教师如果想每年获得 4 000 美元的补助金，需要教龄满 8 年且学生的测试成绩达到规定标准线。二是许多州实行了差别化的工资制度，主要针对高需求学科和地区的教师提高工资待遇，吸引教师从教。如南卡罗来纳州的"乡村教师补充计划"（Rural Recruitment Initiative），每年为满足条件的教师额外加 1 500 美元补助金。科罗

① Sutcher L, Darling-Hammond L, Carver-Thomas D. (2016). A Coming Crisis in Teaching: Teacher Supply, Demand, and Shortage in the U.S. [EB/OL]. [2018-07-09]. https://learningpolicyinstitute. org/sites/default/files/product-files/A_Coming_Crisis_in_Teaching_REPORT.pdf.

拉多州则规定，师范生毕业后愿意去乡村学校并在任一所乡村学校任教三年的，可获得 2 800 美元的奖励。该项计划针对的是 STEM 教师，同时旨在增进文化和语言的多元性，乡村学校要在距离城区至少 50 英里远的地区。① 三是教师优才与领导力奖励计划，获得由全美教学专业标准委员会（NBPTS）颁发的全委会资格证书（National Board Certification），便可获得奖励。

在美国，为了解决教师短缺问题，往往会采取为新教师颁发“紧急资格证”（emergency credentials）的方式让教师上岗，这些教师是不具备正式教师资格证的。为吸引教师到乡村任教，有一项举措是“选择性教师项目”（Alternate Route Program），即为非师范专业的本科毕业生提供考取教师资格的机会来补充教师。与传统的师范生不同，选择这一项目的成员可以通过在职培训、职前培训、修读研究生课程、修读在线课程等多种方式取得教师从教资格。

除此之外，各州还普遍地实施了相关专项项目，促进教师均衡配置，如师范生奖学金和贷款减免计划、教师驻校计划、本地教师培养计划、教师专业发展计划、返聘教师计划等。

1. 师范生奖学金和贷款减免计划

对教师数量增长形成阻碍的一个因素是师范生的学费。据统计，美国教育专业的学生超过 2/3 是贷款上大学的，本科生平均负债 2 万美元，硕士生则平均负债 5 万美元。相比律师和医生可以通过就业后的高薪来偿还助学贷款，师范生成为教师后薪水相对较低，这也潜在降低了学生的从教意愿及师范生的数量。因此，提供师范生奖学金和贷款免除，可以为有志从事教师行业的学生提供机会和可能。不过这些是有条件的，通常会要求学生签订 3—5 年的服务期，如果违约则需要支付包含利息在内的贷款，这一计划重点是面向教师紧缺领域、乡村或贫困地区的。这一点类似我国的免费师范生计划（当前已更名为公费师范生），这种方式在州层面可以根据需求有针对性地培养未来教师，进而按需配置，起到促进教育公平的杠杆作用。

---

① Colorado Center for Rural Education. Colorado Rural Teaching Stipend[EB/OL]. [2018-06-22]. http://www.unco.edu/colorado-center-for-rural-education/student-teaching-stipend.aspx.

在国家层面，2007 年，美国推出了教师教育资助项目（TEACH）。该项目提出，来自贫困家庭的教师教育专业的本科生或研究生，如果将来有志于从教且平均成绩绩点不低于 3.25，可以申请每年最高 4 000 美元的资助，但毕业后必须到教师短缺的贫困学校或高需求学校工作至少 4 年，如不能履约，则认定学生在读期间申请的资助为贷款，需要偿还本息。据此，不同的州设定了不同的资助规定，但总的来说，关于免除州贷款和提供公费奖学金，法律规定了 5 个条件：要遴选学术优秀、有志于从事教师行业的学生；奖学金或贷款免除要涵盖绝大部分或全部学费；必须是针对教师短缺领域或学校；如果毁约要承担相应的经济后果，但如果上学期间完全没有接受公费资助则后果会减轻；对参与项目的教师，学区和高校要加强管理。①

在州层面，北卡罗来纳州重新设计了为解决 STEM（科学、技术、工程与数学学科）教师短缺而制定的奖贷计划。新计划名为“北卡罗来纳州教师计划”（North Carolina Teaching Fellows），于 2018—2019 学年开始施行，投资 600 多万美元，每年为 160 名师范生提供奖学金，连续提供 4 年，每生每年获得 8 250 美元，共 3.3 万美元。学生毕业后，需在州内的公立学校连续从事特殊教育或教 STEM 学科 8 年，或者在较差的公立学校从教 4 年。1986—2015 年的一项纵向研究显示，这些教师稳定性较好，而且在学生学业成绩评比中表现较好。在提供奖学金方面，不同的州对学生入学门槛、奖学金额度、资助人数、服务期限等有不同的政策设计。如印第安纳州每生每年可获得 7 500 美元，4 年共 3 万美元，每年资助 200 名师范生，毕业后需要签订 5 年服务期。但这项计划对师范生的入学要求较高，必须是高中班级前 20 名的学生或是在 ACT 或 SAT 中处于前 20%，同时大学期间 GPA 不能低于 3。②

内布拉斯加州则是为学生提供贷款减免计划，扩大贷款减免额度和支持力度。该州在 2016—2017 学年提供了 140 万美元的贷款减免，而且计划在 ESSA

① Learning Policy Institute. Legislative Principles: Design State Loan Forgiveness and Service Scholarship Programs [R]. 2018.

② Indiana Commission for Higher Education. Next Generation Hoosier Educators Scholarship [EB/OL]. [2019-02-12]. https://www.in.gov/che/4680.htm.

的第二条规定下，撬动联邦资金来支持这项计划。① 这项“引才从教贷款减免计划”旨在提供长达 5 年每年 3 000 美元的贷款减免，帮助州内的师范生获得在教师紧缺领域的教师资格证。在获得教师资格证并在州内的学校教满两年后，方可获得贷款减免。贷款本身是有利息的，但只要完成上述规定就可以实现无息贷款。为促使学生到“更加需要”和“更加艰苦”的地方去，该项计划还实行贷款减免倍增计划，如学生愿意去贫困艰苦边远地区，贷款减免额度可上升为每年 6 000美元。

2. 教师驻校计划

研究显示，如果新手教师没有经过充分的学术训练或专业发展培训，在从教后的几年内会比那些“科班出身”或有充分岗前准备的教师，呈现更高的流失率。② 在这方面，美国通过大中小学的伙伴关系，实行“教师驻校计划”（Teacher Residencies），改革教师培养模式的不足，提升教师专业素质，提高教师的留任率。

美国教育界人士认为，传统的学院培养教师缺乏“临床经验”，而选择性路径模式又使得新手教师缺乏理论基础，加上美国持续的教师结构性短缺，促发了教师驻校计划这一模式的生成与发展。实际上，这种模式始发于 20 世纪 60 年代，最早出现在教育文学硕士项目（Master of Arts in Teaching Programs）的培养过程中，哥伦比亚大学、哈佛大学、斯坦福大学、芝加哥大学等率先进行尝试，让师范生（研究生）在学校中进行长达一年的教学实习，同时继续在大学修读课程，联邦政府对此提供资助，尽管联邦政府的资助后续减少了，但这一模式却留存下来。教师驻校计划是建立在学区或学校与大学的伙伴关系上的，针对大

① Nebraska Department of Education. Status of the Programs Report：Programs of the Excellence in Teaching Act [EB/OL]. [2018-12-10]. https://www. education. ne. gov/wp-content/uploads/2017/07/ETAStatusRpt_ Dec2016. pdf.；Nebraska Department of Education. Nebraska Consolidated State Plan under the Every Students Succeeds Act [EB/OL]. [2018-12-10]. https://cdn.education.ne.gov/wp-content/uploads/2018/06/Nebraska_ESSA_Final.pdf.

② Carver-Thomas D, Darling-Hammond L. Teacher Turnover：Why It Matters and What We can do about It [EB/OL]. [2018-12-20]. https://learningpolicyinstitute.org/sites/default/files/product-files/Teacher_Turnover_REPORT.pdf.

学毕业后继续修读课程或计划取得硕士学位的学生。教师驻校是一种精准的教师培养项目，通常有教师需求的学区或学校成为项目实施的资助方，实习教师在学校期间由一位经验丰富的教师带领，建立传帮带关系，而经过驻校实习和教学实践的老师，一般可以更快地通过教师资格考核，成为该校的新生力量。在一年的驻校实习期间，学区或学校会为实习生提供学费和生活费资助，外加一份助学金或是工资。与之相应的是，待结束驻校后，通常需要在该学区内师资紧缺的地方至少服务 3—5 年。在驻校生正式入职后，还要接受 1—3 年的教学传帮带。一般来说，靠近大学的城市学区或是支持乡村学区的财团会赞助这样的项目。教师驻校计划要想发挥较好的作用，需要满足以下条件：紧密的大学学区关系；教与学的课程要紧密与实习相结合；一年驻校期内要有专家老师指导；项目学生要高水平、多样化，以满足师资短缺地区和学校所需；接受项目资助的条件是要签订 3—5 年的服务期；发挥实习生榜样作用，引领带动新实习生；指导老师要和实习生共同授课；正式工作后仍然为他们提供教学指导与支持。①

加利福尼亚州为解决在特殊教育、双语教育、STEM 学科方面教师短缺的问题，拨款 7 500 万美元支持驻校计划。从 2018—2019 学年开始，为符合条件的每位教师最高提供 2 万美元的资助。受助的 3 500 名教师将在项目结束后，与资助的学区签订至少 4 年的服务期。宾夕法尼亚州提供了 200 万美元支持“创新教师与校长驻校项目”，项目学生包括本科生和研究生，定向支持师资紧缺的地方。路易斯安那州在驻校计划中，还专门为项目大学提供管理费资金。② 城市教师驻校项目自 2001 年出现在芝加哥，随后，2003 年波士顿和丹佛也开始出现。2004 年，部分城市驻校项目组成了一个非正式联盟——全美教师驻校联盟(NCTR)，用以分享彼此经验，互相学习，截至 2016 年已经发展了 23 个成员单

① Guha R., Hyler M E, Darling-Hammond L. The Teacher Residency: An Innovative Model for Preparing Teachers [EB/OL]. [2019-02-18]. https://learningpolicyinstitute. org/sites/default/files/product-files/Teacher_Residency_Innovative_Model_Preparing_Teachers_REPORT.pdf.

② Espinoza D, Saunders R, Kini T, Darling-Hammond L. Taking the Long View: States Efforts to Solve Teacher Shortages by Strengthening The Profession [EB/OL]. [2018-10-12]. https://learningpolicyinstitute.org/sites/default/files /product-files/Long_View_REPORT.pdf.

位。① 驻校项目大部分是在城市学区，但是农村和特许学校也与一些大学合作开展驻校计划。②

马萨诸塞州的波士顿教师驻校项目（BTR）是比较典型的项目之一，其设计目的是解决学区的教师结构性短缺和无法满足多样化学生需求的现实困境，与波士顿卓越计划公益组织（BPE）合作开展。波士顿的公立学校系统负责评估学区的教师需求，提供驻校生的实习学校，而马萨诸塞州立大学波士顿分校负责驻校生的硕士课程开设，并提供指导教师。项目招收驻校生的范围较为宽泛，候选人有刚毕业的本科生，也有已经工作过几年的教师，平均年龄在 26 岁，1/3 的候选人已经毕业至少 5 年。尽管招收范围广泛，但是遴选标准却是严格的，要求他们在所教领域有扎实的知识基础、精练的交流技能和其他与有效教学相关的基本功。另外，坚韧、有智谋、多元文化的包容性、足够的教学效能感、可塑性等也是驻校生需要的品格。暑假在马萨诸塞州立大学波士顿分校集中学习硕士课程，正式学期开始后，周一到周四驻校实习，周五继续上硕士课程。1 年后，驻校生可获得学校的硕士学位，同时作为教师正式入职学校。③

教师驻校计划的成功之处在于大学和学区的紧密合作关系，以及在此基础上对驻校生和指导教师的“精挑细选”。同时，也离不开强有力的财政支持，主要是教师招聘费用、培养培训费用、新教师指导费用和项目运行费用。这种方式是一种以需求为导向的师范生培养模式，类似“订单培养，定向委培”，将教师资源的分配前置到培养环节。同时，在实习中学习，学习中反思，将教学理论和实践很好地共融在一起，提前熟悉学校环境文化，也在一定程度上提高了教师质量，降低了教师的流失率。准教师的学习方式是一种建构式的“深度学习”，拒

① 截至 2016 年，美国共有 52 个教师驻校项目。

② Guha R，Hyler M E，Darling-Hammond L. The Teacher Residency：An Innovative Model for Preparing Teachers［EB/OL］.［2018-09-29］. https://learningpolicyinstitute.org/product/teacher-residency.

③ 韩雪军. 波士顿教师驻校模式：美国教师教育发展的新趋向［J］. 高教探索，2017（11）：89—92.

绝作为被动的信息接受者，而是成为积极的问题解决者。

3. 本地教师培养计划

在美国，近年高中生报考师范类专业的意愿呈现下降趋势，2015 年，参加 ACT 考试的高中生中，将来有从教意愿的仅为 4.6%，比 2010 年的 7%下降了 2.4 个百分点。① 鉴于此，多个州都通过增加拨款、提供奖助、设立定点服务项目等措施，鼓励和支持学生选择师范类专业，“本地教师培养计划”（Grow Your Own Programs）便是其中之一。

本地教师培养计划主要是支持乡村地区和一些比较困难的城市学区，为了能使教师留得住，有意招聘一些当地人员进行学历提升和教师培养的项目。项目招聘的人员较为多元，包括本地的社会人士、职业生涯规划师、教辅人员、放学后看护服务人员、本地毕业生和学校在职教师。该计划将为他们在本科阶段提供资金支持、学业辅导、教师资格证考试指导并对相关问题答疑解惑。加利福尼亚州的“学校教辅人员教师培训项目”65%的人员是有色人种和双语者，2017 年该项目的调查报告显示，92%的项目人员留在了当地的公立学校。在 2016—2017 年，加利福尼亚州投资了 4 500 万美元用于此项计划，培训了将近 2 250 名教辅人员并使其成为正式教师，其中一半以上是拉丁裔和非洲裔。

对于一些乡村地区而言，尤其是在当地附近没有四年制大学的情况下，本地社区学院就承担起了教师培养功能。例如，密西西比州的“2+2”项目，便是社区学院和综合大学进行合作，学生先在当地社区学院进行两年的学习，然后进入综合大学完成教师教育专业。再比如，海恩兹社区学院（Hinds Community College）和州立德尔塔大学（Delta State University）在基础教育和儿童发展专业上，分别负责低阶和高阶课程。在密西西比州中部的学生，如果想修读这一专业，可以在海恩兹社区学院，选择传统授课、视频会议和网上修课等方式完成低阶课程。州教育厅计划 2025 年将“2+2”项目覆盖到全州的社区学院。科罗拉多州的《科罗拉多乡村教师法》提出，参加这项计划的学生将有 1 年的教学实

---

① ACT，Inc. The Condition of Future Educators 2015 [EB/OL]. [2019-03-31]. http://www.act.org/content/dam/act/unsecured/documents/Future-Educators-2015.pdf.

习，实习期间可获得 1 万美元助学金，但在结束实习期后要到乡村学校任教两年。在项目资助人员的选择上，学区和项目方要优先选择来自乡村学校周边的人员，学生须取得教师资格后方可进入乡村学校任教。

4. 注重教师和校长专业发展

（1）为新教师提供入职培训指导。通常情况下，新手教师在前几年会有一个从学生身份向教师身份的转换期，这段时间既是教师成长期，也是困顿和挑战期。如果在这期间为新教师提供充足的指导和支持，对于提高教师的留任率具有重要意义。实际上，从 20 世纪 90 年代到 21 世纪初期，美国学校开设这些指导项目是非常广泛的。不过，由于 21 世纪头十年的经济萧条，使得很多项目中断或废弃。据 2016 年的统计，仅有 16 个州为新教师的入职培训提供资金。在贫困薄弱的学区学校，这样的入职培训支持力度更弱，而对这样学校的老师来说，因为面临更为复杂和多元的教学情形，因此他们更需要得到支持。

特拉华州要求所有的新教师都要参加入职培训和四年的传帮带，开展的活动包括：指导教师与新教师每周的会面；在前两年开展跟课和听课活动；参加教研活动，尤其是参加专门为新教师打造的专业学习共同体。艾奥瓦州长期关注教师的入职引导和专业发展问题，其“艾奥瓦州教师引导项目”每年大约资助 3 000 名从教第 1—2 年的教师，按每人每年 1 300 美元额度拨款到当地教育局，当地学区可以根据自己所需和校本情境灵活设计培训和专业发展方案。①

（2）校长能力提升计划。校长是影响教师去留的一个重要因素，校长的领导力、专业水平甚至人格魅力等都会对学校和教师发展带来影响。因此，提升校长的能力是非常有必要的。美国校长培训注重以下四个方面：一是培训承办单位和受训单位之间要有非常紧密的合作；二是参训的校长要建立沟通平台或是群组，实现学习交流与信息共享；三是培训课程必须是问题导向的，结合工作真实情境的；四是培训务求实效，要致力于提升学校办学能力，用数据说话。

《让每个学生成功法》第一部分第二条是很多州对校长能力提升计划进行资

① Iowa Department of Education. Mentoring and Induction for Beginning Educators [EB/OL]. [2018-07-23]. https://www.educateiowa.gov/pk-12/educator-quality/mentoring-induction-beginning-educators.

助的重要法律依据，该条文鼓励为提升学校领导力设定拨款，认为这样有利于提高校长和教师的留教率，最高可划拨该项目3%的资金专门用于助力校长发展。北达科他州专门设有校长领导力研修学院，为校长成长提供学习资源和机会。同时还实行新校长首年辅导计划，主要是为了增加校长专业能力的同时降低农村学校校长的流失率。同样，新校长辅导计划也强调从实际问题出发，实地考察学校，解决学校自身的问题。

关于通过提升校长和教师专业化水平来提升教育公平，马萨诸塞州公平计划（2015—2019年）对教师资源配置措施进行了引导。① 马萨诸塞州的教育发展水平位于全美前列，因其有高质量的高等教育体系和扎实的公立学校系统。该州教育厅基础教育处坚持高标准和严问责，但在学生学业成绩和学校发展上仍然存在不平等现象，导致这一现象的重要因素之一在于教师资源的分布差异，主要是低收入学生、少数族裔、英语作为第二语言学习者和特殊教育学生缺乏高质量的教师资源。

马萨诸塞州有将近400个公立学区和接近2 000所公立学校，小学和中学共有约100万名学生，其中39%的学生来自低收入家庭，35%的学生是有色人种。州基础教育处一方面继续放权给学校，增大学校在教师聘用上的自主权；另一方面，加强教师培训，满足特殊需要的学生发展。实际上，该州在教师的公平配置方面，已经呈现出由传统意义上的教师需求导向转向了学生需求导向。教师需求导向就是传统的注重教师培养、教师发展和资格认证，但由于教师资源的公平配置目的在于学生的公平发展，因此，该州提出应该在教师资源的配置方面以学生需求为出发点，但其目前的关注点主要放在教师的经验是否充分、资质是否充分和教育教学是否有效上。研究发现：首先，经验不足的教师（主要是指工作第一年的新手教师）所带学生的表现要差于其他成熟教师。有色人种和低收入家庭学生聚集的学校，新手教师数目较多，所占比例较大，最高比例10.2%是最低比例学校5.2%的近2倍。同样，新手校长在这些较差的学校的就任比例也较大。原因在于这些学校在教师招聘方面处于劣势，并且很多学校会把新手教师安排到

① Massachusetts Department of Elementary and Secondary Education. Massachusetts State Equity Plan (2015-2019) [EB/OL]. [2018-11-22]. http://59.80.44.47/www.doe.mass.edu/educators/equitableaccess/plan.pdf#search=%22 Massachusetts State Equity Plan 2015-2019%22.

“不太好教”的学生班级，这样就造成了更大的学生差距，也推高了教师流失率。其次，在教师资质方面，教师的职前培养程度、是否取得马萨诸塞州教师资格和在教师评估框架中的综合表现是本州考量教师资源是否不均的主要维度。薄弱学校和少数族裔聚集的学校，未取得资格证和缺乏传统师范专业训练的教师比例更高。缺乏相关训练不仅是指如 STEM、特殊教育等学科领域缺乏后备师资，主要是目前的教师教育在适应不同学生不同需求上需要进一步提升。最后，教师教学的有效性是教师资源的深层解读，也是教师质量的最终体现。马萨诸塞州采用了教师总结性评估等体系来判别教师教学的有效性，主要指标包括课程设计、评价学生、课堂平等、教学期待、学生发展、关照学生多样性、家校合作、营造专业的环境等。① 劣势学校的情况同样是教师的有效教学指数不高，这与学校招聘、财政状况、校长领导力、教师培训、校园文化环境等都有关系。基于此，该州提出，解决教师资源的不均等归根结底是要实现教师的高质量培养和发展。针对此，需要聚焦四个层面：一是教师培养院校要聚焦师范教育的标准化，在《教师专业标准规范》（Guidelines for Professional Standards for Teachers）指导下，提高教师培养质量；② 二是学区要聚焦教师评估框架，提高教师教学效度；三是学校要聚焦学生的学习经验，以学生反馈促进教师提升；四是课堂上要聚焦《全纳教育教师评估指导手册》（Educator Evaluation Guidebook for Inclusive Practice），确保教师可以照顾到所有学生并给予同等公平的教育教学。

5. 返聘教师计划

为了更好地解决教师短缺问题，同时降低成本，美国通过优化招聘政策，返聘退休教师来增加教师队伍总人数，促进教师流动。科罗拉多州承诺在退休教师

---

① Massachusetts Department of Elementary and Secondary Education. Education Laws and Regulations：Evaluation of Educators [EB/OL]. [2018-12-11]. http://www.doe.mass.edu/lawsregs/603cmr35.html? section=03.

② 马萨诸塞州教师专业标准规范主要包括 4 个一级指标和 18 个二级指标，一级指标是指课程设计与评价标准、因材施教指标（Teaching All Students Standard）、家庭和社区参与标准、专业文化标准。参见 Massachusetts Department of Elementary and Secondary Education. Guidelines for the Professional Standards for Teachers [EB/OL]. [2019-03-31]. http://59.80.44.48/www.doe.mass.edu/edprep/advisories/TeachersGuidelines.pdf#search=%22TeachersGuidelines%22.

退休金不变的前提下，鼓励退休教师去乡村学校任教，最长 6 年。2016 年，俄克拉何马州议会通过了第 2 371 条法案，该法案针对州教师短缺和补充问题，提出退休教师可以自愿或是兼职成为学校的教师，担任驻校教师的指导教师，为准教师提供专业引导和帮助。① 俄克拉何马州参议院第 428 号法案提出，退休教师如果继续回归教室的话在工资方面可以无限制，原先的政策规定退休教师的年薪上限是 15 000 美金，这个法案提出在未来 3 年的政策窗口期内，退休教师返聘待遇可以无上限，同时享受正常的退休待遇。② 南卡罗来纳州鼓励达到退休年龄和条件的教师选择参加教师和员工保留计划。该计划允许退休教师返聘工作 5 年，返聘期间按照正常教师支付全额薪水，可以累积退休年金并享受正常退休待遇。③ 有研究显示，返聘退休教师担任新教师指导教师，对学生学业成绩提高具有积极意义。④

6. 退伍军人从教计划

除上述较为传统的教师补充渠道，美国的退伍军人从教计划（Troops-to-Teachers Program）也是补充教师的途径之一，旨在招募退伍军人去相对贫困地区学校从教，这些退伍军人通过项目资助获得相应教师证书后，可以去做小学教师、中学教师、职业技术教师，也可以在相应的地方教育局和特许学校中工作。根据该方案，教育部会向国防部进行财政转移支付，向符合条件的军人提供资

① Enrolled House. Bill2371 [EB/OL]. [2019-03-23]. http://webserver1.lsb.state.ok.us/cf pdf/2015-16%20ENR/hB/HB2371%20ENR.pdf.

② Oklahoma State Department of Education. Emergency Certifications [EB/OL]. [2019-1-31]. http://sde.ok.gov/sde/documents/2017-09-13/emergency-certifications.; Felder B. Oklahoma Education Bills Include Targeting School Waste, Teacher Recruitment [EB/OL]. http://newsok.com/article/5550844.

③ South Carolina Department of Education. Revised State Plan for Meeting the Highly Qualified Teacher Goal [EB/OL]. [2019-03-23]. www2.ed.gov/programs/teacherqual/hqtplans/sc.doc.

④ DeCesare D, McClelland A, Randel B. (2017). Impacts of the Retired Mentors for New Teachers program (REL 2017-225) [EB/OL]. Washington, DC: U.S.Department of Education, Institute of Education Sciences, National Center for Education Evaluation and Regional Assistance, Regional Educational Laboratory Central [EB/OL]. [2019-03-23]. https://ies.ed.gov/ncee/edlabs/regions/central/pdf/REL2017225.pdf.

助，包括每人最高 5 000 美元的津贴，以便他们能够获得相应学段的教师资格证，成为高素质的教师。除此之外，该计划还向愿意在边远贫困学校任教的军人支付 10 000 美元的奖金。获得该计划资助安排为小学或中学教师的军人必须具有学士学位或更高的学位，且必须在最后的服役期表现优秀。在选择参加该计划的资助对象时，国防部须优先考虑在科学、数学、特殊教育、职业或技术方面具有教育背景的军人，或者能够在与其过往经历背景相关的学科领域开展教学的人员。① 该计划在一定程度上增加了对教师短缺学区和学校的教师供给，这不啻是一件有益举措，但在项目实施过程中也存在一定问题，如对哪些学校是高需求学校的界定存在模糊，使得教师派遣管理上有些混乱。②

（四）“为美国而教” 项目

1989 年，教育专家柯普（Wendy Kopp）将其在普林斯顿大学做的毕业论文转化为实实在在的项目，也就是通过招募和培训教师，来服务那些师资短缺和办学情况相对差的学校，这就是“为美国而教”项目。尽管项目教师占教师总数不足 0.2%，但其对教师政策的影响力确实不容小觑。为了实现填补教师短缺和促进教师资源公平流动两大目标，这一创新的组织形式被视为打破了传统教师政策的“墙”。被招募的教师大多是刚毕业的大学生且尚未将教师作为其职业选择的人员，经过项目组织的培训，会在服务学校工作两年。最开始，项目仅仅在小范围内展开，如纽约州、加利福尼亚州和乔治亚州的乡村地区，现在已扩展到 30 多个州，每年约有 3 400 多名新成员加入。参加“为美国而教”项目的成员必须拥有美国国籍或是永居权，拥有本科学位且本科期间成绩绩点最少应达到 2.5

① U. S. Department of Education. Troops-to-Teachers Program [EB/OL]. [2018-06-15]. https://www2.ed.gov/programs/troops/index.html.

② United States Government Accountability Office. TROOPS-TOTEACHERS Program: Brings More Men and Minorities to the Teaching Workforce, but Education Could Improve Management to Enhance Results [EB/OL]. [2019-03-23]. https://www. gao. gov/new. items/d06265.pdf.

(实际上成员的平均绩点在 3.6)。① “为美国而教”强调项目成员的多样性，声称非白人教师比例要比全国平均比例高，但实际上，参加项目的教师仍然是白人和高收入家庭毕业生居多。② 项目成员在正式入选前，需经过严格的选拔，主要包括三个阶段：一是进行网上申请，二是 25—45 分钟的电话面试，三是一整天的正式现场面试。据统计，近 3 年，每年有 3—4 万申请人，一旦申请通过，成员须参加即将任教地区的入门培训，了解当地环境并认识新同事。此外，在正式学年开始前，成员需要参加暑期集训（summer institute)，培训时长为 5 周。该培训项目旨在让新手教师熟悉、学会并掌握教学、课程、课堂管理等方法，与经验丰富的教师进行学习交流。该项目会让刚工作不久的项目成员担任培训导师，指导和帮助这些新进成员。

项目成员在接受培训后，就会进入学校，准备新学期的教学工作。新教师需要参加“教研组”会议，与同一年级或同学科的教师在一起共同备课教研，也会参加一些其他教师或主题的研讨。除此之外，在很多州，项目教师在两年的服务期内，还需要参加额外的大学课程学习以获取教师资格，有些州是非常著名的大学，如宾夕法尼亚大学，有些州是比较小的地方性大学，还有一小部分州的学校没有正式的大学伙伴，但这些州承认“为美国而教”项目是获得教师资格的可选途径。同时，“为美国而教”还有雷莱教育研究院（Relay Graduate School of Education）作为合作伙伴服务教师培训项目。雷莱教育研究院是由美国中部州高等教育委员会认证，由联邦教育部认可的一个非营利性高等教育机构，在教帅发展方面服务中小学教师、校长、毕业生及社会人员，目前在全美有 18 个分校，其中 60%多的学生是有色人种，可以为教帅和驻校教师颁授硕士学位和教师资格认证。③

“为美国而教”的教师发展主要有三个特点：一是教师入职前的 5 周集训，

① Chiang H S, Clark M A, McConnell S. Supplying Disadvantaged Schools with Effective Teachers: Experimental Evidence on Secondary Math Teachers from Teach for America [J]. Journal of Policy Analysis and Management, 2017, 36(1):97-125.

② Straubhaar R, Gottfried M. Who Joins Teach for America and Why? Insights Into the "Typical" Recruit in an Urban School District [J]. Education and Urban Society, 2016, 48(7): 627-649.

③ Relay. About Relay [EB/OL]. [2018-10-13]. https://relay.edu/about-us.

采取的是导师指导和实习反馈模式，通过听课和课后集体讨论、分析问题，促进教师对教学的认识提升；二是给予教师充分的研修资源，如安排教师访问学校等；三是注重日常专业发展，有的城市充分利用地方教育资源和“为美国而教”项目教师网络开创了“周六教师工作坊”（Professional Development Saturdays，PD Saturdays）。该工作坊通常包括四个部分：全体成员讨论所在学校近期的情况、趋势和问题、两个教研工作坊和学习小组会议。学习小组一般是按照年级或学科组建的。①

由于美国的教师教育长期不能满足学校需求，在各州财政缩减的背景下，大学的教育学院面临资源缩减且问责增加的问题，为了对教师短缺做出回应，很多州降低了对选择性教师的职业准入门槛或标准。这给教师补充渠道带来一定影响，同时也为一些教师“快速”成长项目的产生和发展提供了契机。一般而言，在国家财政处于低潮的时期，市场的力量就会受到更大的青睐。② 实际上，“为美国而教”就是在此背景下产生的。“为美国而教”独特的教师补充方式在美国的教育改革中产生了积极影响：一是为有志从事教师职业的人消除了部分障碍，为学校吸引了一些高质量的教师，尤其是为边远农村地区和城市落后学区补充了师资；二是增加了教师供给的灵活性，为学区节省了成本。激发学生选择“为美国而教”项目的一个很重要的原因是，该项目的“公益服务”性质及其衍生的津贴补助政策。1994 年，美国联邦立法机构设立了“国家服务社团”（Corporation for National Service），这种准公共、非营利组织在美国扮演着提供服务的角色，“为美国而教”项目获得了该法人的指定授权，成为美国教师服务的“提供者”。该项目成员，可以获得每年约为 5 400 美元的津贴补助，有些大学的研究生院对于参加过“为美国而教”项目的学生会有双倍的津贴补助，可以抵消这些学生在研究生期间的绝大部分费用，而这也成为激励很多毕业生选择参加“为美国而教”项目的重要原因。除津贴外，参加项目还可以获得不少“福利”，如参加“为美国而教”项目服务作为一种公益性的行为，在未来求学和工作中可获得面

① Gabriel R A Practice-Based Theory of Professional Education：Teach for America's Professional Development Model [J]. Urban Education，46(5)：975-986.

② Kretchmar K，Sondel B，Ferrare J J. The Power of the Network：Teach for America's Impact on the Deregulation of Teacher Education [J]. Educational Policy，2018，32(3)：423-453.

试官和雇主“加分”等。除这些外因外，研究显示，“为美国而教”项目教师的个性特点比较积极向上，具有奉献精神、团队意识和“救世心”（解决教育不公平现象），这也是他们选择这种公益性教师职业的重要内因。“为美国而教”项目教师的工资和其他新教师是一样的，并且还获得额外津贴，对于确有需求的项目成员，“为美国而教”项目还会为他们提供在职培训、学校转换、参加教师资格考试等方面的无息贷款或资助。

随之而来也有不少批评，部分学者认为，这种教师培养方式降低甚至破坏了教师的专业性，因此他们发出了这种选择性教师补充机制究竟是“教学”还是“服务”的质疑。① 因为“为美国而教”项目教师所教的学生很大部分是移民儿童或是转校新生，这些学生的家庭社会经济地位大多比较低，所在的学校较差，很多学者直指这样的“教师速成班”难以真正满足教育教学所需。通常，项目的成员教师在大学期间未系统接受师范教育，且项目的培训时间短，因此，当新教师进入学校后，由于不具备相关知识和经验不足，因而当面临很多难以解决的棘手问题时，如“学习不好且不听话”的学生、学生的心理问题、破旧的教室办公设施、教材课本缺乏、不太方便的居住环境等，往往束手无策。这些问题会给项目教师带来不小的挫败感和失落感，有的教师便认为自身努力对于调节教育均衡并无太大助益，希望尽早获得正式教师资格并返回城市地区。

三、美国中小学教师公平配置的反思与展望

（一）政府引导与市场配置的矛盾依然存在

美国通过实施减免师范生学费和贷款的政策，一定程度上为薄弱学校补充了师资，但与此同时，不少就读期间接受资助的学生后来宁愿偿还贷款也要离开薄弱学校或教师行业，而且资助计划对资助对象没有进行科学的分层分类管理，使

① Veltri B T. Teaching or Service? The Site-Based Realities of Teach for America Teachers in Poor, Urban Schools [J]. Education and Urban Society, 2008, 40(5): 511-542.

得享受资助的师范生质量参差不齐，影响了资助项目的效益发挥。① 农村教师补充政策为稳定农村教师队伍、提高教学质量等发挥了积极作用，但也存在激励不够、效果不及预期等困扰。美国薄弱地区和薄弱学区、少数族裔区域学校仍然面临教师短缺的问题。选择教师教育专业学生人数的减少、教师行业的薪资在同等学力就业的行业中无法处于优势的地位、中小学逐渐严密的问责体系无形中加大了教师的负担，教师短缺叠加教师流失因素，导致美国教师资源配置与政策预期存在脱节。从教师培养模式追溯，美国本科阶段的师范专业数量较少，大部分教师教育项目是在研究生阶段，相比私立大学，公立大学承担着绝大部分的教师培养任务，使得美国教师培养规模较小和准备较少，无法满足所有地区和专业的需求，加之上述“市场选择”的影响，使得薄弱地区、学区、学校和专业教师短缺情况仍然严峻。②

美国对教师短缺地区和学校的教师补充政策，大都散见于不同法案和政策关于如何提升学生培养质量和促进学生平等发展的论述中，其中，教师被视为是保障学生有质量且享有公平机会的重要资源和条件，鲜有专门针对乡村地区或是薄弱地区教师培养、补充、资助和发展的专门政策。由于联邦政府和教育部在教育事务上的管治体系较为松散，教师资源的配置更大程度上体现在各州的具体实施方案中，而美国的教师资格认证以各州管辖为主，使得教师州际流动存在一定阻碍，尽管不同州都在持续推进州际之间教师资格的互认，但对于教师自由流动的效率和机会方面仍有影响。

（二）“为美国而教”教师的身份认同危机

关于“为美国而教”项目教师的流失与留任，有的选择结束两年的教学后离开教学岗位，离开的成员较多的是进入研究生院学习，还有从事公益事业和其他工作的。喜欢教师职业的有的会选择留下来，有的会转到其他学校去任教。在离

① 赵萍. 奥巴马政府首任内的教师教育政策评析［J］. 比较教育研究，2013，35（3）：80—85，104.

② Darling-Hammond L，Sutcher L，Carver-Thomas D. Teacher Shortages in California：Status，Sources，and Potential Solutions［EB/OL］.［2019-03-24］. https://learningpolicyinstitute.org/product/teacher-shortages-ca-solutions-brief.

开教师行业的原因中，除了不满学校的管理和学校缺乏对教师的支持等外因，也与自身的初心、性格和人生选择有关。① 研究显示，“为美国而教”项目教师的经历对于其留任教师职业没有显著的影响，留下来的也是因为其所在学校工作环境好。②

有批评指出，“为美国而教”的选择性教师补充机制会导致教师专业化质量下降，因为其未能按传统方式实现教师培养，师资质量堪忧。这些教师往往经验比较缺乏，但是去的却是情况比较复杂且教育发展相对滞后的学校。换言之，这些学校未来需要能力更优的教师来改善教学质量，以应对各种各样学生诉求和问题，而“为美国而教”能够提供的教师尚达不到实际预期。实际上，这些教师在进入学校后还面临着身份认同危机。不少教师对自己的工作并不是很有信心，而且学校其他教师会对这些“速成”的教师“另眼相看”，不太认可他们的资质，甚至会对他们产生排外行为，这给本就教学信心不太足的项目教师增加了更多压力和孤立感。有些学校在引进项目教师时，会明确告诉教职工他们是两年的项目教师而不是传统培养路径的师资，校内有些政策也会区分两类教师，无形之中给这些教师带来压力。根据美国本土研究，“为美国而教”项目教师在实际工作中期望能隐藏自己的身份标签，但往往很难如愿。有些项目教师为了避免被歧视，在其他老师问其实习经历时，会将暑期集训“谎称”为参加过实习。各州和学校在招募“为美国而教”项目教师、提供教师资格认证帮助和支持这些教师成长方面仍然需要进一步理顺。③

（三）联邦政府对乡村教师的重新审视

美国约 72%的国土面积属于乡村范畴，乡村人口约有 4 600 万。2017 年 4

① Heineke A J, Mazza B S, Ichnor-Wagner A. After the Two-Year Commitment: A Quantitative and Qualitative Inquiry of Teach for America Teacher Retention and Attrition [J]. Urban Education, 2014, 49(7): 750-782.

② Gottfried M A, Traubhaar R. The Perceived Role of The Teach For America Program on Teachers' Long-Term Career Aspirations [J]. Educational Studies, 2015, 41(5): 481-498.

③ Thomas, Matthew A M. "Policy Embodiment": Alternative Certification and Teach For America Teachers in Traditional Public Schools [J]. Teaching and Teacher Education, 2018 (70): 186-195.

月 25 日时任总统特朗普签署了关于促进农业农村繁荣（Promoting Agriculture And Rural Prosperity in America）的第 13 790 号行政令（Executive Order 13 790）。其内容强调了繁荣农业农村对于美国食品、生态、可再生能源等的重要性，指出要进一步注重乡村社区发展、乡村人口就业、乡村经济发展等，体现乡村发展对于美国国家安全、稳定和繁荣的重要意义。这也是其鼓吹的“让美国再次强大”的一个举措。① 为实现这一目标，联邦政府决定成立振兴农业农村领导小组（Interagency Task Force on Agriculture and Rural Prosperity），其中农业部作为秘书处单位，负责工作推进和日常管理，共有 22 个部门参与该项计划，教育部就是其中之一，与教育相关的国家自然科学基金委和国家科技政策办公室也均包含在内。该小组在 2017 年提交给特朗普的工作计划中，提出了 5 项行动计划，分别是智慧乡村计划、提高生活质量计划、增加农村就业计划、促进科技创新计划、促进经济发展计划。这 5 项行动计划前 3 项都与乡村教育有关。换言之，工作小组认为，教育在促进农业农村的繁荣中应该且必须发挥重要作用。②

一是智慧乡村计划中的教育需求。智慧乡村计划是指通过更加高速、便捷、互联的通信网络计划，使农业生产、教育、医疗等变得更加方便和高效。在教育方面，智慧乡村计划可以使乡村居民获取更多便捷的在线学习资源，享有与城市居民同等高质量的教育机会。但是，许多乡村中小学在高质量教育网络技术发展和互联方面还有缺口。

二是提高生活质量计划中的教育内涵。高质量的学校是高质量生活的重要保障和组成部分，是吸引乡村青年“返乡”和加大人口流入的重要因素。因此，工作小组建议要进一步加强教育改革。要加强公立学校和私立学校之间的伙伴关系，加强所有中小学、社区学院和科技学院的网络建设，提供更好的数字化学习资源，尤其是要重视与乡村经济发展相关的，如农业、机械制造、商业等方面的师资配置与课程体系建设，继续高度重视 STEM 课程资源的配备。

---

① https://www. whitehouse. gov/presidentialactions/presidentialexecutiveorderpromoting-agriculturereuralprosperityamerica/.

② USDA. Report to the President of the United States from the Task Force on Agriculture and Rural Prosperity [EB/OL]. [2018-10-23]. https://www.usda.gov/sites/default/files/documents/rural-prosperity-report.pdf.

三是增加乡村就业机会计划的教育使命。增加乡村就业机会的教育使命主要指向继续教育、职业教育、技术技能培训和职业生涯发展规划。根据联邦劳工统计署数据，美国农村地区就业最多的四类工作均与医疗健康有关，分别是个人看护，护理、精神病治疗和家庭健康助手，执业护士和注册护士。面向未来，一是加强学校教育和就业市场调研，增进信息沟通对称，使学校了解就业情况，在学生生涯指导方面更有针对性；二是在医疗健康方面增加培训和学徒项目；三是为乡村就业者和再就业者提供更多的教育资源。以上几方面的进一步推进，都离不开乡村教师的数量补充、结构优化与质量提升，可以预见，在特朗普重视乡村发展和选区经济的情况下，美国乡村地区教师队伍补充和配置会有进一步的发展。

结语

美国同世界上很多国家一样，区域之间、城乡之间、学校之间的差异，造成了教师资源配置的不均衡，进而导致了教育质量的不均衡。造成教师资源配置不均衡的原因主要包括教师总体供给的不足，教师薪酬的差异，教学环境的差异，工作成就感差带来的教师流失等等。针对这些原因，为解决教师资源不均衡的问题，美国在联邦政府层面和州政府层面均采取了一系列的举措，包括强化教师培养补充，实施了针对师范生的贷款和学费减免计划、驻校教师计划、本地教师培养计划等；拓展教师来源通道，实施选择性教师项目、退伍军人从教计划、返聘教师计划、“为美国而教”项目等；提升教师校长能力，对贫困地区和薄弱学校的教师校长提供针对性培训，提升其能力，从而缩小教师能力素质差异。总体上看，这些项目对于教师资源的均衡配置起到了一定作用，但是由于在联邦层面缺乏有力的规划和支持、州与州之间以及地方之间财力与政策的差异导致了教师资源配置问题解决的差异性，而且这个差异在短期之内难以消弭。

第八章

美国高校教师专业发展

2020 年秋季学期，美国可授予学位的高等院校共有教职人员 150 万人，与 1999 年秋季学期的 100 万人相比，增长了 50%。美国可授予学位的高等院校中，64%的教职人员在公立院校，32%在私立非营利性院校，近 5%在营利性院校。① 一流大学需要一流学科推动，而一流学科需要一流师资支持。密歇根大学校长玛丽·苏·柯曼说，衡量一所大学是否卓越，最重要的看有没有一支优秀的教师队伍，他们就像是大学的心脏。② 高校教师专业发展的目的是提高教师在各种教学环境中的表现和效率，保持专业知识的拓展能力，加强师生之间的合作，进而提高教师自主性，并促进教师作为个体和社会成员发挥更有效的作用。美国是世界上最早关注高校教师专业发展的国家之一，逐步建立了系统的高校教师专业发展体系，积累了丰富的经验，取得了明显的成效。

---

① U. S. Department of Education. The Condition of Education 2021.

② 贺美玲，李晓波. 美国公立大学教师专业发展机制研究：以密歇根大学为例 [J]. 外国教育研究，2015 (1)：109—117.

一、美国高校教师专业发展体系变革脉络

在美国高等教育史上，高校教师一度被视为“学术专家”，他们中的很多人对教学不太上心。1810 年，哈佛大学实行的学术休假制度目的之一是让教师反思教学，盘点教材，观摩充电，这可以说是美国高校教师专业发展的萌芽。但直到 20 世纪 50 年代，美国高校教师的发展才真正受到重视。当时，学生对传统教学方法不再满意，对新教学方法表示渴望，美国大学对更加有效的人才培养也表现出重视。

美国教师专业发展的原动力始于专业组织的号召和院校本身的推动，而所需经费主要来源于私人基金会和联邦政府资助机构。① 高校教师专业发展作为帮助教师提高能力的重要手段，在 20 世纪 60 年代成为高等教育的一个重大举措。但从 1970 年起，美国高等教育进入了发展迟缓的十年，美国的社会问题尤其是高通货膨胀和其他经济危机进一步导致了入学率的下降和开支的紧缩。② 在这种情况下，高校教师流动减少，校外工作机会减少，而学生对高校要求比较挑剔，对高校教师也有较高期待。变化的外界条件使大学管理者开始重视高校教师专业发展的问题，将之作为一种满足学生对优质教育需求的手段，以便使大学重新获得公众的支持和信任。这一时期许多高校创造了教师专业发展的新方法，绝大多数的大学和学院都启动了高校教师专业发展项目，并且特别关注教学的改进。这种趋势导致了人们对高校教师成长和发展的关注，涉及新教师如何获得教学技能，高等教育管理者为促进优质教学能做什么，教学评价在提高教学效能方面起什么作用等等。通过观察与研究，笔者发现，美国高校教师专业发展主要经历了以下三个阶段。③

① 马培培，范冬清. 中美精英大学教师教学发展组织的比较研究 [J]. 中国高教研究，2017 (9)：43—47.

② 李玲. 美国高校教师发展的历史进程及其启示 [J]. 大学教育科学，2006 (6)：66—70.

③ 郑雅倩，包水梅. 美国一流大学教师专业发展机制研究——以密歇根大学和哈佛大学为例 [J]. 现代教育科学，2017 (9)：118—126.

（一）萌芽期

20 世纪 60 年代之前，大多数高校教师是通过模仿德高望重的教授或者向其他教师取经从而形成自己的教学风格的，很少有教师考虑在自己的课堂上开展最适合的教学活动，致力于掌握新的教学方法和技能的教师更是少见。高校教师普遍缺乏改进教学技能的动力，他们的主要精力还是放在科学研究、学术交流上。① 20 世纪 50—60 年代，美国各界对高等教育的批评不断。批评的焦点是其教育质量低下——美国学生在所有国际评估中的表现并不好，这与美国的超级大国地位形成了强烈反差。1957 年，苏联成功发射人造地球卫星，对美国的国际地位构成威胁。哈佛大学前校长科南特指出，正是因为苏联建立了能够发挥技术优势的教育体系，才有可能实现如此重大的技术突破。因此，科南特强烈呼吁美国加强大学教育和科学研究。受其影响，美国高校开始认识到提高教师在教学、科研、社会服务等方面专业发展能力的重要性，并将其作为增强美国高等教育活力的重要途径。这一时期，美国教师专业发展的主要形式为学术休假、参与专业学术会议、修读高级学位。

到 20 世纪 60 年代初，美国一些大学开始建立起视听中心，以便推广当时新的教学方法和技术。② 中心从最初提供技术服务到后来扩大到课程设计、教学方法和教学评价咨询。但这个阶段，美国高校教师专业发展只是少数大学的自发行为，与之相关的项目和活动也不多，而且主要集中在教师的科研能力上，没有一个完整的体系，教师的专业发展处于萌芽阶段。

（二）发展期

20 世纪 70 年代，美国爆发的经济危机导致联邦政府对高校的投入大幅减少、高校入学率下降。学生普遍认为，大学教育不关注他们的现实需求，掀起了

① 李文兵. 中美高校教师发展运动的比较与启示 [J]. 中国石油大学学报（社会科学版），2017（6）：86—91.

② 林杰. 美国大学教师发展的组织化历程及机构 [J]. 清华大学教育研究，2010，31（2）：49—50.

一浪又一浪的抗议运动，指责高校教学内容脱离实际、教学方式呆板僵化。① 正是在这种严峻形势的影响下，更多的院校开始设立并实施目的更加多元、内容更加丰富的教师专业发展项目。密歇根高校教师教学研究中心（CRLT）于 1962 年正式成立，这是美国第一个教师专业发展组织。该组织旨在通过教学研究和教师专业发展项目，促进高校教师教学能力的提高和有效教学的开展，促进程序教学。密歇根高校教师教学研究中心成立之初，就启动了教师研讨班等教师专业发展项目，带动多所高校成立了教师教学发展中心，推动了高校教师的短期培训、教学咨询和教学评价。到 20 世纪 70 年代中期，超过一半的美国大学已经实施了教师专业发展计划。1976 年，密歇根高校教师教学研究中心在 1 044 所大学进行了一项研究，调查高校教师参与教师专业发展活动的情况，以确定高校教师专业发展项目的参与度和有效性。结果表明，教学技能培养的实践对提高教学效果是有效的；高校教师更愿意参与这种实践活动；高校教师专业发展工程的重点是提高教学质量。此外，除了专业机构或项目的支持，高校教师的专业发展也得到了社会各方面的支持，许多慈善基金会都给予了大量的资金支持。例如，1976 年，丹麦丹佛斯基金会在为 5 个高校教师专业发展项目（如哈佛大学）提供资金支持，为教师的发展和建设提供了物质基础。时任哈佛大学校长的德里克·博克在该基金的资助下，建立了哈佛大学的教学中心——哈佛丹佛斯中心，其初衷就是通过提高教师的教学水平来提高哈佛大学的本科教育质量。

（三）成熟期

为适应新技术革命对劳动力素质提高的需求，美国从 20 世纪 80 年代开始反思教育不能满足经济社会发展需求的原因。由于研究与教学的矛盾日益突出，高等教育问责制不断加强，以及“文凭社会”向“学习社会”转变等一系列外部因素影响，高校教师的专业发展面临着不断变化的压力。尤其是在不断问责高等教育教学质量的压力下，高校教师的教学能力首当其冲受到批评和指责。② 一些批

① 郑雅倩，包水梅. 美国一流大学教师专业发展机制研究——以密歇根大学和哈佛大学为例 [J]. 现代教育科学，2017（9）：118—126.

② 朱炎军. 教学学术视角下的高校教师发展：来自美国的经验 [J]. 外国教育研究，2017（3）：58—70.

评美国高等教育和本科教育调查的报告陆续发表，引起了人们对高校学科范围和课程内容不足、教师专业化程度过高、教学质量低下等问题的关注。报告呼吁高校加大对教师专业发展的支持力度，重建教师对教学发展的兴趣。到 80 年代中期为止，美国大约 60％的学院和大学，都确立了某种类型的教学改进计划。①1986 年，卡内基基金会领导的研究小组发布了《准备就绪的国家：21 世纪的教师》报告，指出应通过“加强教师的专业教育，提高教师的工资，实行全国性资格证书制度”等措施，促使教师成为一门真正的专业。②

这一时期，里根政府实行“新联邦制”政策，使大学获得了更多的自主权，“后现代主义”教师专业发展思潮也开始盛行，教师专业发展的重心开始从科研、教学转向教师个体发展，高校教师、教学管理人员、教学中心人员等开始共同建立发展网络。同时，教师专业发展组织和专业队伍得到加强，高校教师专业发展开始向组织化迈进，基金会资助高校教师专业发展项目的资金也越来越多。教师专业发展项目更为多样，除了学术休假、教学研讨会等针对教师科研、教学能力的项目外，还增设了教师职业生涯发展规划、人际交往技巧、教师个人健康、新教师角色适应性等涉及个体发展的项目。③

20 世纪 90 年代以来，美国高校的教学科研与教师专业发展逐渐融合，主要体现在四个方面：依托课程和标准促进教学科研的知识发展；依托各种基础建设促进教学科研的组织发展；依托学术会议和学术刊物加强教学科研共同体建设；依靠各种科研经费和奖励激励教师参与教学科研项目。④

美国高校教师的专业发展经历了从萌芽、发展到成熟的过程，实现了教师专业发展机构的组织化、资金来源的广泛化、发展对象和发展项目的多样化，有效地提高了美国高校教师的能力和水平。

---

① 李玲. 美国大学教师发展的历史进程及其启示 [J]. 大学教育科学，2006（6）：66—70.

② 罗素琴. 美国高职教师培养的特色与启示 [J]. 新课程研究（中旬刊），2014（2）：32—35.

③ 郑雅倩，包水梅. 美国一流大学教师专业发展机制研究——以密歇根大学和哈佛大学为例 [J]. 现代教育科学，2017（9）：118—126.

④ 朱炎军. 教学学术视角下的高校教师发展：来自美国的经验 [J]. 外国教育研究，2017（3）：58—70.

二、美国高校教师专业发展的现状

（一）美国高校教师专业发展的体系解析

美国高校教师专业发展体系，可以从发展目标、组织机构、服务对象和保障机制四个方面进行解析。

1. 发展目标

菲利普斯（Phillips）将“高校教师专业发展”定义为“提高大学教学效率的过程”。杰里·加夫（Jerry Gaff）认为，“高校教师专业发展”是一个“提高能力、扩大兴趣、胜任工作，从而促进教师专业和个人发展”的过程。弗朗西斯（Francis）将“高校教师专业发展”定义为“寻求改变教师的态度、技能和行为，以提高教师的能力和效能，从而更好地满足学生、自身和学校的需要的过程”。刘易斯（Lewis）认为，“高校教师专业发展”概念及其相关领域在不断演变，已经成为一个更广泛的概念，包括个人发展、教学发展和组织发展三个关键领域。1991 年，美国教育协会发表的《高校教师专业发展：国力的提升》报告将“高校教师专业发展”与“国力提升”相提并论，该报告指出高校教师专业发展具有四个基本目标：个人发展、专业发展、组织发展和教学发展。① 2007 年，费尔顿（Felten）等人提出应采用“教育性发展”（Educational Development）这个包容性更强的术语，用来描述“致力于帮助作为教学共同体的学院和大学有履行职责的专业”②。奥米拉（O'Meara）等人在研究 20 世纪 80 年代以来美国高校教师专业发展的基础上，就高校教师专业发展提出两种范式，即限制性叙事（narrative of constraint）和成长性叙事（growth of constraint）。③ 在限制性叙

① 解德渤. 再概念化：大学教师发展的历史与逻辑 [J]. 教育学术月刊，2015（10）：72—78.

② 郑可春. 美国高校教师发展：理念嬗变与发展前景——基于多元文化价值取向视角 [J]. 高校教育管理，2016，10（6）：107—112.

③ 朱炎军. 教学学术视角下的高校教师发展：来自美国的经验 [J]. 外国教育研究，2017（3）：58—70.

事范式中，教师和他们的学校一样，被赋予更多的责任、更多的工作和更多的自由。在评价压力越来越大的情况下，教师专业发展被视为一种外部责任，教师专业发展模式存在缺陷，教师专业发展中心也被视为平衡评价任务和教师自我完善的产物。与之相对应的是成长性叙事范式，它基于教师专业发展和内在需求的，强调如何避免由于外部管理而迫使教师采取一定的行动，以及如何在工作过程中感受到自我发展的意义、持续学习的意义、行动研究的意义和教学参与的意义。在这个范式中，教师的工作与个人期望需要一个支持性和学术性的环境辅助。①

综上所述，美国学术界正在改变对当前教师角色和责任以及“高校教师专业发展”的认识。这些变化既是对实践的回应，也是对高校教师专业发展认识的深化，最终形成基于教学发展的高校教师多维发展目标。高校教师专业发展工作的早期目标是提高教师的教学技能，让教师胜任教育教学。后来，随着高校教师专业发展的组织化和制度化，越来越多的高校成立了教师专业发展机构。高校教师的发展已经从最初的教师个人目标演变为大学的组织目标，高质量的高校教师专业发展项目和活动能够极大地促进教师的学习，提升大学的声誉。近 20 年来，高校教师专业发展的目标从学校组织目标又进一步跃升为国家战略目标，成为国家高等教育质量保障体系的基础。②

2. 组织机构

虽然美国高校教师专业发展的繁荣与国家的支持、跨大学专业组织的推动和基金会的赞助密切相关，但客观地说，大学的不懈努力是最重要的因素，特别是高校教师专业发展机构的建立，为教师的发展提供了组织保障，从而使高校教师的大规模发展成为可能。从目前情况来看，美国高校教师专业发展机构主要包括以下五类。

（1）独立设置的校级层面教师专业发展机构。高校教师教学发展中心与一般行政组织、学术机构存在差异，是一个兼具行政性和学术性的专业机构，通常由主管学术或教学事务的副校长管理。学校配备专门人员，提供办学经费，主要致

① 速成，李晓波. 斯坦福大学青年教师发展研究［J］. 高教探索，2015（4）：57—61.

② 林杰，魏红. 大学教师发展的国际趋势［J］. 高校教育管理，2015（1）：86—91.

力于促进教师教学和科研能力的发展。组织的核心人员一般包括：主任一名；副主任若干名；助理主任或项目主任若干名；自然科学、工程、技术、数学(STEM)、社会科学或人文科学的一系列专家；行政助理及其他辅助人员若干名。主任可以是某一领域的教师，也可以是从事教师专业发展的专业人员，或者两者兼有，可以是全职的，也可以是兼职的。美国高校教师专业发展机构名称多样，包括“教师专业发展中心”“教学促进中心”“教学卓越中心”“教学研究中心”“学习与教学研究中心”“教职员发展办公室”等，如密歇根大学的“教学研究中心”、哈佛大学的“德里克·布克教学中心”、康奈尔大学的“卓越教学中心”、得克萨斯大学奥斯汀分校“有效教学中心”、路易斯威尔大学的“教师和职员发展中心”、马萨诸塞大学阿姆斯特分校的“教师教学发展中心”等。①

(2) 跨校设置的教师专业发展协调机构。这种协调机构通常存在于一个国家或一个大学系统中，通常在大学中有一个核心委员会来规范多个分支机构之间的教师专业发展工作，一般每个分支机构都有一个专门的组织负责本分支机构的教师专业发展。核心委员会通常由各部门的学术管理人员和教师组成。这种跨校教师专业发展协调机构有效地加强了各分校教师专业发展中的项目合作和信息共享，为机构间交流创造了独特的机会。这些机构的代表包括威斯康星大学系统的专业和教学发展办公室、宾夕法尼亚州高等教育系统的教师专业发展委员会等。

(3) 针对特殊项目设置的中心。这些中心的设置集中在特定的任务上，任务的范围比上述两类中心要小得多。中心配备 1—3 名相应的专业技术人员和辅助人员。中心的职能根据提供的特殊服务而有所不同，一般包括教师的专业发展、提供研究生助教服务、提供课程材料等。

(4) 教师承担教师专业发展者的角色。小规模的文理学院不一定有物理存在的教师机构，但专业教师仍然需要不断专业发展的作用。这种教师专业发展通常来自获得终身教职的教师。根据任务，他们将与教师咨询委员会合作，确保教师专业发展的可持续性，避免个人终身制的影响。教师专业发展的任务也相对较小，一般只关注一两项与学校目标相匹配的活动。

(5) 院系教师专业发展机构。这些机构在一些大院系设立，如许多高校的商

① 程欣. 追求高效教学的斯坦福大学教学中心 [J]. 教育评论，2012 (4)：153—155.

学院或法学院，这些部门往往设有专门的教师专业发展服务中心，为教师提供定制化服务。

美国高校教师专业发展机构的名称虽有所不同，但其职能均是为教师专业发展提供组织保障，是高等学校的一部分。高度重视高校教师队伍建设、资源充足的高校，具有校级和院级两级机构。规模小、资源有限的大学，只能设立专项事业单位，或者聘用少量人员承担教师专业发展任务，不设立功能齐全的事业单位。

3. 服务对象

起初，高校教师的专业发展主要集中在从事教学和科研的教师身上。后来，服务对象不断扩展，主要有两个方向：一是从专任教师向非专任教师（行政人员）扩展，二是从在职教师向“未来教师”（在校博士研究生）扩展。一些大学还考虑到专任教师和兼职教师的发展。目前，美国高校教师专业发展机构的服务对象可分为以下四类。

（1）新任教师。高校教师新入职时期是教师职业发展的艰难阶段和关键时期。美国大学的教师专业发展机构通常为新教师提供特殊的发展计划。这类项目一般有两个主题：一是帮助教师熟悉环境，迅速融入新的群体；二是提高教师的教学水平。威斯康星大学的做法很有代表性。每月的第一个星期三，主要介绍学校的历史（包括著名校友），学校的人员、项目和资金，学校的战略重点，新教师的资源，教师的权益等，这不仅有利于新教师更快地了解和适应工作环境，提高工作效率，调动工作积极性，也能使新教师在新的环境下迅速结交新朋友，实现新教师之间的沟通。例如，马里兰大学学院教与学中心提供的新教师培训包括在线教学证书计划、最著名的基础培训课程“网络泰科教学”和同伴指导计划，又如哈佛大学德里克·布克教学中心开设了“教学入门”“新教师协会”等关注新教师的项目，密歇根大学“学习与教学研究中心”专门开设了“新教师定位”项目等。①

① 连洁平. 美国大学教职员发展形式与内容研究——以五所著名大学为例［J］. 教育教学论坛，2018（4）：23—24.

（2）成长期教师。美国高校教师专业发展机构基于教师在不同阶段面临的不同困境，针对教师专业发展的不同阶段设立不同的项目，如早期、中期和后期的教师专业发展项目。例如，密歇根大学学习与教学研究中心还为教师设立了“生存与成长”培训计划，以满足他们进一步发展和成长需要，并对教师在获得终身教职后进行有针对性的培训，如“从副教授到教授：在职业生涯中期取得丰硕成果”的“有效决策”项目，使教师从不熟悉的就业初期到困难的成长期再到瓶颈期都有不同的项目职业重点，形成连接教师职业成长链条的纽带。

（3）未来教师。美国博士生教育有一个普遍的原则：博士生教育的目的不应局限于培养学生掌握不同的技能使用方法。在研究生阶段，很多博士生除了需要学习先进的知识和专业课程，进行研究，通常还有另一个身份，即大学助理。大学助理是专门为本科教学而设立的一种身份，通常由博士生担任。尽管美国大学要求教授为本科生授课，但现实中，由于许多教授涉及学科多、研究工作忙，在许多学术机构、政府机构和咨询机构担任职务，他们往往不能按时、准时为本科生授课。为此，美国大学聘请大量博士生作为大学助理教师，进行教学指导、带学生做实验、回答问题、批改作业和批改试卷。从 20 世纪 60 年代起，美国就开始实施“未来教师计划”。到目前为止，承担研究生培养的高校几乎都有促进研究生教学发展的项目。例如，西北大学和密歇根大学的“研究生教学资格证书”项目虽然不具有教师资格证书的效力，也不能用于中小学的教学申请，但是能够证明研究生具有大学课堂教学的能力。此类项目既能保证研究生助教工作达到一定水准，也能为研究生的就业增添一定的砝码。①

（4）其他人员。除了全职教师和“未来教师”外，许多美国高校教师专业发展机构还为其他人员提供培训，如兼职教师、领导、学术专家、行政人员等。密歇根大学也为领导提供培训，例如组织和领导力发展计划，以及学术领导力研讨会。

4. 保障机制

美国高校教师的发展保障有赖于政府、社会和大学的支持，包括政策支持、

① 王春艳. 美国大学教师专业成长的实现路径［J］. 现代教育科学（高教研究），2010（1）：162—164.

项目支持和资金支持，从而形成一个立体的保障体系。

（1）政府支持。美国政府特别是州政府为高校教师的发展提供了强大的动力，不仅从宏观上促进了区域高校教师专业发展理念的进步，而且从微观上支持了高校的信息、项目、服务、资金、技术等方面，从而促进了区域高校教学质量的提高。

长期以来，联邦政府和州政府主要从政策和资金方面支持高校教师的发展，并逐渐呈现出系统化趋势。1965 年颁布的《高等教育法》不仅要求政府支持高校教师的培养，还投入大量资金支持科研，为教师科研提供保障。1980 年颁布的《教育部改组法》表明对高校教师专业发展的支持进入系统化阶段。例如，美国联邦教育部每年拨款支持富布莱特计划（Fulbright Program），支持教师进行国际交流，促进了教师素质的提升。①

（2）社会支持。社会支持主要包括以下三个方面。

一是基金支持。以丹麦丹佛斯基金会和福特基金会为代表的许多基金会，优先资助高校教师的专业发展中心。此外，卡内基教学促进基金会在促进高校教学进步方面也发挥了重要作用，其报告《大学：美国大学生的学习经验》《学术反思：教授工作的重点领域》《重建本科教育：美国研究型大学的发展蓝图》《重建本科教育：博耶报告三年回顾》等都提出要促进教学与科研的统一。

二是专业组织支持。美国大学教授协会为高校教师争取更多的学术自由，推动大学实行终身聘任制，为高校教师从事科学研究提供了制度保障。州际新教师评估与支持联合会提出了教师职业生涯的十大标准，如教师应实施多样化的教学策略、培养与同事的良好关系等，为教师的专业发展提供了参考标准。

三是校友捐赠。例如，2015 年，哈佛大学收到了迄今为止最大的一笔校友捐款，高达 4 亿美元。这笔捐款主要用于哈佛大学的师资培训、科研能力提升等。对于社会捐赠资金，大学主要将其用于开设高水平的讲座、资助大批的优秀学者以及提高教师薪酬等。②

① 郑雅倩，包水梅. 美国一流大学教师专业发展机制研究——以密歇根大学和哈佛大学为例 [J]. 现代教育科学，2017（9）：118—126.

② 蔡亚平，田学红. 美国高校青年教师教学能力发展机制及启示——以密歇根大学为例 [J]. 中国成人教育，2019（1）：63—66.

社会层面的高校教师专业发展组织的形成，不仅满足了部分教师和专业人员对教师专业发展前沿信息和沟通合作的需求，也带动了一些相对薄弱机构开展教师专业发展活动，是美国高校教师专业发展的重要补充力量。

（3）大学内部支持。大学为教师专业发展提供人力、财力和平台支持。在人的支持方面，高校一般都会为青年教师配备教学指导教师。在资金支持方面，主要是对在教学科研方面做出贡献的教师进行奖励，同时对教师主持的教学创新项目提供一定的资金支持。在平台支持方面，学校通过教师专业发展机构的专门平台，为教师提供教学咨询、科研咨询和社会服务咨询。

一方面，大学可以建立符合自身财力、水平和教学需要的机构，根据大学发展的不同需要，灵活调整机构的目标、职能和规模；另一方面，高校教师专业发展机构的存在也促进了各部门、学院乃至地区之间的交流与合作。客观上来说，基于机构的数量、发展速度、涉及范围，以及其提供的服务和所起到的作用，高校教师专业发展组织机构是推动教师专业发展的中坚力量。①

（二）美国高校教师专业发展的主要内容

高校教师专业发展是指教师个体获得所属院校的共同价值观，掌握所属院校的主导文化习俗，是高校教师由新手走向成熟的一种途径。这不仅是获得专业文化、大学文化和学科文化的过程，也是教师个体从一个发展阶段走向另一个发展阶段的“变革仪式”。美国高校教师专业发展的实现主要包括培养教师职业道德、促进教师专业化及构建学术共同体三个方面。

1. 培养教师职业道德

职业精神和职业道德是所有职业的精神支柱。对高校教师而言，职业道德是教师专业成长的首要条件和重要组成部分，是教师专业成熟的标志。因为教学首先是一个道德和伦理的职业，新的职业精神需要重申为一个指导原则。在新的教学伦理中，专业性将围绕着教学和学生学习的道德定义统一起来。从高校教师精

① 郑雅倩，包水梅. 美国一流大学教师专业发展机制研究——以密歇根大学和哈佛大学为例 [J]. 现代教育科学，2017（9）：118—126.

神的转型、提升和超越的角度来看，首先，高校教师应突破不同文化的障碍，努力把握整个世界，把握生活，为人文精神的产生奠定知识基础。其次，开展自我批评，体验自我否定，树立符合人文精神的新价值观。批判不是走向虚无，而是以人文精神为本位扬弃原有价值。最后，在教育实践、生活实践中建构价值主体，成为人文精神的负责人。实践是人文精神形成的重要环节，也是人文精神表达的重要场所。在实践中，高校教师要从传统和现实两个层面汲取营养，培养人文精神。要努力参与社会现实变革，在投身社会变革中自强不息，弘扬人文精神。①

2. 促进教师专业化

促进教师专业化发展是高校教师成长的重要组成部分。它强调教师专业角色的成长和发展，以提高教师的教学水平和科研能力为核心。其主要活动包括带薪休假、参加各种学术活动、帮助教师获得更高层次的学位等，高校教师的专业发展主要是在学科和大学两大环境中实现的。对于学科部门和高校组织来说，为教师提供多种发展渠道是非常重要的。许多高校从政策和实践两个方面采取多种形式保障高校教师专业发展。以密苏里州立大学为例，该校及其院系采取多种方式，如实施教师交流计划、帮助教师及时补办注册课程、为教师提供参加国际会议的学术旅行、制定国际教师交流计划等并每七年给予一次假期，鼓励教师以此为契机，致力于学术研究。密歇根大学促进教师专业发展的路径与众不同，主要通过编排与教学相关的剧目，将教育活动和事件搬到舞台上演出，真实再现课堂教学和学校教师生活场景，引起教师、学生和管理人员的反思，其目的是加强人们对高等教育和教学的重视，从而达到提高教学质量的目的。②

3. 建构学术共同体

学术共同体建设是美国高校教师队伍的重要组成部分，也是促进教师专业发展的主要途径之一。与非学术性社区相比，学术性社区具有明显的优势。在非学

① 王春艳. 美国大学教师专业成长的实现路径 [J]. 现代教育科学（高教研究），2010（1）：162—164.

② 叶文梓. 论大学教师的人文精神 [J]. 吉林教育科学，1997（1）：12—14.

术群体中，教师的专业成长更多的是在非正式的组织文化中实现的，即教师通过试错获得组织规范，新教师在教育教学中遇到问题和困惑时，无法得到有经验的教师的指导，典型的模式是“沉浮”。而在以学术共同体为代表的正式组织中，教师经历的是一种结构化的经验，所有教师具有共同的信仰，教师成员之间密切联系，教师相互帮助、鼓励和支持，共同实现发展目标。美国大学学术共同体建构的主要内容有：共同负责、共同探讨，遵循研究与广泛合作的共同决策原则；教师的所有活动均以学生发展为中心；注重提供给教师不断学习的机会，鼓励基于共同目标的教师成长；通过各种院系会议实现同事之间的深入交流；与同事合作发表论文，关注他人从事的研究和发表的论文著作，阅读他人的成果，并做广泛而深入的交流。①

（三）美国高校教师专业发展的主要形式

美国高校教师专业发展的活动方式丰富多彩，富有吸引力，主要有以下九种类型。

1. 工作坊

工作坊是一个多人共同参与的领域和过程，参与者可以相互交流，共同思考，进行调查和分析，提出计划或方案，讨论如何共同推动计划的实施，甚至采取实际行动。换言之，工作坊是使用一种简单有趣的互动方式，将这些东西连接成一个系统的过程，具有以下几个特点：（1）从人数上讲，工作坊是一个小群体；（2）活动领域是一个特定的领域、项目和主题；（3）活动内容是调查研究、讨论比较、实践活动等；（4）活动目的是相互沟通、共同探讨，解决问题。工作坊分为单项工作坊和系列工作坊两种形式。主要由高校教师专业发展组织的工作人员、管理人员、外部顾问等围绕具体主题主办，共同话题包括课程设计、教学策略、学生评价、教学评价和教学技术的运用。

2. 个体咨询

个人咨询通常是教师和核心工作人员之间的一对一、面对面的咨询。从新教

① 方晓斌，黄光扬. 美国大学教师专业发展研究［J］. 南昌师范学院学报，2015（1）：65—68.

学策略的运用、课程开发、教学计划的制定、学生教学评价结果的提高等方面对课程教学进行探讨。咨询是一种非常有效的策略，对教师的教学实践有着非常重要的影响。然而，咨询服务需要大量的人力资源支持，这对人手不足的机构来说是困难的。

3. 课堂观摩

课堂观摩一般由教师主动进行，教师邀请机构工作人员进入教室进行观察。进入课堂前，教师和工作人员将就教师关心的课堂教学主要问题进行沟通并达成共识。课堂观摩结束后，双方将讨论相关问题，并由工作人员提供详细的观察记录，有时为改善教师的教学实践行为，还要录像。例如，一些高校教师专业发展组织工作人员在教师不在的情况下，进入课堂使用小团体教学诊断，引导学生分组讨论，最终就教师课堂教学的优势和需要改进的方面形成共识，再把结果反馈给老师。教师参与的课堂观摩是教师之间的同伴观察，而不是教师的自我观察。目的是提高学生的课堂学习水平，促进教师自身的专业发展，而不是为了检验某些教学假设或演绎某些理论。由于录像的使用，教师们可以重复研究，并邀请同事参与讨论在某些维度或视角下需要观察什么。课堂观摩成为课余时间磨砺的素材，视频成为提高教学水平的基石。由于这些视频使用方便，也成为教师教学成长的有效工具，能够促进教师对教学和科研的动态反思，增强专业反思意识。课堂观摩为教师提供了有效的反思激励，提高了教师对专业的理解和反思能力。

4. 入职培训

自20世纪80年代起，美国高校新入职教师一般须持有博士学位。因此，美国大学非常重视对博士生作为未来教师的培养。他们普遍重视未来教师教学技能的培养和提高，并采取相应的积极措施，吸引和鼓励未来教师自愿参加教学技能培训。例如，由美国学院、大学联合会和研究生委员会联合发起的“未来教师培训计划”，提议在学校之间建立一个合作小组，让博士生参与合作学校的工作，以便让教师熟悉教学。同类或同一学科的教师必须指导不同学校的博士生，编写教材，组织集体活动。通过这种方式，可以为教师在不同的大学里提供丰富而独特的经验，使他们了解大学的管理体制，在不同的现实环境中获得教学经验。同时，在研究生课程中，他们还特别注重培养未来教师的书面和口头表达能力，鼓励其创造性地利用现代技术进行研究工作，为今后的教学和科研工作打下良好基础。新教师入职培训内容一般分为四个部分：教师权益、熟悉学校环境、学校理念和教育策略、法律问题。通常，学区人力资源主管会介绍教师的工资待遇和享受方式。各学校正副校长带领教师参观学校校舍，浏览学校计算机系统，学区培训专家按学科分类对教师进行培训。培训专家为新教师准备了培训手册，他们逐一学习，然后一起讨论和实践。一般在秋季学期开始时举行，春季学期也会举行一些，主要是为新教师和研究生助教举办。它通常由教师专业发展组织策划和协调，有时还邀请外部顾问充实学校专家团队。根据时间和内容的长短，入职培训可分为以下三类：（1）为期一天的介绍报告，教师在报告中听取各部门介绍校园资源；（2）为期一天的工作坊，主要培训重要教学技能和学校资源的使用；（3）一种较长时间的入职培训，可能持续数天或数周，甚至贯穿整个学年。

5. 教师伙伴

教师专业发展机构工作人员与部分教师建立稳定联系，加强双方合作，支持教师成为兼职开发人员，参与中心的某项工作，如开发项目或为中心提供特定服务。针对一些教师教学需要，教师专业发展机构量身定做一些指导或训练的方案。例如，如何备课，如何与学生相处，如何使用信息技术手段。

6. 教学共同体

一般来说，教学共同体（teaching circles）由 6—8 名教师组成，他们之所以组成一个活动团队，是因为他们对同一个教学主题感兴趣，并且定期见面。活动的主题通常是针对具体的教学策略，如基于问题的学习、教学档案袋、课程评价或课程设计。教师专业发展机构会是促进教学共同体的组织，也可能提供一些财政支持。

7. 教师学习委员会

与教学共同体相比，教师学习委员会（faculty learning committee）的范围更广、持续时间更长、资源更多，通常由来自不同学科的 8—10 名教师组成。他们围绕共同关心的问题进行为期一学期甚至一学年的讨论、交流和活动。一般有两种类型的学习活动：一种是基于小组的学习活动，如新教师、高级教授、女教师、管理者等，同一小组的教师组成学习小组来满足他们共同的发展需要；另一种是基于专题的学习活动，他们关注具体的教学需要，如团队教学、多元化、通识教育师资评估等。教师专业发展中心负责协调教师学习委员会的组织，并可为他们组织校外活动、召开会议、购买图书资料等提供经济支持。

8. 基金项目管理

私人基金会，又称现代基金会和慈善基金会，是一种民间投资的非营利性组织，以从事社会公益事业和帮助穷人为目的。公共基金会或国家基金会由政府创立和运作。洛克菲勒基金会属于前者，美国科学基金会属于后者。在整个 20 世纪，基金会在美国教育发展中发挥了不可估量的作用。在美国，几乎没有什么重要的文化项目，与基金会的哲学或影响没有直接或间接的联系。所有的基金会均认为教育平等是社会最基本的平等，这关系到个人和国家的发展。1993 年，卡内基基金会主席汉堡说，从长远来看，任何社会的活力和远见都取决于其人民的素质、知识、技能、健康和活力，以及人际关系的文明程度。教师专业发展机构通过与各部门或学术机构合作，争取外部资金支持，主要用于研究性学习、STEM 课程改革、教学技术整合、导师制等教学问题的研究。申请外部竞争性资金，可以大大巩固学校教师专业发展机构的地位，获得学校领导的支持。

9. 参与国家项目

教师专业发展中心通过与其他大学的合作、交流和研究，促进其大学参与美国大学协会、卡内基教学促进基金会等国家研究项目，激发该中心的工作人员对本校实践的思考，吸取有益的经验，也是提高学校知名度，提升教师专业发展机构校内地位的一种路径。①

① 刘丽. 国外高校教师发展理论与实践的比较及启示［J］. 职业时空，2007（24）：9—10.

（四）美国高校教师专业发展的主要特点

1. 自主发展，多元参与

美国教育是分权的，联邦政府不能直接控制教育的管辖权，各州自行处理教育事务。因此，高校教师专业发展没有统一的法律法规，也很少有国家制定高校教师专业发展的法规。正如哈佛大学前校长德里克·博克（Derek C. Bok）所说："美国大学的突出特点之一是享有显著的不受政府控制的自由。"公立大学享有高度的学术自由和自主权，可以建立自己的教师专业发展机构，促进高校教师的发展。公立或私立基金会愿意为高校教师的发展提供财政支持。此外，民间资本也进入了教师专业发展市场，太平洋皇冠等营利性机构为高校教师专业发展开发了各种有偿项目。总之，美国高校教师的发展是建立在大学根据自身需要设立教师专业发展机构和项目，并有各种社会力量参与的基础上的，凸显了大学自治的特性。在没有制度设计的情况下，高校教师的发展经历了半个多世纪，并逐步以有组织的形式得以发展和完善。

2. 理论引领，指导实践

美国非常重视高校教师专业发展理论研究，比较著名的有：（1）伯格威斯特（William H. Bergquist）和菲利浦斯（Steven R. Phillips）的理论研究。该研究认为高校教师专业发展是由教学发展、组织发展和个人发展三部分组成，三者统一于教师专业发展模型中。（2）在上述研究基础上，盖夫（Jerry Gaff）提出，高校教师的发展分个人发展、教学改进和组织改革三步骤，条件允许时，三部分可同步进行，也可独立发展。（3）1991 年，全美教育协会（National Education Association）在其报告《高校教师专业发展：国力的提升》提出了教师专业发展目标，即个人发展、专业发展、组织发展和教学发展。由此可知，美国十分重视高校教师专业发展的理论研究，揭示了高校教师专业发展不仅要重视教学的改进，还要注重教师个人综合素养（专业能力、组织能力、个人能力等）的提高，这样高校教师的质量才能得以提高。美国高校教师专业发展由理论指导实践，1969 年桑福德（Sanford）针对旧金山地区高校教师开展了研究并发表《学术文化与教师专业发展》《促进教师专业发展》等文章。1974 年奥斯汀出版的《财政紧缩时代的高校教师专业发展》、1975 年博奎斯特和菲利普斯出版的《高校教师专业发展手册》，相关研究成果不断产生。20 世纪 80 年代是高校教师专业发展理论与实践的反思期。20 世纪 90 年代以后，高校教师专业发展理论不断深入，呈现多样化和系统化特点。1990 年，时任卡内基教学促进基金会主席的博耶在他的专著《学术反思：教授工作的重点领域》中指出，大学里的学术应该包含探究的学术、整合的学术、实用的学术和教学的学术，其中教学学术思想产生了广泛的影响，再次引起人们对大学教学的重视。这些理论成果标志着美国高校教师专业发展在学者们的不断探索中逐步形成了较完备的理论体系，高校教师专业发展越来越有成熟的理论作为指导。

3. 机构健全，科学专业

美国通常通过建立高校教师专业发展机构来推动教师专业发展。20 世纪 60 年代，40 多所大学建立了教师专业发展机构，目的是提高教师的教学质量和培训教师适应新的教育技术发展。20 世纪 70 年代，一些私人基金会和公立基金会纷纷资助大学设立教师专业发展机构，例如丹佛基金会资助哈佛大学建立德里克·博克教学和学习中心，促进中学后教育基金会对 16 所院校提供高校教师专业发展实践的资助，尤其是高等教育专业与组织发展网络联盟和全美高校教师项目与组织发展委员会成立，作为全国性的高校教师专业发展组织直接资助建立机构、设立奖项，推动高校教师专业发展。美国高校教师专业发展机构在行政关系上大部分由校级主管直接分管，由资深教授担任负责人，配备专职人员，面向全校教师，在人员和经费的保障下有效开展工作。为了保证专业化，这些机构一般有专职或兼职的专业人士，如心理学家、教育技术专家、资深教师等。对这些机构的高校教师专业发展工作者，院校也会以学术休假等形式提高其专业水平。学术休假（sabbatical leave）是指高校教师服务于高等教育机构一定期限后的一种休整方式。古德（Good）主编的《教育辞典》将“学术休假”解释为：“工作服务满一定期限后，作为一种补偿，提供给教师自我发展机会的一种计划。”如今这种制度已成为美国高等院校用于教师专业发展的主要制度形式。另外，一些组织也为教师专业发展提供培训和理论、实践上的支持。例如，1983 年，全美高校教师、项目与组织发展委员会创办杂志《高校教师专业发展》，为高校教师专业发展工作者提供理论资源等。①

4. 针对性强，尊重个性

高校教师的专业发展建立在自觉和自愿的基础上，这是一个积极参与学习和成长的过程。在高校教师专业发展的有效途径中，学者卡洛里指出，最关键的一步是确定高校教师的需求。泰勒（Ralph W. Tylev）在研究中提出了提高高校教师专业发展实效性的策略，即有效沟通、建立合作关系、了解文化和背景、准确针对教师需求、通过解决实际问题激发教师内在发展动力。一些教学发展中心在解决教学问题时，采用课堂录像、学生评价等方法，找出存在的问题，通过个别辅导和教学技能培训，帮助教师提高教学水平。同时，一些高校也有相应的教师专业发展项目。对于不同职业实践中的教师，个性化可以更好地激发教师的积极性。这也使得美国高校教师专业发展活动得以有效开展。现在，许多高校教师自愿参加高校教师专业发展机构提供的活动和项目。这些项目可以解决他们的实际问题，从而激发他们的内在需求。

三、美国高校教师专业发展面临的新挑战新趋势

当前美国高等教育一方面面临国际化、信息化等外部冲击，另一方面面临学术职业、学生群体、教学观念的变化等内部冲击，均对高校教师专业发展提出新的挑战，与此同时，高校教师专业发展也呈现一些新的趋势。

（一）美国高校教师专业发展面临的新挑战

1. 学习者时代的来临

以“学生为中心”的高等教育理念正日益深入人心，教师的角色发生了相应变化，由知识灌输者日益转变为学习引导者。特别是新技术的出现为学生学习提供了多种路径，个性化学习越来越成为现实，要求大学必须建立教师全面发展概念，要关注教学能力、关注专业能力、关注个体发展、关注组织与团队建设。在

① 林杰. 美国大学的学术休假制度［J］. 比较教育研究，2008（7）：56—60.

教学上，要更加强调“教学学术”，不仅要关注教师的教，更要关注学生的学。

2. 信息技术应用不断加深

在高校课程教学走向信息化的大趋势下，一方面，高校教师专业发展机构要培养教师学会运用信息化和数字化教学技术。随着信息技术的飞速发展，学习技术日新月异，学习平台不断增多、课程非同步推进、机构边界的不断融合等，均对高等教育提出了挑战，也对教师的能力和素质也提出了新的要求。尤其是当今大学生是在信息技术时代背景下成长起来的一代，他们对技术的敏感性很强，很容易接受新的技术，对新技术的应用非常渴求，这些都对教师应用新技术提出了更为迫切的要求。另一方面，高校教师专业发展的途径和方法也应采用信息化手段进行创新。由于高校教师在工作时间上享有高度的自由，要在固定时间、固定地点聚集教师进行学习和讨论并不容易，高校教师的需求也难以高度统一。而信息化可以很好地解决这一问题：在更多的时间里，高校教师专业发展机构采用现场和网上相结合的方式，为教师提供所需的服务。不同于传统的培训学习方式，根据个别教师的需求，可以随时随地解决个别教师的问题。①

3. 教育国际化程度不断提升

美国大学生群体的日益多元化、全球化，特别是中国与印度的崛起使得美国高等教育面临的国际竞争日趋激烈，尤其是在 STEM 学科领域的国际竞争更为激烈。如何在国际竞争日趋激烈的情况下增强美国高等教育出口，对美国教育质量乃至高校教师专业发展提出了更高的要求。

4. 教育政策的新变革

高等学校评估认证机构指导方针的变化，包括将学生学习置于认证过程的中心地位，基于成果的项目评估，更精细化的质量提升要求等，也对高校教师专业发展提出了更多的挑战。

---

① 李贵杰. 美国高校教师发展中心的领导方略及实践活动研究［J］. 中国成人教育，2018（1）：113—116.

5. 学习资源的大幅扩展

学生在学习上可以利用的资源、可以依赖的伙伴越来越多，比如线上图书馆、技术中心、社区资源、校外专家等都在挑战着高校教师的地位，使教师的核心作用在削弱，教师必须积极应对。

6. 消费主义理念增强

在强大信息技术的支持下，家长和学生对高等学校内部信息特别是质量信息的掌握越来越全，基于成本收益平衡，家长选择高等教育时消费主义理念日趋增强，高校必须提升质量，才能提高自身的吸引力。

7. 教师群体的变化

高校为适应学科、技术、市场的快速变革，同时也出于降低办学成本的考虑，大量聘请兼职教师，使得在传统的专职教师群体之外，又有另一个外部群体，如何促进这个外部群体的专业发展是高校教师专业发展机构面临的严峻挑战。

（二）美国高校教师专业发展的新趋势

1. 合并教育技术部门

现代教育技术的普及，以及技术在教育教学中作用的加大，促使很多高校教师专业发展中心开始与教育技术中心合并。将技术中心合并入专业发展中心，体现了学习、教学、技术三者之间互为手段与目的的关系，即教学是为了更好地促进学生的学习，而技术则是为更好地开展教学服务。如乔治城大学的教学设计中心和格林斯伯勒大学的教学中心均是以拥有非常强大的教学技术部门而闻名。

2. 整合大学内部项目

将与教师专业发展相关的项目整合到一个机构，包括与教学、技术、晋升及终身教职政策、教学程序、教师健康相关的项目，以及与教师子群体相关，如女教师、新教师、兼职教师等不同群体的项目，形成促进教师专业发展的合力。如印第安纳大学的学习与学术联盟，密歇根州立大学的教师与组织发展办公室都实现了对学校内部项目的有力整合。

3. 拓展教师专业发展机构使命

为适应教师专业发展的不断增长的需求，很多高校教师专业发展机构的职能也在不断拓展。教师专业发展中心要将高校的教育目标和人才培养理念系统地输送给高校教师，让教师在享受高校提供的各种福利以及科研成果的同时，能够逐渐意识到自己作为教师的职责所在，意识到自己通过教育教学活动所要达到的院校期望目标。在此基础上，教师不断追求专业发展，提高教学水平与科研水平，以此达到教育教学目的。例如，北卡罗来纳大学教堂山分校在通过独立任务小组对学校教师专业发展需求进行了长期调查的基础上，将原有的教学中心（Center for Teaching and Learning）重组成教师卓越中心（Center for Faculty Excellence）。新中心由资深教授担任中心兼职主任，由具备教师专业发展专业背景的专家担任全职执行主任，中心职能涵盖教学、研究、领导力三个独立领域，在大学主图书馆设立了新办公室，配备了强大的技术部门，承担起了更加广泛的使命。①

结语

美国是世界上较早建立高校教师专业发展体系的国家之一，起源于1810年哈佛大学实行的学术休假制度，经过了20世纪50—60年代的萌芽期，70—80年代的发展期，80年代以后的成熟期。大学纷纷成立专门的教师专业发展机构，以支撑学生与社会对高等教育质量提升的需求。在此期间，美国学术界对高校教师专业发展的内涵界定也在不断变化与发展，从较早的提高教学效能，到个人发展、教学发展和组织发展的结合，再到个人发展、专业发展、组织发展和教学发展的融合，目标不断拓展，内容不断丰富。在操作层面上，高校教师专业发展的形式也在不断丰富，形成了工作坊、个体咨询、课堂观摩、入职培训、资金支持、教师伙伴、教学共同体、教师学习委员会、基金项目等多种满足教师不同发展需求的路径。当然，当前美国高校教师专业发展也面临着日益严峻的挑战，包

① 文军萍，陈晓端. 试论美国大学教学中心的特点与启示［J］. 现代大学教育，2015（1）：54—61.

括学习者时代的来临、信息技术应用不断加深、教育国际化程度不断提升、教育政策的新变革、学习资源的大幅扩展、消费主义导向增强、教师群体的变化等。为了应对这些挑战，很多大学开始变革，合并教育技术部门、整合大学内部项目、拓展教师专业发展机构使命等，以争取主动，应对未来。

第九章

美国高校教师职称制度

随着美国经济社会的发展，大学逐渐从社会边缘走向社会中心，从追求纯粹学术自由的“象牙塔”转变成为企业和社会的“加油站”与“服务区”。就职于大学中的教师适应知识经济时代的需要，应对学术劳动力市场分层和分化的挑战，承担着教育教学、科学研究、社会服务等具有创造性、复杂性、开放性和竞争性的工作。教师队伍水平是衡量学校社会声望的重要标志，教师队伍的结构和质量是一所大学教学科研水平和社会服务价值的决定性因素。职称是高校教师教学与科研水平的基本象征，职称制度与教师专业发展、职业成就等切身利益紧密相关。美国教师职称制度作为一种人事制度和学术职业制度，以终身教职制为核心组成部分，“非升即走”的淘汰机制为高校挑选出高素质的师资，发挥着激励和约束教师的作用。由于美国分权制的教育管理体系和大学作为独立法人实体高度自治的传统，美国高校没有统一的教师职称制度，各高校、各院系均拥有政策制定的自主权。本章在对美国多样化的职称制度进行观察的基础上，归纳出其中具有共性的制度与规范。

一、美国高校教师聘任制度的发展历程

美国是世界上最早建立现代教师聘任制的国家，高校教师的选录和职称的晋升实行聘任制度，形成了相对完善的制度体系。了解美国高校教师的聘任制度与教职岗位分类是观察和研究职称制度的基础。在历史层面，美国高校教师聘任制度经历了契约式的早期任期制、倡导学术自由的终身教职制，并逐步形成了终身教职、非终身教职合同制和兼职教师三种聘用形式有机结合的发展过程。①

（一）美国高校教师聘任制度的初步形成

美国高校教师聘任制度始于其高等教育产生之时。哈佛学院于1636年创办，是欧洲移民来北美创建的最早的高等教育机构，被后人视为美国高等教育历史的开端。在殖民地时期，北美移民多为英国的清教徒，他们将故土的宗教文化移植到北美大陆。由于宗教事务是维系民众的纽带，因而此时高等教育机构的宗教性色彩浓厚，基本以服务宗教事务为主要目的。哈佛学院创办伊始，教师被称为导师，教育教学任务是培养教会的传教士和牧师。由于美国高校最初的管理以效仿英国和欧洲大陆为主，教师大多为终身聘任。1650年哈佛学院的特许状规定，哈佛学院是一所自治机构，由学院监事会、宗教人士和地方当局管理，大学的教师是终身的。② 因此，这一时期的教师只要与学院所倡导的宗教信仰、与学校校长和董事们的思想观念保持统一，并认真履行教职任务，即可工作到退休为止。18世纪，学校因受到办学经费不足和校外人员组成的董事会的管理而缺乏自主权，美国部分地方当局提出大学要与教师建立契约关系，以规范校方和任课教师之间的权利与义务。大学逐步对教师的岗位职责、工资待遇和任职期限做出规定，高校教师的任期制随之形成。1716年，哈佛大学在地方立法机关相关文件的指导下，通过了管理章程，规定哈佛大学所有现任和以后招聘的教师任职时间

---

① 杨华春，杨雪，沙春发. 试论美国高校教师聘用制度及其借鉴意义 [J]. 教育与职业，2016（12）：71—73.

② 伯顿·克拉克. 学术权力——七国高等教育管理体制比较 [M]. 张维平，等，译. 杭州：浙江教育出版社，1989：100.

不超过 3 年，经过重新选择可续任。① 这种聘任制度主要表现为社会契约方式中的一种雇佣关系，雇员以雇主的意志为转移，听从雇主的任命和安排。在这一时期，美国高校出现了终身制和任期制并存的双轨制教师聘任制度，一方面以终身制来吸引著名学者，另一方面与大部分教师签订具有工作年限的聘任契约。18 世纪，哈佛大学 1820 位教师中仅有 24 位为终身制，其余均采取任期制。②

（二）美国高校教师聘任制度的正式确立

终身教职制度起源于 20 世纪初，至今已有 100 多年的历史。1900 年，斯坦福大学教授爱德华·A. 罗斯（Edward A. Ross）发表引起争论的政治观点，因此被大学董事会和行政当局解雇，这是高校教师与大学掌权者和政府官员矛盾激化的典型案件，严重影响了教师的职业安全感和学术自由，成为大学教授倡导实行终身教职制度的导火索。1913 年，约翰斯·霍普金斯大学的 18 位教授在马里兰州的巴尔的摩市联名呼吁在美国成立一个全国性教授联合会，这一呼吁行动被视为美国终身教职制度的开端。受此影响，1915 年，经美国政治学联合会（APSA）、美国社会学协会（ASA）和美国经济学联合会（AEA）的推动，哲学家约翰·杜威（John Dewey）与约翰斯·霍普金斯大学教授阿瑟·O. 洛夫乔伊（Arthur O. Lovejoy）在哥伦比亚大学召开会议，共同倡导创建了美国大学教授协会（American Association of University Professors）。③ 该协会同时通过并发表了《关于学术自由和终身教职的原则宣言》（1915 Declaration of Principles on Academic Freedom and Academic Tenure），明确提出了终身教职制度，特别强调教授、副教授和所有讲师以上职位的专业人员任职 10 年以上者均应终身聘任。为保障大学教职人员的言论自由、学术自由，以终身教职制度为核心的美国现代高校教师聘任制度就此诞生，从制度层面极大地提高了教职人员的职业安全感和稳定性。

与终身教职制度相伴而生的是教师“非升即走”（up-or-out）式评审制度，

①② 曹雯雯，朱乐红. 美国高校教师聘任制度及其评价［J］. 湖南农业大学学报（社会科学版），2006（4）：54—58.

③ 王定华. 美国高等教育：观察与研究（修订版）［M］. 北京：人民教育出版社，2021：238.

通过在大学实行教师分级淘汰制，将教师职称视为签订聘任合同类型的依据，成为终身教职制度的重要组成部分。由于培养和选拔可以成为终身教职的教师必须从初级岗位开始，而这些初级岗位总是有限的，所以只有淘汰那些研究能力较差的教师才能留给其他更多的候选者参与评审的机会，这种“非升即走”式的考核方式在美国盛行至今。1920 年，普林斯顿大学规定，讲师在任期的第 4 年、助理教授在任期的第 3 年可申请终身教职；1939 年，哈佛大学规定，非终身教职教师最长聘期为 8 年，未能按期取得终身教职的不再续聘；同年，耶鲁大学规定，以 4 年讲师加 5 年助理教授作为新教师的试用期。① 1940 年，《关于学术自由和终身教职制度的基本原则声明》（1940 Statement of Principles on Academic Freedom and Tenure）对终身教职制度进行了修订，将终身教职的试用期限由原来的 10 年降至最长不得超过 7 年，并进一步对教师的解聘程序做出规范。② 1958 年，美国大学教授协会发表《关于教师解聘程序性标准的声明》（1958 Statement on Procedural Standards in Faculty Dismissal Proceeding），对教师解聘制定了规范的程序，防止高校随意解聘教师，使教师的切身利益得到第三方保护。

终身教职制度的演进和发展充斥着多方质疑和挑战，这一制度受到批判的焦点在于终身任期有可能导致一些获得终身教职的教师不思进取，在过于安逸的生活中变得平庸。20 世纪 80—90 年代，美国高校面临着严重的财政危机和社会问责的压力，由于终身教职设置成本高昂，受到严格的经费约束，一些州的立法机构、政府部门、大学董事会要求对终身教职教师进行定期考核，开启了教师的后终身教职考核。1983 年，美国大学教授协会发表了《终身聘任后的评估：美国大学教授协会的回应》（Post-Tenure Review：An AAUP Response），指出任何时候要建立一种终身教职制度的评估体系都应该极为谨慎，并遵循一些最基本的标准。1998 年，美国大学教授协会接受了后终身教职评估制度，并强调此制度是为优化教师队伍、提高教学科研水平而进行的发展性评估。1999 年，美国大

① 张丽，刘焱，裘指挥. 美国高校“非升即走”制的保障机制分析——兼论我国实施该制度的路径优化［J］. 比较教育研究，2015（7）：56—61.

② 1940 Statement of Principles on Academic Freedom and Tenure［EB/OL］. https://www.aaup.org/report/1940-statement-principles-academic-freedom-and-tenure.

学教授协会的执行委员会重新审定并通过了新的《终身聘任后的评估：美国大学教授协会的回应》宣言，对其中的主要内容进行重申，提出了终身聘任评审制的指导原则，一是着眼于教师发展，二是保障教师参与，三是保护学术自由和提高教育质量。① 2002 年，后终身教职评估制度在美国 37 个州普遍实施，由于诸多质疑及财政压力，终身教职制度在美国出现了日渐式微趋势。② 近年来，美国高校终身教职制度呈现三大发展趋势：终身教职教师比例下降，部分州和高校取消或计划取消终身教职，实施终身聘任后评审制度。③

（三）美国高校教师聘任制度的新发展

近 40 多年来，随着美国高等教育规模持续扩大，教育公共经费投入逐步收紧，高校为节省经费开支，采取多样化的教师聘用方式，全职非终身教职合同制和兼职教师制度应运而生。美国大学普遍规定，一个教师的工作量如果超过满额工作量的 75%，即为全职教师，不足者为兼职教师。兼职教师处于高校教师群体的底层，主要由三类群体构成：校聘任课教师、博士生助教、跨校跨系兼课教师。“兼职教师没有工作保障，不享有学校福利，也不参加任何管理工作，按课付酬，多劳多得。”④

美国国家教育统计中心（NCES）于 2018 年 2 月发布的《教育统计年鉴 2016》（Digest of Education Statistics 2016）显示，全美终身制教师的比例自 1993—1994 学年以来呈下降趋势。在具有教师终身制的高等教育机构中，1993—1994 学年全美终身制教师的比例为 56%，相比之下 2015—2016 学年该比例下降至 47%；与此同时，设置教师终身制的高等教育机构的比例也从 1993—1994 学年的 63%下降至 2015—2016 学年的 52%。⑤ 全美高等教育机构中全职教

① 王定华. 美国高等教育：观察与研究（修订版）[M]. 北京：人民教育出版社，2021：242.

② 朱军文，马春梅，李燕超. 从打破“铁饭碗”到重建“终身制”——研究型高校教师聘用改革的悖论与反思 [J]. 高等教育研究，2017（5）：21—25.

③ 蒋凯. 终身教职的价值与影响因素——基于美国八所高校的经验研究 [J]. 教育研究，2016（3）：132—140，154.

④ 赵炬明. 美国高校教师管理研究（上）[J]. 高等工程教育研究，2011（5）：59—71.

⑤ Digest of Education Statistics 2016 [EB/OL]. https://nces.ed.gov/programs/digest/d16/.

师占所有受聘教师的比例自1970学年以来持续下降，兼职教师的比重稳步上升，如表9-1所示。当前美国大学的教师聘任制度正经历着巨大的变化，终身教职制在美国高校教师聘任制度中的根本地位逐渐被动摇；非终身教职合同制成为一种重要的制度补充；兼职教师制度是美国高等教育市场化的产物，通过在非重要岗位或临时性岗位雇佣成本较低的兼职教师以节约人力成本，这一制度越来越受到办学经费紧缺高校的欢迎。

表9-1 1970—2016学年全美高等教育机构教师聘用数量及比例

年份	教师总数（人）	教师聘任状态		
		全职教师（人）	兼职教师（人）	全职教师占比（%）
1970	474 000	369 000	104 000	77.8
1975	628 000	440 000	188 000	70.1
1980	686 000	450 000	236 000	65.6
1985	715 000	459 000	256 000	64.2
1991	826 252	535 623	290 629	64.8
1995	931 706	550 822	380 884	59.1
2001	1 113 183	617 868	495 315	55.5
2005	1 290 426	675 624	614 802	52.4
2011	1 524 469	762 114	762 355	50.0
2016	1 548 732	815 760	732 972	52.7

资料来源：Number of Faculty in Degree-Granting Postsecondary Institutions，by Employment Status，Sex，Control，and Level of Institution：Selected Years，Fall 1970 Through Fall 2016 [EB/OL]. https://nces.ed.gov/programs/digest/d17/tables/dt17_315.10.asp?current=yes.

二、美国高校教师的岗位设置

美国大学具有高度自治的传统，大学自身及其基层学术组织拥有极大的办学自主权。作为独立的法人实体，美国高校在教师评聘岗位的设置方面严格遵循

“按需设岗”原则，通过对学校经费状况、办学宗旨、学科发展等方面的综合考量做出慎重决策。每所高校办学的实际需求不同，因而各高校教师聘任岗位设置非常复杂，难以统一。但总体来看，美国高校教师职称岗位根据任职期限不同，可分为终身制教师和非终身制教师两大类，共包含教授（professor）、副教授（associate professor）、助理教授（assistant professor）、讲师（instructor）、教员（lecturer）、无职称教师（no academic rank）六个层级。

例如，哈佛大学文理学院教师岗位呈现一种梯级结构（ladder ranks），主要包括终身制教师（tenure-track ranks faculty）和非终身制教师（non-tenure-track ranks faculty）两个系统。终身制系统是为了吸引和支持所有学科的最佳教师，助理教授（assistant professors）和副教授（associate professors）是处于终身制系统之中的教师，只有教授等级（rank of professor）才能拥有终身教职。非终身制教师包括大学研究人员（college fellows），教员（lecturers），指导员（preceptors）和助教（teaching assistants），他们可能只担任教学职责。通常，非终身聘用有特定的任期，聘期最长可达 8 年。

斯坦福大学将教师岗位划分为四大类，即终身教职系列（tenure line faculty）、非终身教职系列（non-tenure line faculty）、医药中心系列（medical center line faculty）和其他特定系列（other faculty designations）。其中，终身教职系列包括助理教授、副教授、教授；非终身教职系列包括助理教授（研究），副教授（表演艺术、教学、研究），教授（应用研究、临床、表演艺术、教学、研究）；医药中心系列包括助理教授（医药中心）、副教授（医药中心）、教授（医药中心）；其他特定系列包括助理教授（具有博士学位）、特定政策中心和机构的高级研究员、特定政策中心和机构的中心研究员等岗位。①

教授和副教授通常被视为终身制教师，助理教授是处于终身制序列中的教师，讲师和教员为非终身制教师。在绝大多数美国高校，教师通过职称评审晋升为副教授便可获得终身教职，这意味着其可任职到学术生涯的退休期。终身教职岗位的设置需要花费大量资金，在公立高校，这些经费主要来自州财政；在私立

① Stanford Handbook. Published on Faculty Handbook[EB/OL]. https://facultyhandbook.stanford.edu.2018.pdf.

高校，则主要来自社会捐赠和学生学费。因此，终身教职岗位不可随意设置，必须反映学校的办学宗旨、学科的自我利益，以及院系教学科研的发展方向。由于设置终身教职的成本过于高昂，一些学校终身教职的数量是有限的，往往只有当原来的终身教授退休、辞职，或是由于学科规模扩充及意外捐赠而设立了新职位时，才会补充新人选，而这些机会总是极为渺茫的。①

终身制教师是大学学术力量的核心，处于高校教师群体的上层，享受传统高校教师的特权，可自由从事学术研究，对大学学术事务具有决策权，需承担教学、科研、社会服务三项基本职能。非终身制教师处于高校教师群体的中层，主要从事教学事务。美国大学对非终身制教师实行合同制聘用方式，合同签订时限一般一次为 5—10 年，合同期满后视考核情况做出是否续聘的决定。他们以签订的合同作为工作的依据和保障，享有学校基本福利，可参加部分教学管理工作，但不会受到终身教职特权的保护。

三、美国高校教师任职资格与聘任期限

（一）任职资格

美国高校虽然对教师任职资格没有统一的标准，但各高校和院系都有自己严格细致的解释和说明。

以哈佛大学为例，终身教授职位是为那些在教学和科研方面表现出色的、最卓越的学者保留的，他们有能力为所在院系做出重大而持久的贡献。最重要的任命标准是：所属研究领域的学术成就和学术影响力、知识领导力和创造性成就的证据、未来成就的潜力、在本科和研究生培养过程中提出教学和指导的有效性，以及个人对大学和更广泛学术界的潜在贡献。以往成就或具有普遍意义的成绩不足以作为胜任这一岗位的标准。候选人通常应具有博士学位（酌情除外，如艺术领域）。教授应该在教学、咨询、学术和承担学术公民义务方面投入时间。这些

① 王定华. 美国高等教育：观察与研究（修订版）[M]. 北京：人民教育出版社，2021：229.

聘任没有时间限制，且属于教授级别。① 副教授职位属于终身教职聘任，被授予给能够在3—5年、在所属院系充分证明自己的成就达到了相应资格的教师。这个职称级别的教师聘任通常由助理教授晋升而来，偶尔从外部聘请。候选人通常应具有博士学位（酌情除外，如艺术领域）。学校内部晋升的副教授任期为4年，外部聘请的副教授任期可能为3—5年，具体取决于以往的教师聘任历史。助理教授职位属于终身教职聘任，被授予在7年内承诺生产出最高质量的学术和教学成果、并表现出有潜力在所属院系的终身职位竞争中取胜的个人。所有成为助理教授的候选人必须在此之前获得正式的博士学位。助理教授的初次聘期通常为5年。可转岗的讲师（convertible instructor）是一种临时职位，由在寻找助理教授过程中聘用的、尚未完成博士学位的个人拥有，在完成第一年的聘期后，若达到特定的要求，可转岗为助理教授。

（二）聘任期限

美国高校教师的聘期由职称序列和职称等级而决定，通常除终身教职的聘期无时间限制以外，其他非终身制教师均有固定的岗位聘期和严格的晋升时间期限（clock deadline），讲师、助理教授、副教授如果在规定时间内不能向上晋升，则必须离开学校另谋出路，此即所谓的“非升即走”制度。

教师参与终身教职评审之前通常会有一段时间的预备期，同时也意味着这些教师处于终身制序列之内。预备期的长短因大学性质、学科发展规律的不同而有所差异，医学院的预备期一般为10年左右，其他学院通常为6—8年，近年来出现了由于国际学术竞争加剧而预备期延长的现象。例如，加州大学为8年；密歇根大学19所学院中1所学院为6年、13所学院为7年、5所学院为8年；耶鲁大学医学院为10年；哈佛医学院为11年；西奈山医学院为17年；约翰斯·霍普金斯大学医学院为无期限。②在预备期期间，教师要经过从讲师到助理教授、再从助理教授到副教授两个阶段的考核，只有获得副教授职称的教师才算是从终

① FAS Appointment and Promotion Handbook [EB/OL]. https://academic-appointments.fas.harvard.edu/4-tenured-professors.2018.

② 赵炬明. 美国高校教师管理研究（下）[J]. 高等工程教育研究，2011（6）：59—83，115.

身轨道中脱颖而出，获得了终身教职席位。讲师的聘任合同期限一般为 1 年；助理教授为 3—4 年，还可续聘 3—4 年；到期后，如无法通过专门委员会对其教学效果、科研能力、论文和著作水平，以及咨询或服务质量等方面的考核，就会被解聘。①

斯坦福大学针对终身教职的晋升时间期限做出两种规定。一种是适用于所有终身教职的 7 年晋升时间期限。终身教职系列中任何等级教师的晋升时间期限不得超过 7 年，每个职级的聘期（由教务长根据正当理由给予放宽的特例除外，此情况极为罕见）如表 9-2 所示。尽管定期聘任常发生在续聘或晋升过程中，但并非自动发生。相反，需要由大学院系内教师及其学术领导者运用专业的学术判断力和自由裁量权决定。一些终身教职系列岗位的聘任取决于特定机构或院系的支持。另一种是适用于 1996 年 8 月 31 日之后聘任的终身教职，有最长 10 年的晋升时间期限。教师在遇到兼职任命、行政工作任命、生育子女等情况时，可申请将晋升时间期限由 7 年延长至 10 年，对于学术休假、纯研究阶段离开、短期残病假、怀孕假等情况，不可申请延长晋升时间期限。达到 10 年后，教师在上述情况下均不可再次申请延期。只有在斯坦福大学校内任职服务的时间才能计算入晋升周期，对于离开斯坦福大学并随后被重新雇佣或长时间因疾病离职的教师，仅计算在校服务的时间。②

表 9-2　斯坦福大学终身教职系列教师聘期

职级	初次聘任	续聘或晋升
助理教授	通常 3—4 年；最长聘期为 5 年	通常 3—4 年；总共不超过 7 年
副教授	具有终身教职，或聘期最长为 6 年	具有终身教职，或无终身教职总共不超过 7 年
教授	具有终身教职，或特殊情况下聘期最长为 6 年	具有终身教职，或特殊情况下聘期最长为 6 年

斯坦福大学针对非终身教职系列和医药中心系列教师的聘期为数年或连续聘

① 蔡蕾. 研究型大学多元化教师分类评价机制改革探析 [J]. 浙江社会科学，2016（10）：145—150，160.

② Stanford Handbook. Published on Faculty Handbook [EB/OL]. https://facultyhandbook.stanford.edu. 2018.pdf.

任。通常情况下，每个职级的聘期如表 9-3 所示。

表 9-3　斯坦福大学非终身教职系列和医药中心系列教师聘期

类别	职级	初次聘任	续聘或晋升
研究	助理教授	长达 6 年	可续聘，此职级最长时间不能超过 6 年
	副教授	长达 6 年	6 年为一聘期，可续聘
	教授	长达 6 年	6 年为一聘期，可续聘
教学或表演	副教授	长达 6 年	6 年为一聘期，可续聘
	教授	长达 6 年	可续聘
医药中心	助理教授	长达 4 年	通常可续聘 6 年，此职级最长时间不能超过 10 年
	副教授	长达 5 年	可续聘
	教授	长达 5 年	可续聘

四、美国高校教师职称评定程序

就美国一流研究型大学而言，高校教师职称评定要经历选聘、考核、晋升等阶段，是教师通过试用期成为助理教授，并在规定时间期限内进入终身教职轨道，由副教授最终晋升为终身教授的过程。

（一）助理教授的聘任

助理教授的聘任主要有两种模式：一是新聘助理教授，二是由讲师晋升为助理教授。

1. 新聘助理教授

新聘助理教授的招聘程序较为复杂，包含准备、遴选、聘任三个阶段。

（1）准备阶段。各院系首先需要根据经费资助情况、学校办学目标、院系教师队伍建设情况，制定契合院系需求的招聘计划。招聘计划主要涉及拟聘教师的研究领域、岗位职责、招聘数量、经费来源等内容。值得注意的是，招聘计划需要获得学院和学校教授委员会投票通过后报学校批准，当学术发展与终身制教授权益之间出现冲突对立之时，教授委员会扮演平衡者的角色。由于招聘计划要在校内利益相关者之间获得支持，从计划制定到批准的过程通常较为缓慢。

（2）遴选阶段。一般包括成立招聘委员会、制定招聘计划、撰写与刊登招聘广告、首轮筛选、会议/电话面试、校园面试、最终决定等七个步骤。① 招聘委员会根据院系的招聘岗位而设，委员会成员的组成必须包括拟聘教师专业领域的专家、学校反歧视委员会成员和学院人事管理人员三种类型；院长和系主任作为院系层面的最终决策者不进入招聘委员会，其职责是批准委员会组建，并报学校备案。招聘广告以投票通过的招聘计划为依据，向全社会发布，包括岗位职责、任职条件、对申请者的学历和资历的要求、薪酬待遇、评价标准等内容。在首轮筛选中，招聘委员会要依据申请者资质与岗位需求的匹配度筛选出3—5名初选者，并对初选者的推荐人进行电话采访。校园面试通常每次只有一位面试者，时间为1—2天，先通过参观使面试者熟悉校园环境，然后是校内公开学术报告（或教学），还包括参加招聘委员会的面试、与学院主要行政领导面谈、与学院教授共同用餐。校园面试复杂而全面，不仅使面试者更加深入地了解学校的历史文化，更有助于学校教师全方位、多角度地考查岗位候选人的资质、品质、性格，以及面试者在院系内的融入度，从而做出更加准确、客观的选聘决定。校园面试结束后，招聘委员会对每位面试者做出考核结论，列出入围名单，经学院全体终身教职投票通过后，交由系主任和院长确认，做出最终招聘决定。

（3）聘任阶段。通常由系主任或院长以电话通知候选人，双方就工作条件、薪酬待遇、配偶工作等要求进行“谈判”。若双方的讨价还价被认定在合理的限度内，教师将为自己赢得更高的待遇，这是美国高校教师聘任制的市场化特征，教师的薪酬反映了在劳动力市场竞争中个体即时的市场价格。若协议未能达成，学院随即邀请下一位候选人，直至选中。新聘助理教授阶段具有条件严格性、程序规范性、评选民主性的特点。对于应聘者而言，必须获得博士学位，一般为非本校毕业生，还是因为美国高校十分重视教师的结构，避免师资队伍“近亲繁殖”。整个选拔程序非常系统、正式，各个环节均有相应的制度规范，并在每个环节结束后进行备案。从招聘计划到最终选聘结果的形成均须征得教授评议会的

① 赵炬明. 美国高校教师管理研究（上）[J]. 高等工程教育研究，2011（5）：59—71.

投票通过，避免出现院系主要行政领导一言堂的情况。相比之下，讲师和教员的招聘条件更低、招聘程序更简化、待遇和工作保障更差，主要根据教学、科研的实际需求，以办学经费为约束条件。

2. 由讲师晋升为助理教授

在新聘助理教授的选拔过程中，已经通过助理教授聘任审查，但尚未取得博士学位的候选人，有些大学会临时聘任他们为可转岗讲师（convertible instructor），这是终身教职序列最底层的职位。对可转岗讲师的最低要求是能够在所属学科领域独立开展教学和科研工作，其聘期通常为 1 年，连续聘任一般不会超过 3 次。在聘期内，讲师获得博士学位并达到院系的相关规定，即可申请为助理教授，最多可申请 3 次；若 3 年内不能成功晋升，最后一个聘期结束后学校将不再续聘，讲师将重返劳动力市场。对于可转岗讲师晋升为助理教授的评审，非常注重教师的个人档案、履历资料和同行专家评价信，这些材料有助于考察其是否具有扎实的学术功底、能否胜任教学科研工作、是否具备成为助理教授的潜力和可能性。

（二）由助理教授晋升为副教授

晋升为副教授，是助理教授能否获得终身教职的重要关卡。助理教授的聘期通常为 3 年，通常情况下可连续聘任 2 次，有个别顶尖大学最多可续聘 3—4 次。续聘考核是对助理教授工作能力和业绩的一种考核方式，主要发生在续聘或解聘之前，处于试用期内的人员需每年考核一次。院系委员会要求试用人员提供本人在试用期内所取得成绩的有关证明材料，主要包括在教学、学术与创造性科研和服务性工作三方面所完成的任务，根据这些材料出具详尽的考核报告。考核报告提供了被考核人员在聘任期内取得的成就，以及不足之处，并将成为教师能否续聘的主要依据。① 助理教授在聘期的第 4 或第 5 年有 2 次机会申请由非终身制职位晋升为终身制职位，若通过终身制评审，则其有资格在第 5 年后晋升为终身制副教授；若 2 次评审均未能通过，则在第 2 个聘期结束后，学校不再续聘，有可

① 殷姿，李志宏. 美国研究型高校教师考核制度研究 [J]，高教探索. 2005 (1)：34—36.

能最多给予 1 年另寻工作的缓冲期，这意味着助理教授必须在第 7 年末离开学校。

助理教授进行终身制评审的程序主要包括：教师申请、同行评审、院系评审、学部竞争、校长终决五个步骤。

第一步，教师申请。系主任要向准备参加终身制评审的助理教授说明评审的基本情况，如时间、内容、程序、方法等，并告知参评教师享有的权利，以及一旦评审过程中权利受到侵害后的申诉渠道。教师根据自身情况在系主任的指导下准备申请终身教职的档案材料，包括申请信、个人简历、年度绩效考核评价结果，以及学术成果等支撑性材料。个人申请信要用 2—3 页纸总结自己任现职以来所取得的工作成绩，向评审专家提供可以获得终身教职的充分理由。支撑性材料包括教学成绩、科研成绩、社会服务成绩、获得的科研基金和荣誉奖项等。

第二步，同行评审。系主任负责将申请人的相关材料寄给国内或国际在受评教师所属研究领域内的知名专家学者，请他们对受评教师的学术水平做出同行评审，常以通信评审和双盲评审的形式开展，以保证评议结果的客观性、真实性和准确性。评审专家需要清晰地写出评价结论，并以信件的方式寄回。回信的内容基本包括：写信人的资历和学术成就；写信人是通过什么途径而得知申请人的，有无私人关系；对申请人的学术成就在质量和数量上的评价，申请人的主要学术贡献是什么以及学术地位；同行们如何评论申请者的工作，他的哪一项具体工作最有意义和影响；和其他同类学校的同行相比，申请者是否具有被晋升的资格；申请人是否具有学术带头人的能力，是否具有站在该领域前列的创造性能力；有什么不足或应提高之处。① 校外同行评审专家的姓名和回信内容都是保密的。

第三步，院系评审。系主任邀请系内资历深厚的教授组成职称评审委员会，评审委员会成员将根据申请人提供的材料、校外同行专家的匿名评审意见，进行投票表决，并如实撰写一份评审鉴定。最后，系主任根据以上主体的评审意见，结合自己对申请人的日常观察进行综合评价，撰写推荐信，并签署是否通过系内评价的评审意见。通过系内评价的申请人将进入院内评审程序。学院的评审委员会将对全院所有申请终身教职的教师进行评审，以避免系内评审产生的失误和偏

① 王中林. 美国大学教授职称和终身制的评审过程 [J]. 中国高等教育，2002 (6)：45—46.

差。经院评审委员会投票表决，确定通过院级评审的教师名单，委员会写出书面评审意见并提交院长。有些高校还会形成由所有系主任组成的评审委员会，系主任在评审过程中发表对每位申请人的看法，并与其他系主任共同商谈。此举主要是为了达到系与系之间的平衡和相互制约。院长要根据以上所有评审材料做出是否通过院内评审的决定，并签署相关文件，再将学院评审过程中生成的材料提交给教务长或校长。

第四步，学部竞争。在有些设置了学部的高校内，通过院系内部评估的申请人需要参加由所在学部评估委员会成员参加的再一轮评审，与其他相近学科的申请者竞争有限的终身教职席位。这就意味着申请人要有足够令人信服的科研成果，不仅需要得到本院系教授们的支持，还必须获得其他相近学科教授的认可。学部评估委员会经民主投票表决，做出是否通过评估的决定，以书面形式做出是否授予申请人终身教职的推荐意见。还有些学校由各学院代表组成的校级评估委员会进行评审，评审方式与学部评审委员会相似，此举主要是为了达到学院间的平衡和制约。以上所有评审意见将提交给校长，由校长做最后的裁决。

第五步，校长终决。从学部竞争中胜出的申请人的全部评估文件以个人档案的形式提交给校长，校长基于各方推荐意见，最终做出是否授予申请人终身教职的决定。对于私立高校，校长的裁决即为终身教职评审的最终结果；对于公立高校，校长的裁决需上报给州教育系统的董事会，董事会审批通过的校长裁决为最终结果。至此，整个终身教职评审程序宣告结束，评审过程中形成的所有文件资料，将保存为教师个人档案，以备日后其他评审之需。

（三）由副教授晋升为教授

进入终身教职序列的副教授一般都是终身制的，他们可以在聘期内的任何时间提出晋升为终身教授的申请。通常，如果在聘期的第 5 年结束时，副教授还没有提出申请，则系主任将在第 6 年开学时书面通知该教师，除非教师以书面形式正式声明放弃晋升为终身教授的机会。即使副教授放弃此晋升机会，仍然可以在工作岗位上一直工作到退休，除非学校遇到重大财政困难不得不解散相关院系，或者本人在此期间存在严重的学术或行为不端等问题。

除了学校内部教师的逐级晋升之外，高校有时会根据学科发展的需要从校外直接招聘终身制副教授，由于这类副教授并没有经过校内的终身教职评审，因此并非招聘学校真正意义上的终身制副教授，他们需要在聘期第 1—3 年的任意时间申请终身教职评审，只有通过评审才具有晋升为终身教授的资格。如果 3 年内都不能通过终身教职评审，则在第 5 年聘期结束后，学校不再续聘。此类教授也可以在第 5 年聘期结束后与学校协商，转到研究岗位，成为大学专职研究人员，脱离教职序列。

总的来说，美国高校教师从助理教授晋升至教授通常需要 7 年左右，基于某些具有合理性的突发事件而造成的整个终身教职制度的计时周期延长，被称为计时周期的自动暂停。一般可额外延长 1—2 年，例如，教师生病、教师的父母生病或离世、女性怀孕或男性“产假”在家照顾新生儿等。

在威斯康星大学麦迪逊分校，由副教授晋升到正教授是一项各系内部的工作程序，无须经过学部委员会的讨论。副教授经过三年的工作，在通过一系列的评估后可以晋升为教授。晋升时间依据教师个人从事教学、科研和社会服务的情况而定。在此阶段无须经审查委员会的审查（它仅针对助理教授的审查），但需接受人事委员会两年的考察，在第三年人事委员会将基于副教授的教育教学和科研能力判断其是否达到晋升为正教授的标准，并向全系提供推荐意见。通过人事委员会的考察后，晋升事项将提交系内行政委员会讨论，由委员会所有教授和杰出教授讨论并投票决定该副教授能否顺利晋升为教授。民主投票后的结果将提交至学院院长，院长通常支持投票结果。

（四）后终身教职评估

近年来，终身教职制度一直遭受普遍性的争议，甚至对其攻击程度日渐激烈。究其原因，主要是经济危机导致学校办学财政经费紧缩、学生学费攀升而学业水平表现不佳，阻碍了新教员的聘用和新项目的研发，限制了教师选聘过程中的机会平等，不合格的终身制教授难以向学生提供与其名气和待遇相称的教育服务，部分获得终身教职的教师不思进取得过且过、终身教师职务未必能保障学术自由、促进学术繁荣，等等。由此，美国高校的终身教职制度正经历着深刻而巨大的变革，有的学校通过调整终身教职制使终身教职教授的解聘更加容易。最极端的做法是，有的学校直接废除终身教职制而采用合同期内的聘任制。例如，波士顿大学和达特茅斯大学的医学院已经废止了终身教授制。① 马里兰大学研究助理特罗尔（Cathy Trower）在 1995 年所做的调查中发现，在被调查的 280 家高等教育机构中，69%的学校在职前的试用期和职后的评估检查等方面对终身教授制进行了改革。②目前，后终身教职评估成为美国大多数高校针对部分终身制教师不思进取、学术体制僵化等现象进行改革的主要策略。

美国高校于 20 世纪 70 年代起引入教授终身教职后考核，对已获得终身制岗位的教授进行综合性考核评价，独立于终身制考核、年度考核等考核评价的程序之外，致力于激发终身制教师的进取精神，提高其科研工作的实际效益，而非将评估结果作为强制性惩罚的依据。美国大学教授协会于 1999 年发布的《终身聘任后的评估：美国大学教授协会的回应》，对如何实施后终身教职考核评估提出指导原则："对获得终身教职的教师进行再评估应该定位于教师的发展而不是强调其责任。后终身教职评估的方案必须由教师来制定和执行。终身教职后评估不是对终身教职的再评估，也不能因此将证明教师能否录用的举证责任从管理者过渡到教师身上，终身教职后评估必须按照保护学术自由和教育质量的原则进行。"③

当前，后终身教职评估作为一种以同行评价为主要方式的系统性定期评估制度，通常每 5—7 年进行一次，若终身制教授第一次职后考核未能通过，校方将对其提出警告；若第二次考核仍未通过，校方拥有对其解聘的权力。由于这种考核评价与教师解聘挂钩，因此引起了教师群体广泛而严重的不安，甚至有些大学的教授们联合起来，通过游行示威或签写联名信的方式表达对这一制度的不满和对抗，认为这一考核评价制度违反了为教师提供永久工作保障和保护学术自由的本意。

1989 年，对美国大学协会（Association of American Universities，AAU）46 个成员学校的调查显示，只有 6%（3 所）的高校实行了终身教职后考核制度。20 世纪 90 年代，这项制度在美国大学呈明显扩张之势。根据美国高校教师联合会的资料显示，1996 年，61%的公、私立四年制学院实施了后终身教职评

①② 周作宇. 美国终身教授制的变迁与启示［J］. 高等教育研究，2001（3）：106—109.

③ Post-Tenure Review：An AAUP Response［EB/OL］. https://www.aaup.org/report/post-tenure-review-aaup-response.

估，另有9%正在准备实施；20世纪90年代的另一项调查显示，在美国中北部高等教育学院联合会（NCACHE）的二年制学院中，70%的学院实施了类似于后终身教职评估的评审。① 从州政府层面来看，1989年，得克萨斯州、佛罗里达州、弗吉尼亚州、田纳西州以及阿肯色州都把终身教职后评估政策写进了州立法；1997年，美国有28个州的州立高校已经制定或正在制定终身教职后评估政策；2000年，有37个州的州立高校制定实施了终身教职后评估政策。② 由此可见，后终身教职评估已成为一种新的趋势，被美国大部分高校普遍推行。

后终身教职评估具有以下特点：一是以促进教师成长和发展为主要目的；二是强调同行评议，尊重教师权益；三是评估类型多样化，包括定期性评估、选择性评估和混合型评估三种；四是评估标准承认学科和职业发展阶段的差异。评估的材料主要是被评估者提供的业绩报告，说明其在获得终身教职后五年内所做的具体工作、取得的成绩，以及对未来专业发展的目标。与晋升考核和终身教职考核相比，终身教职后考核的整个程序更加简化，主要包括院系内部的评估委员会评估、系主任和院长评估、教务长或校长评估三个阶段，除了外部专家匿名通信审查和学部审查等环节，所有终身教职的评估材料将统一归入教师个人档案。后终身教职评估自提出之日起便受到激烈的抨击，至今仍然争议不断。支持者认为后终身教职评估应聚焦于终身教职的功能用途，而不是将其界定为一种特权、地位或保护，它可以通过提供有效评价、有用反馈、适度干预、及时和肯定的帮助，促使每个教师在不同的职业发展阶段保持良好的专业发展和业绩。③ 反对者认为后终身教职评估危及了学术自由传统，未超越现有的评估体系，使终身制教师处于不利地位。虽然后终身教职评估仍存在很多不完善之处，但在终身教职备受各方质疑的背景下，它无疑是一个可为各方接受的改进策略，④ 如何更好地完善后终身教职评估，并借助其为终身教职制度注入新的活力，是美国高校正在探索的方向。

---

① 张斌贤，李子江. 大学：自由、自治与控制［M］. 北京：北京师范大学出版社，2005：262—263.

②③ 庄丽君. 美国高校终身教职后评估制度［J］. 高教发展与评估，2017（4）：69—75.

④ 王正青，徐辉. 美国高校终身教职后评估制度的兴起、内涵及其评价［J］. 高等教育研究，2006（3）：92—96.

五、美国高校教师职称评定指标和标准

美国高校的自治传统使得各学校基于院校文化、层次类型、师生规模等因素，制定出多样化的教师职称评定标准和内容。虽然学校间的评定标准不尽相同，但主要涉及教学、科研、社会服务三个方面，区别在于不同类型学校在教师评审时分配的权重。总的来看，在副学士型院校（associate's colleges）和学士型院校（baccalaureate colleges），教学是教师的核心任务，教师职称晋升评审中的主要因素就是教学。尤其在副学士型院校，对教师的科研水平几乎不做硬性要求。在硕士型院校（master's colleges and universities）和博士型院校（doctorate-granting universities），则要求在保证教学质量和效果的基础上更加看重教师的科研能力，尤其在一些顶级研究型大学，科学研究的成果和水平已普遍成为教师能否获得终身教职的决定性因素。相比之下，高校对教师社会服务效果的评价具有极强的选择性，因为参与社会服务工作主要体现教师的个人修养和奉献精神，是教师个体的主动作为，在学校职称评审过程中不具有强制性和约束性，属于锦上添花的指标。下面结合美国部分高校案例，通过对学校政策的研究，分析高校教师职称评定的指标和标准。

（一）教学指标与标准

教学是美国高校教师的根本职责，无论是在社区学院、文理学院、综合型大学还是高水平的研究型大学，教师都必须从事教学工作，是否承担课堂教学工作是高校划分教职（faculty）序列与研究人员（researcher）序列的重要标志。对于教学指标的评审，涉及教学工作的方方面面，包括课程设计评价、课程教学量评价，以及课程教学效果评价等；从评价主体角度分类，包括学生评价、校内同行评价、系主任评价等。

课程教学量是教师职称晋升的基础，而对于这个数量的把握，不同学校、不同层级的教师职位评审标准各不相同，在符合学校的基本要求时，一般在晋升候选人中进行比较。教学工作的评审重点在于教学效果，教师在聘任期间所有的教学评估报告成为职称晋升评审中反映其教学水平和能力的重要数据来源。

哈佛大学规定，教师为了证明自己的教学能力和效果，在参与职称评审时需要向评审委员会提交以下支撑性材料：第一，课程教学总结表格，包括学术休假情况。教师需要在表格中详细列出在聘期内所授课程的编号、课程名称、课程开设的学年和学期、联合授课教师姓名、选课学生人数、教师课程总结、学生评教中教师的平均得分、学生评教中课程的平均得分。第二，教学获奖信息。第三，列出指导本科生和研究生（相关博士后也可纳入）的论文清单。第四，具有代表性的课程教学大纲。另外，学生对教师的教学评价结果，需要以 PDF 的格式提交给所在院系的副院长。①

斯坦福大学在教师从助理教授到终身制副教授的晋升政策中，对教师的教学标准做出如下规定：教学是专业化聘任的重要组成部分，斯坦福大学致力于在教学领域取得杰出的成绩。教学记录必须清晰地显示候选人有能力维持其在斯坦福大学教授的课程项目处于一流水平。教学活动被宽泛地定义在教室、制作室（studio）、实验室进行，也包括临床教学、教育咨询、指导学生、项目设置、课程创新等内容。教学记录应该包括对于本科生、研究生和博士后等所有学生种类的教学指导。评估教学工作绩效表现的因素包括但不限于以下几方面：教学材料的知识；清晰的教学阐述；与学生互动的积极风格；课程有用性；专业化、符合教师行为规范和道德标准；有效的沟通技能；热爱教学；有能力激励学生进一步接受教育。在教师从副教授到教授的晋升政策中，对教学活动定义和教学绩效表现因素的规定与前一阶段一致，不同之处在于学校稍微降低了对候选人教学业绩的要求，规定表明：晋升到教授的候选人应该取得并保持高质量的教学和指导斯坦福学生的记录。②

（二）科研指标与标准

自 19 世纪初德国教育家洪堡将“教学与科研相统一”的思想引入现代大学以来，科学研究逐渐成为高校教师的第二项基本工作。当今社会，科学研究是推

① FAS Appointment and Promotion Handbook [EB/OL]. https://academic-appointments.fas.harvard.edu/internal-promotion-tenured-professor-tenure-track position.

② Faculty Hand Book [EB/OL]. https://facultyhandbook.stanford.edu/sites/g/files/sbiybj9611/f/longformcriteriabooklet.pdf.2016.

动社会技术变革的不竭动力，创新型科研成果不断引领社会和时代的高速发展。美国之所以能够率先进入知识经济时代，成为世界高等教育的中心，与美国高校非常注重教师的科研能力，研发出大量新型科技成果等因素密不可分。因此，在教师职称评审的指标中，学术研究被提升到一个绝对的高度，绝大多数美国大学尤其是研究型大学甚至将教师的科研能力和学术成果作为教师能否获得终身教职或晋升为终身教授的首要标准。高水平科研论文的发表和高质量学术专著的出版是科研指标中的两个重要标准。能够在行业内顶级学术期刊（elite journal）上发表文章是教师证明自身科研能力的有效方式，因为每个学科领域的顶级权威期刊数量非常少，又要通过严格的同行匿名评审后才有可能发表。除此之外，国际学术会议的参与情况、获得科研经费和基金资助的数额、担任学科领域内专业学术期刊的编辑或评阅人、获得的学术荣誉等因素也是职称评审中科研方面考核的重要内容。学校在执行科研指标的评审时，大多采用校外专家匿名评审的方式。

在斯坦福大学，助理教授为了获得终身教职，在学术研究领域需达到以下要求和标准：院系必须提供证据表明，候选人的整体表现具备获得终身职位的合理性，包括该候选人在学术研究方面取得了真正的成绩。学术研究成果必须清楚地揭示，候选人不仅是某领域特定经验人群中最好的人，更有可能成为其所在研究领域中最好的研究人员之一。简言之，判断应既具有比较性又具有预测性。学术研究评审侧重于候选人是否正在对某领域的重要问题进行创新性、前沿性的研究，改变和拓宽我们对该领域的固有理解，以及是否提出新的问题、创造新的方法或开辟新的调查领域，从而具有（或可能具有）该领域最优秀学者所期望的对该领域的根本影响。评审教师学术研究绩效表现时需考虑的因素包括但不限于以下内容：学术活动和生产力；影响、创新和创造力；在某领域的认可度；作为研究团队的一部分有效开展工作的能力（如果相关）；与同事、员工和学生进行有效沟通的能力；专业精神、符合学术研究规范和道德标准。副教授为了晋升为终身教授，斯坦福大学对于学术科研评审的标准是，教师应该在其研究领域获得公认的荣誉，并且自任期审查以来编制了一份重要的学术成就记录。一般而言，证据必须表明，被提议晋升的人是某领域最优秀的人，而不仅仅是该领域特定经验人群中最好的人。此阶段评审关于教师的绩效表现和评判的维度与上个环节一致。①

（三）社会服务指标与标准

1905年，威斯康星大学麦迪逊分校时任校长查尔斯·范·海斯（Charles Van Hise）在一次演讲中提出的著名的“威斯康星思想”（Wisconsin Idea），即用大学的人才资源去解决威斯康星州家家户户关心的实际问题，受到人们的广泛支持，由此社会服务功能成为高等教育继教学、科研之后的第三大功能。社会服务也逐渐成为教师职称评审的指标之一，主要考察教师是否热心社会公共事业，能否运用自身的知识和能力为校内外的工作做出贡献。社会服务指标通常是晋升评审中的参考性标准，在此领域的贡献程度不会成为教师能否晋升的决定性因素。一般而言，由于公立大学的办学经费主要来源于州政府的税收拨款，所以相对于私立大学而言，公立大学更注重教师在社会服务方面的贡献。

美国高校教师社会服务的渠道很多，例如参与学校的治理，在校内行政部门或专门委员会担任职务等；参与校外专业学术活动，从事相关咨询与顾问工作，在社会学术团体和相关专业协会任职，或在专业学术期刊负责编辑或审稿工作等；参与社区服务工作，成为联邦、州或地方政府的专家顾问并为其提供咨询服务，为社区的教育、环保、医疗等公共事业开展志愿工作，举办社区讲座，加强大学与社区的联系等。

斯坦福大学规定，对于准备晋升为终身制副教授的候选人，主要根据他们在学术研究和教学领域取得的成就进行职称评审。社会服务虽然与评审相关，但不是主要标准。对于准备晋升为教授的候选人，尽管卓越的学术研究、教学和临床工作（Clinical Work）是评审的主要标准，但也要充分考虑公共服务的价值。②

笔者在美国威斯康星大学麦迪逊分校访问时，一位教授谈道，助理教授晋升副教授的判断标准是，他的教学、科研和社会服务必须有两项是杰出的、一项是优秀的。由于威斯康星大学麦迪逊分校是一所公立研究型大学，教师的科研水平是最重要的，教学水平次之，社会服务水平再次之。由于这里是“威斯康星思

①② Faculty Hand Book [EB/OL]. https://facultyhandbook.stanford.edu/sites/g/files/sbiybj9611/f/longform_criteria_booklet.pdf.2016.

想”的发源地，该学校对于教师社会服务的重视程度比其他学校更高。

（四）其他指标与标准

除教学、科研、社会服务外，还有一些其他指标虽然对教师职称评审的影响的权重较小，但也发挥着一定的作用。例如，斯坦福大学还对申请职称晋升评审的候选人规定了临床工作和其他活动两个方面。在临床工作方面，医学院的教师需要具备卓越的临床实践或临床护理能力。在评估临床表现时主要考虑的因素包括但不限于：临床知识，临床判断，相关的程序技能，临床生产力，临床结果，专业精神、符合行为规范和道德标准，人道主义，作为临床团队的一部分有效开展工作的能力，与同事、员工、学生、患者或客户进行有效沟通。在其他活动方面，当评审工作内容涉及创意写作、戏剧或音乐作曲或表演的晋升候选人时，他们创作的艺术作品也是同等重要的，适当的评审标准将被定义和应用。一般而言，对于这些教师教学质量的判断应遵循适用于所有教师的程序。①

结语

美国高校教师职称评审体系较为严密，评审程序较为规范，评审标准较为合理，对教师具有较强的激励和约束功能，可以说已经达到了比较成熟的阶段。近年来，美国高校教师聘任制度正经历着巨大的变化，终身教职制在高校教师聘任制度中的根本地位逐渐被动摇；非终身教职合同制成为一种重要的制度补充；兼职教师制度是美国高等教育市场化的产物，越来越受到办学经费紧缺高校的欢迎。因而，随着终身教职岗位的减少，教师晋升至终身制序列的竞争愈发激烈，职称评审条件愈发严苛，“非升即走”的压力逐渐加大。事实上，即使教师晋升为终身教授，也绝不意味着进入了“保险箱”，可以无条件地放松和懈怠，终身教授仍需要接受每五年一次的后终身教职评估，若连续两次评估不合格，也需根据校方的规定接受相应的惩罚。

① Faculty Hand Book［EB/OL］. https://facultyhandbook.stanford.edu/sites/g/files/sbiybj9611/f/longform_criteria_booklet.pdf.2016.

在美国教师职称评审过程中，一方面，表现出一种严格的证据规范。整个评审程序非常讲求证据意识，教师及其所在院系必须提供强有力的支撑性材料以证明其在教学、科研、社会服务等方面的能力和水平。在进入终身制序列的评审中，学校注重教师所具备的教学和科研潜力，以及成为研究领域内最优秀的人的可能性；若想成为终身教授，教师则必须证明自己已经成为某领域最优秀的人士之一，且要获得业界公认的荣誉。另一方面，又体现出一种人文关怀。例如，教师在遇到兼职任命、行政工作任命、生育子女等情况时，可申请将晋升时间期限延长。

可以说，正是富有竞争性的教师职称评审制度不断激发着教师从事教学、科研、社会服务工作的创造力，促使其产出高质量的科研成果和取得高水平的教学业绩。这种职称评审制度是美国高校打造一流师资队伍的有效方式，有助于提高学校的整体声誉，成为美国高教领先于世界的重要法宝。

第十章

美国高校教师考核评价

如何对高校教师进行客观、公正、合理的考核评价，是提升教师综合素质、实现高校人力资源管理效益最大化的关键，这不仅直接关系到教师的职业生涯和专业化发展，还影响着高校的持续发展。美国高校在实行教师聘任制的基础上，建立起一套相对完善的考核评价制度，以促进各类教师在教学、科研、服务水平方面不断提高，考评制度与教师的选聘、职称晋升、绩效收入、福利待遇直接挂钩。美国高校教师考核评价具有评价主体多元、评价指标与内容分层分类、评价程序严格规范、评价结果有效应用等特点，激励着教师群体不懈追求卓越、发挥职业创造力。

一、美国高校教师考核评价的历史沿革

（一）教师考核评价制度的起源

美国高校教师的考核评价与终身教职制度相伴而生。考核评价是以终身教职制度为核心的聘任制度在实施过程中的衍生物。1915 年，美国大学教授协会通过终身教职制度以捍卫教师群体的职业安全感、保障学术自由，与此同时，大学内部便需要建立一套考核标准来评判教师的职业能力和工作表现，以进一步决定其职称等级、晋升周期和聘任期限。此时，考评主体和权力边界成为首要问题。

进入 20 世纪后，教授权力在美国高校快速扩大。学术研究具有高度的专业性和一定的学科壁垒，使得非本学科或本专业的学者难以深入理解和准确评价，人们普遍意识到，对于学术事务的评价和治理权应掌握在学术共同体而非外行或行政人员手中。1966 年，美国大学教授协会联合美国教师联盟、美国大学与学院董事会协会共同发表了《关于学院与大学治理的声明》，明确提出应该正式授予高校教师参与学术治理的权力，即教师应参与到与教师地位相关的教师聘任、续聘、终止续聘、晋升、终身职位的授予和解聘等方面的内容。① 由此，高校教师取得了充分的学术权力，尤其是在聘任、晋升和解聘等方面的人事权力，这不仅大大削弱了大学行政对教师的人事决策权，而且从根本上排除了行政机构对教师的评价，同时确立了学术同行评价的惯例和制度。② 同行评价制度与美国研究型大学的发展密切相关。由于受到德国洪堡大学“教学与科研相结合”办学精神的影响，科学研究成为美国大学的重要职能之一，提升教师的专业能力与学术成就，不断推动知识专业化、学科分化、教师专门化的发展，成为这一时期教师考核评价的重点。

---

① 王定华. 美国高等教育：观察与研究（修订版）[M]. 北京：人民教育出版社，2021：280.

② 叶赋桂，田静，罗燕. 美国高校教师评价的变革及其动因研究 [J]. 教育学报，2008(5)：74—81.

（二）教师考核评价制度的演进

美国高校教师考核评价是高等教育系统与社会环境相互作用的结果。在不同历史时期，美国联邦政府对大学资助政策的变化、学术劳动力市场供求关系的调节、高等教育内部教学与科研势力的平衡、高校教师与学生权力的博弈等因素，影响并推动了教师考核评价权力和方法的变革。

第二次世界大战后，受教育民主化进程的影响，美国高等教育规模和入学人数呈爆炸式增长。美国联邦政府将高等教育视为影响国际地位高低、国际竞争成败的重要因素，通过财政拨款、学生资助、法律制定等形式支持高等教育发展。美国高等教育迎来发展的黄金期，在此阶段，研究型大学崛起，获得了巨大的经济利益和社会声望，它们将学术研究和研究生教育作为学校最核心的事务和利益所在，然而教学和本科生教育被忽视。这种研究型大学崇尚学术研究轻视本科教学的办学情况从一些顶级研究型大学蔓延开来，被很多大学所效仿。此现象引起本科生的强烈不满，受到家长和社会的普遍关注。相应地，关于高校课程设置和教师教学评价的讨论与探索便活跃起来。

20世纪60年代，在美国民权运动的大背景下，大学生开始寻求自身权力，他们也呼吁扭转高校重科研轻教学的现象。受到越战等因素的影响，1968—1969年成为美国学生运动的高峰期，大学生甚至要求成为校董事会成员，参与到学校的管理和决策、教师的聘任和解雇、课程设置和教学评价等事务之中。这些要求最终得到大学行政官员、教师的接受，以及政治家和社会各界的支持。例如，有的学校让学生参与教师选聘的面试，或直接利用学生的教学评价决定课程设置①，进行教师的人事决策。

20世纪70年代，美国面临着严重的石油危机、国际竞争和经济衰退，联邦政府对高等教育拨款急剧下降，社会各界对高等教育的支持力度不断降低，美国高校遭遇到严重财政危机。与此同时，学术职业市场发生重大变化。由于20世纪50—60年代美国学术职业市场随高等教育大发展而不断扩张，大批新入职教

① 叶赋桂，田静，罗燕. 美国高校教师评价的变革及其动因研究［J］. 教育学报，2008（5）：74—81.

师涌入高校；而20世纪70年代后大学生入学人数下降，而博士毕业生数量增加，高校学术劳动力市场遂供过于求，再加上几乎所有学校都面临的财政危机，一些高校不得不开始裁员。教师考核评价成为高校裁员的一种合理化手段和易被教师接受的衡量标准，这一实际情况推动了教师考核评价制度的发展。

20世纪80年代，受到里根政府新联邦主义的政治影响，美国高校获得的财政拨款持续减少，并未走出财政紧缩的困境。由于高校属于劳动密集型组织，教师工资在高校办学经费支出中占据很大的份额，所以裁员成为高校减少预算的主要措施。而高校对人事的调整和压缩又不能随意进行，需要有正当的程序和客观、真实的依据，这种形势催生了对教师的绩效评价，也使得程序越来越完备，数据越来越“客观”复杂。① 当学费成为高校办学经费的重要来源时，学生便在激烈的高校生源争夺战中处于优势地位。值得关注的是，美国联邦政府对高校的财政拨款方式由资助大学转为资助学生。由于政治环境和意识形态等因素的影响，美国高校的办学观念一度出现由注重“学术价值”转向所谓的“学生至上主义”，这使得学生作为高等教育的消费者，在高校中的话语权显著提升，学校对教师的绩效评价的权力一部分交到学生的手中，学生对教师教学评价的影响几乎立竿见影。学生选课和教学评价影响了大学对学科和课程的安排，从而在一定程度上左右了教师的聘任期限乃至职业生涯的发展。这一时期，学生对教师的教学评价成为教师考核评价的重中之重，是高校重新进行人力资源配置的重要方式，即教学评价与教帅人事决策直接挂钩。

20世纪80年代后，硅谷模式推动美国新经济迅速崛起，政府和社会各界对高等教育的资助力度得到恢复，高校的财政状况大为改观。这一时期，高校对于教师考核评价的方法和目标均发生了重大变革。一方面，社会和教师总体上不再支持学生评教，学生在学校的权力随之下降。社会上很多人因为20世纪60年代的校园骚乱以及20世纪70年代后的同性恋、吸毒、酗酒等问题而对学生不满，一些教师也因为不满学生评教的结果而与学生形成对立，通过各种手段把学生赶出学校的决策和管理圈子；而学生也更关注自身的就业和职业发展，对参与学校

① 叶赋桂，田静，罗燕. 美国高校教师评价的变革及其动因研究［J］. 教育学报，2008（5）：74—81.

事务的兴趣减弱；加之高等教育的官僚化、程序化、专业化，使得学生很难深入参与学校事务。① 学生地位下降直接导致学生评教的重要性日渐减弱。另一方面，问责制迫使高校采取多样化的教师考核评价方法改进教育措施，提升教育质量。随着新公共管理理论的兴起，高校问责制于 20 世纪 70 年代发轫于美国高等教育系统，并逐渐渗透至高校教育教学管理的方方面面。主要表现为政府、社会、家长和学生对高等教育质量的关注持续提高，大学内部面临空前的质量要求，单一的学生评教方式难以回应这些来自外部的压力和挑战。为提升高校的教育教学质量，高校更加关注研发和选用多样化、制度化、程序化的教师考核评价方法。因此，教师考核评价日益多样化，不再与人事决策直接脱钩，转而侧重在教师发展和教学改进。

20 世纪 90 年代以后，美国高校学术氛围逐渐好转，高校教师群体在考核评价过程中寻求获得更多的权力。人们虽然对高等教育质量持续关注，但对于教师考核评价的方法有了新的理解，学生对教师教学评价的重要性已经下降。虽然学生评价仍然存在，但不再与教师的聘任结果挂钩，而是为了让相关方面了解课程信息，对教学改善提供参考意见，以促进教师发展和教育教学质量提升。值得注意的是，教学评价的影响力也有所减弱，由学术同行开展的科研评价的重要性反而不断攀升，科研评价结果在研究型大学中决定着教师的聘任、晋升和终身教职的获得。

进入 21 世纪以来，随着高等教育内外部环境的变化，高校教师考核评价变得愈发正式且复杂，逐渐发展为一套完整的制度系统和技术体系，对高校教师在教学、科研、社会服务等方面的职业发展发挥着至关重要的引导和推动作用。可以说，无论是美国的私立院校、公立院校、文理学院、社区学院，还是研究型大学、研究—教学型大学、教学—研究型大学、教学型大学，都会定期或不定期地对教师进行特定形式的考核评价。虽然各类学校在考核评价的方法、程序、标准等方面不尽相同，但实质内容无外乎是教学、科研、社会服务三个维度。一般而言，大学类型的不同决定了考评价值取向和侧重点的不同，即研究型大学更关注

① 叶赋桂，田静，罗燕. 美国高校教师评价的变革及其动因研究［J］. 教育学报，2008（5）：74—81.

教师的科研能力考评，文理学院和社区学院更关注教师的教学能力考评。

二、美国高校教师考核评价理念的演变

随着美国高等教育系统的变革、管理理论和评价理论的发展，高校教师考核评价理念经历了从科学管理导向到价值导向的演变，并在不同历史时期指引教师考核评价的实践方向。

（一）科学管理导向时期

美国对教师工作评价的关注最开始受到了三种思潮的影响，即教育评价运动、科学的兴起和发展，以及工业革命。① 对教师的考核评价是美国教育评价的重要组成部分，其产生和发展势必受到美国教育评价运动的影响。第一代以“测验”为标志的教育评价理论盛行于 19 世纪末至 20 世纪 30 年代，测验只要求学生记诵教材的知识内容，测验结果反映学生对知识的记忆特征，对教师的考核评价并非此阶段的评价重点。第二代以“描述”为标志的教育评价理论形成于 20 世纪 30—50 年代，泰勒（Ralph W. Tylei）通过“八年研究”提出了以教育目标为核心的教育评价原理，教育评价的对象从学生层面扩展到微观教育活动的各个方面。第三代以“标准”为标志的教育评价理论发展于 20 世纪 50—70 年代，主要通过研制教育标准、设定教育目标、评判教师的教育教学方法来开展教育评价。

南北战争结束后不久，工业革命的影响使美国社会形成了一种新的工业发展气氛，大型企业在工业部门频繁出现。与工业的快速发展相比，当时的管理显得十分薄弱，泰勒（Fredericlc W. Tyler）的“科学管理理论”在此背景下走上历史舞台，并波及高等教育的管理实践。这一时期，人们追求一种效率至上的教育，在考核评价方面，高校教师如工厂中的工人一样，必须通过有形的、可计数的、可被观测到的劳动产出在短时间内证明自己的竞争力。因为对教师学术成功

---

① 王建慧，沈红. 美国高校教师评价的导向流变和价值层次［J］. 外国教育研究，2016(7)：32—44.

的评判标准主要来源于市场而非高校内部，测量和效率一度成为教师工作绩效的衡量准则。在科学管理理论的指导下，大学开始制定标准化的管理机制，教师被要求报告他们的时间使用效率，而给教师的工作加权则被认为是一种简便的评价方式，尤其是，定量评价被认为是一种最直接、最有效的鉴定教师工作效率的方式，这种方法很快被高校当作教师晋升的依据。①

（二）价值导向时期

科学管理的标准化管理方法被过度地应用于衡量教师的工作效率上，导致评价者与评价对象之间的对立关系。于是学者们寻求以一种更加理性的方式以改变考核评价中势不可当的“科学”准则。他们对于评价活动背后哲学观念进行探讨，把价值观作为主要评价标准，于是美国教育评价出现重大转折，第四代教育评价理论应运而生。20 世纪 70 年代以后，第四代以“价值”为标志的教育评价理论颠覆了前三代评价理论的传统观念，更加重视协调不同价值体系的差异，评价结果不仅依赖于与客观实际情况的相符程度，更取决于所有参与评价者意见的一致性，即非常关注评价结果的认同问题。受第四代教育评价文化的影响，美国高校教师考核评价由科学管理导向转为价值导向，从强调定量评价的科学范式转向强调价值差异的质量范式，在评价实践中重视将社会背景和院系环境加以综合考虑，在评价过程中着重评价人所持有的价值观。

（三）两种导向并重时期

在既强调公共问责又强调学术自由的当代美国高校教师评价中，对教师的考核评价融合了科学管理导向和价值导向两种范式，即在遵循大学发展战略、院系价值取向和学科文化的前提下，以理性的态度、客观的方法，对教师的工作价值进行考核评价。具体而言，主要包括以下三个层面。

1. 顶层学校战略价值

这是学校层面基于本校的历史文化、大学使命、办学宗旨、战略规划，对全

① 王建慧，沈红. 美国高校教师评价的导向流变和价值层次 [J]. 外国教育研究，2016 (7)：32—44.

校所有院系教师提出的最为广义和宽泛的考核评价原则。在学校发布的关于教师考核评价的政策文本中，大多简明扼要地规定了教师的岗位职责和工作任务，使教师明确自身在学校发展中的角色定位，以及为传承大学文化、实现学校发展战略，教师个体应做出哪些努力和贡献。

2. 中层院系发展价值

院系作为学校的基层学术组织，是校内外利益相关者表达各自利益诉求的“聚集地”，院系的教育教学发展方向体现出对学校战略规划的分解执行和对来自政府、企业、家长等外部社会教育需求的回应。故此，依据各院系所承载的功能不同、发展的重点不同、培养的人才不同，对教师考核评价的标准更加实际和具体。教师岗位职责与院系发展需求的一致性越高，教师工作价值的实现度越高，其通过考核晋升的机会就越大，被赋予更多资源的可能性就越大。

3. 基层学科特色价值

学科以其内在的独特性和差异性坚守着各自存在与发展的领域。学科围绕差异化的知识生产逻辑，将从事相近问题研究、具有相似思维逻辑的学者汇聚在一起，以学系为依托，体现各学科的特色价值。学科是高校教师学术身份归属的核心，学系则成为大学最基本的组织元素和最基础的运行单位，学系通过同行评价的方式判断教师的工作能否体现学科的特色。各学系制定的教师考核评价制度比较精细化、更具针对性，表现出明显的学科差异和多元价值。微观层面的考核评价标准、考核评价程序设定和执行是决定教师考核评价有效性的关键。

三、美国高校教师考核评价的类别

美国高校教师的考核评价归根结底是一套人事或人力资源管理制度，基本可分为两大类，即人事考核、绩效评价。人事考核是针对人事决策而进行的考核，包括续聘考核、职位晋升考核、终身教职制考核、后终身教职考核，其核心目标是审视教师职称等级的晋升；绩效评价是围绕工作成效所采取的测评，旨在提高教师的综合业务能力、促进教师的专业发展。第九章已详细介绍了美国高校教师职称制度，本章便不再赘述人事考核，而将观察与研究的重点放在绩效考评方面。

将提高工作业绩为目标的年度绩效考核评价作为一种惯例性目标管理模式，主要适用于未获得终身教职的教师群体。他们无论具备何种职称，均需每年进行一次绩效考核评价，又称为“年度绩效考核”。年度绩效考核与续聘考核、晋升考核、终身教职考核和后终身教职考核相互结合，实际上成了后几种考核的重要参考。每次年度绩效考核的结果均被记录在案，以一种跟踪、记录研究绩效的功能存在，累积成为其他种类考核的依据。年度绩效考核主要考评教师在教学、科研和社会服务三个方面的业绩，以便帮助教师总结工作经验，解决工作问题，提高工作成效，达成发展共识。

四、美国高校教师考核评价的方法

根据评价主体的不同，美国高校教师考核评价的方法可分为教师自我评价、学生评价、同行评价、系主任评价，主要涉及“谁来考核评价”和“如何考核评价”的问题。

（一）教师自我评价

教师自我评价就是基于客观的工作成果数据对自己的教学、科研、社会服务等方面进行全方位、主观性的评价。这种评价方法在美国高校中十分流行，因个人意见可以充分表达而受到教师的欢迎，又因可以从中获取生动具体的一手评价数据而受到管理者的青睐。教师自我评价是一种非常重要的考核评价方法。一方面，因其具有极强的适用性，同时作为一种收集考核评价数据的必要途径，而被广泛应用于教师的各类考核评价之中；另一方面，它是教师在专业发展过程中进行自我诊断、自我反思的直接方式，有助于教师自我激励、自我提高，将被动地接受考核评价转为主动地参与考核评价，发挥被评价者的主观能动性。

教师自我评价主要包括判断性自我等级评价和描述性自我总结性评价两种形式。前者常是教师在评价表中对自己的教学、科研、服务等工作效果打分，做出“优秀”“良好”“合格”“不合格”的等级评判。例如，在教学方面的教师自我评价表一般涵盖四个部分：课堂教学的充分程度；教学热情和教学知识；对学生的激励和教学效果；与学生的关系。① 后者一般是教师针对几个开放性问题，表达自己的态度或提出自己的观点，并做出简短书面陈述，可通过一系列实物材料作为支撑，例如教学大纲、各种教学材料、教学录像和录音、学生作业、学生考试成绩、发表的学术文章和著作、社会服务获奖等。教师自我评价的所有材料将被提交给评估委员会、系主任、院长、校外同行、校长等相关评估者，作为考核评价的重要参考依据。

（二）学生评价

学生评价是 20 世纪 60 年代在美国兴起的一种评价教师的方式，是有关方面获取教学信息的主要来源，这在教学型大学尤为突出。② 20 世纪 70 年代，高等教育财政紧缩问题增加了学生对教师教学责任的诉求，学校领导层便将学生的评价作为决策制定的重要考量因素。为更深入地分析学生评价的具体方式和对教学改进的效果，学校教学评估办公室成立并加入进来，对学生评价的研究也逐渐兴起。20 世纪 80 年代，是学生评价管理应用的高峰时期，严峻的财政问题迫使管理者在进行困难的人事和课程决策时要以“客观的”评价信息为基础，以符合伦理和法律的标准，③ 此时的学生评价作为一种回应社会问责的“证据”。尽管将学生教学评价纳入对教师考核评价的一部分遭遇过强烈的抵制，但经过数十年的不断修正和改进，学生评价已被广泛应用于美国高校，成为一种不可或缺的制度和惯例。当然，进入 21 世纪后的这 20 多年，美国高校大多不完全依据学生教学评价结果做出人事决策，而是将学生评价用于课堂教学信息的收集，并反馈给任课教师，督促其改进教育教学模式。

开展学生评价的主要形式是让学生填写教学评价测量表，或与学生进行面谈

① 苏肖，冯玉芳. 论美国高校教师教学评价 [J]. 河北师范大学学报（教育科学版），2010 (12)：109—112.

② 许春东. 美国大学教师评价制度的特点及其启示 [J]. 中国高等教育评估，2012 (4)：50—55.

③ 叶赋桂，田静，罗燕. 美国高校教师评价的变革及其动因研究 [J]. 教育学报，2008 (5)：74—81.

等。通过阅览美国高校的相关规定和在美实地观察，笔者发现，在每学期每门课程的最后一节课，院系一般会让学生填写教学评价表，评教过程中授课教师需离开教室，不可触碰评教材料，由助教具体发放统一的评价表和铅笔，并在学生填答完毕后密封装订。评价表中的题目通常包括等级选择题和开放问答题两类，用于收集定量数据和定性数据。与学生面谈的评教形式可以更加直接、高效地使教师获得学生对课程学习的感受，这种沟通方式有助于学校获得更丰富、更生动的评教信息。面谈可一次只与一个学生单独进行，也可组织一群学生以座谈会的形式开展。评教数据及面谈记录先交给院系内专门负责此项工作的信息管理人员，由其进行数据的统计和分析，得到的结果直接报给院长或系主任。院长或系主任会在下个学期开学初，将每门课程的学生评价分数和主观评语告知授课教师本人，双方进一步探讨教学问题、成因及改进方法。

在学生评价上是存在争议的。支持者认为：首先，基于顾客至上的原则，学生作为教育服务的购买者，有权对教师和所学课程做出评价；其次，学生作为与教师教学活动最密切相关的人，其切身感受最能反映教师的教学质量和教育水平。反对者则认为：第一，为了在学生评价中取得好成绩，教师很容易去迎合学生，为评而教；第二，学生不是专家，缺乏专业知识，难以对课程教学做出客观、正确的判断；第三，学生评价只能反映教师个体受欢迎的程度，与教学本身的关系不大。

值得关注的是，有些美国高校重视毕业生评价，收集毕业生对教师教学的评价数据。学校管理者认为，毕业生在社会上参加一段时间的工作后，通过工作实践可以更加清晰地判断在学校里学到的哪些知识或技能最有价值，哪些教师的课程对工作更具指导意义，因此能够对教师教学的长远效果做出理性、客观、公正的评价。

（三）同行评价

由于学生难以对教师教授知识的深度和广度、课程设计的能力和方法、教学材料使用的科学性和有效性进行分辨，外行难以对教师学术研究成果的质量和影响力做出准确鉴别，因此同行评价被认为是教师考核评价中最有权威性和最具信度的评价方法。同行评价自教师考核评价制度形成后便作为一种核心的评价方法一直得以沿用。根据同行与被评价者的地缘关系可分为校内同行（同事）和校外同行（被评价者研究领域知名专家学者）两大类。校内同行主要参与被评教师教学方面的评价，以及一些评价结果影响性较小的考核活动；校外同行主要参与被评教师科学研究方面的评价，评价结果往往对教师的职业生涯发展产生重大影响。

首先，在教学评价方面，校内同行评价的形式主要有听课和课程材料评价。对于听课这种评价形式，教师们存在争议。支持者认为，同行听课可以增加相互之间的教学经验交流，互相提出有价值的改进建议，还可“以他人为镜”反思自己在教学中存在的不足。反对者认为，教师去旁听课程要花费大量的时间和精力，若仅旁听一两门课，未必能全面反映被评估教师的教学能力，且有些授课教师对此类评估形式非常敏感。美国文理学院在评价教师的教学绩效表现时，通常会邀请本校或其他文理学院的教师参与。它们认为，评价者中如有与被评价者有合作教学经验的教师，或者有参加或旁听过其课堂教学的教师，或者所教授的某门课程是以被评价者所教的某门课程为基础的教师，则同行评价更有意义。① 课程材料评价包括对课程大纲、参考书目、教材、考试题目、评分原则和程序的评价。② 评价者只有立足于院系办学需求、结合本校学生的学业能力和学习情况进行判断，才能提出比较中肯的评价意见。

其次，在科研评价方面，同行评议是对学术评价最重要的制度化手段。无论是大同行评价还是小同行评价，外部评价还是内部评价，教师们只接受高于自己地位和拥有相似知识背景的权威同行进行评价，因为对“学术内在”的等级评价关注和重视的是学术质量和影响力本身。所以，以专业知识为共同特征的大小同行是决定教师工作等级价值的最佳人选。③ 同行评价常用的技术手段有以测量表为主的同行填表式评价、以撰写定性考察结论为主的同行书面评价、以邮递形式

---

① 王春春. 高效教师教学绩效评价体系探析——基于美国精英文理学院的经验与启示[J]. 当代教育科学，2017（11）：59—62.

② 叶赋桂，田静，罗燕. 美国高校教师评价的变革及其动因研究［J］. 教育学报，2008（5）：74—81.

③ 王建慧，沈红. 美国高校教师评价的导向流变和价值层次［J］. 外国教育研究，2016（7）：32—44.

反馈综合评审意见为主的同行匿名评价。同行评价一般会成立一个评价委员会。通常，当进行续聘考核或年度绩效考核评价时，同行评价结果用于改进教学方法或提高教师福利待遇，被评价教师可对评估委员会陈述意见；当开展晋升考核或申请终身教职考核时，同行评价的结果对被评价教师的职业生涯起到决定性作用，此时被评价教师只能等待评价委员会的评审结果，不可参与到共同讨论之中，当然对于有失公允的评审结果可向学校提出申诉。

（四）系主任评价

在美国高校，系主任是高校教师考核评价活动的组织者和评价信息的主要提供者，在评价过程中实质上肩负着上传下达、联络沟通的责任。① 系主任评价是教师考核评价中的重要一环，被评价教师的所有考核评价材料向学院、学校层面提交前，首先要通过系主任的评审。系主任往往是最熟悉教师的人，他根据自己对教师的日常观察，可以视教师的课堂教学效果、学生对教师的认可度、教师参与院系内公共事务服务的积极性等情况，对教师的教学、科研、社会服务做出客观综合的评价。系主任评价一般都是正式的书面评价，在涉及教师职称晋升时，这种书面评价即为系主任亲自撰写的推荐信。

推荐信内容主要包括三个方面：被评教师作为学者的学术质量和对校内及对外的影响程度，其学术活动是否和本系的教学目标一致；根据学生对被评教师教学的评估成绩，判定其具有多高的教学质量和影响力；被评教师在所专长的领域有无突出的贡献，有无学术带头作用，以及这些贡献和带头作用对本系和本校有无重大影响。② 推荐信要详细列举以上每个方面的具体事例。在教师面临新聘考核、职务晋升考核、终身教职考核时，系主任撰写的推荐信和获得系主任签字支持的考评材料，需要一并提交给院长、教务长甚至是校长。由于美国高校的基层学术组织具有极高的学术自治权，一般情况下，上级管理者不会推翻下级管理人员在教师考核评价方面所做出的结论。

---

① 许春东. 美国大学教师评价制度的特点及其启示 [J]. 中国高等教育评估，2012（4）：50—55.

② 王中林. 美国大学教授职称和终身制的评审过程 [J]. 中国高等教育，2002（6）：45—46.

五、美国高校教师考核评价程序

美国各高校教师考核评价程序虽然不完全一致，但仍有共性可循。以学校行政管理层级为划分依据，美国高校教师评价一般以最基层的系为单位，按照系内评价、院级评价和校级评价的先后顺序逐级推进，低一级评价程序的顺利通过是进入高一级评价的前提。① 整个程序一旦开始运行，除非参评教师本人在任何一个环节提出终止评审，否则评审将会持续到底，即使中间环节有其他人提出否定意见也不得终止评审。

就教师年度绩效考核评价而言，其程序主要包括：首先，教师需撰写并提交年度自评报告，以表格或文本的形式对当年度的工作业绩加以描述和概括。教师需要将自评报告和一系列支撑性材料（例如指导毕业生的数量、发表的学术论文、出版的著作、完成的科研项目、参与的社会性工作）提交给院系内的专家评审委员会。其次，专家评审委员进行专业考核，并形成评审意见。评审委员会分配专人针对教师的自评报告提出初步评价和改进建议，然后在委员会内讨论，形成考评意见，以民主投票的形式决定教师是否通过考核。年度考核的结果将直接反馈给教师本人，在此阶段，教师可对自己认为不恰当的考核结果提出意见并进行讨论，直至双方达成共识。最后，评审委员会将每位教师的年度考核结果提交至系主任和院长，经他们确认后签字，报学校备案。学校通常会充分尊重院系的考评结果，很少出现驳回的情况。在此阶段，如果教师对终评结果仍有不同意见，可向学校的教授评议会提出申诉，由教授评议会进行仲裁。下面呈现一个具体案例。

笔者曾前往威斯康星大学麦迪逊分校考察。该校的一位助理教授谈道：我的系主任会给我发一封正式的信，是带着大学抬头的纸质信而不是邮件，告知我今年学院人事委员会将讨论我的个人工作绩效情况。我根据这封信准备需要递交的

① 许春东. 美国大学教师评价制度的特点及其启示［J］. 中国高等教育评估，2012（4）：50—55.

材料。这个事情每年都要做一遍，一般在3月初进行，整个流程大概需要1—2个月。因为人事委员会的3位教授需要花费大量的时间进行考察，他们每个人都要出具关于我的评价报告。一位教授负责评价在过去一年里我的研究情况，不光是陈述我做了什么，比如说，我过去一年里发表了两篇文章，就需要说明这两篇是在哪儿发表的、文章处在什么水平、文章有什么优缺点。他们需要把我所发表的文章都读一遍，然后说明文章在业界有什么影响力，最后给出一个关于我的科研成果的全面评价。另一位教授负责评价我的教学工作，他需要去听我的一堂课，就是课程观察，然后根据我提交的自评报告和他的课程观察提出关于我的教学过程的优点、缺点和改进建议。还有一位负责评价我社会服务工作的教授，他的工作相对容易一点儿，他要评价我做了什么，是否符合系里对于我这个年龄的年轻教师的职业期待。他们3个人整合起来的评价报告要提交给系里的行政委员会，行政委员会将在会上讨论我的个人自评报告和人事委员会撰写的综合评价报告，系主任在这个时候会告诉我，某年某月某日某时我们全系的行政委员会将会讨论对我过去一年的评价，我可以列席也可以不列席。然后经过行政委员会讨论的最终年度绩效考核评估报告会给我一份，里面会有表扬或批评，告诉我哪些地方做得好、哪些地方做得不好，再告诉我明年这个时候要做到以下这几点才有可能通过，相当于是给我提出了未来努力的方向。

六、美国高校教师考核评价的指标

美国高校没有全国统一的教师考核评价指标，甚至在州层面也没有设置标准化的评价尺度，不同类型的学校、学科、学院甚至学系的标准都各不相同。究其原因，在于以下四个方面。

第一，美国社会的府学关系相对宽松，高等教育系统分权管理使得政府对大学的行政管控力很低。经费拨款、项目资金导向和法律程序规制是美国政府约束和引导院校发展的主要途径，政府通过行政强制行为对高校教师群体的考核评价进行规范的案例尚不多见。

第二，美国高校多元化发展导致对教师群体实施统一考核评价指标的难度极大。一方面，美国高校的多元化主要涉及学校的使命与价值、办学宗旨、功能定位、学校规模、资金来源、教师的岗位类别、身份性质、文化背景、种族阶层等方面，这必然加大国家或州政府层面制定教师考核评价统一标准的难度。另一方面，美国高校坚守学术自由和学术自治的办学原则，拒绝政府制定统一的考核评价标准，干预每个学校内部各具特色的考核评价形式。

第三，美国高校内部校、院、系三级管理层级，构成教师考核评价指标的三重内涵。虽无国家或州层面的高校教师评价尺度，但几乎所有大学都建立了校级共性标准、院系特殊标准与教师职务固定标准相结合的全方位教师评价体系，且每一种标准均围绕教学、科研、社会服务等展开。① 校级共性标准体现了教师考核评价价值导向中的顶层学校战略价值，其内容较为宽泛、笼统，表达了评价指标的一种共同价值和战略追求，是全校各组织部门制定考核评价指标的上位参照。院系特殊标准是学校各部门制定考核评价指标灵活性的表现，其内容较为具体、详细，体现了教师考核评价价值导向中的中层院系发展价值。院系特殊标准的制定要与学校的战略发展和办学定位保持高度一致，是学校办学宗旨的具体化，并直接反映在教师的日常工作之中。教师职务固定标准是每个教职岗位的工作手册，是针对各个岗位职责设置的工作规范、享有的权利以及应尽的责任。教师职务固定标准最具针对性和操作性，是考核评价过程中的重要参照依据。

第四，学科和学科群的特色化发展，促使学系教师考核评价采取不同的应对策略。作为基层学科组织的学系在分权制的美国高等教育系统中真正决定着教师工作的价值，学系制定的指标和标准体现了教师考核评价中的基层学科特色价值，表现出明显的学科差异性。这些学科差异性，体现了对各具特色的学科文化的包容与尊重，对大学治理中基层学术组织的信任与放手，给予基层教师晋升委员会在教师评价及发展过程中可实现作为的自主性和主动性。②

尽管美国高校教师考核评价没有绝对统一的标准，但主要包含教学、科研和社会服务三类指标，在此我们主要讨论一些具有共性的原则。一般情况下，在教

① 王钢，蒋亦华. 高校教师评价“尺度”建构：以发达国家为观照［J］. 江苏高教，2018（12）：87—90.

② 沈红，王建慧. 高校教师评价的学科差异——对美国一所公立研究型大学的质性研究［J］. 复旦教育论坛，2017（3）：72—79.

师考核评价的三类指标中，教学指标占40％，科研指标占40％，社会服务指标占20％。诚然，各指标所占教师考核评价的比例因各校主要职能的不同而存在差异，研究型大学更看重教师的学术成就。例如，伊利诺伊大学考核教师时，科研业绩占50％，教学占30％，公共服务占20％。① 精英文理学院等教学型高校更看重教师的教学效果，二年制社区学院则更看重教师的教学质量。

（一）教学评价

自大学建立之初，教师通过教学实现人才培养的使命。教学是教师的基本职责，是决定高等教育质量的关键因素，对教师的教学能力和效果进行考核评价，是改进教育质量、提升师资队伍水平的有效方式。在美国，无论何种类型的院校，教师都要从事教学工作，因此教学评价是美国高校教师考核评价的重要指标，同时也是美国高等教育管理领域一项重要的工作。

教学评价的具体指标和维度包括：学生评教、课程研发、教学能力与手段的发展与改进。其中，学生评教结果是教师个人课堂教学水平和效果的集中体现，也是教师职称晋升和申请终身教职的重要参照和依据。课程研发一般是指教师基于自身研究领域创设课程的过程，其效果主要是通过教学大纲、课程教案、课件水平来呈现，一般由校内同行进行评价。教学能力与手段的发展和改进是指教师对课堂教学中的不足之处加以反思，不断重构和完善自身的教学能力，不断改进教学模式和授课方法。

教学评价的方法有很多，广泛涉及教师自我评价、学生评价、校内同行评价、系主任评价等。形成教学评价的数据主要来源如下：教学工作量或教学课时量、选课人数、教学大纲和考试内容、课堂教学录像、学生作业与考试成绩、指导本科生或研究生的情况、学生评价测量表、学生座谈会、教学改进活动（如参加研讨会或在职培训）、学生学习效果的长期跟踪调查、毕业生或校友的反馈意见等。

在威斯康星大学麦迪逊分校，学生评价主要是通过学生在期末填答课程评教量表的方式进行。课程评教量表包括纸质版和网页版，分为等级测量题和结尾开

① 杨开乔. 加强管理 深化改革 提高高校教师队伍建设水平——美国高校教师队伍建设与管理的启示 [J]. 现代教育论丛，2006 (6)：1—6.

放式问题两类，几乎运用于学校的每一门课程的评估当中。它对教师教学能力的考察主要围绕以下三个方面展开。

第一，课程内容、知识层级和课堂气氛。这包括：（1）课程是否被很好地组织；（2）课程是否配有细致的课程大纲和讲义；（3）课程的学习量是否适当；（4）考试和作业能否反映课程内容；（5）课程阅读材料是否有价值；（6）分等级的任务布置是否有效；（7）分等级的练习是否被明确定义；（8）当学生勇于表达自己的言论时，课堂气氛是否融洽安全。

第二，对课程教师的评价。这包括：（1）教师是否为课程做了充分的准备；（2）教师是否有效利用课程时间；（3）教师是否以清晰的方式讲授课程材料，以促进学生更好地理解；（4）教师能否被学生联系到；（5）教师能否为学生提供有帮助的反馈；（6）教师的反馈是否及时；（7）教师批改作业、返回测试结果是否及时；（8）教师是否鼓励学生参与课堂讨论；（9）教师的教学方法是否有效；（10）教师是否以学习主题激发学生的学习兴趣；（11）教师是否尊重学生。

第三，课程是否达到威斯康星大学基本学习效果的要求。这包括：（1）课程是否增加了学生的知识量，例如，人类文化、社会、科学知识等；（2）课程是否开发了学生的智力和技能，例如，批判性或创造性思维能力、定量推理能力、问题解决能力等；（3）课程是否开发了学生的个人能力，例如，写作或口语交流能力、计算机使用能力、团队合作能力等；（4）课程是否提升了学生的社会责任感。①

（二）科研评价

科研评价是一种对学术与创造性研究工作成果做出等级和价值判断的活动。科研评价指标反映出教师在科研领域取得的工作业绩和学术价值，具体维度包括教师发表科研论文、出版学术著作、提交研究报告、所获科研项目、申请发明专利、举行学术讲座、参加学术会议等与学术相关的创造性研究成果和活动。科研评价以同行评价为核心方法，是教师在新聘考核和申请终身教职考核时具有决定

① Testing & Evaluation Services (T&E) Has Developed a Standardized Course Evaluation form for Use in UW Classes [EB/OL]. https://testing.wisc.edu/standardizedcourseevals.html.

意义的评价指标。值得指出的是，学术期刊对选用文章有着极为苛刻的标准，其审稿方式一般为专家匿名审稿，所以只有优秀的成果才能被选中，因此，申请人的科研能力，特别是有分量的论文成为进入终身教职轨道的敲门砖。①

科研评价通常被美国学者们视为最公平、最令人信服的考核评价指标，曾遭遇的争议主要是科研成果量与质的权衡问题。20 世纪 30—70 年代，教师考核评价处于科学管理导向时期，“效率至上”成为社会各评价领域中的主流观点，科研考核评价表现为对教师研究成果的计数。随着教育评价理论的发展演进，以数量为核心的等级价值判断已经让位于以质量为核心的等级价值判断。尤其在美国研究型大学，发表文章的数量、引用率等都已经被视为“数字游戏”，与质量相比只能退居次席，只有在质量接近的情况下，数量才会显示出它的重要性。② 现在美国高校的科研评价倾向于采用学术代表作的方式，教师选择符合要求的学术著作提交给校外同行或校内评估委员会进行考核评价，而非将一段时期内的所有成果全部提交。形成科研评价的数据主要来源如下：在高层次刊物上发表的论文、独著或作为主要作者出版的书籍、在所有专业刊物上发表的作品、负责撰写书籍中的专门部分或章节、作为次要作者或编者出版的书籍、在专业会议上发表的论文、在各种出版物中被引用的情况、所获资助金额、担任专业刊物的审阅人或编辑、所获科研荣誉或奖励等。

（三）社会服务评价

20 世纪初，“威斯康星思想”的产生成为大学服务社会职能的重要标志，教师肩负教学、科研、社会服务三大职责由此确立。此后，美国大学在改革教师评价体系时，不仅关注“优质教学”和“多元学术”的价值，同时强调社会服务在教师工作中的重要性。社会服务有时也被称为公共服务或社区服务，社会服务评价主要考查教师参与院校的行政管理工作，以及利用自身专业知识参加社会公益活动的能力。社会服务评价指标通常可分为校内公共服务和校外社会服务两大类。第一类具体包括教师参与院系行政活动的情况，如参与学校招生与注册、日

① 王定华. 美国高等教育：观察与研究（修订版）[M]. 北京：人民教育出版社，2021：230.

② 王建慧，沈红. 美国高校教师评价的导向流变和价值层次 [J]. 外国教育研究，2016（7）：32—44.

常性学术咨询等；参加校内各级各类委员会的情况，如担任学校委员会和专业组织的领导职务等。第二类主要是教师在社会组织任职，以及对社会和当地经济发展所做贡献的情况，如参与社区公益事业等。社会服务指标在教师考核评价中的地位远低于教学评价和科研评价，一般不作为日常考核中的必要指标，很少被评价，没有专门且固定的评价量表，主要出自于同事、系主任、院长的意见，常见于教师年度绩效考核评估的教师自我评价之中。社会服务评价对教师人事决策的作用很小，其结果主要作为教师职务晋升考核、年度绩效考核、教授终身教职后评价的一种参考。

七、美国高校教师考核评价的特征

（一）考核评价制度多元化

受美国相对宽松的府学关系、高等教育系统分权管理、大学发展多样化的影响，美国高校对于内部事务的治理具有较大自主权。教师考核评价是高校人力资源管理的重要组成部分，由各高校、各院系结合内在发展需求自主制定指标及程序，联邦政府和州政府层面不设统一标准。因此，不存在一套在各州通行、各高校通用的教师考核评价制度，高校具有充分的决策自主权，并对教师队伍建设的质量负责。差异化的院校发展目标形成了多元化的教师考核评价制度，例如研究型大学更加注重教师的科研评价，教学型大学、文理学院和社区学院更重视教师的教学评价。而共同价值追求下的多元化考评制度表现出很多相似之处，例如考核评价主体多元、考核评价方法多维、考核评价数据多样。教师自身、选课学生、研究领域的同行、组织内的系主任构成了多元考评主体，他们运用多维度、多指标的评价方法、结合定量数据和定性评价结果，对教师进行考核评价，整个制度呈现出一种多元化的特点。

（二）考核评价周期全覆盖

教师考核评价随时代的发展不断调整改进，从教师入职前的新聘考核、到试用期结束时的续聘考核、到聘期结束时的终身教职制考核、再到工作稳定期的职称晋升考核、最后发展到退休前的后终身教职评估，可以说美国高校教师考核评价制度已形成了一个较为完整的体系，实现了对各职称层次教师群体的全覆盖，贯穿教师职业发展的全过程。教师考核评价的每个环节都具有连续性，逐级推进。整个过程存在激烈的竞争，以此确保教师队伍质量，进而保障高等教育的水平。教师考核评价过程中形成的评审材料，会以个人档案的形式保存，为后续的评审提供历史记录。

（三）考核评价指标分层分类

美国高校教师考核评价的指标不仅包括教学评价、科研评价、社会服务评价三个方面，还蕴含了顶层学校战略、中层院系发展、基层学科特色三个层次的价值导向。一方面，教学、科研、社会服务三类考核评价指标相互补充，共同构成全面提升教师职业能力和素养的主要内容。另一方面，教师考核评价的重点是在学校和院系的整体发展目标下确定教师的个人工作职责，考核评价的意义不仅为了促进教师个体职业发展，而且有助于整个学校战略发展目标的实现。考评指标在制定时涵盖三个层级，一是融合了学校办学使命和战略发展规划的较为宽泛的共性标准，二是结合了院系发展需求和人才培养特点的更为细化的特殊标准，三是体现了学科发展特色和规律且最具针对性的固定标准。可见，美国高校教师考评指标保证学校的战略规划目标层层向下分解，同时兼顾各个学科的发展特色。

（四）考核评价程序规范严格

美国高校教师考核评价程序非常规范，各考评主体在规定的权限范围内、依照特定的指标和标准实施考评，只有通过了上一道考核程序方可进行下一步考核，各个环节逐级深入、有序推进。考核评价的条件和标准也非常严格，如教师在试用期或聘用期内达不到特定岗位的考评要求，将面临被解雇的风险，其中“非升即走”的终身教职考核制度最具竞争性，考评程序也最为规范严格。教师年度绩效考核规范性强，考评结果能够真正帮助教师反思教学科研工作中的不足，找到改进方向。由于教师考核评价的类别、参与主体、评价方法多元多样，使得整个考评程序操作起来较为复杂，是教师人力资源管理过程中一项庞大的工程。系内考核、学院考核、校级考核大多以成立评估委员会的形式组织考评，通过委员会成员集体投票表决的方式做出评审结果，充分尊重各方意见。

（五）考核评价过程强调参与

在各类考核评价中，教师自我评价常常作为整个流程的起点，重视教师的自我认知能力，被考评教师不再是一个被动接受各方评审的客体，而是一个可以主动参与到决定自身利益或职业生涯走向的评价主体。在续聘考核、晋升考核、年度绩效考核、后终身教职评估等评价过程中，考评结果可以由系主任或评估委员会成员及时反馈给教师本人，例如，系主任会在第二学期开学初向被评教师反馈上一学期学生评教的分数及排名情况；旁听课程的校内同行可与教师探讨教学评价的感受；评估委员会成员不但会将评价结果告知被评教师，还可以与其共同讨论，听取被评教师对评价结果的意见。这些做法使得被评教师处于一种积极主动的参与状态，减少对考核评价的抵触情绪和心理障碍，有助于其更容易接受考评结果，充分认识到自身在教学、科研、社会服务工作中的成就与不足。同时，可使被评教师进一步了解学生、同行、院校对其工作的满意度和更长远的职业期待，激励其在未来工作中不断改进、提升自身的教学科研和社会服务能力。

（六）考核评价结果允许申诉

美国高校普遍成立了校级专门的申诉组织或委员会，以回应教师对各类考核评价结果的质疑处理教师提出的申诉。提出申诉的教师需要说明考评过程中存在的程序性错误或在性别、种族方面的歧视，学校收到正式申诉后，校长将在全校范围内挑选全职教授组成申诉委员会。申诉委员会首先要对申诉的真实性、合理性进行调查和判断，得出撤销申诉或纠正程序错误的建议，由校长做出决策。若确有程序错误或性别、种族歧视的情况存在，考核评价将返回出现问题的环节重新评审，纠正不当的评审行为，申诉结果由校长做最后裁决。教师如果对申诉结果仍然不满，还可向州法院提起上诉，通过法律途径维护自己的权益。一般情况下，法院较为尊重各大学评审委员会做出的评价结论，只有当确切证据表明决策中存在歧视或评价武断，没有按照既定制度的程序进行评审时，法院才会介入大学的人事决策。① 以健全的教师申诉制度为依据的教师考核评价，具有一定的程序公平和实质公平的特点。

结语

考核评价是美国高校教师聘任制的重要组成部分，更是高校人力资源管理的重要内容。考核的一个目标是助推教师逐级晋升最终获得终身教职，评价旨在通过工作成效测评提升教师的职业能力和水平，两者互为补充、不可截然割裂。考核评价的结果直接关系到教师聘任的期限、终身教职的获得、收入待遇的提升，对教师职业生涯的发展产生决定性影响。真正意义上的美国高校教师考核评价起源于 19 世纪末，起初是非正式的、简单的。进入 20 世纪，美国高校内外部环境发生巨大变化。外部的经济衰退造成了学校的财政危机，同时社会对高校的问责不断加剧；内部办学经费结构的调整形成了“学生中心”“效率至上”的办学观念，作为消费者，学生的话语权一度很大。在此背景下，高校教师考核评价不断演变，发展成为一套正式的、复杂的、程序化的制度系统，极大地影响教师的学术活动、学科的专业发展以及学校的战略规划。总体来看，当前美国高校教师考核评价，从简单的、量化的、描述的评价发展成为多元的、价值判断的评价，从重科研的评价发展为教学、科研、社会服务并重的评价。教师考核评价结合了顶层学校战略价值、中层院系发展价值和基层学科特色价值三重导向。学校层面的评价政策及文本大体相同，通常无法对每位教师做出具体评价，真正决定教师工作价值的是以学科和学科群组成的院系。基层学术组织在考核评价过程中整合学校期望、融合学科特色，运用多元化、科学性的指标和方法判断教师的工作价值和成效。教师考核评价不仅能够切实提高教师的职业能力，而且有助于保障和提升学校内部的教育教学质量，促进大学长远可持续发展。

---

① 许春东. 美国大学教师评价制度的特点及其启示［J］. 中国高等教育评估，2012（4）：50—55.

第十一章

美国教师职业行为准则

美国虽然只有200多年的教育发展史，却是世界上最早制定师德规范的国家之一，并在发展过程中逐步确立了具有美国特色的教师职业行为准则。虽然美国是个教育分权制国家，各个州都制定了具有本州特色的教师职业行为准则，各级各类学校也不同程度地制定了各自的教师职业行为准则，但是跨越州界，在全美具有影响力和约束力的教师职业行为准则也同样存在。这些准则主要由美国的教师行业协会制定，其中覆盖范围最广、影响最大的当属全美教育协会（NEA）历经半个世纪，先后六次修订，最终于1975年颁布并沿用至今的《教育专业伦理规范》(Code of Ethics of the Education Profession)。

一、美国教师职业行为准则的萌芽

美国在殖民地初期就出现了学校教育，殖民当局为了巩固统治，从思想意识领域控制和笼络人民，开始设校教民；教会和私人也纷纷出于各自目的，开始捐资办学。殖民时期的各级各类学校都极其重视宗教教育，大量的教师由宗教人士担任，对教师的知识要求不高，选择教师时以宗教信仰为首要标准，因此教师的质量良莠不齐。作为富家子弟享受中等教育的拉丁文法学校，对教师的要求较高，除了宗教信仰，教师的道德品质也尤其受重视。马萨诸塞州地方法院于1654年曾提请学院管理人员和市镇管学人员注意，不得聘用信仰不笃、行为不检和违反教规的人员承担学院教师职务和教导青少年的任务，遇有不适合上述要求的教学人员，应予解聘。① 此项法令对规范教师职业行为提出了明确的要求和惩处措施，可以视为美国教师职业行为准则的萌芽。

美国建国之初，由于教育分权制占主流，所以在1787年制定的联邦宪法中，不曾提及教育问题。几年之后，才于1791年的宪法修正案《人权法案》的第十条内规定："凡宪法不曾赋予联邦而又未曾限制划归各州的权利，都属于各州或人民的权利。"教育恰是既未赋予联邦而又未限制由州举办的事业，从此便属于各州的职权。教育领导管理的分权体制从此便正式确立。这个富于适应性和灵活性的体制为以后美国教育自由发展奠定了基础；然而，由于各州当时事务杂乱而经纬万端，既无暇于也无兴趣于教育工作，建国初期的教育便陷于放任自流状态。

独立战争结束后，伴随资本主义经济的快速发展，美国社会对教师数量和质量的需求日益增强，对教师专业化水平和职业道德素养提出了更高要求，从而催生了美国教师专业化发展的理论和实践。许多专业性学院和综合性大学相继成立了专注于教师职业培养的教师培训学校或教师教育学院，政府开始探索建立较为完善的教师管理体制，学校则将教师职业化、专业化培训纳入自身建设之中。由此形成的国家统筹、分级自治的教师职业道德管理模式推动了美国师德建设的制

① 滕大春. 美国教育史［M］. 北京：人民教育出版社，2001：48—60.

度化发展。美国全国教师协会的分属机构佐治亚州教师协会于1896年颁布了世界上最早的教师职业道德规范，即《教师专业伦理规范》，系统规定了教师从业的道德要求，开创了由教师行业组织制定职业道德规范的先河。此后，其他各州纷纷效仿，加利福尼亚州教师协会于1904年、亚拉巴马州教育协会于1908年制定了本州的规范。

二、美国教师职业行为准则的发展

作为地方分权制的联邦制国家，美国政府没有建立全国的教师职业行为准则，各州对于教师职业行为准则的重视程度不同导致进展情况不一，且各州之间也不必认同对方的行为准则。因此，建立覆盖各级各类教师，并被全国各州和多数教师认同的职业行为准则的重任，就落到了教师行业组织的肩上，而美国最大的全国性教师行业组织——全美教育协会便成为准则制定的主体。

1857年，全美教育协会在费城成立，其早期名为全国教师协会（National Teacher Association），该协会的目标是“提升教学专业品质，促进其福利，并促进美国公众教育事业的发展”。1870年，全国教师协会与全国学区教育局长协会（National Association of School Superintendents）及美国师范学校协会（American Normal School Association）合并，形成全国教育协会。该组织于1906年获得国会特许状，1907年正式定名为“全美教育协会”。全美教育协会每年举行一次代表大会（representative assembly），在其早期的历次代表大会上，多聚焦于教育理论、心理学、中等教育、师范学校和手工训练等方面。伴随人们对于专业问题兴趣的不断增强，制定伦理规范以规范专业人员的行为，逐渐被提上议事日程。

20世纪30—40年代，美国学术界加大了对教育职业伦理的研究力度。一些学者用实证的研究方法，比较系统地分析了教师的品质人格。如卡他斯和韦伯斯，他们采用严密的方法，调查了学生、教师、家长、教育行政人员、教育学教授、教师团体负责人共97人，概括了优良教师现有或应有的品质和行为特征，作为改进师资训练课程的依据。他们归纳的教师必备品质，得到另外两名研究人员巴尔和伊孟斯对各州进一步调查的证实。他们研究概括了25项教师职业应有的品质：(1) 适应能力；(2) 仪表动人；(3) 广博兴趣；(4) 细心；(5) 体谅别人；(6) 合作；(7) 可靠；(8) 热心；(9) 说话流利；(10) 有活力；(11) 判断力强；(12) 健康；(13) 诚实；(14) 勤勉；(15) 领导才能；(16) 有吸引力；(17) 整洁；(18) 虚心坦白；(19) 创造能力；(20) 进取精神；(21) 敏捷；(22) 文雅；(23) 好学；(24) 自制；(25) 节俭。①

由上可见，制度主体的出现，学术理论的推进，教师职业的发展，都为美国全国性教师职业行为准则的产生奠定了基础。

(一) 以充分准备为开端的规范初创

为制定伦理规范，全美教育协会做了充分的准备，从提出规范制定动议，到规范的正式通过，前后经过了四年多时间，其中包括成立专业伦理委员会并由该委员会具体负责规范制定的相关筹备工作。1924 年，全美教育协会大会通过了一项动议，“任命一个委员会，为全美教育协会的教师制定一套伦理规范”。1925 年，专业伦理委员会（Committee on Ethics of the Profession）应运而生。专业伦理委员会为此做了大量准备工作，其中之一是对全国教育工作者进行广泛的问卷调查，以了解他们对于相关伦理问题的看法。该委员会向经抽样获得的 3 145 名教师、校长、州和学区督学及高等教育人员发放了问卷，以代表各个州的情况。问卷共包括 39 个有关伦理的问题，其中一个问题要求回答者列出他们观察到的、专业人员最常见的而且是最严重的不道德的行径和具体的问题，并按严重性和频次列出 6 项所观察到的教师、校长、督导人员最经常出现的不道德行为，同时提出针对性的伦理规范加以限制。在回收的问卷中提到了 327 种不道德行为，大部分不道德行为只被提及 1 次，有 53 种“罪错”至少被提及 10 次。这些调查数据成为委员会制定伦理规范的重要依据。②

除开展大规模的调查之外，该委员会还做了以下准备工作：其一，分析了已存的二十几个州教育协会的伦理规范并征求它们关于规范制定的意见；其二，考

① 王正平. 美国教育职业伦理的理论研究、行为规范与实践 [J]. 上海师范大学学报（哲学社会科学版），2013 (11).

② 王丽佳. 美国全国教育协会教育专业伦理规范历史演进探析——兼谈师德规范建设 [D]. 上海：华东师范大学，2010.

察了数以百计的有关教学专业和专业成员的道德决断；其三，吸取了其他已制定规范的专业和组织的经验；其四，广泛搜集了人们关于悬而未决的专业行为问题的意见。此外，专业伦理委员会在提交伦理规范前，还举行了多次会议，提交了多份报告。经过4年的持续努力，该委员会于1929年7月举行的全美教育协会亚特兰大代表大会上做了最后的报告，并提交了全美教育协会伦理规范，该规范得到与会者一致通过。至此，美国首项全国性的教师职业行为准则——《教学专业伦理规范》（Code of Ethics of the Teaching Profession）得以制订并被正式颁布实施。

教学专业伦理规范①

序　言

为了更加全面地实现教育的目标，为了促进教学专业的福利，为了使教师知晓何为恰当程序，并使其专业关系达到操行的高标准，全美教育协会制定本伦理规范。

第一方面　与学生及社区的关系

第1条　教室不宜作宗教、政治或个人宣传之场所。教师应行使其作为公民的全部权利，但要避免可能有损于其作为教师之价值的争论。

第2条　教师不得允许其教育工作为党派政治、个人获益或任何利己宣传所利用。

第3条　在教学、管理以及与学生的其他关系中，教师要公平、公正、专业。教师要照顾学生的不同兴趣、态度、能力和社会环境。

第4条　教师与学生的专业关系，和其他早已建立的专业中的成员所遵守的一样，要求严守私密的和公务的信息。

第5条　教师要在家庭与学校之间努力建立友好的、明智的合作。

第6条　教师不得有偿辅导自己班级的学生。

第二方面　与本专业的关系

① 译自 Reeder W G, A Code of Ethics. In Educational Research Bulletin。王丽佳译，黄向阳校。华东师范大学2008级博士《教育伦理学》课程内部参考资料。

第 1 条　教学专业的成员要想方设法为其行业争光。教师要鼓励最有能力的人士进入本专业，同时阻止那些把教学专业作为进身之阶的人进入本行业。

第 2 条　教师要通过学习，通过与当地、州及国家的教育组织的联系，保持自身的工作效率和教学技能。

第 3 条　教师自身的生活要表明教育确实是崇高的。

第 4 条　教师尽管不出于工资低的原因而限制自己的服务，但要坚持与其社会地位相称的薪酬。

第 5 条　教师不得以私人授意的印刷布告或广告，或以其他非专业的方式，推销自己的学校或教师本人，特别要避免来自继任者或前任者的讽刺和批评。

第 6 条　教师不得仅仅为了迫使学校提高其现任职位的薪酬之目的而另谋职位。相应地，校方不得推行拒不给员工应有加薪直至其他学校的邀约迫使其加薪的政策。

第 7 条　教师不得在其能够影响或行使决定权的书籍和物资采购中，充当代理，或者收受佣金、提成或其他报酬；也不得以帮助其他教师谋职而收受佣金或其他报酬。

第三方面　与同行的关系

第 1 条　若非为了学校利益向校方正式报告，教师要避免对其他教师作不利之批评。涉及学校至善利益之事，不及时向合法当局报告，也是非专业的行径。

第 2 条　教师不得干预其他教师与学生之间诸如规训或打分之事务。

第 3 条　行政管理人员与课堂教学人员之间，要同情彼此的观点，承认行政管理人员的领导权和教师的自我表达权，在此基础上要有合作。教师和行政管理人员，与正式委派的下属办理公务，均应遵守专业礼节。

第 4 条　若非某特定职位存在空缺，教师不得申请该职位。除非校规另有规定，教师应该向行政主管申请教职。教师不得为了谋取某个职位而故意贬低竞争对手，也不得故意压低预定的薪酬。

第 5 条　资格证明应是任命与晋升的唯一决定因素。校方要推荐杰出教师在本校或在他校晋升，以鼓励和谨慎促进其专业成长。校方因不想失去杰出教师的服务而不将其推荐到其他职位，是不道德的。

第 6 条　对教师的推荐书要坦率、公正和保密。

第7条　合约一旦签订，即应忠实履行，直至双方均同意终止合约。为防止意外发生，签约双方需要像处理商业事务所要求的那样，进行审慎地考虑。

第8条　要做职位调动时，校方和教师应予适当通告。

然而，该规范在实施初期并未产生较大影响。尽管全美教育协会于1929年制定了伦理规范，但可惜的是，许多教师根本就没有听说过这套规范。在教师不了解规范的情况下，根本不可能期待他们全心全意地遵守规范。① 为了使颁布的规范实现预期目的，1939年全美教育协会重新任命了一个伦理委员会，其职责是“全力修订1929年版伦理规范，并且制定旨在使所有教师了解新规范的计划”。

（二）以突出执行为导向的规范修订

1941年，全美教育协会于波士顿大会修订了《教学专业伦理规范》（1941）。1952年，该协会于底特律大会上又修订了《教学专业伦理规范》（1952）。这两次修订的规范和1929年的版本在名称上完全一致，在内容上调整也不大，主要是针对伦理规范的执行做了更加明确的规定。新规范明确了专业伦理委员会具有的职权，对于违反规范的处理程序也作了简要规定。关于专业伦理委员会具有的职能，1941年版《规范》的表述是：“研究可以参照规范进行处理的违规事件，并对其采取适当行动。委员会也应负有宣传规范、促进其在教师预备机构中的运用，以及提出必要的修改建议的责任。”关于违规行为的处理程序，规范指出，对于已经成立伦理委员会的州，在接到投诉时应立即提交本州伦理委员会采取相应行动进行调查取证，对于全美教育协会中公然违背伦理规范的成员，全美教育协会有权取消其成员资格。

全美教育协会曾大力推进伦理规范的宣传普及。一是加大宣传力度。免费向社会大量分发相关伦理资料，对象包括教师培训机构、地区协会官员、督导、校长和教师，在杂志中相继安排了60多个教育专业伦理的专栏等。二是鼓励开展

① 王丽佳. 美国全国教育协会教育专业伦理规范历史演进探析——兼谈师德规范建设[D]. 上海：华东师范大学，2010：150.

相关的专业伦理讨论。三是征求伦理规范执行建议。四是提供关于伦理规范实践的建议。专业伦理委员会这一时期也开始强调自身对伦理规范的执行职能，于1946年按照严格的程序惩处了首例违反伦理规范的行为——取消芝加哥学区教育局局长约翰逊（W. H. Johnson）的全美教育协会成员资格。许多学者认为这一举动是教育向专业化迈进的里程碑事件。

1936年正值芝加哥地区陷于有关教育财政、政策争议之际。当时美国经济处于大萧条期间，芝加哥地区学校财源急剧减少，芝加哥教育委员会不断依靠借款来支付其教育费用。为了应对财政危机，芝加哥教育委员会采取了一系列政策以减少开支，如关闭所有的初级学院、初级高等教育机构以及少年犯家长学校等。这种紧缩的经济政策使得教师与公众极为震惊。在几天之内，他们成立了抗议组织，采取游行、集会、向政府官员请愿等活动以促进修订类似的计划。同时，抗议者越来越感到他们面对着一种高度权威的管理，这种管理方式使得教育中充斥着不当的理念，尤其是否定公众关于学校事务的合理发言权。然而，反对意见并未阻止新政策的出台。1935年，同样在没有征求公众意见的情况下，教育委员会在市政府的支持下通过了一项州法案，该法案规定降低芝加哥学校教师的退休年龄，并减少他们的退休金。这一行动，使教育委员会在其权力行使上受到了更多的怀疑，并且越来越不为人们所信任。

约翰逊作为新一任芝加哥学区教育局局长，将学校教育看成一种功利性的事业。他认为教育应该聚焦于使学生具备基础的知识与技能，以使他们具备成功进入社会的能力。按此想法，他对阅读以及其他“核心”科目和适应当时工业需要的职业训练兴趣浓厚。为了实现这一目标，约翰逊认为，局长就应该负责制定特定计划，接受教育委员会的检查，并保证计划在学校中得到高效、一致的执行，而外部团体和班级教师应服从于他的专业知识与权威。这样的教育与管理理念，使得约翰逊极不受欢迎。同时，因为他在处理人际关系上态度傲慢且缺少策略，使得他与其同事及公众的关系越来越紧张。无论是学校内部抑或是学校外部，都出现了大量的批评声音，认为他存在权力滥用与独裁的情况。

另外，约翰逊还认为，雇员应该对其上级忠实，并执行官方的命令；个人的决定与行动，无论其意图多好，都会削弱已建立的政策，因而都是不被鼓励的。这种忠诚的观念受到许多人的谴责。他们认为，约翰逊的观点导致了那些善于阿谀逢迎的人而不是那些有能力的人被升职，这使得教学的创造性被剥夺，而使其降为一种“不过是一种枯燥的按照支付工资的天数加以衡量的工作”。忠诚问题引发了人们对约翰逊管理的反对意见。约翰逊不断遭受各种指责，人们认为他在学校中建立了一个间谍网络，向他打小报告；他让自己精心挑选出来的领导去蓄意破坏教师组织的各类自主活动；为扩充学校中的心腹，他不惜聘用短期工作人员；他想把某些工作交给自己的人去做，而武断地将那些批评他的教师或校长辞退。

伴随人们对芝加哥教育委员会及约翰逊本人的不满日增，1943 年抗议者请求全美教育协会调查芝加哥学校的管理情况。全美教育协会接受了这一请求，并成立专门委员会负责事件的调查。同时，专业伦理委员会对约翰逊的不道德领导行为进行了广泛的调查与听证。就约翰逊事件的处理而言，专业伦理委员会首先审查了辩护委员会关于芝加哥学区各学校的报告，并于 1946 年 1 月在全美教育协会总部召开了一次特别的会议，邀请约翰逊与专业伦理委员会的委员们书面陈词，各自申辩他应不应被驱逐出会的理由。另外，在一次公开的听证会上，专业伦理委员会重新审查了辩护委员会提交的报告，并对其他的证词进行了审查。最后，经全体委员一致同意，做出将约翰逊从全美教育协会成员中予以除名的决定。

（三）以追求专业为目标的规范修订

20 世纪 60 年代，联合国教科文组织和国际劳工组织在《关于教师地位的建设》中指出，鉴于在教育事业发展中教师这种职业对人类和近代社会发展所做出的重大贡献，因而必须确保教师的应有地位；由于教师职业的重要性，教师工作应被视为一种专业（profession），它是一种要求教师经过严格训练而持续不断地学习研究，才能获得并保持专业知识和技能的公共业务。①

美国著名社会学家韦伯认为“专门职业”应该包含 10 个方面的内容，具体如下：(1) 能够为社会提供不可缺少的服务；(2) 接受长时间的训练和入职培训；(3) 有专业服务的权利；(4) 拥有专业自主权；(5) 具备一系列专门的“圈内知识”；(6) 获得社会及当事人的信任；(7) 确立一套专业规范守则；(8) 有对从业成员具有约束力的社会组织；(9) 从事科研活动和不断接受在职培训；

① 周瑛，李晓萍. 教育学 [M]. 沈阳：辽宁大学出版社，2008：165.

（10）具有相当的社会地位和享有报酬。①

在这种“教师工作应被视为一种专门职业”理念的影响下，全美教育协会对此做出积极回应，分别于1963年、1968年、1972年对《教学专业伦理规范》又进行了三次修订。1963年专业伦理委员会对1952年版《规范》加以修订，名称发生了变化，改为《教育专业伦理规范》（Code of Ethics of the Education Profession），其主要目的是获得全美教育协会所有附属机构的认同。事实上，虽然全美教育协会在1929年便颁布了伦理规范，但到1960年止，美国各州的协会中通过这一规范的仅有30个，其他州协会拥有独立的规范，有些地区协会还自行制定了相关的规范，可见教育伦理规范在其协会内部并未统一。1965年该规范方达到了它最初的目的，即获得全美教育协会所有附属机构的一致认可，从而取代了其他各种伦理规范，成为全国认可的唯一的专业伦理规范。此外，为保证规范能适应不断变化的教育需要，全美教育协会代表大会于1963年要求专业伦理委员会要举行全国性调查研究（每五年一次）。

另外，为纠正有关教育伦理行为性质的各种歧见，专业伦理委员会于1970年重新界定了专业伦理规范的含义：其一，伦理规范是最低限度的行为保证；其二，伦理规范是行业的基本规则；其三，伦理规范提供了普遍化的准则；其四，伦理规范是复杂体制的一部分，是一系列旨在影响专业成员行为的正式控制体系中的一部分；其五，伦理规范可以将那些故意犯下的、不会引起伦理价值争议的错误区分出来，这些错误是合法的而不应受到制裁；其六，伦理规范规定了教育专业人员的权利与责任；其七，伦理规范可以增强公众对教育专业的信任。②

总体上，这三次修订与前三次的规范不同，在语言表述上强化了禁令，从而呈现出约束性，规范内容有了明显的变化。另外，协会对规范的执行程序也做了明确而具体的规定，还颁发了一系列相关文件以促进规范的执行。

（四）以强调底线为特点的规范成型

1972年规范颁布之后，全美教育协会开展的一项调查表明，协会成员认为，

① 赵雪春. 职业教育师资队伍建设与发展［M］. 昆明：云南大学出版社，2007：173.

② 李春梅. 美国教育专业伦理规范探析——以全国教育协会《教育专业伦理规范》为例［D］. 重庆：西南大学，2012.

伦理规范最适合于处理一般的与学生或专业之间的关系，其他的与雇佣、从业者或协会本身有关的关系，最好通过合约或组织章程或地方法律加以处理。换言之，谈判性的或合同性的概念，最好不要包括在伦理规范之中。鉴于该调查结果，全美教育协会于1975年对《教育专业伦理规范》进行了迄今最后一次修订。新修订的伦理规范删除了之前各次修订稿中包含的与雇佣实践、协会等方面相关的规定，而只将对学生的责任与对本专业的责任两条原则包含在内。

《教育专业伦理规范》序言做如下表述：

全美教育协会认为教育行业由服务于所有学生需求的教育工作者构成，同时教育工作者这一概念还应包括教育支持人员。

教育工作者相信每一个人的价值和尊严，从而认识到追求真理、力争卓越和培养民主信念，具有至高无上的重要性。这些目标的根本目的在于保障学和教的自由，并且确保所有的人享有平等的教育机会。教育工作者接受这种职责，以恪守最高的伦理标准。

教育工作者认识到教学过程固有责任之重大，渴望同事、学生、家长以及社区成员的尊重和信任，勉力从事，借以取得并保持最高程度的伦理品行。《教育专业伦理规范》表明全体教育工作者的抱负，并提供据以判断品行的标准。

对违反本规范任何条款的纠正措施，应由全美教育协会或其分会制定；本规范的任何条款，都不得以全美教育协会或其分会特别规定之外的任何形式强加推行。

1. 教师对学生的义务

《教育专业伦理规范》规定了教师对学生的义务。教育工作者力争帮助每个学生实现其潜能，使之成为有价值而又有效率的社会成员。因而，教育工作者为激发探究的精神、使学生获得知识和理解力而工作，以及为有价值的目标、深思熟虑的构想而工作。对学生履行的义务包括：

（1）不得无故压制学生求学中的独立行动。

（2）不得无故阻止学生接触各种不同的观点。

（3）不得故意隐瞒或歪曲与学生进步有关的教材。

（4）必须做出合理的努力保护学生，使其免受有害于学习或者健康和安全之环境的影响。

（5）不得有意为难或者贬低学生。

（6）不得以种族、肤色、信条、性别、国籍、婚姻状况、政治或宗教信念、家庭、社会或文化背景等为由，不公正地排斥任何学生参与任何课程，剥夺任何学生的任何利益或给予任何学生以任何特殊照顾。

（7）不得利用与学生的专业关系谋取私利。

（8）如非出于令人信服的专业目的或者法律的要求，不得泄露专业服务过程中获得的关于学生的信息。

2. 教师对本专业的义务

《教育专业伦理规范》认为，教育专业的服务质量直接影响国家和国民，基于这种信念，教育工作者必须竭尽全力提高专业标准，促进鼓励运用专业判断力的风气，争取条件以吸引值得信赖者步入教育生涯，并且帮助阻止不合格者从事教育专业。因而，教师对本专业应履行如下义务：

（1）不得在申请某一专业职位时故意作虚假的陈述或者隐瞒与能力和资格有关的重要事实。

（2）不得出具不符合事实的专业资格证明。

（3）不得帮助明知在品格、教育或其他有关品质上不合格者进入本专业。

（4）不得在有关某一专业职位候选人的资格的陈述上故意弄虚作假。

（5）不得在未经准许的教学实践中帮助非教育工作者。

（6）如非出于令人信服的专业目的或者出于法律的要求，不得泄露专业服务过程中获得的关于同事的信息。

（7）不得故意作有关同事的虚假的或恶意的陈述。

（8）不得接受任何可能损害或影响专业决定或行动的馈赠、礼品或好处。

至此，《教育专业伦理规范》自 1929 年初创，历经 46 年，经过前后 6 次修订最终成型，并一直沿用至今。

（五）美国教师职业行为准则演变的特点

1. 核心内容上既有坚守又有改革

《教育专业伦理规范》均由序言和正文组成，其中序言简要阐述了制定该规范的目的和追求，并对教育工作者的范围进行了界定。正文的内容通常分为几项大的方面，方面下面是具体的条款，从 1929 年的 3 方面 21 条，1941 年的 4 方面 22 条，1952 年的 5 方面 35 条，1963 年的 4 方面 39 条，1968 年的 4 方面 31 条，1972 年 4 方面 30 条，最终到 1975 年 2 方面 16 条。大的方面主要涉及与学生的关系、与专业的关系、与家长的关系、与公众的关系、与专业雇佣实践的关系等，有些方面是始终不变的，有些则是时有时无。

（1）与学生的关系和与专业的关系是始终未变的，一直是规范涉及的重点，从表述来讲，也从关系、责任到最后的义务，体现了从全面的要求到底线约束的转变。

（2）与家长的关系在历次的规范中都会或多或少地涉及。如 1929 年规范和 1941 年规范，均要求教师要努力促进家庭与学校之间良好的合作关系；1952 年的规范，更是以整款 5 个条目，将教师对于学生家庭、家长的责任做出了明确规定；但到了 1963 年及其以后的规范中，则进行了删减，只是简单地提及“禁止非专业地评论学生或其家庭”；最终在 1968 年和 1972 年的规范中，则完全删除了有关教师对于学生家庭、家长的责任。

（3）与公众的关系则只在 1929 年和 1975 年以外的规范中有提及。1941 年初次出现，表述为与公民事务的关系；1952 年表述为与学校、社会及国家的关系；1963 年表述为与社区的关系；1968 年和 1972 年则表述为对公众的责任；1975 年则被删除。

（4）与专业雇佣实践的关系除了 1975 年被删除以外，历次规范中均有提及，主要指教师的合约或者雇佣合同。1929 年表述为与同行的关系；1941 年被合并到与专业的关系条款中；1952 年表述为与职业的关系和与其他专业人员的关系；1963 年、1968 年和 1972 年均作为单独的一项出现，表述为与专业雇佣实践的关系；1975 年删除。

正如以上内容变化所体现的，教育者在专业实践中承担着多种责任，他们不仅需要对学生负责，还需要对同事、学校、雇主、家长、社区、专业组织等利益相关方负责。正是因为责任的多重性，大部分国家、地区或组织的师德规范，均规定了教育者在处理以上几种专业关系时所需遵守的标准。但如果教师需要对所有利益相关方都负责，则需要严格遵守每一条标准，那规范到最后也就成为不可能执行的一纸空文。因此，必须从专业化的角度和可操作的角度对规范进行调整。

与雇佣、合同或谈判相关的问题，应通过合约或组织章程而不是伦理规范加以规定。作为教育专业的规范，不同于雇佣条例，也不同于谈判守则，虽然在以上两种活动中也会涉及伦理问题，但毕竟伦理问题是由雇佣或谈判等非道德活动所派生而来的，这些活动本身不应是伦理规范直接关注的对象。教育者对家长的责任是间接责任。他们并不具有对家长直接进行教育或提出要求的权力，之所以要对家长负责，最终的目的是向学生负责。就此而言，履行好对学生的直接责任，便是实现了对家长的间接责任。同样的，教育者对社区、对同事的责任，并不具有“专业性”。因为任何公民都需承担类似于促进社区发展的责任，这类责任属于社会公德范畴，而不是专业人员特有的专业责任。教育者对同事的责任，也是任何行业的从业者都需承担的，而并非教育行业独有。

2. 具体内容上追求操作性

1961 年，全美教育协会专业伦理委员对 5 万多人进行了调查，获得了关于伦理规范的一条较为一致的意见。调查结果表明，教师们认为，规范在语言表达上不够具体，诸如“适当的”“非专业的”“保护”等词语容易让人模糊不清；此外没有建立有效的标准，尤其是涉及辅导、学术自由、政治责任和雇佣合同等方面。利伯曼（M. Liberman）曾对 1963 年修订的规范提出严厉的批评。他认为，虽然该规范是对于以往的“陈词滥调、老生常谈、托辞以及模棱两可的糟糕透顶的条款的集合”的修订，但非常不幸的是，新修订的规范仍然充斥着符号主义，没有任何实质性的内容，是一则水平低下的规范。他进一步举例说明了规范中诸如保守私密信息、有偿辅导、利用专业关系获利等条款中存在缺少明确的界定标准、对教育现实缺乏关注的问题。并认为，规范内容质量低下与规范的难以执行互相联系，一方面，协会并没有真正执行规范的意愿，这使得其制定的规范没有可执行性；另一方面，象征性、符号化的规范也导致了规范在现实中无法执行。

全美教育协会也注意到了类似的问题。协会曾论及，1968 年之前的伦理规范将专业的最高理想的声明与特定的标准混淆了。在这则伦理规范中，理想被放置于前言和每一责任之前。每一类责任之后的具体条款，需要具有可操作性并且构成可以接受的教育者专业行为标准。有鉴于此，1968 年修订规范时，具体条款的语言表述，明显地转向了以道德禁令为主的约束性要求，明确地提出了何种行为是不当的，是必须在实践中加以避免的；而有关道德理想的要求，则被置于规范的前言与每一方面之前加以提倡。

1963 年的规范 4 方面 39 条中，未有 1 条以道德禁令开头。如教师“对学生的责任”，1963 年规范在提及尊重学生理智自由时，规定“鼓励学生学习多样化的观点，并重视其形成个人判断的权利”，很明显，这是一种正面的指导性要求。与之形成鲜明对比的是，1968 年的规范中改为“不得在无正当理由的情况下限制学生求学中的独立行动，不得在无适当理由的情况下剥夺学生接受不同观点的权利”。1968 年规范的 4 方面 31 条中，已经有 17 条以“不得”（shall not）开始，而到 1975 年规范时，几乎所有的条款均以“不得”总领。

可以看出，语言表述是否准确且具有可操作性，在教师职业行为准则中至关重要。师德规范从内容上可以划分为师德理想、师德原则和师德规则三个由高到低的层次。师德理想是对教育人员的最高要求，更多地指向教育者的思想、情感、态度，而不是行为。作为一种“高标”式的要求，它往往以“应该”“应当”“要”等道德倡议加以表述，具有激励作用；师德原则是对教育者的中级要求，规定了行为的“基准”，是通常情况下需要达到、特殊情况下允许变通的。它通常以“必须”等道德指令或“应当”等道德倡议陈述，能够发挥对行为的指导作用；师德规则是教育者所需达到的最低限度的行为要求，规定的是他们从教的行为底线，是任何情况下都不得违反的。通常以“不得”“禁止”等道德禁令或“必须”形式的道德指令表达，具有明确的约束作用。

合理的师德规则，可以使教师知晓在专业实践中必须做什么，不得做什么，从而有清晰的行动方向。而师德理想和师德原则，则需要教师在具体的情景中自行判断适当的行为方式，它们的明确性与可操作性显然劣于师德规则。此外，由于指向行为，因而依照规则进行的评价也简单易行。无论是教育者本人、同事或是其他评价者，均可以直接将行为与规范的相关条款进行对照，获得“符合/不符合”两类确定性评价结果，从而避免了按理想和原则进行评价时可能出现的意见分歧。

三、美国教师职业行为准则的现状与执行

在美国，有200多万名从事教育工作的人员赞同《教育专业伦理规范》。他们都是全美教育协会或被其接纳为成员的州和部门团体的成员。在大多数情况下，信奉这一准则是取得该组织成员资格的条件之一，对于不断增长的大量教育者来说，是否能受到学校的聘用和得到州里颁发的教学许可证，都取决于是否拥护这一准则。除此之外，还有更多的教育工作者直接或者间接地受到《教育专业伦理规范》的影响，这种影响体现了《教育专业伦理规范》的引领作用和示范效应，也使美国教师职业行为准则更全面、更细致、更立体。与此同时，没有付诸执行与制裁的职业行为准则就是一纸空文，只有具备具体的执行程序和违规处罚措施，才能使其不仅成为取信于公众的“声明”，而且真正成为全体教育工作者的自律性标准。

（一）美国教师职业行为准则的情况

1. 其他全国性教师协会的教师职业行为准则

受全美教育协会《教育专业伦理规范》的影响，其他的全国性教师协会也纷纷开始制定各自的教师职业行为准则，对本协会的会员提出更具针对性的要求，也更符合本类型教师群体的情况。例如，全美幼教协会（NAEYC）的《伦理规范和承诺声明》，美国心理学会（APA）的《心理学家伦理规范》，美国学校管理者协会（AASA）的《学校管理者伦理规范》，教师教育者协会（ATE）的《教师教育者伦理规范》等。

1989年7月，全美幼教协会制定了《伦理规范和承诺声明》的草案（Draft Code of Ethics and Statement of Commitment）并颁布实施，开了幼儿教育界制定教师专业伦理规范的先河。1992年第一个修订版本被采用，1997年11月进行了第二次修订，每隔五年全美幼教协会就会重新审视《伦理规范和承诺声明》，

以决定是否需要修订。2005 年 4 月，全美幼教协会对《伦理规范和承诺声明》又进行了新一轮的修订，2011 年 5 月再一次对其进行了重申与更新。2004 年，全美幼教协会联合全国幼儿园教师教育工作者协会（NAECTE）以及美国副学士学位幼儿园教师教育协会（ACCESS)，制定并发表了《学前教育教师教育工作者伦理规范》。2006 年 7 月，全美幼教协会又制定了《学前教育项目行政管理人员伦理规范》并于 2011 年 5 月进行了修订。可以说，这两个规范都是对《伦理规范和承诺声明》的补充和完善，对除了幼儿园教师以外的与学前教育密切相关的师范教育工作者和项目行政管理人员提出了伦理上的要求。

2. 州、学区的教师职业行为准则

为保证教师严格依法执教，美国规定各州需要根据不同时期教育发展的需要，完善本州的教育法规。在此过程中，各州可以将国家层面的行为准则与本地实际相结合，形成具有鲜明地方特色、更加细化、便于操作的地方准则。以佛罗里达州为例，2016 年该州教育法做了进一步的完善，其中规定：学校委员会的政策文件中必须包括教师的职业道德行为标准，同时包括审查、雇佣以及终止教师资格的标准。此外，文件中还需包括教师及其他教育工作者执行其标准所需要履行的具体职责、违反职业道德标准的具体处理程序，以及对失范行为的惩罚措施等内容。为使政策落实到教师个人，学区监察长还要负责对教师进行相关法规培训。根据州教育法，如果没有按要求将州教育法律文件传递给教师及教育工作者，学区监察长将会受到相关法律的制裁。

3. 学校的教师职业行为准则

很多大中小学校也根据自身特点和需要，制定了更加细化、更具针对性和可操作性的教师职业行为准则，与全国的、各州的、各学区的并行不悖。以哈佛大学为例，其针对性骚扰制定了《哈佛大学性骚扰处理政策》，从定义、适用范围、监测与隐私、违反其他规定等方面，对性骚扰、性暴力等行为的定义和处理进行了详细的规定。哈佛大学致力于维护一个安全且健康的教育工作环境，并认为不能因性别、性取向或性别认同而将任何大学成员排除在任何专业或活动之外，使其无法受益或是受到歧视。性骚扰、性暴力均是性别歧视的形式，会阻碍或限制个人去参与或受益于大学专业或活动。

哈佛大学性骚扰处理政策旨在确保校园安全且无歧视，是联邦和州法律中关于性骚扰规定在哈佛大学的具体体现。这些法律包括1972年《教育法修正案》第九条对禁止大学校园性歧视的表述，1964年《民权法》第七条关于禁止在就业方面性歧视的陈述，马萨诸塞州法律关于禁止基于性别、性取向和性别认同而产生歧视行为的规定。不排除上述这些法律也被援引到大学或学院制定的其他政策中。

哈佛大学的性骚扰处理政策主要是就性骚扰提供教育性、预防性和培训性项目和课程；鼓励对性骚扰事件进行举报；防止性骚扰事件阻碍或限制个体参与或从大学课程及专业学习中获益；为性歧视受害者提供及时周到的服务；提供能够制止性歧视的迅速且公平的调查和解决办法，补救伤害，防止复发。违反本政策可能导致对相关人员的处罚或制裁，包括终止工作、解雇或开除，具体由学院或有关单位处理此类事务的官员决定。

禁止对提出性骚扰指控、协助调查此类投诉或反对性歧视行为的个人进行报复。在调查申述时，不得提交不诚实的投诉材料或提供虚假或误导性的信息。本政策不得被解释为限制学术自由、违背言论自由原则或哈佛的教育使命。

（二）美国教师职业行为准则的执行

1. 成立专门机构

自1906年得到国会特许状起，全美教育协会就负责调查教育投诉事件。1941年，全美教育协会设立了全国教育界维护民主委员会（National Commission for the Defense of Democracy Through Education），专门负责处理教育工作者权利及职责纠纷事件。1961年，全美教育协会代表大会将全国教育界维护民主委员会与任期和学术自由委员会（Committee on Tenure and Academic Freedom）合并，成立了全国专业权利与责任委员会（Commission on Professional Rights and Responsibilities）。其职能是：

（1）保护教学专业成员、学校和教育事业免受不正当攻击，公正地、无畏地、并且代表公众利益地调查包含教师和学校的争议；

（2）鼓励制定与利用人员政策以吸引和支持有能力的专业人员并防止不必要的困难；

（3）在改进和扩大州任期法规上提供协助；

（4）保护教学专业成员的权利，并且促进学术自由的环境的形成，在其中教师可以安全地教授真理，而不必有什么顾虑；

（5）收集那些批评教育或反对教育的个体和群体的信息，梳理批评者意见的要点；

（6）调查被指控的教学专业成员的不道德行为案件，并报告给专业伦理委员会；

（7）对于任何违反全美教育协会内部章程第一方面第1条的成员，对其控告进行调查，并将其名字报告给教育协会执行委员会；

（8）出版报告并且参与类似的活动，这有助于促进专业和公众更好地理解委员会责任所关涉的领域。

各地区、州也成立了专业权利与责任委员会，其职责是：为全国委员会制定与修订规范提供建议；规范宣传方面，使教师了解提倡的行为与禁止的行为，并使公众了解教师所支持的规范；解释规范，或通过解答教师提出的关于某种类型行为伦理意义上的问题，或通过委员会对伦理行为采取某种行动以达到解释的效果；对教师的责任，包括分发规范、定期召开大会表彰有突出专业贡献的教师、组织教师讨论规范、在教师手册中涵盖伦理规范、在员工公示板上展示规范、在协会报纸上开辟规范讨论版面、在协会解决问题的过程中运用规范、经常组织关于专业伦理的会议、在教师休息室和教室中展示规范；对公众的责任，使公众了解协会的作用及伦理规范。

1975年，全美教育协会专门成立了检查委员会（Review Board），以取代专业伦理委员会。协会规定，对于那些被指控违反《教育专业伦理规范》的事件，检查委员会有裁决权；同时，它有权指责、撤销会员资格或开除会员；行政官员或是执行委员会成员提出控告；审查管理部门实施协会章程与法规的行动。

2. 明确程序原则

1963年，全美教育协会通过了一项决议，要求在每一个地区、每一个州，明确专业的裁决途径，以处理违反伦理规范的行为并保护个体及专业成员的特权。为了协助地方和州教育协会履行这种立法机构的责任，全美教育协会专业伦理委员会和专业权利与责任委员会于 1964 年联合制定了一份名为《执行教育专业伦理规范，巩固专业人员权利》的文件。作为全美教育协会首次颁布的正规执行程序，该文件为国家、州和地方专业权利与责任委员会以及伦理委员会提供了行动指南，并为它们处理以下两类案件提供了帮助：其一，那些声称其权利受到侵犯的教师；其二，那些被控告存在违反专业伦理规范行为的事件。规范的执行程序分为以下三个方面。

一是规范的执行主体方面。按照全美教育协会的规定，州伦理委员会是执行惩戒性听证的主要机构。地方发生的伦理问题，并不是都需要由全国专业伦理委员会进行裁定。只有当州协会要求，或是当争论涉及两个或更多个州协会时，或当问题确实与全国有关时，才需要全国委员会出面。就程序而言，全国专业伦理委员会也仅仅在下级出现问题时才有上诉裁判权。

二是规范的调查程序方面。当违规事件发生时，为使被指控者的权利得到有力保障，全美教育协会专业权利与责任委员会在《调查程序原则》（Rules of Procedure for Investigation）中建构了一套有关伦理诉讼的从“诉讼发动”到“做出裁决”的程序。首先，按照“法官中立”原则，对于那些与地方协会利益相关的伦理案件，全美教育协会专门授予专业权利与责任委员会处理权，以便使“法官”与争议的事实和利益没有关联性；其次，按照当事人平等原则，它规定“任何个人、群体、专业人员或非专业人员，无论是否隶属于全美教育协会，都有权发起诉讼”，另外，它允许诉讼者与被告教育者平等地参与诉讼，并“给予充分的时间进行诉讼或应答”；最后，从程序参与原则方面来讲，它允许诉讼当事人在裁决过程中，参与该程序以影响裁判形成。如将完整的诉讼交给被告，使其了解诉讼，并规定在被告教育者对相关决定有疑义、认为需要进行听证的情况下，在做出最后决定前举行听证会。

三是关于违规事件的听证原则。全美教育协会专业伦理委员会规定，各州专业伦理委员会在做出最后裁决前，必须按照正当程序原则举行半司法性听证。具体包括形式正当程序与实质正当程序两方面。委员会认为，从根本上讲，实质正当程序指的是，在规则之下，对于个人的判断不得基于模糊性、武断性和不公正的规则实施；形式正当程序要求，被指控的个体拥有所有的权利与良机，以保证自己得到公正的、无歧视的听证。

（三）美国教师职业行为准则的制裁

佛罗里达州在预防与治理教师职业道德问题方面效果比较显著。2014 年，该州因其治理学校方面的成就，获得美国联邦教育部教育基金的奖励，奖励金额位居全美各州之首。下面以佛罗里达州为例介绍教师职业行为准则的制裁程序与措施。①

1. 州教育长官指派调查组

根据 2016 年佛罗里达州教育法的规定，州专业权利与责任委员会收到任何影响学生健康、安全、福利等方面的关于教师行为不端的投诉，都需要迅速对事件进行调查，即便是投诉方撤回投诉，州专业权利与责任委员会也要继续调查，除非经过调查证明投诉与事实不符合。此外，根据州教育法规定，州教育长官负责指派工作小组来专门负责调查。同时，州教育长官负责制定调查工作组的要求，其相关程序要等同于或超过对商业部门或职业监察部门的工作要求。

2. 业务部门与职业监察部门协同调查组进行调查

在调查过程中，州教育权利与责任委员会还可以联合业务部门和职业监察部门的人员协同调查。在协同调查过程中，关于投诉的一切信息均须保密。若经调查认定投诉事实确凿，州专业权利与责任委员会将通知被投诉方、学区负责人和被投诉方所在学校。根据州教育法规定，对于教学失范事件，每个学区需要在 30 天内将事实记录在案，同时州专业权利与责任委员会也将调查组上交的调查结果材料记录在案。如果调查发现本区教师确实存在违反教师职业道德的行为，并且情节严重到应该撤销其教师资格，学区负责人就要向州教育权利与责任委员会上交所有材料，而州专业权利与责任委员会将所上交的材料记录在案。

① 赵阳，周浩波. 美国教师职业道德法制化管理对我国的启示——以佛罗里达州为例[J]. 辽宁师范大学学报（社会科学版），2017（4）.

3. 行政管理厅重审

无论是州专业权利与责任委员会还是学区负责人所上交的材料，都需要由州行政管理厅重新审核。如果州行政管理厅在接收的材料中发现有任何存在争议的事实，则会指派州教育厅进行事实调查，调查材料与意见结果由州教育厅呈交给州教育实践委员会。若州行政管理厅对所上交材料没有不同意见，将会把调查结果直接上交给州教育实践委员会。

4. 教育实践委员会终审

州教育实践委员会的陪审团经咨询法律顾问后，对所提供的意见及材料进行终审判定。如果涉及公众的利益，经州教育厅长同意，还可以达成延期起诉协议，延期起诉协议需要在教育实践委员会备案后方能生效。但是，如涉及重大犯罪则不得延期起诉。若经调查没有发现任何有关违反职业道德规范的可信证据，教育厅厅长将会驳回起诉。

5. 上诉可以移交全国专业权利与责任委员会

若被投诉方对州调查结果不服，则可以提出上诉。依据佛罗里达州 2016 年最新法律条例的规定，所有执法机构、州检察官、社会机构、地区学校董事会和行政听证部门应予以充分合作，将材料上交全国专业权利与责任委员会进行进一步调查。在此过程中，除非法律授权，任何材料信息不得泄露。

6. 依据终审结果实施制裁措施

美国违反教师职业道德的惩罚包括行政惩罚和刑事处罚。一般来说，所投诉的教师失范行为多为行政惩罚。行政惩罚内容根据失范行为的严重程度划分，包括撤销教师资格、调离岗位、限制教师教育资格范围、调整岗位、行政罚款、退还非法所得、取消退休金等。若调查事实涉及刑事处罚则直接由教育实践委员会移交相关司法部门。根据 2016 年佛罗里达州教育法，如果被举报的教师经各部门确认存在道德失范行为，例如，影响到学生健康、安全、福利等，在对其进行诉讼及制裁决议完成之前，学区负责人要与涉事学校校长磋商，或者按专业权利与责任委员会的规定，对该任职教师做出调离岗位、休假或转到与教学无关的工作岗位的处理。经州教育调查组调查取证后，确认举报属实，州教育厅将根据州教育法第 120 条规定，正式对该教师向教育实践委员会提出起诉。教育实践委员会的陪审团及法律顾问根据教育法规定，对道德失范教师做出终审决定。

2016 年，佛罗里达州教育法在教师行政惩罚内容中增加了新的条款，即教师留职察看并接受培训考核，其实是给职业道德失范的教师一次补救机会。根据规定，在留职期间，行为失范教师需要服从专业权利与责任委员会做出的如下安排：尽快通知教育厅调查办公室关于自己在佛罗里达州教育岗位的任期情况以及是否任期届满；提供年度绩效报告呈交给教育部调查办公室；向专业权利与责任委员会支付培训考核期间产生的所有管理费用；不违反法律，遵守所有学区委员会政策、学校法规、州教育厅规章；以优秀的成绩完成考核任务；承担委员会终审条款所产生的全部费用。

结语

通过对美国教师职业行为准则的发展与演变、内容与特点、现状与执行的梳理，可以发现，美国是世界上最早制定教师职业行为准则的国家之一，因其特殊的发展历程，逐步形成了极具美国特色的教师职业行为准则，成为美国各级各类教师都比较认同和应予遵守的行为准则。美国教师职业行为准则以全美教育协会的《教育专业伦理规范》为主要代表，还包括其他全国性教师协会的教师职业行为准则，各州、各地区根据自身特点制定的本土化法律法规，各级各类学校制定的校规校纪等。国家授权全美教育协会制定具有法律效力的教师职业行为准则，各州则依此制定相应的规章，全体教育工作者应予知晓并遵照执行，违反相关准则会受到调查和处理。准则针对的客体是教师，服务的对象是学生，制定的组织是教师行业协会，制定的动力是教师的专业化发展需求，制定的过程注重调研教师的意见。这种考虑方方面面的关切、自下而上地制定教师职业行为准则的模式颇具特色，表现出尊重教师权利，聚焦学生群体，注重实效性，追求专业化，突出底线原则，坚持严格执行等特点。

第十二章

美国教师专业组织

美国教师专业组织在150余年的发展进程中有效推动了美国教师的专业发展，在教师专业化、教师利益维护、教育质量提升等领域发挥着重要作用。对美国教师专业组织发展脉络及发展中的经验和问题的梳理，有利于我们准确把握其本质，借鉴其经验，服务于中国教师专业发展。

一、美国主要的教师专业组织

专业组织是一定领域内的专业人员，在遵守国家相关法规的前提下，按照自愿、自主、自治原则组建起来的一种表达专业意见、实现专业决策、影响专业发展方向的群体。①

前文主要通过全美教育协会和美国教师联盟的变革基本脉络，梳理了美国教师专业组织的发展脉络，下文针对美国主要的教师专业组织作更为具体的介绍。

（一）全美教育协会

1. 全美教育协会历史沿革

全美教育协会（NEA）诞生于美国第二次工业革命时期。1870 年，全美教育协会的前身，全国教师协会（National Teacher's Association）吸收了美国师范学校协会（America Normal School Association）、全国学校负责人协会（National Association of School Superintendents）和中央学院协会（the Central College Association）三个较小的教师组织，正式更名为“全美教育协会”。之后，协会的组织规模得到扩张，内部的人员构成和组织结构也进一步发展，会员包括公立学校教师、高校教师、教育管理者等几乎所有教育领域的教师。1906 年，全美教育协会获得了法律意义上的正式承认，成为美国第一个获得此荣誉的专业组织。1917 年，全美教育协会在华盛顿设立了固定总部。

在经历了长期缺乏充足的支持以及会员规模较小等问题之后，全美教育协会通过吸引成熟的小群体和特殊兴趣小组，增加组织机构中分部门的数量，吸引大量支付会费的会员等方式，来扩展自身的规模，实现组织的成长。自 1919 年起，全美教育协会的会员规模迅速扩大，影响力变得不容忽视。②

然而，随着时间的推移、环境的变化以及一些外在因素的影响，全美教育协

① 樊香兰，孟旭. 论专业化进程中的教师专业组织——基于文化学的省视 [J]. 教师教育研究，2008 (4)：10—15.

② Association N E. The National Education Association [J]. Phi Delta Kappan，1939，22 (2)：38-40.

会也面临着适应和变革的生存难题。第二次世界大战结束后，美国社会的新旧矛盾突出，劳工运动再度掀起，很多会员认为专业取向的教育协会过于保守，无法实现自身的利益诉求，转而加入具有浓厚工会主义倾向的教师联盟组织。全美教育协会受到巨大威胁，发展陷入停滞，开始主动采用集体谈判等较为激进的工会活动手段。如今，协会的组织策略和风格发生了巨大的转变，常利用庞大的力量和资源直接参与和干预政府的教育决策和政治活动，跻身美国的政治舞台，由一个专业协会变为了一个政治利益集团。①

2. 全美教育协会的性质与职能

全美教育协会是由教师、行政人员，以及其他与初高中、学院和大学有关的教育者组成的志愿组织②，由地方、州和国家层面上的专业人员网络提供支持。事实上，在最初成立时，全美教育协会的四个组成部分中只有全国教师协会代表教师的利益，协会整体上对外更多地代表行政人员和其他专业人员的利益，旨在从整体上促进“教育专业”的发展，反对集体性协商做出与教师利益相反的决定。这种情况一直持续到第一次世界大战以后，激进的城市教师开始争夺全美教育协会的控制权③，广大一线中小学教师上升为协会的主要力量，协会开始主要代表一线中小学教师的立场。

纵观全美教育协会的发展历程，它主要关注教育事业的专业化和教师的专业成长，通过促进教师专业水平的提升，逐步改善教育情况，实现全国教育专业的改革和发展。它还致力于建立更高的专业资格标准，延长学业年限，建立幼儿园，促进美国精神的传播，推动品德和道德训练。④ 同时，它也努力改善教师的工作条件，缓解教师压力，通过推动建立最低工资标准和退休法案等，维护教师

① 龚兵. 从专业协会到教师工会［D］. 上海：华东师范大学，2005：87.

② Encyclopaedia Britannica. National Education Association［EB/OL］.［2019-03-22］. https://www.britannica.com/topic/National-Education-Association.

③ Henderson R D. Teacher unions：Continuity and change［M］//Teacher Unions and Education Policy：Retrenchment of Reform? Emerald Group Publishing Limited，2004：1-31.

④ Association N E. The National Education Association［J］. Phi Delta Kappan，1939，22（2）：38-40.

的权利。全美教育协会是美国规模最大的劳工组织,① 其主要职能包括以下几个方面。

第一，维护会员福利。经历了内部重组之后，全美教育协会成为一个拥护教师集体协商权利的教师组织。协会更多代表中小城市教师的权利，争取改善教师的物质待遇，提高教师的福利水平。由于教师的工资等级和雇佣条件是由地方学校董事会设立的，一些州的公立学校系统的整体教育自主权和资金是由政府掌控的，而通过组建地方和国家协会的方式，教师和学校行政人员有机会寻求改善学校和他们自己的工作条件的机会。② 事实上，协会的工会化一直没有完成，因为一些州，特别是在西部和南部，一直没有从法律上承认教师拥有集体协商权利，所以这些地方的教师只能用传统的游说州或地方立法机构的方式争取教师的权利和学校改进。但是，在这些非正式的谈判过程中，协会扮演了领导者的作用，表现为协会成员在州立法机构中为教师的工资、福利、工作条件等进行游说。③

第二，推动教师及教学专业化发展。即使经历了工会化，全美教育协会也没有完全放弃对教学和学习的关注。它保留了一个专门用于教学发展的部门，将该部门的工作重点放在促进学校发展上，承诺公开有关学校财务政策的数据，追踪中小学教师学术训练趋势和问题，还创造了促进教育改革的基金会以继续长期追求教学改革。④ 协会拥有大量的专业人员，设立了委员会，安排相关委员，提供许多专业服务，例如，研究、出版、与联邦政府代理机构联系、促进联邦立法等。全美教育协会把教学视为一项复杂的专业活动，需要高标准的从业者，为此，它主张应为教师设立严格的准入门槛，并提高教师教育的标准。协会一直致力于推动教师教育教学标准化运动，通过成立主要由一线中小学教师组成的专业标准理事会（Professional Standards Board），建立教师质量保障体系，制定教师认定标准和程序等手段，努力扩大其在教师入职控制方面的影响力，参与教师教育的质量审核，保障教师专业的自主权，推动由教育实践者保障教师质量，进而

①② Encyclopaedia Britannica. National Education Association [EB/OL] [2019-03-22]. https://www.britannica.com/topic/National-Education-Association.

③④ Urban W J. National Education Association of the United States of America [J]. História da Educação, 2016, 20 (48): 130, 134-135.

提高教学水平的运动。① 全美教育协会还设有极具特色的“未来教师俱乐部”，吸引有志从教的中学生进入大学就读师范课程，为职前教师提供专业技能等方面的训练。

第三，制定教师专业伦理规范。全美教育协会认为，要推动教师更加专业化，除了为教师争取福利，提高他们的社会地位之外，还要为教师制定一套职业伦理准则，规定教师需要履行的责任，设立教师的师德规范，并限定教师的职责范围。② 全美教育协会通过长时间的问卷调查，分析已有的州教育协会的伦理规范，经过了各次会议大会的审批直至获得代表大会成员的一致通过后，才形成了《教育专业伦理规范》，这一规范被运用至今，是其他国家或地区的师德规范所效仿的对象。③在推动师德规范的形成方面，协会明确了规范的执行者和处理程序，如果出现违规事件，将启动自下而上的调查程序，违反规范的教师会被协会开除。这些措施在一定程度上约束了公立学校教师的行为，在道德层面上规范了从业者的行为。

第四，介入教育决策和教育事务管理。全美教育协会参与联邦政治事务的动机十分明显：联邦立法者管理着他们关心的许多教育法案和项目，并且提供资金支持，因此，协会在联邦选举运动中投入了大量资金，其支出超过了很多利益集团。④ 协会对联邦的政策制定产生了影响，在宏观层面上，全美教育协会具有干预全国教育事务的能力，它推动联邦成立了具有内阁水平的教育部，加强对教育事业的管理，为教育事业投入更多的时间和资金。协会还积极参与国家政治活动，如推动教育方案的制定、实施和修正，在总统大选中动用巨大的力量支持中意的候选人，选举出对教育事业发展有益的领导者，等等。⑤ 在微观层面上，全美教育协会拥有严密而庞大的组织机构，成员众多，能够介入州和地方的教育事

---

① 洪明. 教师专业组织与教学专业化标准运动——二战后美国“全美教育协会”（NEA）的角色定位及其作用探析［J］. 河南大学学报（社会科学版），2009（4）：113—118.

②③ 王丽佳. 全美教育协会教育专业伦理规范的制定及启示［J］. 教育科学，2011（3）：93—96，93—94.

④ Marianno B D. Down but Not Out：The National Education Association in Federal Politics［J］. Educational Policy，2018（2）：234-254.

⑤ 龚兵. 全国教育协会：美国教育界一股不容忽视的力量［J］. 湖南师范大学教育科学学报，2006（4）：75—76.

务，具体的行为包括影响教育决策，研究教育问题，影响选举结果等，在涉及教育以及教师问题的地方政治事务方面发挥影响力。

（二）美国教师联盟

1. 美国教师联盟的历史沿革

美国教师联盟（AFT）的诞生与发展经历了一个过程。早在 1897 年，由于工资低、社会地位低下、工作负担沉重等原因，芝加哥的一些教师就联合起来，成立了美国历史上第一个工会性质的教师组织，即芝加哥教师联盟，此时的会员主要由当地的小学女教师组成。5 年后，芝加哥教师联盟并入了芝加哥劳工联盟。① 1916 年 4 月，芝加哥的三个教师组织和印第安纳州的一个教师组织举行了联合会议，宣告教师联盟在芝加哥正式成立，并于同年 5 月与其他地区的地方性教师组织一起申请加入美国劳工联盟并获得通过，第二年，教师联盟正式成为产业工会联合会的附属机构。②

教师联盟成立伊始就获得了快速发展，在最初的 4 年内发展了 174 个地方组织，会员数量急剧上升，一度超过全美教育协会的人数。但第一次世界大战后，学校董事会开始公开反对教师工会，对联盟中的教师施加恐吓甚至威胁，很多教师因此被迫退出联盟。③ 1929 年，美国经历了战后的通货膨胀、经济萧条时期，为教师联盟的重新发展带来了契机。由于经济动荡，很多教师不能与学校签订长期合同，还面临工资低下、经济状况窘迫的困境，女性教师更是受到许多严苛规定的制约，此时，更多教师自愿选择加入具备工会性质的教师联盟，为自身的权利而呼吁，包括很多曾属于全美教育协会的教师，因为他们感到全美教育协会始终无法提高他们的工资待遇。④

第二次世界大战后，教师联盟继续为改善学校和教师的条件而奋斗。20 世纪 80 年代后，联盟的成员稳定增长，关注点也转向了教育改革和教师专业化发展，教师和其他辅助专业人员也参与到教育改革的政策制定中。联盟主张通过增

① 袁月. 美国教师组织对教师社会地位的影响［D］. 保定：河北大学，2010：20.

② 肖平. 美国教师联盟之探究［D］. 福州：福建师范大学，2007：6.

③④ American Federation of Teachers［EB/OL］.［2019-03-26］. https://www.aft.org/about/history.

加教师工资，改善教师教学条件，创新教师评价方法等方式为教师提供外在保障，制定教师专业发展计划等方式为教师提供进步的内在动力，进而提高和保证教师质量。① 进入 21 世纪以来，教师联盟更加强调专业取向，并更多地介入到政治事务中。

2. 美国教师联盟的性质与职能

美国教师联盟是由专业人员组成的教师联合组织，其成员以教师为主要对象，包括学前教育的教育者、公立与私立学校的教师、半专业人员和与学校有关的人员、高等教育领域的教育者、医护人员、退休人员等，这些教师大多在大城市任教。联盟排斥教育行政人员的加入。② 教师联盟自成立起就隶属于不同层次的劳工联盟，一直具有工会属性，旨在捍卫公平、民主、经济发展的机会，为学生、家庭和社区提供高质量的公共教育、保育和公共服务，致力于通过共同体的参与、组织、集体谈判和政治活动，特别是通过成员所做的工作来实现这些原则与诉求。③

教师联盟主要代表大城市教师的利益诉求，努力促进公共教育事业发展。联盟成立之初就将为教师争取“集体协商”的谈判权作为最重要的目标，在劳资双方产生矛盾的时候，通过争议的方式迫使雇主同意劳工的请求，使教师的工作待遇和条件得到最大化的改善。④ 作为美国第二大教师劳工协会，联盟一直以争取教师权利为首要任务，具体包括在公立学校中实现自由和平等的教育，保证安全和卫生的工作条件，合理的工作时间和工资，践行童工法，明确教师任期，保障集体协商权，维护女性的权利，进行有效的学校和教育改革，⑤ 其职能主要包括以下几个方面。

第一，通过多种途径为会员争取福利。教师联盟制定了一些维护教师权益的

---

①⑤ American Federation of Teachers［EB/OL］.［2019-03-26］. https://www.aft.org/about/history.

② 王艳荣. 美国教师组织发展的初步研究［D］. 福州：福建师范大学，2005：20.

③ Mission. American Federation of Teachers［EB/OL］.［2019-03-26］. https://www.aft.org/about/mission.

④ 肖平. 美国教师联盟之探究［D］. 福州：福建师范大学，2007：24.

制度，并监督制度的执行，对制度中不合适的地方进行及时的修正，努力为教师争取应得利益。联盟采取的具体行动有：就教师的聘约条文、工作内容、待遇等事宜和地方教育行政机构协商，明确教师工作环境和工作安全等有关教师权利与义务的细节，建立教师职称晋升制度和绩效考核制度。① 联盟还主要通过以下两种途径为教师反对不平等待遇提供支持：其一，利用美国教师联盟防御基金，为地方和州的教师联盟提供经济上的援助，在必要的情况下为会员利用法律途径保障自身的工作权利提供资金支持；其二，利用美国教师联盟斗争基金，在会员参与罢教行动，或由于罢教而产生法律费用或罚款时，为会员提供资助。除此之外，教师联盟还积极为会员及其家庭谋求其他福利，解决教师后勤等方面的问题，包括低利息信用卡、服务、折扣券等。②

第二，提升教师专业发展。从教师招聘、准备、执照、入职、专业发展到评估和补偿，教师联盟在与教师质量相关的所有领域中发挥引领作用。教师联盟在多年间重申了对教师进行同行评审的承诺，赞成对新入职教师进行测试，支持某些形式的选择性补偿，如为难以招到教师的学校和科目提供更高的教师薪酬。③ 教师联盟还设立了一系列具体项目，促进教师的专业发展，包括为未来教师的培养提供一系列具体而有效的建议，为他们的实习工作制定多种方案；成立全国学生教育协会，为将来有志从教的学生提供交流和进步的平台；为新入职教师提供辅导工作，为新教师快速适应工作环境创造条件，有效降低了新任教师的流失率；④ 成立教师专业发展中心，为在职教师提供专业发展活动，组织一系列教师培训活动，帮助教师不断更新教学知识、提升教学技能；为离职教师提供延续职业生涯的机会，使离职教师能够继续为教育事业做贡献。这些措施贯穿于教师的职前、在职、离职全过程，为处于各发展水平的教师提供了全方位服务。⑤

---

① 王艳荣. 美国教师组织发展的初步研究［D］. 福州：福建师范大学，2005：22.

② 周小虎. 利益集团视角下的美国教师组织对教育政策影响的研究［D］. 长春：东北师范大学，2006：86—87.

③ Koppich J E. A Tale of Two Approaches-The AFT，the NEA，and NCLB［J］. Peabody Journal of Education，2005，80（2）：142.

④ 赵红亚，刘玉琴. 美国教师教育专业化的策略及启示［J］. 华北水利水电学院学报（社会科学版），2005（2）：1—5.

⑤ 李艳. 美国教师组织影响教师专业发展的策略研究［D］. 重庆：西南大学，2010.

第三，参与教育改革。教师联盟在尽力维护教师权益的同时，也关注现实的教育问题，致力于增进公共教育的议题，努力确保学生获得高质量的教育。联盟发起了标准和问责运动，连续数年发布“标准”，用分析的眼光看待各州学生的学业标准是否严谨、清晰、可测量，以及其与州问责系统相联系的程度。它还增加了与教育问题相关的组织部门的规模和重要性，设立了专业问题会议，扩大了“教育研究与传播项目”，关注更宏大的教育改革问题。①

第四，参与和影响教育政策和法案。教师联盟主要通过两种途径在政策方面发挥作用：一是通过语言和行动影响公众和政策制定者的意见，将联盟的话语权由被动转化为主动；二是影响国家和州的政策方案，使政治争论向有利于教师立场的方向转化。② 教师联盟成立了政治教育委员会，专门处理联盟内的政治性事务，包括动用资金、人力等力量支持所认可的候选人等，在政府涉及教育问题的政治事务上直接或间接施加影响。另外，教师联盟中不乏优秀的教育界人士，他们的意见能够成为教育决策的重要参考，而为教育改革的深入贡献力量也是教师联盟的重要宗旨。教师联盟每年都进行教育问题研究，积极参与有关教师、学校的发展规划和法案标准的制定，通过游说、媒体等手段，利用自身的专业优势为政策决定和法案的制定、修订提供参考意见。它还通过组织听证会、代表大会等调查活动，向上反映一线教师的声音，推动教育改革的顺利进行，在维护教师权利的同时推动基础教育事业的发展。③

（三）其他教师专业组织

1. 全美数学教师协会

全美数学教师协会（National Council of Teachers of Mathematics，NCTM）成立于 1920 年，是非营利性、无党派的教育组织，目前有超过 1 万名会员和超

① Koppich J E. A Tale of Two Approaches-The AFT，the NEA，and NCLB [J]. Peabody Journal of Education，2005，80（2）：142.

② Kearney R C. Weingarten W. The American Federation of Teachers，and the Challenges of Policy Leadership in a Hostile Environment [J]. Public Administration Review，2011，71（5）：774.

③ 何振海，王学璐. 使命与冲突：当代美国基础教育改革进程中的教师组织角色分析 [J]. 河北师范大学学报（教育科学版），2015（3）：55—61.

过 250 家附属机构，主要为美国和加拿大的数学教育提供服务，是世界上最大的致力于改善中小学数学教育的组织，为小学、初中、高中和大学的数学教育工作者提供共同的愿景，提升领导力和相互沟通的渠道。① 全美数学教师协会将自身定位为确保为每个学生提供优质数学教育，并且为每位数学教师提供可持续的专业发展机会的领导者，致力于改善数学教学和学习，推动高质量数学教育的发展。②

该协会强调创建公平的数学学习环境和机会，以“每个孩子的公平发展”作为基本原则，“面向全体的教学”作为基本理念，维护儿童在数学学习上公平发展的机会，特别关注由于生理缺陷、性别、种族等因素被减少教育机会的儿童。在“公正原则”的引导下，该协会始终认为，教学指导要促进全体学生的数学学习，每个孩子都应该接受最有效的数学教学，理解数学知识对其未来的社会生活和适应未来的职业发展是有帮助的。教师应该摒弃对学生个体的偏见，树立教育公平的清晰信念，为特定群体的学生提供“情境化数学”课程，让不同文化背景的孩子在数学学习的过程中产生归属感。教师只有正确地理解种族主义、阶层、性别对学生数学学习的影响，才能改进课程设计和教学实践，推动全体学生的数学学习。③

作为全国数学教育的统领者，全美数学教师协会肩负着保障全国数学教育质量的重要使命，为美国和加拿大的学校数学教育设计、出版了一系列数学标准，提出了教学教育的若干主张，这些构成教师设计教学、实施教学、评估教学效果的指导方针，是教师专业化的重要资源，对世界范围内的数学教育教学和改革都产生了一定的影响。在原则和标准中，全美数学教师协会提出，高质量的教师必须具备扎实的数学基础知识和适当的教学方法，让孩子学会学习数学，通过不断努力改进北美地区学生的数学能力。它还基于“教与学”的原则，为确保“有意

① National Council of Teachers of Mathematics [EB/OL]. [2019-03-28]. https://www.encyclopedia.com/education/encyclopedias-almanacs-transcripts-and-maps/national-council-teachers-mathematics.

② 刘萍. 美国数学教师协会（NCTM）简介 [J]. 中学数学教学参考，2006（Z2）：122.

③ 吕林海. 美国“面向全体的数学”教育理念的追求——基于 NCTM 标准变迁及达成策略的分析：一种教育公平的视角 [J]. 外国中小学教育，2007（11）：30—33.

义的数学学习”的发生，提出了一些具体的数学教学建议，以支持教师将这些原则运用到数学课堂中，包括在教学目标上关注学生对数学的理解和连续的学习进程，创设能提高学生认知水平的数学教学任务，锻炼学生自主解决困难和思考的能力，促进学生运用数学能力进行理解和推理，让学生始终居于数学交流的主体地位，收集和有效利用学生数学思维的证据等，① 教师需要不断调整教学策略和工具，帮助和促进学生的学习和反思。

全美数学教师协会还设计了一系列促进教师专业化的活动，如举办每年一次的年会和若干地区会议、领导力会议，提供与“数学教学原则和标准”相一致的数学课程指导和资源；成立专业发展学院，为数学教师提供为期两天或五天的培训；提供将理论和实践相结合的“学习—反思”的数学活动机会；创办五本为数学教师和数学教育者服务的杂志，制作超过 200 本教育书籍、视频和其他材料，反映最新的数学教育热点、观点、策略和问题，等等。反思能力也是全美数学教师协会要求教师具备的专业技能，协会提出了许多帮助教师反思的策略，使教师能够通过深入、专业的分析来改善他们的技能。它还成立了数学教育信托基金（Mathematics Education Trust），以直接向教师提供资金的方式来加强教师的数学教学和学习。数学教育信托基金为教师提供了 12 种助学金和奖学金计划，除了向个别教师提供补助金以外，还为数学教育工作者颁发年度终身成就奖，以表彰其对数学教育的杰出贡献。②

全美数学教师协会与全国教师教育认证委员会（Accreditation of Teacher Education）有密切的合作，后者委托数学教师委员会审查其机构中的数学教师准备项目。全国教师教育认证委员会一共认证了 519 所院校，每年培养全国三分之二的新教师。通过对这些学校的数学教师项目的审查，全美数学教师协会帮助未来的教师为课堂做好准备。

---

① 张夏雨，喻平. 指向数学素养的系统化教学建议：美国 NCTM 数学教学实践途径及其启示 [J]. 全球教育展望，2018（11）：14—27.

② National Council of Teachers of Mathematics [EB/OL]. [2019-03-28]. https://www.encyclopedia.com/education/encyclopedias-almanacs-transcripts-and-maps/national-council-teachers-mathematics.

2. 全美外语教学委员会

全美外语教学委员会（The American Council on the Teaching of Foreign Languages）是一个由超过 12 500 名外语教育者和管理人员组成的全国性外语教师组织，会员为小学到研究生教育阶段所有层次的外语教师，旨在改善和扩展所有语言的教学和学习，提升外语语言和文化的研究水平。自 1967 年成立以来，全美外语教学委员会受到广泛欢迎，不断满足语言教育者及学生变化的需求。从制定外语教师能力准则，到在制定外语教师国家标准中发挥领导力，全美外语教学委员会专注于外语教师的专业化和教师个体的成长问题。①

全美外语教学委员会的任务在于为优质的语言教学和学习提供愿景、领导力和支持。该委员会相信，语言和沟通是人类经验的核心，美国必须培养和发展本土的、移民的和世界的语言资源，同时帮助学生在语言和文化方面做好成为世界公民的准备，全美外语教学委员会的独特地位使其必须发挥领导作用，它主要通过以下措施达成这些目标：及时满足语言专业人士的动态需求；积极宣传和扩展服务范围；努力确保语言教学专业反映美国社会的种族、民族和语言多样性；促进影响专业项目发展的研究，提高语言教学质量。②

全美外语教学委员会深知外语教育在全球化背景下的重要性，面向幼儿园到 12 年级的儿童提出了《外语学习标准》，以“5C”即交流沟通（communication）、文化理解（cultures）、融会贯通（connections）、文化比较（comparison）和社会运用（communities）作为基本目标，成为学校外语教学标准和学区制定外语计划时参照的指导方针，也是美国制定外语教师标准的重要依据。它还特别注意将学生运用语言的能力作为外语教学的重要目标，根据现代社会的交际需要，提出了《暂行标准》，为外语教学提供了课程设计基础和培养目标。③ 作为唯一的全国性外语教师组织，全美外语教学委员会致力于未来外语教师的专业发展，颁布了针对外语教师师资培养的标准，面向培养外语教师的高校提出了成为外语教师必备的素养，认为应为未来外语教师提供全方位的语言教育，促进了外

---

①② The American Council on The Teaching of Foreign Languages [EB/OL]. [2019-03-28]. https://www.actfl.org/about-the-american-council-the-teaching-foreign-languages.

③ What Are These Guiding Principles? [EB/OL]. [2019-03-28]. https://www.actfl.org/guiding-principles/opening-statement.

语教师教育的发展。① 它还参与在职外语教师教育工作，为外语教师的职后发展提供交流机会和资源，如提供针对外语教师的培训，出版外语教学研究杂志等，发挥专业团体的力量，推动外语教师的专业发展。

全美外语教学委员会为外语教师提供的重要交流平台是特别兴趣小组（Special Interest Groups），鼓励有共同兴趣的成员组建兴趣小组，共享某一特殊话题或领域的信息。为了支持这些活动。特别兴趣小组主要通过全美外语教学委员会共同体、通信、网络研讨会、会议以及年会和世界语言博览会来开展全年的活动。现有的特别兴趣小组包括讨论不同种族背景学习者需求的“非洲—美洲学生”（African-American Students）小组和“阿拉伯语”（Arabic）小组，将电影运用到语言教学、获取和评估中的“电影”（film）小组，在社区大学中提供语言教育，以发展领导力和凝聚力的“社区学院”（Community Colleges）小组，在语言熟练性发展过程中理解输入和理解的重要性的“基于理解的交流的语言学习”（Comprehension-based Communicative Language Teaching）小组等。②

全美外语教学委员会则为在某一领域有突出贡献的学者提供奖金，这些学者完成了委员会构建的课题，拓展了某一领域的调查研究，产出报告、评估说明等成果。奖金的作用是帮助获奖人探索未知领域，发展专业和学术技能，积累能为未来的领导力奠基的经验。委员会还设立了实习项目，为正在攻读学位的，专业或辅修专业涉及语言、语言学、教学或相关领域的在读学生提供锻炼机会。实习生需要有自我驱动力，对语言的教与学有激情，他们将在总部工作一段时间，与委员会的工作人员共同建立专业学习目标，在一系列领域（评估、课程实验训练等）获得专业的和学术的经验。在实习结束时，实习生需要在选定的重点领域撰写可发布的技术报告，并在夏季研讨会上发表。③

---

① 王斐斐. 美国外语师资培养计划标准解析及启示［J］. 基础外语教育，2007（5）：96—100.

② Special Interest Groups（sigs）［EB/OL］.［2019-03-28］. https://www.actfl.org/membership/special-interest-groups-sigs.

③ Internship & Scholars Program［EB/OL］.［2019-03-28］. https://www.actfl.org/assessment-professional-development/internship-scholars-program.

二、美国教师专业组织发展的基本脉络

美国教师专业组织从建立至今已有百余年历史，在美国教师教育中发挥着举足轻重的作用。其使命在于促进教师专业化，提升教师福利与地位，支持与推动教育事业的发展。在美国，最具有影响力的教师专业组织当数全美教育协会（NEA）与美国教师联盟（AFT）。据统计，美国有90%的教师加入了其中一个组织，足见这两个教师组织的重要地位。对于新手教师来说，全美教育协会和美国教师联盟可以为其提供团队支持、职业发展机会，以及一个有影响力的大团队的安全感，减轻无助感。① 除了以上两大组织以外，还有美国英语教师委员会、对外英语教师委员会、美国数学教师联盟等，这些教师专业组织旨在为教师营造学习社区的条件和氛围，不仅提升教师的专业知识和技能，还为教师这个职业争取更多的福利和保障。

通过对文献梳理，结合时代背景，本章将美国教师专业组织的发展历程划分为三个阶段：美国教师专业组织的专业化时代（19世纪中期至19世纪末）、美国教师专业组织的工会化时代（20世纪初期至20世纪70年代）、美国教师专业组织的专业化与工会化融合时代（20世纪80年代至今）。

（一）美国教师专业组织的专业化时代

1. 阶段背景：社会背景下教师专业组织的形成

（1）经济发展增进教育需求。19世纪中叶，南北战争结束，美国处于恢复与重建时期，其后在工业革命的影响下，19世纪末美国进入现代化时期，美国经济高速发展。美国工业化的持续，使一些原先没有的、新式的、与工厂生产相关的课程开始在一些学校出现。② 经济的发展促使教育的发展，公立学校的兴起，工业化条件下教育的需求与日俱增，教师逐渐受到关注。

---

① 大卫·萨德克，卡伦·齐托曼. 教师·学校·社会：我们该怎样思考和谈论教育［M］. 孙振东，译. 重庆：重庆大学出版社，2014：20—21.

② 韦恩·厄本，杰宁斯·瓦格纳. 美国教育：一部历史档案［M］. 周晟，谢爱磊，译. 北京：中国人民大学出版社，2009：222—225.

（2）“多数人意识”影响教师专业组织。内战结束后，政府采取集权化管理，主要表现在两方面：第一，内战之后国家集权化，内战结束后，统一的国家政权得以再次建立，联邦政府作用不断强化；第二，市民中“多数人意识”的兴起，不仅使国家化趋势更为合法化，也对美国各个种族和宗教团体产生了重要影响，在此后义务教育立法的过程中“多数人意识”发挥了重要作用。① 同样，这种“多数人意识”在教师团体中也发挥着重要作用，推动教师专业组织的形成与发展。

（3）师范学校助力教师专业组织形成。19 世纪 20—30 年代，随着公立学校运动的开展，师范学校开始出现。1839 年，马萨诸塞州建立了美国第一所州立师范学校，开创了美国在专门教育机构培训教师的先河，随后师范学校便在美国落地生根，纽约州于 1844 年、康涅狄格州于 1849 年、密歇根州于 1849 年先后创立了州立师范学校。② 在贺拉斯・曼、亨利・巴纳德等人引领的公立学校运动之下，师范学校的发展较快。随着师范学校的产生，各种教育专业团体纷纷建立，这些教育专业团体的出现标志着专业教育工作者队伍的形成，以及教学专业力量的兴起。③

师范学校的发展虽然使人们注意到教师职业，但实质上，教师自身往往处于被忽视的地位，由于缺乏联邦层面统一的教师专业标准，各地基础教育的师资队伍呈现出明显的不均衡性，教师群体面临地位低下、权益得不到有效保障、教师培训机构备受轻视的窘境，④ 成立教师专业组织成为广大教师的诉求。

2. 阶段特点：教师专业组织初建，致力于教师专业发展

（1）美国教师专业组织全美教育协会（NEA）诞生，专业属性凸显。在全美教育协会诞生之前，存在着分散的地方教师专业组织，如纽约市教师协会等，

① 韦恩・厄本，杰宁斯・瓦格纳. 美国教育：一部历史档案 [M]. 周晟，谢爱磊，译. 北京：中国人民大学出版社，2009：222—225.

② 郭志明. 美国教师教育 200 年 [M]. 北京：中国社会科学出版社，2017：27—30.

③ 洪明. 美国教师质量保障体系历史演进研究 [M]. 北京：北京师范大学出版社，2010：68.

④ 何振海，王学璐. 改革进程中的教师组织角色分析 [J]. 河北师范大学学报（教育科学版），2015，17（3）：55—61.

这些组织成了全美教育协会形成的基础。1855 年，美国各师范学校的负责人聚集纽约市，就师范学校在实践中遇到的问题进行交流。为提升师范学校的课程和促使入学标准化，于 1858 年组建了“美国师范学校协会”（American Normal School Association，ANSA）。与此同时，来自美国华盛顿哥伦比亚特区的 43 名教育工作者也于 1857 年成立了“全美教师协会”（National Teachers Association，NTA），1870 年全美教师协会与美国师范学校协会、全国学校督学协会合并成广为人知的全美教育协会（NEA），ANSA 并入该组织，但在全美教育协会名下成立了“全美教育协会师范学校部”（the Department of Normal School of the National Education Association，DNANEA）。① 全美教育协会是专业性协会，主要目的在于提升教师的专业地位及改善公立教育的品质，成立之初，拒绝接受女性成员，主要由大学校长和学校督学控制，并不关注教师福利，实际上，在全美教育协会成立之初，甚至没有设置教师部门。②

全美教育协会的诞生，无论从专业组织性质抑或从专业组织的使命，都不难看出其专业属性。全美教育协会的成长有三个路径：第一，扩大组织规模；第二，完善组织管理；第三，扩大组织影响力。③ 从组织机构和管理角度看，有学者认为 1857—1920 年全美教育协会经历了三个发展阶段：制度化组织结构时期、科层制组织结构时期与民主化变革先声时期。其早期组织结构中权力分散且不固定，伴随协会规模的扩大，非制度化的组织管理结构已经不能满足要求，而演变为行政组织、民主化组织。④ 一方面，全美教育协会在为扩大会员数量、改善管理体制而积极的努力；另一方面，则通过对教育问题的关注，扩大专业组织影响力，实现其职责与使命。

（2）凝聚教育焦点，关注课程与教学。全美教育协会旨在为美国全体教师服

---

① 洪明. 美国教师质量保障体系历史演进研究［M］. 北京：北京师范大学出版社，2010：57—59.

② L. 迪安·韦布. 美国教育史：一场伟大的美国实验［M］. 陈露茜，李朝阳，译. 合肥：安徽教育出版社，2010：229.

③ 龚兵. 美国最大的教师组织——全国教育协会的阶段性发展策略［J］. 学会，2009（8）：14—20.

④ 石佳丽，周梦，李昂，杨帆. 美国全国教育协会组织结构早期沿革［J］. 教育学报，2017（6）：99—108.

务，致力于改进教师、教学在美国教育中的专业地位，这可以从协会关注的教育问题中得以体现。1891 年，美国教育专员哈里斯（William Harris）根据协会每年的会议论文集，对 1858—1890 年协会每年举办年会所涉及的论文主题进行了分类与统计，发现其涉及教育理论与心理学、中学和大学、师范学校、手工训练和技术学校、绘画教育、课程研究、幼儿园、小学、音乐教育、道德和宗教教学、方法论等 22 类主题，足见全美教育协会关注教育问题之广。① 其中全美教育协会尤为关注中学课程改革，发布十人委员会报告，负责中学不同学科会议的筹备和组织工作。②此外，全美教育协会不遗余力地推动教学专业化、设定教师职业规范、建立教学专业标准，表现为出版专著与刊物，并通过建立专门机构来讨论和制定教学标准。

（二）美国教师专业组织的工会化时代

1. 阶段背景：动荡社会中劳工运动与美国教育的忧思

（1）社会动荡，经济失衡。20 世纪前 50 年是美国社会激荡多变的 50 年，经历了"一战"、经济大萧条与"二战"，遭遇了历史上最严重的经济危机，失业率达到顶峰，工人纷纷成立全国性工会，组织声势浩大的罢工运动，并促成了一系列劳工法案的颁布。其中最重要的莫过于 1935 年颁布的《瓦格纳法》，该法案最终确定了集体谈判制度的合法性，宣告了工会运动的新纪元。③ 工会主义渗透到教育领域，并逐渐在教育组织中占据上风。直到 20 世纪 60 年代，第三次科技革命带来了经济的繁荣，科学技术在生产力的发展方面发挥了越来越重要的作用，科学与技术密切结合，相互促进。

（2）政治阴霾，波及教育。经济大萧条时期，政府的注意力集中于青年和青年失业率的问题，对于公立学校并没有给予太多支持，全美教育协会提出与联邦

---

①② 杜光强. 美国全国教育协会的建立与早期事业（1857—1900）[J]. 教育学报，2017（6）：84—98.

③ 金帷. 美国教师组织目标诉求与运作方式的演变 [J]. 比较教育研究，2009（1）：86—90.

政府保持距离，同时又要求联邦政府给予资助，这种情况激化了相关矛盾。① 20世纪中期，美苏“冷战”加剧，麦卡锡主义盛行，掀起了一场全国性的反共恐怖活动，使美国遍布政治阴霾，麦卡锡主义的泛滥波及政治、教育、文化等领域。1951年，全美教育协会中的一位执行秘书长指出，自“二战”结束那天起，公立学校遭到“攻击”的频率日益增长，此时，教育者的言语反应更像是战士与撼动公立学校基础的人们的对决，类似“攻击”“阻碍”“围攻”的词语随处可见，成为描述专业教育者处境的高频词，其影响至今仍然可见。②

（3）种族、民族问题凸显，诉诸多元文化教育。“二战”以后，越来越多的黑人涌向北部，黑人问题越来越凸显，其争取权利的政治意识觉醒，最终发展为一场民权运动。少数民族、族裔受到关注，教育“平等”显得重要而迫切。多元文化背景的教师培养成为当时的另一个发展方向，表现为多元文化教师教育项目的开设，社区学院对于非裔教师的培养等。1954年，美国教师联盟支持学校取消种族隔离，最终最高法院决定将种族隔离视为不平等原则，美国教师联盟为南部黑人学生创办自由学校，并在学术自由和公民权利上做出了重要的贡献。③

2. 阶段特点：教师专业组织拓展，工会化性质凸显

（1）美国教师联盟诞生，极具工会化属性。美国另一著名的教师组织——美国教师联盟，1897年年初建于芝加哥，起初会员大部分是小学女教师，1902年，芝加哥教师联盟加入芝加哥劳工联盟，此后，教师联盟在各地纷纷成立，只是有的隶属于地方劳工联盟，有的隶属于全国劳工联盟。后来这些联盟合并，于1916年形成了美国教师联盟，隶属于美国劳工联盟（American Federation of Labor）。④ 美国教师联盟是工会取向的教师组织，成立之初，力图为教师争取更好的福利和权益，曾被认为是一个富于斗争精神的激进派团体。从芝加哥教师联

①② 乔尔·斯普林. 美国学校：教育传统与变革［M］. 史静寰，姚运标，等，译. 北京：人民教育出版社，2010：436—440，523.

③ 大卫·萨德克，卡伦·齐托曼. 教师·学校·社会：我们该怎样思考和谈论教育［M］. 孙振东，译. 重庆：重庆大学出版社，2014：20—21.

④ 王珍. 美国教师组织的趋同性分析——基于新制度主义的视角［D］. 北京：北京师范大学，2016.

盟主席的一封信中可以看出他们加入芝加哥劳工联盟的动机："现在是芝加哥工人们为他们的孩子争取权益的时候了，我们要求公平对待教师和孩子，这样他们才不会被贪婪的当局倾轧。"芝加哥教师联盟的领导者认为工人是关心学校教育的最大选民群体。① 教师组织与劳工联盟的结盟意味着提高教师的政治权利。为了获得政治权利，赢得更多选民的支持，芝加哥教师联盟鞭策自己努力将自身的斗争与妇女争取选举权运动结合起来。

当时，美国教师联盟采用的是在工商业中盛行的集体谈判和罢工策略，以此维持教师的职业威望、社会地位，在提高教师薪酬待遇、改善教师工作条件、保护教师正当福利等方面颇有建树。因而，工会式组织在保障教师基本权益、社会地位、职业形象方面具有积极意义。工会的宗旨是保护教师，然而有时也会矫枉过正，不管教师是否具备资质，都不会被开除或解聘，工会因此被指责为庸才的庇护所，② 而对于这种质疑，俄亥俄州教师联合会主席汤姆·穆内认为这是不懂学习系统如何运作的外行提出的错误问题，因为学校在与教师签订永久合同之前，会有 3 年到 4 年的评价期，如果聘用糟糕的教师，则是评价系统出了问题。③

劳工运动盛行时，美国教师联盟的会员与组织规模都得以迅速扩大，1962 年纽约教师联合会成功发动了一次声势浩大的罢教活动，越来越多的教师参与其中，支持罢教这种工会取向的斗争方式。1962 年召开的丹佛会议上，协会决定支持教师组织与教育委员会协商，并希望地方分会也采取集体协商的方式与地方教育委员会达成协议。④ 之后采取的措施更加激烈，因此被认为是具有鲜明工会性质的协会。

（2）全美教育协会由专业性质转向工会性质。全美教育协会成立之初致力于教师专业发展，毋庸置疑是一个专业性的教师组织，然而在 20 世纪却呈现出工会性质的倾向。20 世纪初，在芝加哥教师协会的创始人之一——哈利的领导下，

① 乔尔·斯普林. 美国学校：教育传统与变革［M］. 史静寰，姚运标，等译. 北京：人民教育出版社，2010：433.

② 周金山，程红艳. 教育民主事业下教师专业主义的走向［J］. 现代教育管理，2018（6）：70—75.

③ 乔尔·斯普林. 美国教育［M］. 张弛，张斌贤，译. 合肥：安徽教育出版社，2010：283—296.

④ 袁月. 美国教师组织对教师社会地位的影响［D］. 保定：河北大学，2010.

全美教育协会教育督导部要求取得全美教育协会的领导地位，以便于该组织为普通教师争取福利。哈利认为，教师组织应该由教师管理，为教师利益服务。1912年，在全美教育协会组织中成立教师部，并要求组织领导人更多关注教师待遇问题。① 1917年，全美教育协会将总部迁到了华盛顿，一方面为了加强与联邦政府的联系，另一方面是吸引更多会员的加入。果然，迁址后短短三年期间，成员人数由8 000人增长到50 000人，为此全美教育协会着手进行重组，然而，重组由于涉及教师个体权利问题，争议较大，结果很快以失败告终，反而加剧了教师与组织管理者之间的矛盾。20世纪50年代，联邦政府教育权力强化之前，全美教育协会始终是教育政策的主要力量，由于公立学校受到抨击，全美教育协会几乎成为众矢之的，这种矛盾直到20世纪70年代才得以缓解。②

美国教师组织为了教师群体的利益，通过集体谈判、政治结盟、罢教、支持参加选举活动和司法行动等政治行为，对学校和政府的相关教育政策的制定产生影响。1959年，威斯康星州是第一个通过集体谈判法案的州，允许劳工（包括教师）通过集体谈判的方式争取自己的权益。③ 尽管许多州不允许公共部门的职工参与谈判，然而全美教育协会的地方成员已为教师开始争取权利，在20世纪60—70年代，已经有41个州通过关于集体谈判的立法。④

此外，美国教师联盟在为成员赢得劳资双方谈判方面成绩斐然，也迫使全美教育协会更加重视教师福利，20世纪60年代，全美教育协会正式采用集体谈判等一系列的工会手段。1962年，全美教育协会启动劳资谈判计划，工会性质凸显，尽管全美教育协会声称，它参与的是专业谈判，而非工会的集体劳资谈判，但所有的辩解在20世纪70年代其加入美国公职人员联盟（CAPE）后戛然而止，美国公职人员联盟的重要使命之一是“支持针对为所有公职人员（包括教

①② 乔尔·斯普林. 美国学校：教育传统与变革［M］. 史静寰，姚运标，等译. 北京：人民教育出版社，2010：436—440.

③ 周小虎. 试析美国教师组织影响教育政策制定的方式——以政治活动为中心［J］. 外国教育研究，2007（1）：7—11.

④ Claudia G. A Brief History of Education in The United States［J］. Nber Historical Working Papers，1999（8）：1-76.

师）提供劳资谈判权利所进行的立法工作”①。1971 年，全美教育协会首次支持教师罢教。1972 年，全美教育协会建立政治行动委员会，认可并支持卡特竞选美国总统是其政治生涯的标志性事件。②

全美教育协会虽然呈现出工会化倾向，但也绝非一边倒，实则也仍存在专业性质的本真。“二战”以后，全美教育协会成立了全美教师教育和专业标准委员会（NCTEPS），目标是提高教师专业标准，包括制定教师培养机构的标准，负责具有连续性的专业项目，包括选拔、聘用、培养、证书发放、专业标准改进等等。全美教师教育和专业标准委员会的任务是为所有的教师教育机构制定一套全国性培养标准并加以实施。③ 20 世纪 70 年代，全美教育协会在积极争取教师的政治权利和经济权利的同时，也积极争取自身的专业自主权，由此强调教师专业组织对教师质量的控制和保障作用，要求各州成立以一线中小学教师为主要成员的“专业标准理事会”，制定教师教育政策和管理制度，负责控制教师入职和保障教师教育质量工作。④

总体看来，美国教师联盟的诞生使该时期教师专业组织展现出工会化性质，全美教育协会的工会属性也崭露头角，于是在 20 世纪 70 年代，全美教育协会和美国教师联盟出现合并的声音，主要表现为地方和州级合并。1972 年，全美教育协会和美国教师联盟的纽约州级组织合并为纽约州教师联盟（NYSUT），标志着教师结盟史上的最大合并，纽约州教师联盟成员占美国教师联盟成员的 42%，是美国教师联盟的关键性力量。然而，随着 1976 年纽约州教师联盟脱离全美教育协会，合并失败。其原因有三：一是组织文化的冲突，二是不同的历史传统与宗旨，三是合并后的领导权问题。⑤ 由此看来，合并的失败既可以预见，也是情理之中，各方复杂原因注定两大教师专业组织的合并不会是顺畅之路。

---

① 乔尔·斯普林. 美国教育［M］. 张弛，张斌贤，译. 合肥：安徽教育出版社，2010：285—289.

② 龚兵. 美国最大的教师组织——全国教育协会的阶段性发展策略［J］. 学会，2009（8）：14—20.

③④ 洪明. 教师专业组织与教学专业化标准运动——二战后美国“全美教育协会”（NEA）的角色定位及其作用探析［J］. 河南大学学报（社会科学版），2009（4）：113—118.

⑤ 余承海，程晋宽. 竞争、合并、合作：全美教育协会和美国教师联盟的演进与启示［J］. 当代教师教育，2015（3）：54—58.

（三）美国教师专业组织的专业化与工会化融合时代

1. 阶段背景：社会环境下教育改革的呼吁

（1）经济失衡呼吁教育改革。20世纪70—80年代，科技发展处于低潮、出口贸易份额下降、实体经济缺乏增长点等问题造成了美国社会通货膨胀、经济衰退、失业率升高。20世纪90年代之后，在信息技术革命和经济全球化浪潮下，美国经济才有所回升。21世纪初，“金融海啸”引发的经济萎缩与就业危机曾是美国社会面临的头等问题，奥巴马政府借助“救市”的紧急需要，推出教育改革的宏伟蓝图：关注学前教育、改革教师评价方式、改进教师培养、创建学业数据库等。这些“教育新政”也遭遇了不同的声音，有些人认为是政府改革决心的体现，也有人认为是“大话”，全美教育协会提出激励教师提高学生成绩的巅峰计划是“视野狭窄”，体现了奥巴马政府由上到下的改革模式，实施之后，势必会促使各州大力推行绩效工资制，使公共教育经费转到私人运作的特许学校，加上其他性质相似的措施，美国教育体系将毁于一旦①。这显示出教育的复杂性，“优质、卓越”的教师培养、培训以及高质量教育同时面临严峻挑战。

（2）教师待遇低，职业吸引力下降。1986年，美国卡内基基金会公布了一份重要的教育调查报告——《准备就绪的国家：21世纪的教师》，其中提出了只有保留和塑造最优秀的教师，美国才能摆脱它所陷入的困境，只有彻底地、全面地检讨自己在师资聘用、培训和工资待遇等方面的现行做法，才能解决日益减少的师资储备。② 美国教师联盟公布的年度教师薪资报告显示，2000年年初，教师工资平均每年虽然以3%的比例缓慢增长，但教师行业却越来越缺乏吸引力，原因在于医疗保健费用增长至前所未有的高峰。根据美国劳动统计局和各州教育部门相关数据，教师薪资虽然增长了3.3%，但医疗费用却增长了13%。美国教师联盟主席爱德华·麦克尔罗伊（Edward J. McElroy）表示：健康保险的支出过高，使得原本就不合理的教师薪资受到严重侵蚀，此外，在要求教师做更多工作的时候，却没有什么相应的补偿措施，对于教师日益增长的健康保险费用及其

①《教育周刊》. 奥巴马的教育蓝图［M］. 范国睿，主译. 北京：教育科学出版社，2010：1—19.

② 滕大春. 外国教育通史：第6卷［M］. 济南：山东教育出版社，2005：101.

他支出并没有顾及。①

2. 阶段特点：美国教师专业组织深化，专业性和工会性融合

进入 20 世纪 90 年代之后，无论全美教育协会还是美国教师联盟都绝非专业性或工会性的代名词，如果说美国教师联盟在成立之初是激进派团体，那么在 20 世纪 70 年代已倾向于持保守的立场，呈现出“新工会主义”色彩，即更加重视教师专业发展。于是，全美教育协会逐渐回归专业主义，美国教师联盟这个出身就带有工会色彩的教师组织此时也加入了促进教师专业发展的行列，自称是一个专业组织。② 事实上，这一时期的教师组织兼具工会主义与专业主义两种取向。

（1）全美教育协会专业性与工会性兼具。美国教育专业组织林立，在专业组织中影响范围最广的是全美教育协会。③ 21 世纪以来，全美教育协会本着协会宗旨，对教师提出“高素质”要求：教师在一门主修专业之外再修一门辅修专业，以达到证明自身具有某门学科教学能力的要求，三年之后，农村教师必须达到高素质要求；此外，还为争取更好的教师工作条件而努力，比如申请经费。目前，全美教育协会较为关注的是教师队伍缺乏多样性的问题，2004 年，全美教育协会出台了一份名为《美国师资队伍多样性评价：行动呼吁》（Assessment of Diversity in America's Teaching Force：A Call to Action）的报告，对于人们在谈论教师质量时忽视的多样性问题和文化回应教学问题表达了关注。④ 全美教育协会也通过对全国教师教育认定委员会（NCATE）的支持，促进教师成长，并且设立若干奖项和基金鼓励教师。此外，全美教育协会对有志于从事教师职业的师范生提供多样化的支持，实施了由 6 万名学生组成，900 所高校加入，50 个州参加的改善教师教育和支持未来教师的学生项目，每年 6 月举行以信息、培训和

① 王珍. 美国教师组织的趋同性分析——基于新制度主义的视角 [D]. 北京：北京师范大学，2016.

② 袁月. 美国教师组织对教师社会地位的影响 [D]. 保定：河北大学，2010.

③ 滕大春. 美国教育史显示的教育发展客观规律 [J] 河北大学学报（哲学社会科学版），1995 (4)：3--7.

④ 乔尔·斯普林. 美国教育 [M]. 张弛，张斌贤，译. 合肥：安徽教育出版社，2010：283—293.

社区超越计划为特色的夏季领导会议，11 月举行以交流为主要形式的专业发展会议。①

与此同时，全美教育协会也积极参与政治选举活动，不断扩大自己的影响力。尽管全美教育协会声称自己是无党派，但实则支持民主党，在国家层面，全美教育协会游说国会和联邦政府成员并积极参与民主党候选人的提名活动，从 1989—2014 年的选举活动中，全美教育协会花费了 9 200 万美元，其中 97%涉民主党人士。② 全美教育协会也积极参与政策制定，比如《不让一个孩子掉队法》的修订、反对性别歧视的相关法案，等等。

（2）美国教师联盟工会性与专业性的融合。美国教师联盟仍致力于教师福利与保障，面对兼职高校教师缺乏安全感、待遇和福利低下的情况，美国教师联盟发起了大学卓越（College Excellence）运动，为兼职教师争取公平的待遇福利，提高兼职教师的工作安全感，改善兼职高校教师的工作条件。③ 政治上，两个教师工会都积极参与国家选举，既为总统候选人也为国会候选人工作，21 世纪之初，他们大多为民主党工作，这必然造成政党对教师工会问题的不同态度，但也因州而有所不同。④ 应对政府和公众的问责，美国教师联盟做出以下回应：第一，创建了一个全国网站；第二，提供关于美国教师联盟集体谈判过程的信息，并保护成员的学术行为免受侵犯；第三，建立高校教师学习社团，为教师搭建一个交流、学习的平台。各类专业组织通过集体谈判、游说、参与选举或罢教等形式促进高校教师专业化成长。⑤2005 年，美国教师联盟针对教师工资状况进行年度调查，认为提高中小学教师工资是迫在眉睫的事，采用工资激励机制来激发他们的工作热情，吸引专业人士到一些师资缺乏的学校工作，以此达到开齐课程、

---

① 朱宛霞. 美国教师专业组织在教师专业发展历程中的策略分析［J］. 外国中小学教育（哲学社会科学版），2009（4）：50—52.

② NEA［EB/OL］.［2019-03-30］. https://en.wikipedia.org/wiki/National_Education_Association#Politicalactivities.

③⑤ 熊华军，丁艳. 美国高校教师专业组织使命的实现［J］. 现代大学教育，2013（5）：82—86.

④ 乔尔·斯普林. 美国教育［M］. 张弛，张斌贤，译. 合肥：安徽教育出版社，2010：283—293.

提升教师质量的目的。①

与此同时，美国教师联盟也表现出对教师专业性的关注。20 世纪 90 年代，美国教师联盟成员已近 70 万人，这时美国教师联盟开始关注教育改革，致力于公立学校和公立学校教师在教学上的革新，随着新千年的开始，任务变得更加艰巨。后续当选的美国教师联盟主席的关注点也各有侧重，比如早期教育、问责机制、伙伴关系等。② 从中不难发现美国教师联盟已不像成立之初那么激进，而是趋于缓和，在发展过程中意识到教师专业性的需求并尽可能促进其成长与发展。2004 年，美国教师联盟公布了一份有关标准化运动的文件，阐述了教育标准化运动的十年历史，并肯定了已经取得的成就：一是大多数州拥有了共同核心指标的标准；二是更多的州开始重视学术性；三是越来越多的州为鼓励学生达到更高学术标准而采取更多激励措施；四是开发符合标准的课程；五是提供用于干预的资金，帮助学习困难的学生达到标准；六是为评价课程、问责体系和师资发展制定严格的且成体系的学术标准。③ 截至 2020 年，美国教师联盟已拥有 170 多万名会员，其影响的深度与广度由此可见一斑。

全美教育协会与美国教师联盟的对立与割裂始终是许多人的“心结”，1998 年，玛丽·基梅尔（Mary Kimmel）对全美教育协会与美国教师联盟旷日持久的敌对状态感到悲哀，她说，假如我们始终在相互争斗的话，作为教育者又如何能够与公共教育的敌人作斗争。也是在同年，全美教育协会大会主要议题变为讨论与竞争对手美国教师联盟合并，当然是无果而终，庆幸的是全美教育协会附属的 5 个州的教师组织已与美国教师联盟合并。

三、美国教师专业组织发展的特点与面临的挑战

美国以全美教育协会和美国教师联盟为代表的教师专业组织有力地保护了教

① 王静，洪明. 美国中小学教师工资的当前状况——美国教师联合会（AFT）2007 年教师工资调查报告简介［J］. 外国中小学教育，2007（10）：43—47.

② History of AFT［EB/OL］.［2018-03-29］. https://www.aft.org/about/history.

③ 乔尔·斯普林. 美国教育［M］. 张弛，张斌贤，译. 合肥：安徽教育出版社，2010：283—293.

师的利益，对教师生活环境的改善和社会地位的提高做出了突出贡献，同时其所开展的教学专业化运动和教师专业认证标准的制定也极大地促进了美国教师的专业发展。当前美国教师专业组织呈现规范化、多样化和标准化的特点，与此同时也面临着对教师权益保护过度、效率低下等严峻的挑战。

（一）美国教师专业组织发展的特点

1. 在研究的基础上开展规范化的教师专业发展活动

美国教师组织非常关注基于研究的学校教育课程效率、课程规划、课程内容，以及幼儿园课程等课程与教学改进等问题。全美教育协会的学校管理部专门成立了节约时间教育委员会，系统地指出了有助于提高学校课程实施效率的办法，并于19世纪末20世纪初针对美国学校教育中课程设置不合理状况等问题提出了改进建议。全美教育协会下属的教育政策委员会则从青年必须具备的素养出发，为美国中学的课程规划指明了方向。同时，全美教育协会还提出了丰富多样的课程内容规划，这些课程内容主要包括爱国主义教育、手工训练、健康教育等，其共同特点是从美国教育的现状出发考虑如何造就良好公民及如何让教育系统所培养的青年人能够促进社会进步。① 此外，全美教育协会对幼儿教育也给予了高度重视。协会对福禄培尔的幼儿教育思想及其课程体系展开深入研讨，并对幼儿园这种新型教育机构给予正式认可。

在教师组织举办的教师专业发展活动中，美国教师联盟发起的教育研究和传播项目（Educational Research and Dissemination，ER&D）就是一种研究本位的专业发展活动，其较好地把教育研究成果转化成教师可以学习的课程培训。目前美国教师联盟已经设计了13门ER&D课程，如《阅读入门指导》《反社会行为的管理》等。ER&D项目采取的是一种“培训者培训培训者”（Trainers-of-Trainers）模式，即美国教师联盟地方分会的主席选拔一些教师作为协调者参加美国教师联盟提供的培训，让他们在美国教师联盟发起的夏季学院和冬季学院里学习ER&D课程，并学习如何把这些课程介绍给美国教师联盟地方分会。这些协调者学习回来后，选择和培训一些骨干同事，使之成为培训师，最后再由这些

① 周小虎，曲正伟. 美国教师组织角色探析［J］. 教育发展研究，2009（4）：60—63.

培训师培训其他所有参与该项目的教师，真正架起一座“研究与实践”之间的桥梁。①

2. 为教师提供多样化的支持与服务

由于美国政府对于美国各州教育事业直接干预不多，因此主要由美国教师专业组织为教师提供多样化的支持与服务。美国各类教师专业组织分布非常广泛，各学段、各学科、各专业的教师都可以找到适合自身专业发展的教师专业组织。很多教师专业发展组织的学科分支机构都会设立某些组织，为本学科的教师提供一个聚会场所，提供最新的教学科研信息，寻找热点和难点问题，交流心得，互通有无。如现代语言协会、美国工艺协会、全国数学教师协会等。也有针对某种类型或一定年龄段学生的组织，如超常儿童协会、美国服务盲人协会、农村教育协会、特殊儿童委员会等。有教师和家长互动的“家长—教师协会”，也有为将来打算从事教育的学生设立的组织，如美国教育研究协会等。② 公立学校的教师组织和私立学校的教师组织并存，分别为不同系统的教师提供有针对性的专业支持。

教师组织不仅能增强职业特性，推动提高工资，改善工作条件，使工作更有保障，而且能够阅读相关专业期刊和简报，可以与相关领域的最新发展同步。因而，美国教师组织在教师中普及率很高，教师都参加一个以上的教师组织，仅全美教育协会在 2001 年就吸收了所有 260 万名公立学校教师中的 3/4，而美国教师联盟几乎囊括了所有公立学校的教师。为了实现教师个性化发展的目标，教师专业组织每年将财政支出的相当一部分，用于实施教师专业发展活动。这些非传统的、常规的活动给所有课堂教师提供了参与社交活动以及同行合作的机会。他们可以抛开家庭和地方学区的限制，与其他有相关工作和责任的专业人员进行有意义的对话。

① The AFT Educational Research and Dissemination Program [EB/OL]. http://www.aft.org/topics/teacher quality/downloads/WhatisERD.pdf.

② 常旭，刘海涛. 美国教师组织的现状及发展趋势 [J]. 沈阳师范大学学报（社会科学版），2006 (4)：108—110.

3. 通过设立标准推进教师专业化

无论是全美教育协会还是美国教师联盟均将教师专业化作为其根本宗旨，全美教育协会在最早的组织章程中即明确表达了自己的宗旨："提升教学的专业性、改善教学人员的利益，促进美国公共教育事业的发展。"① 美国教师联盟也在组织目标中明确指出，要提升教学专业水平，提升教师素质并确保其良好的工作条件及工作环境。② 20 世纪中后期新建立的许多教师专业组织在组织目标方面都明确提出以促进教学专业化为己任，宣扬"教学成为专业"，并通过设立一系列教师标准来推进教师专业化。

例如，全美教育协会在 20 世纪 70 年代要求各州成立以一线中小学教师为主要成员的"专业标准委员会"（Professional Standards Board），制定教师教育政策和管理制度，全面负责控制教师入职和保障教师教育质量工作。此后呼吁教师直接地参与教师培养和证书标准的评估和改进工作，努力提高专业准入标准，并将新设课程推广到教师入职前的培养方案之中。

全美教育协会要求成立"专业标准委员会"的目的，就是为了争取由教师专业组织及其成员来掌握新教师的入职标准。全美教育协会在其制定的《学校中的优质教师教育行动计划》中，提出了认定教师教育方案的一系列标准。协会提出的认定标准涉及五个方面，即方案规划、方案实施、方案的人力资源、方案内容、专业成员的资格。协会主张，教师教育方案应当在两个层面上接受认定：一是在全国层面上，应由全美外语教学委员会来审核；二是在州的层面上，应由"专业标准委员会"一类机构来审核。在全国层面上对教师教育方案的审核所涉及的范围更为广泛，如对机构设施、物质条件、人力资源等方面的审核。州层面的审核将重点放在方案的内容上，以确保当新教师走上教学岗位时能立即有效地开展教学工作。

全美教育协会呼吁各州建立法定的、自治的"专业标准委员会"或类似机构，协会成员在这样的机构中占多数。全美教育协会在《学校中的优质教师教育行动计划》中还建议由本协会成员在"专业标准委员会"或类似机构中应当享有

---

① Kendrick D. Power Grab：How the National Education Association Is Betraying Our Children [J]. Elementary Secondary Education，2012（12）：47-48.

② 吴清山. 美国教育组织与行政 [M]. 台北：五南图书出版公司，1994：187.

独立的财政预算的权利，直接对州的立法机构负责，向立法机构提呈报告。全美教育协会的上述建议对各州教师教育方案认定的标准、程序和管理具有一定的影响，其影响程度要视协会在各州分支机构的影响力和各州对全美教育协会的接纳状况而定。总的来说，全美教育协会对教师教育方案认定标准和程序方面的影响要比它对管理方面的影响更大，因为前者涉及的主要是教师教育方案内容的质量问题，而后者涉及的则是政治问题。在全美教育协会的努力下，有不少州开始将该协会制定的教师教育方案评估标准作为本州的认定标准，① 教师专业组织对教学专业标准的制定发挥了积极的作用，在教学专业标准中发挥的作用也日益增大。

（二）美国教师专业组织面临的挑战

1. 过度保障教师权益而阻碍教育改革

教师的福利待遇和教师职业化是教师组织最关心的核心议题。为教师争取更好的福利待遇是教师组织得以存在的前提和基础，有时甚至为了教师的利益不惜牺牲学生的利益。20 世纪 80—90 年代，美国几次大的教师罢工事件，都对学生产生了较大影响。

教师组织对教师工资福利和工作条件的关注，在其拥有了强大的资金和人员的支撑后，在集体协商中获得了越来越多的优势。这导致了集体协商协议内容的不断扩大，校方在管理教学活动中的自主权不断缩小，在一定程度上，影响到了某些教育计划的顺利展开。

在联邦政府加大对教师教育的干预力度后，对一些与自己立场和观点不一致的政策，全美教育协会同样采用了游说、抗议甚至诉诸司法的策略。对某些联邦政策，由于全美教育协会采取了对抗的态度，阻碍了联邦政策的实施，20 世纪 90 年代，时任教育部长佩奇（Rod Paige）就曾把全美教育协会称为“恐怖组织”，攻击全美教育协会等教师组织的著述亦纷纷问世。例如，弗雷德里克·M. 赫斯（Frederick M. Hess）和马丁·R. 韦斯特（Martin R. West）在一份对集

① Cruickshank D R，Cruz J J. Trends in Teacher Preparation [J]. Journal of Teacher Education，1989，40（3）：49-56.

体协商的研究报告中指出，集体协商阻碍校方按照教师的合适程度聘用和解聘教师的活动，并且对学校的工作规程管理过度，扼杀了那些能够明显提升教师能力的有创意的建议。① 由于教师组织参与，学校如果想要解聘不能胜任工作的教师，那是一件很困难的事。因为在解聘教师后，教师组织常常会支持被解聘教师发起诉讼，这类诉讼要花费一大笔诉讼费用。美国联邦教育部为了激励公立学校提高教育质量而实行教育券制度，但是由于教育券减少了公立学校的教育经费，影响到了公立学校教师的利益。为此全美教育协会投入大量的资金用于影响各州实施教育券的投票表决活动，并积极游说立法部门，争取在立法上禁止教育券的推行，使得教育券制度的推行受到了很大的阻力。

2. 组织效率受到质疑

以全美教育协会和美国教师联盟为代表的教师专业组织规模较大，采取代表大会制度，每一个会员都有权提出自己的要求，这些要求包含了各式各样团体的利益诉求，使得协调内部会员们的各种利益诉求变得较为困难，阻碍了一些建设性教育建议的顺利产生。同时，这种不同利益主体之间的争斗，使教师组织的总部和各州、各地的分部之间的关系也产生了微妙的变化，总部有总部的要求，各州的分部也有自身的利益诉求，这在一定程度上分散了教师组织的力量。

当教师专业组织内部出现争议性的问题时，不同取向和层级教师组织的意见较难统合，这容易降低教师组织的行政效率，造成教师组织的分裂与冲突。因此如何整合教师组织的意见成了教师组织必须努力解决的问题。例如在组织协商代理权的问题上，不同的教师专业组织为了在竞争中获得胜利，成为能够代表教师团体与政府协商的代表性机构，往往会耗费大量的资金成本与时间成本进行竞选宣传，有时也会在竞选的过程中攻击其他教师专业组织，导致很多议程往往陷入教师专业组织之间长时间的争论之中，而无法有效地与政府进行协商。甚至有时集体协商涉及许多复杂的法律程序时教师专业组织代表机构还需要额外高薪聘请专业的高级谈判专员，而这些谈判专家又经常会纠缠一些细枝末节的问题，导致

① A Better Bargain：Overhauling Teacher Collective Bargaining for the 21st Century [EB/OL]. http://www.hks.harvard.edu/pepg/PDF/Papers/BetterBargain.pdf.

谈判效率低下。例如涉及教师医疗保险提升的集体协商，一些谈判专员会纠结于同性恋教师的家庭伴侣是否可以享受医疗保险等细节的问题，导致主要议题陷入旷日持久的谈判泥淖之中，不能高效地协商出符合大多数教师利益的方案，这些教师专业组织也常常受到教师团体的批评。

结语

主要由一线教师组成的教师专业组织能够对美国教师质量产生如此大的影响，与美国地方分权式教育管理体制及其美国式的文化传统密不可分。各国之间的教育管理体制、文化传统等存在很大不同，不可生搬硬套地建立本国教师专业组织来影响教师质量。但是，在致力于教育改革发展的过程中，相关方面依然可以借鉴美国教师专业组织发展的一些有益做法，在教师培训、教师质量标准研制、为教师提供与其专业相匹配的待遇与环境方面做出更多努力与探索。

总体来看，全美教育协会与美国教师联盟的发展变迁与美国社会经济、政治、文化、教育等因素是密不可分的。美国教师专业组织的阶段划分依据教师专业组织产生的背景、专业组织性质、职能、定位与转向，在不同阶段呈现出不同特点。然而无论美国教师专业组织处于何发展阶段，其根本都在于保障教师的切身利益，促进教师专业发展，实现“公平、优质、卓越”的教师培养与培训。

第十三章

美国教师队伍建设改革趋势

如何提升现有教师的水平和改进教学质量始终是美国教育界关注的核心话题。进入21世纪以来，随着美国经济发展乏力，贫富差距加大，社会矛盾凸显，美国教师队伍的处境也日渐堪忧。于是，美国各级政府采取一系列创新措施，努力提高教师质量，不少尝试已经取得了初步成效。① 其政策导向主要表现为：以加强评价为重点保障教师教育项目质量；以完善和提高专业标准为重点，适当严把教师职业入口关；将专业标准贯穿于教师职前、入职及职后评价，以教学绩效为基础重新调整教师教育及教师人事政策。以上这种以标准为线索，以评价为抓手，职前、入职、职后相贯通的教师队伍质量保障体系，成为美国教师队伍建设变革的最新趋势。

---

① Jennifer G. Peer Review and Teacher Leadership：Linking Professionalism and Accountability [M]. New York，Teacher College，Columbia University，2010：17.

一、当前美国教师队伍建设面临的问题

美国教师队伍存在的问题一直是美国教育界最为棘手的问题之一。从国际上看，美国教师的社会经济地位与经济合作与发展组织（OECD）其他发达国家相比，处于较低的位置。① 上述状况的出现，主要与美国教师队伍出现的以下问题有关。

（一）教师队伍吸引不了优秀人才

长期以来，美国教师教育机构难以吸引一流的学生，教师职业也难以吸引优秀的人才。通过对50多个国家的比较研究发现，教师在学生时期的学业成绩越好，该国基础教育学生学业水平就越高。美国新教师中只有23%曾经是学业成绩为前1/3的学生，而贫困地区学校的新教师学业成绩曾经在前1/3的只占14%。而与之相比，新加坡、芬兰和韩国等基础教育学生学业水平较高的国家，所有教师在学生时期的学业成绩均曾经在前1/3。②

近些年这一现象更加明显，主要表现在教师教育项目入学人数下滑。2012—2013学年，教师教育项目总共招收了499 800人，比2011—2012学年的623 190人大幅减少了20%，而且这一下滑趋势已经持续了很多年。

随着教师教育项目招生人数的大幅度下滑，性别比例也更加失衡。2012—2013学年，全美教师教育项目招收的学生中，76%是女性，男性越来越不愿意从事教师职业。教师教育项目招生人数下滑也导致教师教育项目毕业人数减少，以2010—2011学年、2011—2012学年、2012—2013学年连续3年的数据为例，

---

① Teacher Matters：Attracting Developing and Retaining Effective Teachers 2005 [DB/OL]. [2016-06-24]. http://www.oecd.org/edu/teacherpolicy.

② Byron A，Paul K. Closing the Talent Gap：Attracting and Retaining Top Third Graduates to a Career in Teaching [DB/OL]. [2016-06-24]. http://mckinseyonsociety.com/downloads/reports/Education/Closingthetalentgap.pdf.

毕业生数量分别比上学年减少了6%、5%。①

（二）教师队伍离职率高

美国教师队伍流动性大，教师的离职率高。有关新教师离职率的研究，被引用较多的是宾夕法尼亚大学教育研究生院理查德·英格索尔（Richard Ingersoll）的研究，他根据国家教育统计中心2003年发布的数据，全美新教师流失率在第六年的时候为40%—50%。根据2015年国家教育统计中心发布的最新研究，其比例虽没有上述研究那么高，但也显示前5年的新教师中，第一年的新教师流失率达到10%，第五年的新教师累计有17%的流失，在差校集中的城市学区，这一比例达到20%。②

（三）教师队伍结构性短缺

美国近期面临着几十年来最严重的教师短缺危机。据美国联邦教育部统计，共有100万个教学岗位出现空缺，不仅如此，结构性短缺也非常严重。联邦教育部第九份教师质量报告汇总了各州各学科教师短缺的情况（见表13-1）。

表13-1　2009—2011学年全美不同学科领域存在教师短缺问题的州的数量

学科或领域	英语	阅读或语言艺术	数学	科学	外语	艺术	特殊教育	社会	双语/英语非母语
州的数量	22	23	50	51	41	25	55	18	36

资料来源：U. S. Department of Education Office of Postsecondary Education. Preparing and Credentialing the Nation's Teachers: The Secretary's Ninth Report on Teacher Quality [DB/OL]. [2016-06-24]. https://title2.ed.gov/Public/TitleIIReport13.pdf.

全美长期存在合格教师短缺的现象，因此各州不得不聘用没有取得教师资格

---

① U. S. Department of Education, Office of Postsecondary Education. Preparing and Credentialing the Nation's Teachers: The Secretary's 10th Report on Teacher Quality [DB/OL]. [2019-09-20]. https://files.eric.ed.gov/fulltext/ED576185.pdf.

② Lucinda Gray. Public School Teacher Attrition and Mobility in the First Five Years: Results From the First Through Fifth Waves of the 2007-08 Beginning Teacher Longitudinal Study [DB/OL]. [2016-06-24]. http://nces.ed.gov/pubs2015/2015337.pdf.

证书的人员，并授予其临时教师资格证书或应急教师资格证书。2000—2001学年，全美大约有6%持临时教师资格证书的教师在任教，2004—2005学年，这一比例下降为2.5%。联邦政府虽然在2005年第四份部长报告中就建议各州取消临时或应急教师资格证书，但迄今为止仍有很多州在使用，近年还有增加的趋势。这些临时或应急教师资格证书，有的不可更新，有的可以更新，甚至无限次更新（见表13-2）。

表13-2　2002—2011学年全美应急教师资格证书数量和特征

资格证书	2002年	2003年	2004年	2005年	2006年	2007年	2008年	2009年	2010年	2011年
数量	124	127	122	121	132	128	126	124	275	225
平均有效期（年）	1.4	1.4	1.4	1.4	1.5	1.5	1.5	1.4	2.2	2.1
平均更新次数	1.5	1.3	1.3	1.2	1.1	1.2	1.1	1.1	1.0	N
能无限更新的数量	22	15	15	12	9	10	10	10	72	14
不能更新的数量	36	51	49	51	59	50	49	48	114	116

N：表示无数据。

资料来源：U. S. Department of Education，Office of Postsecondary Education. Preparing and Credentialing the Nation's Teachers：The Secretary's Eighth Report on Teacher Quality Based on Data Provided for 2008，2009，2010. Preparing and Credentialing the Nation's Teachers：The Secretary's Ninth Report on Teacher Quality [DB/OL]. [2016-06-24]. http://www2.ed.gov/about/reports/annual/teachprep/index.html.

有研究者基于联邦教育部的统计数据发现，在数学、科学、工程和技术，即"STEM"学科等传统短缺教师的领域，所有州和美属海外领地都出现了严重短缺并日益恶化，具体情况见图13-1。此外，在外语和特殊教育学科或领域教师短缺也较为严重。

教师结构性短缺在不同种类的教师教育项目比例，及其毕业生所获得的教师资格证书的类别上也有体现。三种类型的教师教育项目毕业生获得初任教师资格证书最多的五种类型见表13-3。由表13-3可知，替代项目中有很大比例是培养数学和科学教师。也正是由于传统教师教育项目培养的数学和科学教师数量不足，才出现了越来越多的选择性项目培养数学和科学教师。

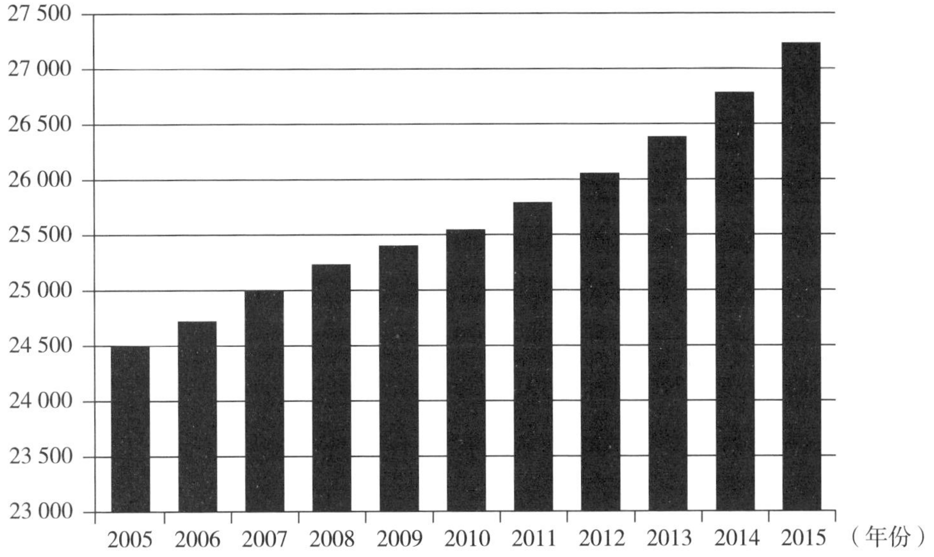

图 13-1　2005—2015 年数学和科学教师数量（人）短缺情况

资料来源：George A R，Martha Y. Steming：The Teacher Shortage Tide，National Association for Alternative Certification［EB/OL］.［2016-06-24］. https://www.uschamberfoundation.org/sites/default/files/publication/edu/STEMing%20the%20Teacher%20Shortage%20Tide_FINAL.pdf.

表 13-3　2010—2013 学年全美三类教师教育项目毕业生获得初任教师资格证书最多的五种类型

项目类型	2010—2011 学年	2011—2012 学年	2012—2013 学年
传统	初等教育 早期儿童教育 特殊教育 英语语言艺术 社会科	初等教育 特殊教育 英语语言艺术 数学 社会科	初等教育 特殊教育 早期儿童教育 英语语言艺术 数学
高等教育机构主办的选择性项目	特殊教育 初等教育 科学 英语语言艺术 数学	初等教育 特殊教育 英语语言艺术 数学 早期儿童教育	初等教育 特殊教育 英语语言艺术 数学 早期儿童教育

续表

项目类型	2010—2011 学年	2011—2012 学年	2012—2013 学年
非高等教育机构主办的选择性项目	初等教育 特殊教育 数学 科学 英语语言艺术	初等教育 特殊教育 数学 英语语言艺术 科学	初等教育 特殊教育 数学 英语语言艺术 科学

资料来源：U. S. Department of Education，Office of Postsecondary Education. Preparing and Credentialing the Nation's Teachers：The Secretary's 10th Report on Teacher Quality [DB/OL]. [2019-09-20]. https://files.eric.ed.gov/fulltext/ED576185.pdf.

（四）教师培养质量良莠不齐

美国现在有三种类型的教师教育培养项目：一是通过传统的教师教育机构培养教师；二是通过其他高等教育机构的选择性教师教育项目培养教师；三是通过非高等教育机构开设的选择性教师教育项目或实习项目来培养教师。从最新的一份联邦教育部的教师质量报告来看，2014 年，全美传统的教师教育机构有 1 497 个，培养人数占教师培养总数的 69%；高等教育机构开设选择性教师教育项目的有 473 个，培养人数占教师培养总数的 22%；还有非高等教育机构开设选择性教师教育项目的有 201 个，培养人数占教师培养总数的 9%。长期来看，提供选择性教师教育项目的机构比例在缓慢增长。十年来各类型教师教育项目发展趋势值得关注。

提供不同类型教师教育项目的机构对师范生的课时要求差异较大。传统的教师教育项目要求师范生接受师范教育的平均课时数为 100 小时，要求师范生开展实习的平均时间为 600 小时。而开设选择性教师教育项目的机构为师范生安排的实习时间可以忽略不计，有些机构只提供给师范生 15 个小时的实习时间。而提供选择性教师教育项目的非高等教育机构也几乎没有为师范生提供任何实习的机会。总体看来，这标志着来源越来越多样化的教师，在职前所接受的专业培训和专业实习越来越不足。

二、美国教师队伍建设的最新着力点

针对上述问题，美国联邦和各级地方政府出台了为数众多的法案、政策和措施，试图构建完善的教师质量保障体系，以期改善教师质量。联邦政府自 2002 年开始，在加强教育责任制的改革路线下，每年发布全美教师质量报告，就全美各州教师的情况、教师教育的情况、教师资格认证的情况予以公告，督促各州完善教师质量保障体系，并不断拨款资助各种创新型示范项目，引领全美教师质量的提升。从地方政府来看，各州不断完善教师教育体系、教师教育项目认证及评价制度、教师资格认证制度、教师评价制度等一系列制度和措施。这些制度或措施逐渐形成合力，对提高教师质量起到了积极作用。

（一）以加强评价为重点的职前教师质量保障措施

就美国职前教师质量保障来看，进入 21 世纪以来的主要措施包括，完善三类教师教育体系，建立教师教育项目评价标准，加强教师教育项目的评价，甄别、取缔或改善低质量的教师教育项目。同时，教师教育项目也主动提高自身的办学标准。

1. 教师教育项目评价认证全覆盖

2002 年，联邦教育部第一份教师质量报告指出，影响教师质量的问题在于，虽然教师资格认证要求所有申请人都有教师教育的相关背景，但要求申请人所具备的实际学术水平却不高，这阻碍了学术水平高却缺乏教师教育背景的人进入教师队伍，即所谓“高门槛、低标准”。① 为了解决“高门槛”的问题，联邦教育部大力推动各州探索实施选择性教师教育项目，吸引更多优秀人才加入教师队伍，一方面解决合格教师短缺的问题，另一方面推动教师学术水平的提升。

2003 年的第二份报告延续第一份报告，重点推介了各州吸引教师教育体系

① 美国联邦教育部中学后教育办公室. 美国教师质量报告：如何培养高质量的教师[M]. 朱旭东，译. 北京：人民教育出版社，2014：249—250.

外优秀人才进入教师队伍的做法，即创新型的选择性教师项目，并通报了各州设置选择性教师教育项目的高等教育机构的数量。2004 年的第三份报告，进一步通报了各州选择性教师项目的特征，包括是否要求教学实习、是否与传统教师教育毕业生使用相同的资格认证评价体系、有无另外的项目评估标准、是否获得国家或其他组织的支持等。2005 年的第四份报告，还建议教师教育机构、高等教育机构与学区学校加强合作，根据实际情况孕育并发展新型教师教育项目。

随后，越来越多的州开始对选择性教师教育项目开展评估。截至 2014 年，有 47 个州及华盛顿哥伦比亚特区、波多黎各和美属维尔京群岛公布了传统教师教育项目的评估标准，34 个州及华盛顿哥伦比亚特区和波多黎各公布了选择性教师教育项目的评估标准。① 不过总体来看，选择性教师教育项目确实为公立学校引进学术水平较高的教师提供了方便，但也不可避免地造成教师的教学专业准备不足等问题。

2. 提高并完善教师教育项目的评价标准

教师教育项目评价标准不断提高是从源头上保障美国教师队伍质量的另一个重要措施。一般情况下，各州运用教师教育项目认证标准和审查程序来实施评价，其中包括两个维度的指标，即教师教育项目毕业生通过教师资格认证的比例，以及在各类教师资格考试中的通过率。2002 年，联邦教育部第一份教师质量报告就开始统计各州传统的教师教育项目的毕业生在教师资格认证中的通过率。从 2003 年的第二份报告开始统计各州选择性教师教育项目毕业生在教师资格认证中的通过率。一般情况下，要求教师教育项目所培养的毕业生通过教师资格认证的比例达到 80％才能获得州的认可。截至 2014 年，已经有 38 个州将教师教育项目毕业生通过教师资格认证的比率作为项目评价标准。

2004 年的第三份报告指出，大多数州和地区（48 个）已经设置了评价教师教育项目的标准。21 个州将教师教育项目培养的毕业生成为高质量教师的比例作为评价标准；24 个州将教师教育项目是否为新教师和有经验的教师提供职业

① U. S. Department of Education，Office of Postsecondary Education. Preparing and Credentialing the Nation's Teachers：The Secretary's 10th Report on Teacher Quality [DB/OL]. [2019-09-20]. https://files.eric.ed.gov/fulltext/ED576185.pdf.

发展机会作为评价标准。除此之外，还有一些州将教师教育项目为学生提供的教学实习、教师教育项目的师资情况作为评价标准。第九份报告显示各州使用教师教育项目评价标准出现新的发展趋势，越来越多的州（2014 年 30 个州）以教师是否能提升学生的学业成绩为标准来评价其所参加的教师教育项目的质量。近年来，联邦还通过公布各州教师教育项目评价标准是否不断提高，来督促各州提高教师教育项目的质量。

此外，联邦教育部全部十份教师质量报告都通报了各州存在风险的、低质量的教师教育项目情况。例如，2014 年，全美有 45 个教师教育项目被定为存在风险的项目，其中 43 个是传统的教师教育项目，只有 2 个是高等教育机构主办的选择性教师教育项目。不过，这只占全美教师教育项目的 3%，而且这些项目只来自 12 个州，其余 38 个州并没有找出本州的风险项目。2005—2013 年，各州报告的年度风险项目最少的是 16 个，最多的是 55 个。①

各州也为本州的低质量教师教育项目提供支持，并将支持情况通报给联邦政府。同时，联邦政府还督促各州制定明确的不合格教师教育项目指标来鉴别低质量教师教育项目。这些指标包括教师教育项目的毕业率、教师教育项目毕业生的教师资格认证通过率、项目的最低课时数、合作中小学的数量、毕业生满意度调查、用人学校满意度调查等。为了明确诊断教师教育项目，截至 2014 年，有 9 个州制定了传统教师教育项目和选择性教师教育项目的评价标准。

3. 教师教育项目主动提高办学标准

教师教育机构都在尝试提高办学标准，包括提高教师教育项目入学标准，规定教师教育项目退学标准，规定教师教育项目实习标准。

首先看尝试提高入学标准和规定退学标准。传统的教师教育机构和项目在招生的时候不仅要审查申请人的背景、修过的课程、获得的学分、完成的学时，总的成绩等级（GPA）、学科领域课程的成绩等级、教育专业课程的成绩等级、ACT 和 SAT 分数，以及申请人的各类证书、推荐信、论文或个人陈述，还要进

① U.S. Department of Education，Office of Postsecondary Education. Preparing and Credentialing the Nation's Teachers：The Secretary's 10th Report on Teacher Quality [DB/OL]. [2019-09-20]. https://files.eric.ed.gov/fulltext/ED576185.pdf.

行面试。例如：一般情况下，本科阶段的教师教育项目要求申请人的 GPA 等级在 2.5 以上，研究生阶段的教师教育项目要求申请人的 GPA 成绩要在 3.0 以上。本科阶段的选择性教师教育项目也要求申请人提供 GPA 成绩，修习过的课程数量、学分数量、学时数量，多数也设定了 GPA 的最低等级为 2.5 的录取条件。三类教师教育机构不仅设定了招生标准，还设置了退学标准。如果达不到最低的 GPA 等级，没有修满所要求的学时、学分，学生就必须退出教师教育项目的学业。

再来看教师教育项目所规定的实习标准。2008 年修改的《高等教育法》要求各州上报每个教师教育项目所设计的实习活动，主要包括两种：（1）课堂观摩和参与。如课堂辅导、小组活动、协同实践教学、教师和学生的互动。（2）单独教学。由于选择性教师教育项目的申请人很多是学校尚未获得教师资格证书的代课教师，因此这些项目并未对教师的实习做出明确规定，而是建议参与学校的教师师徒项目或新教师导入项目。根据第九份报告所显示的 2009—2010 学年的统计数据，约 50%的各类教师教育项目中学生参与了教学实践活动，其中参与教学实践活动的学生 90%来自传统的教师教育项目，实习前要上的课程约 100 小时，教学实习平均时间约为 600 小时。

（二）以提高资格标准为重点的教师队伍质量保障措施

教师入职质量保障措施的重点是提高初任教师资格认证标准，特别是强调教师学科领域的教学能力或者学术能力，并在此基础上完善各州教师资格认证制度。从联邦教育部第一份教师质量报告到第九份教师质量报告，持续跟踪各州初任教师资格的认证标准。截至 2014 年，各州已经建立了较为完备的教师资格认证标准体系：（1）美国 55 个州、行政区或领地已经建立了初任教师资格认证标准，其中 51 个州的教师候选人需要通过州的教师资格考试才能获得初任教师资格证书；（2）49 个州、行政区和领地已经建立了与 K-12 学生学业标准相联系的教师资格认证标准；（3）44 个州已经将教师资格认证评价与 K-12 学生学业标准相联系。①

① U. S. Department of Education，Office of Postsecondary Education. State Reports on The Quality of Teacher Preparation［DB/OL］.［2016-06-27］. http://www2.ed.gov/about/reports/annual/teachprep/index. html.

1. 提高教师资格认证标准中对教师学术水平的要求

进入 21 世纪以来，美国教育改革的一个重要特征就是强调问责制。联邦政府通过公布各州学生成绩及学业表现，让各州对教育质量负责。各州负责制定高标准的课程和学生学业标准，并督促学区将学生的成绩及学业表现与教师的评价乃至与教师资格认证相挂钩。通过层层传导，将提高教育质量的责任落实到位。2014 年，48 个州已经将教师资格认证标准与学生的学业标准挂钩。这就意味着不同学段不同学科的教师资格标准更加详细化、专业化（见表 13-4）。

表 13-4 2014 年设定不同学段学科教师资格标准的州的数量

领域	所有学段	早期儿童	K-3	4—6 年级	中学	高中
所有领域	50	43	40	40	44	46
艺术	42	20	27	27	27	27
双语 ESL	41	19	26	26	28	27
公民和政府	11	8	14	17	26	31
英语语言艺术	28	25	32	32	40	43
外语	36	15	27	27	28	31
地理	14	10	20	21	27	31
历史	16	11	21	21	31	35
数学	26	26	32	32	41	44
科学	24	24	30	32	41	43
社会科学	22	21	29	31	40	43
特殊教育	49	35	33	33	33	34
教育技术	36	21	25	24	30	31
生涯和职业技术教育	11	6	8	13	31	41

资料来源：U. S. Department of Education，Office of Postsecondary Education（2015）. Higher Education Act Title II reporting system.

提高教师学术水平的要求还表现在，越来越多的州要求教师接受过 4 年某个学科专业领域的本科教育。开始时主要是要求中学教师资格证书申请人具备学科专业本科学历，后来越来越多的州要求小学教师也具备学科专业本科学历，而不只是4年的本科师范学历。2014年，14个州已经开始要求某些学科的小学教师具备4年学科专业本科学历，20个州要求初中教师具备4年学科专业本科学历，28州要求高中教师具备4年学科专业本科学历。①

此外，教师资格标准的提高还表现在，教师资格认证过程中越来越重视教师的实习经历。实际上，从2005年联邦教育部第四份教师质量报告就提出，教师需要掌握基于“研究本位的教学策略”，需要能够“解释数据资料以做出课堂决策”。② 各州普遍将实习经历或实习时间作为申请教师资格证书的必要条件。

2. 各州教师资格认证朝高标准看齐

各州在完善本州教师资格认证标准时，普遍向一些全美专业组织制定的教学高标准看齐，其中主要包括州际教师评价和支持联盟（Interstate Teacher Assessment and Support Consortium）的教学专业标准和全美教师教育认证委员会（National Council for Accreditation of Teacher Education）的教学专业标准。2014年，26个州使用了州际教师评价和支持联盟的教师评价标准，13个州使用了全美教师教育认证委员会的标准。除此之外，也有一些州在制定本州标准时参考了美国教学专业标准委员会（NBPTS）、全美数学教师协会（National Council of Teachers of Mathematics）、全美科学教师联合会（National Science Teachers Association）、全美英语教师协会（National Council of Teachers of English）、全美外语教师协会（American Council for the Teaching of Foreign Languages）等专业组织所制定的教师评价标准。

3. 教师资格考试范围更宽、分数更高

迄今为止，美国所有州都要求初任教师资格申请人参加教师资格考试。大部分州使用教育考试服务中心（ETS）的普瑞克斯系列考试（Praxis Series），另外

① U.S. Department of Education, Office of Postsecondary Education. Preparing and Credentialing the Nation's Teachers: The Secretary's 10th Report on Teacher Quality [DB/OL]. [2019-09-20]. https://files.eric.ed.gov/fulltext/ED576185.pdf.

② 美国教育部中学后教育办公室. 美国教师质量报告：如何培养高质量的教师 [M]. 朱旭东，译. 北京：人民教育出版社，2014：249—250.

一些州使用培生（Pearson）公司为各州提供的考试，还有一些州综合采用上述两种考试，个别州采用美国卓越教师认证委员会（ABCTE）的考试。

近些年，作为加强教师入职的一项保障措施，教师资格考试的科目越来越多。联邦教育部第一份教师质量报告显示，2001—2002 年，只有 34 个州、行政区和领地将学科知识纳入教师资格考试体系，但第七份报告显示，2005—2006 年，只有 6 个州、行政区和领地不要求教师申请人参加学科知识领域的教师资格考试。教师资格考试从最初考查申请人的基本技能，逐渐扩大到考查教学专业知识、学科学术内容等更多的领域。由于申请不同学段、不同学科教师资格的人参加教师资格考试的科目不一样，因此分数线也存在差异。

为了提高各州教师申请人的学术和专业水平，联邦政府从 2011 年开始要求各州报告本州教师资格考试的标准分情况，以便比较不同年份各州的变化情况。鉴于此，各州也在努力提高本州的分数线。虽然各州的分数线逐年提高，但迄今为止所有州的分数线都低于本州的平均分，这主要是为了保障教师资格考试通过率，以便为本州提供足够的师资力量。从近期来看，各州教师资格考试平均的通过率在 95%—96%。但是从联邦政府所统计的各州所报告的参加教师资格考试的人数来看，由于近些年教师教育项目的招生人数下降，参加教师资格考试的人数也在持续减少。

4. 将教师资格提升与教师所教学生学业成绩挂钩

2014 年，全美所有的州、行政区和领地都建立了 K-12 年级严格的学业标准。48 个州和多个领地已经出台政策，将教师资格认证标准与学生学业标准结合起来，即各个学科的教师资格申请者都要具有使学生达到各学科课程标准所规定的教学能力。其中 45 个州已经将学生的学业标准与各学段各学科的教师认证标准相结合，如在特殊教育、艺术教育、早期儿童教育、数学教育、科学教育等领域都结合学生学业标准修订了教师资格的认证标准。

（三）绩效评价与人事制度相结合促进教师队伍质量提升

美国教师职后质量保障措施重点放在完善教师评价制度，提高教师工作绩效上。主要表现为，建立了与学生学业标准、学生学业成绩及教师工作表现相联系的教师评价制度。教师评价是保障教师质量的重要基础之一。没有评价就不能区分优劣，无法鼓励优秀教师发挥教学领导力，无法帮助需要进步的教师开展有针对性的专业发展培训。

2004 年，联邦教育部第三份教师质量报告提出，要使“教师评价标准和学生学业标准相结合”，要求各州根据学生的课程和学业标准，建立教师的专业标准。这类教师或教学专业标准不仅用于教师资格认证，还用于正式的教师评价。此后，各州逐渐建立分年级、分学科的教师专业标准（见表 13-5）。

表 13-5　在具体学科设立教师专业标准的州的数量

学科	2001 年	2011 年
英语/语言艺术	19	40
数学	18	42
科学	19	42
社会	17	43
外语	32	31
艺术	38	29
早期儿童教育	6	41
双语教育	33	40
特殊教育	39	47
职业/技术教育	10	40

资料来源：美国教育部中学后教育办公室. 美国教师质量报告：如何培养高质量的教师[M]. 朱旭东，等译. 人民教育出版社，2014：200；Preparing and Credentialing the Nation's Teachers：The Secretary's Ninth Report on Teacher Quality [DB/OL]. http://www2.ed.gov/about/reports/annual/teachprep/index.html.

2005 年，联邦教育部第四份教师质量报告强调通过评价学生的成绩来评价教师。尽管从 2001 年《不让一个孩子掉队法》开始就要求将学生成绩纳入教师评价体系，但 2005 年这一措施才刚刚起步，直到 2015 年方初见成效（见图 13-2）。随着不同学科年级教师专业标准的建立，根据学生学业成绩或学生学业成绩的增值（value-added）、根据专业标准对教师的教学过程进行表现性评价，成为当下很多州同时采用的两大教师评价措施。

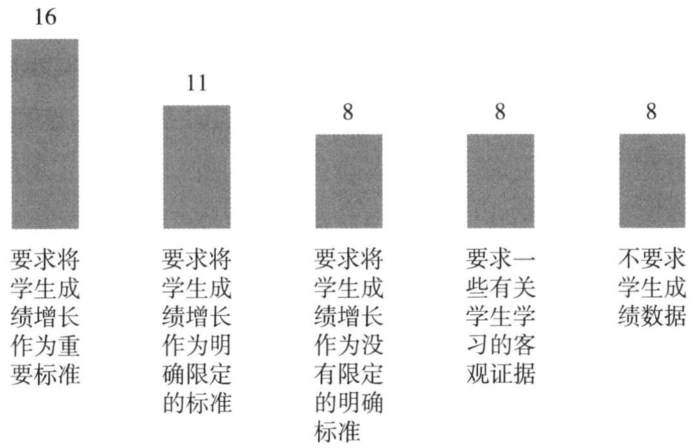

图 13-2 2015 年全美运用学生学习数据进行教师评价的州的数量

资料来源：National Council on Teacher Quality. 2015 State Teacher Policy Yearbook [DB/OL]. [2016-06-28]. http://www.nctq.org.

（四）基于评价为教师专业发展提供精准支持

联邦政府要求每个教师在接受评价后都应该得到相应的反馈，学校或学区也要根据反馈的情况制定教师的专业发展计划。截至 2019 年，36 个州要求为每个受评教师提供正式的、翔实的评价反馈；32 个州要求将教师评价结果作为教师制定专业发展计划的基础和证据；35 个州要求为评价等级较低的教师制定专门的专业发展计划。① 例如，北卡罗来纳州的教师综合评价等级有五级，分别是杰出、优秀、有效、发展中和表现不良。该州要求“有效、发展中和表现不良”三个等级的教师要制定个人的专业发展计划。其中，被评价为“有效”等级的教师要根据教学专业标准中个别做得不好的标准进行专门的提高；被评价为“发展中”等级的教师要制定为期一年的教师专业发展计划，在结束后要达到“有效”等级；被评价为“表现不良”等级的教师要制定为期两年的教师专业发展计划，

① National Council on Teacher Quality. 2019: Linking Evaluation to Professional Growth [DB/OL]. [2019-09-25]. https://www.nctq.org/yearbook/national/Linking-Evaluation-to-Professional-Growth-95.

在结束后要达到“有效”等级，否则将面临被解雇。①

当前的教师评价主要包括依据教学标准对教师进行课堂观摩、统计教师所教学生的成绩及其学业进展情况，评价结果都要反馈给教师，特别是对教师的课堂观摩情况要进行详细的反馈。很多州都开展多次课堂观摩，并在开展课堂观摩前，跟教师召开研讨会，让教师了解评价的标准，也让评价者了解教师的背景、教学的准备及其独特的教学风格，以便在课堂观摩过程中真实准确地反映教师的教学情况，评价后也要与教师召开研讨会，将评价中发现的问题与教师沟通。当然，各州一般每年实施多次课堂教学观摩评价也包括推门看课，以便观察到教师日常的教学情况。评价者一般是校长或者学区指定的专家教师。特别是专家教师不仅承担评价者的责任，更是教师的支持者和帮助者，在评价的过程中跟教师研讨教学问题，促进教师对教学的深刻理解和具体教学技能的改善。有的州还要求负责评价的专家教师为被评价教师制定专业发展计划，并提供具体指导。

结语

通过对美国联邦教育部迄今为止的十余份教师质量报告进行综合分析，不难发现，美国教师队伍建设政策改革重视三条教师教育培养的路径；越来越关注对教师队伍的全面评价，并根据评价的结果实施精准的支持。美国注重提高传统的教师教育机构入学标准，提高教师的学科教学能力和水平；拓宽学术性高等教育机构培养师资的渠道，通过各种项目帮助有志从事教师职业的优秀人才获得教师资格，扩大高质量师资的来源；通过加强教师教育机构、高等教育机构同学区和学校的合作，为预备教师、持临时资格证书的教师提供更多基于现场学习与实习的机会，提高教师的专业能力；通过提高和拓宽教师资格认证标准，保障教师既有专业能力又有学术能力。同时，美国还注重加强教师教育项目评价，其中包括传统的选择性教师教育项目的评价，除了传统的机构性评估以外，还将这些项目所培养的教师候选人通过教师资格认证或考试的比例，以及在实际工作中的表现

① National Council on Teacher Quality. Best Practice Guide：2018 State Teacher Policy [DB/OL]. [2019-09-25]. https://www.nctq.org/dmsView/NCTQ_BestPractices_FINAL_(2).

作为评价指标，同时加强对在职教师的评价，并据此改善人事制度；还包括支持措施，如2009年、2012年联邦政府先后建立的教师质量改进资金（Teacher Quality Enhancement Grant）项目和教师质量伙伴资金项目（Teacher Quality Partnership Grant Program），支持中小学同高等教育机构建立合作项目来改善教师质量；支持将基于研究的教学方法融入教师教育课程，提供更多实习的机会；支持教师教育、认证领域的系统政策和实践改革等。①

面向2035年，美国教师教育正呈现出一些趋势，即职前教育课程设置系统化，培养方式多样化，教育实习互动化，教师资格认定标准化，新教师入职培训制度化，在职教师培训个性化。

高校教师更将是美国各大学珍视的资源，予以择优招募、支持发展、改善待遇、优化管理，调动其人才培养、科学研究、社会服务、文化传承、国际交流等方面的积极性、创造性。

① 刘翠航. 当前美国教师队伍困境及联邦政府政策解读［J］. 外国教育研究，2014（5）：65—72.

后 记

对于美国中小学校、高等学校的教师专业发展和教师队伍建设，我国教育工作者一直比较关注。笔者对美国教育持续跟踪观察与研究逾三十载，也发现教师队伍是美国教育兴衰成败的关键。然而，美国各州教师队伍建设的做法差距很大，相关的研究也众说纷纭，写成一本著作并非易事，因而笔者迟迟未予动笔。在《美国基础教育：观察与研究》《美国高等教育：观察与研究》付梓后，人民教育出版社刘立德同志鼓励笔者对美国教师教育也进行观察与研究，介绍情况，分析问题，结集成书出版，提供给我国同行参阅。笔者备受鼓舞，好意难却，当时便答应了，毕竟恭敬不如从命。在此后的写作过程中，由于自己工作忙、时间碎，也曾有放弃的念头。但很快地，笔者自我告诫，君子一言驷马难追，大半生一直信奉言必信、信必行、行必果，到这个年龄阶段就更不应改变了。笔者自我勉励，只要思想不滑坡，办法总比困难多。于是，笔者列出提纲、回忆往事、整理思绪、虚心求教、赴美访谈、收集资料、阅读原著，启动了本书的编写工作。

这本书用美国教师教育的概念，是为了与此前的相关专著相呼应，这个概念其实与美国教师队伍建设是同义语，涵盖面比较宽。当然，在选择确定章节时，既尽量反映美国教师队伍建设的主要方面，又考虑到我国读者的关注点，力求言之有物，言之有序，言之有理，言之有情。

编写一本书，既是脑力劳动、智力贡献，也是友情凝结、亲情奉献。在本书编写过程中，得到了学界朋友们的大力支持。没有大家的支持帮助，便没有这本书的付梓。教育部教师工作司王炳明博士花费大量时间帮笔者整合文稿，做了重要的基础性工作。北京师范大学朱旭东教授及其团队参与了美国中小学教师在职培养、美国教师专业组织部分的研讨与整理，人民教育出版社刘翠航博士提供了美国中小学教师资格制度、考核激励等部分的珍贵素材，上海师范大学宋佳博士提供了美国中小学教师公平配置的一手资料，北京外国语大学王名扬博士参与了美国高校职称制度、考核评价部分的研讨与起草，郑大鹏同志参与了美国教师职业行为准则部分的研讨与起草。此外，高雅茹、徐墨、张玥等同学对书稿进行了认真校阅。人民教育出版社郭戈、吕达、刘立德、韩华球、程军等同志给予本书悉心周到的帮助和精心专业的编辑。在此，谨对上述同志的辛勤付出与鼎力支持，表示诚挚的感谢。

在本书编写过程中，笔者参考和引用了众多专家学者的研究成果。书中对此尽量予以注明，如不慎疏漏，敬请指正并谅解。由于笔者学识有限，本书或许存在一些不妥之处，诚希各位贤达和广大读者不吝赐教。

愿本书化作一盏灯，为后疫情时代教育路上行走、观察、研究的人们发出一缕光。

王定华

2021 年 9 月 10 日于北京